国家社科基金
后期资助项目
GUOJIA SHEKE JIJIN HOUQI ZIZHU XIANGMU

资产市场组合、风险的根源与防范

Asset Portfolio, Sources of Risk and Preventions:
A Market Perspective

李学清　著

社会科学文献出版社
SOCIAL SCIENCES ACADEMIC PRESS (CHINA)

国家社科基金后期资助项目
出版说明

　　后期资助项目是国家社科基金设立的一类重要项目，旨在鼓励广大社科研究者潜心治学，支持基础研究多出优秀成果。它是经过严格评审，从接近完成的科研成果中遴选立项的。为扩大后期资助项目的影响，更好地推动学术发展，促进成果转化，全国哲学社会科学工作办公室按照"统一设计、统一标识、统一版式、形成系列"的总体要求，组织出版国家社科基金后期资助项目成果。

全国哲学社会科学工作办公室

做科研时，你想要说一些别人都不知道的东西，又要让所有的人都能理解。而创作诗歌时，你必须说一些别人都已经知道的事，又要说得大家都看不懂才行。

——保罗·狄拉克①

---

① 狄拉克对 J. 罗伯特·奥本海默做出的评论，转引自 G. Farmelo, *The Strangest Man*（Basic Books, 2009），p. 121。

目　录

导　言

　　经过四十多年的改革开放，中国取得了举世瞩目的成就，中国人民的生活水平、居住环境以及中国城乡的基本面貌都发生了前所未有的巨大变化。这除了中国共产党领导人民开拓创新、奋勇拼搏以外，党的一系列方针政策，如发挥市场在资源配置中的决定性作用、合理地利用资本市场的有效功能等也发挥了重要的作用。同时我们也清醒地认识到，资本的力量除了给我们带来正面的经济影响外，一些负面的作用也逐步显现出来。伴随着世界经济的剧烈振荡，我国经济发展也开始出现周期性的波动——繁荣与风险相伴，均衡与失衡共存。特别是近年来的股市风险，导致了一次次股灾的出现，同时经济危机的巨大风险也正在一步一步地向我们逼近。怎样认识这种风险？怎样减弱经济危机的危害以及怎样防范和治理这种危机？这些问题正是本书着力研究的主题。我们也正是以这些主要问题为导向进行系统的理论探索和实践探究，并力求通过这些探索及探究，给出经济风险酿成经济危机的基本原理以及防范和治理这种危机的一般原则和方法。

　　作为投资的资本本身就存在着风险。"没有风险就没有利润"[1]，弗兰克·H. 奈特的这句话并不是说风险不可控，而是说应尽可能控制风险以获得更大的利润。卡比尔·塞加尔（Kabir Sehgal）笔下公元前5000年的中东人，那些远途迁徙而来的穷困农民向当地人借种子、耕牛时，都要附加一定的利息，"由于气候条件无常，农业债务的利得充满了不确定性"[2]。这种利息就是风险的补偿。但是，当种子作为社会财富的时候，就有了"财富的自然增值现象"[3]。这种财富的自然增值，就是一种

---

[1]　〔美〕弗兰克·H. 奈特：《风险、不确定性与利润》，安佳译，商务印书馆，2010，第37页。

[2]　〔美〕卡比尔·塞加尔：《货币简史》，栾力夫译，中信出版集团，2016，第93页。

[3]　〔德〕西美尔：《货币哲学》，陈戎女、耿开君、文聘元译，华夏出版社，2018，第195页、第12页。

非劳动所创造的财富，德文直译为"财富的超额追加"，英文为 unearned increase of wealth，意即由财富自身的社会性等因素所带来的增值。德国社会哲学家西美尔认为，财富的价值"从来都不是客体的'性质'，而是一个保留于主体之内的判断"。这句话的深刻含义在于，利息并不仅仅是对风险的补偿，而且还包含债务人获得以个人信誉为担保的财富增值部分及更多财富的能力。也就是说，从借债那时起，债务人的劳动目标、将来获得的"收成"以及以后财富的分配等都已经装在自己"头脑里的计划"中了，这当然与借债人的能力和马上就要开始进行的劳动有关（这里债的关系问题实际上已经成为一种劳动契约）。正是涉及债务人的能力，债的权责双方都不可能放任债的"无限大"或者利率的"无限高"，因为这都涉及偿还时的风险范围，否则极有可能酿成危机。可见，债务双方在资产的市场组合上都有一个债的多少、利率的高低以及债的时间长短问题。可惜西美尔的货币哲学思想绝大部分还只是一种逻辑演绎推理过程，这对于经济学界特别是金融学界的理解、操作乃至传播都构成了"障碍"，以致于"它的学科归类"都成了问题。① 因此西方学术界仍把他的思想归于社会学的范围，他本人并没有在金融经济学界取得全然的认可。

　　莱昂·瓦尔拉斯是20世纪初决心要把经济学发展成像物理学那样具有严密的数学结构的人。莱昂·瓦尔拉斯将西美尔的"财富的自然增值现象"直接作为债务人"生产经营计划"的一部分。他说："一般来说，每一个持有一种商品的人，当他有意于用他商品的一部分去换取某一数量的其他商品而来到市场时，他的心头总存有一个虚拟或真实的商业计划（trader's schedule），这种计划是可以严格测定的。"② 如果瓦尔拉斯的"虚拟的或真实的商业计划"能被完整地用数学测定，那资产市场组合的利率设定问题、财富自然增值幅度的测定问题等，一定会被很好地解决，这就为把金融风险压到最低的、可控制的范围打下了坚实的数学基础。可惜的是，用实数来表示"虚拟的商业计划"，无论是用当时传统的数学工具还是用人们习以为常的"自然空间"（欧氏空间）都显得无

　　① 摘自西美尔《货币哲学》，第2页。
　　② 〔法〕莱昂·瓦尔拉斯：《纯粹经济学要义》，蔡受百译，商务印书馆，1989，第84页。

能为力。因此瓦尔拉斯辛辛苦苦设计的"虚拟的商业计划"，不要说是别人，就是他自己也在后来的论述中较少提及。

使我们倍感欣慰的是现代统计学原理给我们的深度启发。当我们陷入线性回归模型的数据检验残差值始终难以缩小这一困境的时候，当我们困惑于一次项系数 β 值始终飘忽不定的时候，突然想到的是线性回归模型的统计学依据及协方差的定义。

如果二维随机向量 (X, Y) 的方差 $DX > 0$，$DY > 0$，对于协方差 $Cov(X, Y)$，若随机变量的相关系数 $|\rho_{XY}| = 1$，则必有 $P\{Y = aX + b\} = 1$，这里的 a, b 是常数。但如果这个定义成立，又必有柯西 – 施瓦茨不等式成立，即：

$$E(XY)^2 \leqslant E(X^2) \cdot E(Y^2)$$

设这个不等式是未知数为 t，二次项系数为 EY^2，一次项系数为 $2E(XY)$，常数项为 EX^2 的一元二次方程 $(EY^2)t^2 + 2E(XY)t + EX^2 = h(t) = 0$ 的根的判别式。很明显，这个根的判别式的等号只给出了实数根存在的情况，现代统计学也只是以这个等号为起点来建立其理论体系，对于虚根的情况没有提及。与此相适应，现代金融经济学的重要曲线马科维茨曲线，也只是描述上面的一元二次方程的实根的情况，对于虚根的情况并没有提及。那么不管是现代统计学，还是现代金融经济学，上述一元二次方程的虚根到底存在不存在？倘若存在，我们到底该不该对它进行讨论？它和金融市场的风险以及使风险转化为危机的条件有没有关系？还有，现代金融经济学包括金融、期货等市场的风险及其转化，一元二次方程是否囊括得下？还有没有更高次数的方程存在？如果有，那么这个方程最高的次数是多少？还有没有限制？等等。这一系列问题深深地困扰着我们，迫使我们的探索必须先从现代金融经济学的实践经验数据做起。因此有必要先简略地介绍一下经过探索我们所得到的三点重要的结论，因为我们的整个研究都是围绕着这三点重要的结论展开的。

（1）利率与货币流量的变化轨迹是一条"数学的摆线"，而且它们完全遵循"摆线方程"的性质运行，并且符合数学摆线的所有特性。最普遍的检验方式是用各国银行间同业拆放利率与各国货币发行量（或国民生产总值）进行统计绘图，就可以立刻发现这两者之间的关系。

（2）无论怎样描述证券市场的证券交易量与交易价格之间的关系，只要把这两者的坐标数据按照相互独立的统计关系来处理，就会发现在这两者构成的平面坐标系里，当它们在第一象限成45°夹角时，整个系统就是最稳定和最安全的金融经济体系。而在交易处往往会出现一些数值成倍的放大或不稳定，但在这些"放大或不稳定"后，如果这两者不能迅速地返回到原来的45°方向上，就必然会出现交易"暴涨"、"暴缩"或股灾。

（3）资产的市场价值是市场参与人主客观价值的有机统一，这是现代经济学最重要的观点之一。人们质疑它的主要原因在于客观性（实际）的事物怎样从主观性（虚拟）的事物中得到"补充"。比方说1单位资产（客观性）的价值在市场上就成了1.41423…个单位，这多余的0.41423…的价值是从哪里得到补偿的。本书以大量的理论证明和实证研究来说明它来源于两个方面：一是人的心理满足极限，二是通过人的市场信誉把这多余的部分留在他的经济计划里，以确定性的努力完成"主观"对"客观"的价值补偿。但补偿也有一定的界限，因而不能超过这个界限，否则同样会引发危机。

基于以上三点结论的普遍性和重要性，必须寻找这些变化的数学机理。但我们很快就发现，这些关系及机理若要用传统的数学方法如微积分、欧几里得空间以及古典概型等来解决是得不偿失的。

例如，摆线方程的来源是泛函分析方程的解，它既涉及实空间又涉及虚空间。它的原始解又为余切（正切）函数的形式，这就把利率和货币流量之间成45°角的安全线解释得清清楚楚。同时三角函数的特殊角度值又把有理数和无理数的分离与切割解释得清清楚楚，这是将经济运行（无理数及三角函数值）与市场分配和市场交换（有理数及三角函数的特殊角度值）进行"天然"区分的最有效、最直接的方法。泛函分析的引入不但使我们顺利地完成了瓦尔拉斯"虚拟的商业计划"与"实体经济过程"之间的相互转换，而且运用它的原始余切函数解，极易推导出本书的核心模型——"铜钱模型"的运行规则。在资产市场组合达成后，交换双方的交换价值将从1个单位变换成 $\sqrt{2}$ 个单位，"铜钱模型"也将从1个单位的 $\tan\pi/4 = 1$ 转化到 $\tan\pi/8 = 0.41423\cdots$，即"铜钱模型"转动了 $\pi/8$ 的弧度（半径始终按1个单位计算；在这种情况下，半径的增大就称为代数扩域），这充分地说明了在资产进行市场组合的情况下"铜钱模型"是旋转的。同时它又有力地表明了资产市场组合的实质是一种"群元素"的置换。这种关系很自然地把我们研究的内容与上面提到的一元二次方程 $h（t）=0$ 的根的判别式联系了起来。根据"铜钱模型"的旋转性原理，资产要素的市场组合过程必然符合群论里"环"存在的基本条件与"域"扩张的实现机理。由此我们就可顺利地过渡到群的伽罗瓦理论，从而得出资产市场组合中一元 n 次方程的最高次数 $n=4$。这样，通过复变函数建立起数理方程，得到的解实际上是一个分布"匀称"的系列双曲函数族，它们的最小投资组合集实际上就是诺伯特·莫顿在 1972 年的研究中得到的投资组合集[①]。因此马科维茨曲线确定的有效边界实际上只是双曲函数族中的一条曲线。这样我们就可以准确地定位不同曲线族的资产定价、安全边界以及风险逐步演变成危机的区间及时间，从而为防范和治理金融危机打好基础。最后我们还利用大量的金融统计数据对结论进行了严格的检验，以便切实可行地为金融风险的防范和危机的治理提供理论依据和实践支持。

为了便于阅读，我们在这里将各章的内容进行简单的介绍。

第一章　金融风险的定义与资产的货币属性再探讨

从金融风险的定义开始，开宗明义说明本书所要研究的主要问题以及这些问题之间的逻辑关系，即从线性统计回归模型一直到资产市场组合标准的确定和风险及危机的形成及判断，如市场风险系数 β_{jt}、残差系数 e_{it} 和马科维茨曲线 M 的定位以及定价标准的确定等。同时，深刻地指出了它们之间的密切联系和系统性，从而使所有问题的解答形成了一个不可分割的整体。由对资产市场的基本要素分析开始，引入本书的核心模型——"铜钱模型"。

第二章　资产在市场组合过程中的几个特性

本章是在上一章基本要素分析的基础上对资产要素特性的进一步探

---

①　Merton, Robert C., "An Analytic Derivation of the Efficient Portfolio Frontier," *Journal of Financial and Quantitative Analysis*, 1972 (September)：1151—1172. 1972.

讨，由此我们得到了资产在市场组合过程中的几个显著特征，这些特征实际上在金融历史的发展过程中始终是存在的，金融经济学却很少提及。例如，实际财富与市场波动财富的比例始终是1∶16；经过市场交换后的"资产自然增长价值"约为原来1个单位的"客观价值"的两倍还要多（即2.22），对于此类问题我们都借助数学原理进行了解释，最后说明这些现象实际上都是"铜钱模型"理论下的必然结果。

第三章　弗里德曼价格理论的再分析与资产组合的市场路径

上一章的结果告诉我们，资产在市场上的表现实际上具有一种"波"（市场信息的传播）和"粒子"（市场中运行的实际资产要素）二相性的特点。如果不承认这一点，就难以解释诸如1∶16这个实际资产价值与市场价值的比例关系、交易双方交易前后的价值变化等金融市场的基本特征。由此推导出现代金融经济学的一些基本理论体系，如弗里德曼的价格理论等观点不过是一种市场价值的近似，不然就不能解释货币或证券的市场运行速度及基本轨迹。

第四章　财富转换的基本原理与一般的数学表示

从本章开始我们开始确定虚（经济计划）、实（实际财富创造）经济空间的定义以及它们之间的相互转化问题。在吸取前人经验教训的基础上，我们用"复变函数"的基本概念明确了我们的定义，进而修正了现代金融经济理论在资产的市场配置方面所存在的一些缺陷，揭示了资产在市场组合过程中为什么会存在不稳定，以及交换前后波动的基本规律。最后，给出了虚、实经济空间相互作用、相互转换的数学原理和基本方式。

第五章　资产组合的空间限制及资产定价的动态机理

本章将复变函数理论和"铜钱模型"理论结合起来，由此得到资产市场组合的系列双曲线族，关于曲线族的具体数目和详细分析我们将在第九章来讨论。但在知道了这些曲线族后，资产组合者的一些不同的市场行为，如贷款、融资、炒股等行为的规则和市场价格确定体系也就基本明朗了，由此资产市场组合的安全线与效用线也就基本确定了。本章通过理论分析和金融经济实例对以上观点和问题进行了简明的表述和精确的解析。

第六章 虚、实经济空间相互转换与资产组合的关系

本章在现代经济学经典理论的基础上，利用较为恰当的数学工具，严格地证明了虚、实经济空间的相互转换问题。这就成为本书除"铜钱模型"外的另一个基本的理论基础。我们在引用了复变函数这个数学工具后，紧紧地沿着"边际理论"的思想，牢牢地掌握着复矢量空间共轭对偶的关系，根据现代市场交换的基本特点和规律完成了虚、实经济空间相互转化的过渡环节，不仅验证了"铜钱模型"理论的必要性、正确性，而且论证了虚、实经济空间的相互转换对资产市场组合理论研究的必要性。由于篇幅所限，本章没有提及"布莱克－斯科尔斯模型"以及资本定价和市场泡沫的关系，这个需要另开篇幅专门讨论。

第七章 资产组合下的市场均衡与突破

本章主要研究虚、实经济空间在市场的运行和转换过程中，极限的"突破"所导致的危机爆发的可能因素及基本概率，以及确定这种情况下的基本补救措施和方法论原理。本章以银行为案例进行了详细的证明，其中对银行在市场中所表现出的详细数据结构和演绎变化规则，我们都进行了严格的推演和详细的描述，以此来加强现代金融经济学在这方面的理论基础和实践法则。并在此基础上，说明虚拟经济空间的构造机理和市场运行法则，这对促进市场主体按照市场功能有计划地发展壮大市场经济、推动区域经济的发展具有重要的作用。

第八章 从"一个银行"的风险到危机形成过程的基本理论

本章是上一章讨论的继续和进一步延伸，这些都是为具体的金融实践服务的。本章不仅从理论上推导并完善了现代金融经济学的"不确定"原理，而且给出了它在具体的金融实践中基本的应用方法，并给出了一个银行的具体收益函数和成本函数及从风险转向危机的区间数据控制和预防危机的基本措施。我们不但给出了金融市场风险形成的基本规律和危机发生的基本机理，而且每一步都有具体的数据标准和行为规则，以达到应用方便、可靠性强的目的。这对金融经济实体和金融市场机构

的健康发展、有效互动具有重要的参考价值。

第九章　资产市场虚拟能级的数学原理与数据安全的边界确定

本章是将前面所介绍的数学工具运用于金融实践的关键部分，在这里我们通过伽罗瓦理论将现代统计学原理背后的一元 n 次方程的 n 定义为 4，并通过解复变函数和泛函分析方法建立起的数理方程，我们得到了资产市场组合的所有不同形式的双曲函数族，并着重对投资市场买空卖空的情况，围绕着马科维茨曲线的主要问题进行讨论。例如，马科维茨曲线的具体函数形式，M 点的具体位置以及资产组合市场价格的确定等，我们都给出了详细的分析和具体的数据标准。这对防范金融市场风险具有重要的意义。

第十章　资产市场组合的风险测定演变与实证检验

本章主要是对以上的重要结论进行检验。我们用中、美、日三国的主要金融经济数据和具体实例，对全书的基本原理和重要结论进行了实证、经验检验，较为详细地给出了检验的主要方法以及应注意的具体问题，这对于防范金融危机或金融市场动荡具有重要的参考作用。最后我们还给出了建议和方案。

本书是在现代金融经济学研究的基础上，根据当今金融市场长期存在且难以解决的实际问题，如金融风险频频降临而预测系统却力不从心，金融危机频繁爆发而治理系统却难以胜任等而写就的一部探索性作品。怎样有效地防范金融风险、成功地治理金融危机，不仅是政府高度重视的问题，而且也是所有金融市场参与者密切关注的重要问题。紧密结合现代金融经济学的基本理论，在前人探索的基础上不畏艰难、继续前进，并有针对性地运用较新的数理研究工具进行新的模型构造，进而利用中、美、日三国的金融统计数据进行实证与经验检验，使得我们给出的基本理论和实践模型更加可靠实用，是本书写作的根本目的。但是，由于本书所涉及的问题较多、领域较广且难度较大，再加上作者的知识、能力和认识水平有限，在运用数学工具以及适度性的把握等方面一定存在着不少的欠缺，因此书中的不足或错误在所难免。我们诚恳地请金融经济学界的老前辈、专家学者以及广大的读者朋友给予批评指正。

第一章　金融风险的定义与资产的货币属性再探讨

　　我们将金融风险定义为，资产市场组合最佳范围与最优利润率不确定性的最小区间判定问题。这里的资产市场组合，主要是强调金融市场供需双方的均衡状态，进而尽量保证金融市场利率的"自然特性"。一般来说，资产作为财富的不同形态，随着时间的推移它的价值会发生变化，我们通常把资产价值变化的百分比称为利润率（有正、负之分）。这种变化和"人类的生产劳动"没有直接的关系，这就是资产价值的"自然特性"。最能反映资产价值"自然特性"的场所是市场。在现实的经济生活中，人们只有把自己所有不同形式的资产进行不同形式（和人类社会的生产形式有关）的市场组合，才能实现资产组合的利润最大化和组合成本最小化。众所周知，市场均衡状态的描述方法和计算手段，直接关系到分析结果的科学性和理论结果的可靠性。这里限定市场化区间与金融收益率区间，主要是为了说明资产的市场组合实际上是虚拟经济空间与现实经济空间的相互转化。这里的虚拟经济空间，也就是莱昂·瓦尔拉斯早就设想的"商业计划"空间，它是本书设定的核心理论之一。

　　任何从虚拟的经济空间向现实的经济空间进行转换的过程，都存在着风险。农民将种子播种进土壤里的时候，能不能保证丰收就是一个不确定性问题，不确定性问题就是风险问题。一般来说，农民将种子播种进土地，颗粒未收的风险当然会有，但它发生的概率毕竟是很小的。但将资产投放进市场的风险要比农民播种的风险复杂得多也大得多。关键的问题是，怎样尽可能地将风险可控区间压缩到最小，以使它接近或基本达到收益最大化的峰值区域点附近。解决了这个问题，才能实现金融风险的可控性以及金融利润最大化的市场管理目标。

　　尽管关于金融风险还有其他各种各样的定义，但本书的定义主要体现以上几个基本方面的特点。这是因为这些特点大多涉及本章将要讨论的下面几个方面的内容，而这些内容又都是金融经济学界老前辈或者金融专家们在探索金融风险时曾经提到过但由于历史或其他方面的原因又没有得到完全实施的诸多问题中的一部分。

本章从界定金融风险的基本定义开始，开宗明义说明本书所要研究的主要问题以及这些问题之间的逻辑关系，即从线性统计回归模型一直到资产市场组合标准的确定，风险及危机的形成与判断以及它们之间的作用规律等。同时，深刻地指出它们之间的密切联系和系统性，使得所有问题的解答形成一个不可分割的逻辑体系。由此本章将从资产市场的基本要素分析开始，逐步分析它们之间的逻辑联系并进一步将问题引向深入，直到引出本书的理论核心——资产市场组合基本模型——"铜钱模型"的建立。

第一节　金融经济学关于风险定义的一系列基本问题

现代金融经济学史告诉我们，对"风险"的定义，一直是金融经济学界非常重要但又难以统一的基本问题。因为它常常会引发人们意想不到的一些结果。这些结果在人们日常进行的金融活动中始终存在，并不时地扰乱着人们早已精确计算或设计好的金融计划、方案或决定，致使理论和实际结果发生偏离乃至造成巨大的损失等，从而使人们对现代金融经济学的科学性以及实践性产生了严重的怀疑。但各种各样的怀疑，并没能够引起金融经济学界的足够重视。究其原因，以上的一些提法在金融经济理论上似乎有些"异想天开"，还不足以打破人们早已习惯了的现代金融经济理论的边界。但近现代金融经济学界的前辈们及专家学者们，都曾把它们作为重要的金融经济理论问题而特别地强调它们、研究它们，并不止一次地定义或推导它们。例如，20世纪初法国金融经济学家莱昂·瓦尔拉斯曾提出人们"心头的虚拟或真实的商业计划（trader's schedule）"，并坚信"这种计划是可以严格测定的。"① 又如，资产的市场组合相当于人们通过不同的个人生产领域与他人进行有机的

---

① 〔法〕莱昂·瓦尔拉斯：《纯粹经济学要义》，蔡受百译，商务印书馆，1989，第84页。

合作，著名的英国经济学家约翰·希克斯曾证明过这种合作的绩效远大于个人单独进行生产的绩效。这种绩效往往和四十倍的劳动力或者生产成本的四十倍密切相关。约翰·希克斯将它归因于规模经济，但他并没揭示出产生这一现象的基本原因。[1] 因此这一重要的思想并没能引起人们足够的重视。再如现代美国金融经济学家尤金·法玛，在用数据检验资产市场组合时发现，实际金融数据带来的结果与理论设定模型之间始终存在着一些不可避免的误差[2]。但这些误差仍没能引起人们足够的重视，所以在现实的金融市场设计及计划实施中常常忽视它们的实际存在。我们要追问的是，到底是什么原因导致了这些现象的存在且又使人们置若罔闻？为了回答这个问题，我们不得不追溯现代金融经济理论的历史渊源，或者说不得不从现代金融经济理论问题的现象本身谈起。

金融实践史告诉我们，凡是涉及金融实践活动的问题，如人们进行资产的市场组合，就必然会涉及债的存在与时间延续变化的关系问题，而这些问题都毫不例外地涉及金融的风险问题。即使在古代，在新开拓的土地上耕种的居民向土著居民借种子的时候，就存在着一定的风险。即便假设借债者很有实力并享有极高的信誉，但是当他们把种子播种以后，仍然存在着在不远的将来，歉收或者绝收的可能。这当然和当地的气候变化密切相关，但绝收与歉收等难以确定的风险在借债的时候谁也不能将其排除掉。利息或者说地租是原来资产价值随时间变化而引起的必然变化，这种变化是财富在充当资产时的天然职能，但还不能包括且也不足以包括外来风险所带来的巨大损失。这就是说，借贷、信用和实力是金融活动必不可少的"天然条件"。可见金融风险作为利率或利息以外的理论问题，很有必要对其进行专门的研究。因为这是和资产的市场组合密切相关，进而又涉及金融市场的变化和发展的"不同种类"的研究。

20世纪50年代初，美国经济学家马科维茨通过他的"有效边界"理论，有力地将"资产定价"与"风险限定"天然地结合到了一起。尽管在此之前人们在这方面付出了许许多多的努力，但是将资产定价的

---

[1]　〔英〕约翰·希克斯：《经济学展望》，余皖奇译，商务印书馆，2013，第54页。

[2]　详见〔美〕尤金·法玛：《金融基础：投资组合决策和证券价格》，王蕾译，格致出版社，2017，第98页。

"风险变化区间"与"利率变化范围"有机地联系在一起的当属马科维茨。但我们认为,仅从马科维茨资产的"有效边界"理论来认识资产市场组合的深刻意义还远远不够。因为马科维茨的"有效边界"理论,是直接从构成"有效边界"的"协方差"区间与"利率变化范围"的关系入手,并通过投资权重的"参数"关系在金融实践中确定了一条"天然的曲线",而构成"协方差"的"数学期望"与"均方差"之间的过渡,只是系统性的一个统计数据序列演化发展的过程。若去掉这个完整的统计数据序列演化过程,而直接使用中间环节的某一个支节的结果,难免就有"挂一漏万"之嫌。马科维茨曲线及"有效边界"理论,正是在这一系列系统性统计数据演进中仅截取了一个分支的结果,或者说是我们随后就知道的一元二次方程中众多根中的一个重根的结果(我们后面会接着证明)。我们不是说马科维茨曲线并不正确,而只是说这个结果并不全面,它只是众多结果中的一个最佳的结果。

大家知道,社会分工将本来混合在一起生产的同一产业,在技术进步的作用下(这里货币的媒介作用除外)分割成两个完全独立的、毫不相关的产业。而人们为了更好的生活又要通过市场的作用,将这两个相互独立产业的资产通过市场的交换达成共赢。这就要求在由这两个互不相干的产业资产构成的平面空间上,建立一个两产业资产相互作用的关联性模型(一般表现为平面上的线性方程),并以此来描述它们交换时的价值变换规律。我们随后就知道,这个线性方程的根又是一个 n 次多项式的根的表现。资产的市场组合原理,就是根据两产业资产要素构成的相关性方程来描述的。

根据现代金融经济学原理,在市场作用下的资产组合作用方式,应该是根据数据统计基本作用规则创建的由市场价格指导的资产作用价值体系。这种资产作用价值体系,是基于均方差的数据统计原理进行计量的。例如,用随机变量 X 表示某一产业的一种资产的方差区间,即有:

$$DX = E(X - EX)^2 = \sum_{k=1}^{\infty} (x_k - EX)^2 p_k$$

很明显,这里的数学期望值越大,偏离程度就越小,资产组合随机变量 X 按市场功能的交换程度就越好,计算的质量就越高。同样,对于另一产业的某一资产组合随机变量 Y，当然它是要与随机变量 X 进行交换的。它的偏离程度应该和随机变量 X 相似，即用随机变量 Y 表示的一种资产的方差区间，如：

$$DY = E(Y - EY)^2 = \sum_{k=1}^{\infty} (y_k - EY)^2 p_k$$

可以看出，这两组资产 X 和 Y 是两个互相独立的、毫不相关的产业资产，它们要通过市场的作用发生相互作用关系，即组成一个线性方程。因此，我们要用 EX 和 EY 构成一个平面坐标系。在这个坐标系中，X 和 Y 将发生线性关系，因而构成一个彼此相关的线性方程式，如 $Y = aX + b$（见图 1.1.1）。现在要问，这样的线性关系式是怎样在理论上实现的呢？

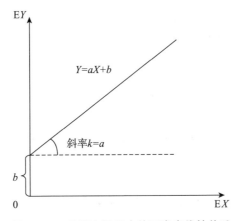

图 1.1.1　平面坐标系中的两资产线性关系

根据协方差的定义，设二维随机向量 (X, Y) 的数学期望 (EX, EY) 存在，即若

$$E(X - EX)(Y - EY) \neq 0$$

时，则称它为随机变量 X 与 Y 的协方差，一般记为 $\text{Cov}(X, Y)$，但若记

$$\text{Cov}(X, Y) = E(X - EX)(Y - EY)$$

整理上式可得：

$$\text{Cov}(X, Y) = E(XY) - (EX)(EY),$$

然而根据柯西－施瓦茨定理，我们有：

$$[E(XY)]^2 \leqslant E(X^2) \cdot E(Y^2)$$

很明显，它实际上就是一个一元（变量元为 t）二次方程：

$$h(t) = E[(X+tY)^2] = (EX^2) + 2tE(XY) + t^2(EY^2) = 0$$

的根的判别式。从这里可以看到一个十分关键的问题，那就是上面的方程 $h(t)=0$ 没有实根，只有重根和虚根，即：

$$[2E(XY)]^2 - 4(EX^2)(EY^2) \leqslant 0 \qquad (1.1.1)$$

若有重根（a），我们立即可得到：$g(a) = D(Y-aX) = 0$，但根据方差的性质，若 $Y-aX=b$（常数），则它的概率 $P\{Y-aX=b\}=1$。于是我们立即得线性方程：$Y=aX+b$。这样我们就得到现代金融统计学的随机点 (X, Y)，几乎都分布在直线 $y=ax+b$ 的周围。这个过程一般的数理统计学已经做过详细的介绍，这里不再赘述。但在讨论了重根以后，现代金融经济学不再对方程 $h(t)=0$ 的虚根进行讨论了，这就使我们失去了资产市场组合理论不少十分有用的东西。由此看来，我们还必须对一元二次方程

$$h(t) = E[(X+tY)^2] = (EX^2) + 2tE(XY) + t^2(EY^2) = 0 \quad (1.1.2)$$

及其重根和虚根进行更为深入的讨论。

一 关于重根的实践以及由此带来的两个重要问题

（一）是统计规律失效还是另有他因

不管是统计学还是数理经济学，人们对由概率论引申出来的线性方程 $Y=aX+b$ 的运用已经成为一个不可否认的事实了。但是它的缺陷也很明显，即围绕着直线 $Y=aX+b$ 上的残差实在太大了，这对于较为严格的市场决策要求来说是不能"容忍"的。图1.1.2是我们根据尤金·法玛关于"IBM公司1963年7月至1968年6月股票月收益率 R_{it} 与市场组合的收益率 R_{mt}"数据绘制的市场回归模型图。[①]

---

① 详见〔美〕尤金·法玛：《金融基础投资组合决策和证券价格》，王蕾译，格致出版社，2017，第78~81页。

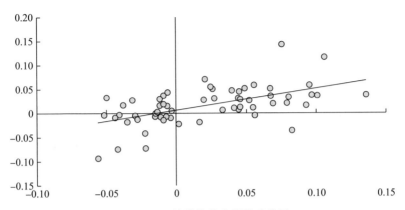

图 1.1.2　统计线性方程的残差图

这个图形的线性回归方程为：

$$R_{it} = 0.0103 + 0.6745 R_{mt} + e_{it} \tag{1.1.3}$$

这里的 $\beta_{it} \approx 0.6745$，$e_{it}$ 就是图 1.1.2 中围绕直线 R_{it} 的各残差点，我们可以求出它的近似误差。根据图 1.1.2 中残差点的位置，很容易找到各个残差点的具体坐标，又根据残差估计公式容易得到：

$$s^2(\tilde{e}_i) = \frac{\sum_{t=1}^{T} \tilde{e}_{it}^2}{T-2} = \frac{0.09164}{58} = 0.00158$$

再根据股票价格 R_i 的统计关系，我们有

$$s^2(\tilde{R}_i) = \frac{\sum_{t=1}^{T} (\tilde{R}_{it} - \bar{\tilde{R}}_i)^2}{T-1} = \frac{0.1326}{59} \approx 0.00225$$

这样就有：

$$\frac{s^2(\tilde{e}_i)}{s^2(\tilde{R}_i)} = \frac{0.00158}{0.00225} \approx 0.702 \tag{1.1.4}$$

尤金·法玛认为，这样的样本估计值中有超过 70% 的 $\tilde{R}_{it}$ 的样本方差不能被 $\tilde{R}_{it}$ 和 R_{mt} 之间的市场模型所解释。相反的，由于

$$1 - \frac{s^2(\tilde{e}_i)}{s^2(\tilde{R}_i)} \approx 0.298 \tag{1.1.5}$$

由此，尤金·法玛认为线性回归方程能进行精确解释的程度才不到30%。

首先，尤金·法玛对经典案例的选择以及整个实证检验的理论程序都是完全正确的，我们还看到了尤金·法玛对他实证检验以及系数估计的可靠性进行的一系列证明。其次，因为有超过70%的 $\tilde{R}_{it}$ 的样本方差不能被 $\tilde{R}_{it}$ 和 $\tilde{R}_{mt}$ 之间的市场模型所解释，因此仅仅能够解释不到30%的结论就应该是真实的。我们的问题是，这70%和30%的关系到底是怎么回事呢？是统计规律的失效还是另有其他的原因在起作用呢？因此我们看到了解决这些问题的思路在于，将这个原因找出来从而加强线性回归模型的精确度。于是我们觉得寻找答案的线索应该是对上面所述的一元二次方程（1.1.2）的根的问题进行更深入细致的讨论。而本书所要做的正是把这些没有深入讨论的问题继续深入地讨论下去，一直到找出以上问题的答案为止。

（二）两资产投资组合模型的普适性问题

在线性回归模型的理论指导下，我们通常要将线性回归方程的自变量线性系数（也称为斜率，一般用 β 表示）进行标准化处理，即有：

$$\beta_i = \frac{\mathrm{Cov}(\tilde{R}_{it}, \tilde{R}_{im})}{\sigma^2(\tilde{R}_{mt})} \qquad (1.1.6)$$

这是一个很重要也很有意思的数学表示。很明显，（1.1.6）式的分子是一个以随机变量 $\tilde{R}_{im}$ 为基准的协方差，分母的方差 $\sigma^2(\tilde{R}_{mt})$ 是要将分子协方差标准化。然而协方差的形成实际上是月收益率 $\tilde{R}_{it}$ 以平均值 $\tilde{R}_{it}$ 的形式，从市场投资平均收益率 $\tilde{R}_{mt}$ 方向旋转了一个角度的点乘值（$\sigma^2(\tilde{R}_{mt})$ 的标准化处理），这样的"旋转"应该是有方向的，它的方向就是图1.1.2的线性回归方程（1.1.3）式的 e_{it} 值的产生方向，这样就有 $\tilde{e}_{it}$ 和 $\tilde{R}_{mt}$ 相互独立（垂直）的关系，且以 $\sigma^2(\tilde{R}_{mt})$ 的形式表现出来。事实上，它是由下面的"小型勾股弦定理"形成的，即

$$\sigma^2(\tilde{R}_{it}) = \beta_i^2 \tilde{R}_{mt} + \sigma^2(\tilde{e}_{it}) \qquad (1.1.7)$$

但在现实中（1.1.7）式往往被人们忽略，实际上它是一个十分重要的关系式。它充分说明了资产市场组合的微观机理——在一连串资产市场组合的基础上，市场交换慢慢地、不停地脱离它原来所处的位置（平面），并跳跃到一个新的平面上（垂直水平方向，这就是我们后面要讲的扩域）。这样，上面提到的（1.1.4）和（1.1.5）式，即一系列的70%多和不到30%的数据，使市场交换面临着"跳跃能否脱离原来的轨道"而进入到一个新的层面的问题，本书将要较为详细地讨论市场的这种作用。

大家知道，两资产投资模型是将横坐标设定在与投资 p 相关的两资产组合 q 和 s 的市场组合作用 $\sigma(\tilde{R}_p)$ 上，将纵轴设定在与投资 p 相关的两资产组合 q 和 s 的加权收益期望值 $\mathrm{E}(\tilde{R}_p)$ 上，这就有下面的系列方程存在：

$$\tilde{R}_p = x\tilde{R}_q + (1-x)\tilde{R}_s \tag{1.1.8}$$

$$\mathrm{E}(\tilde{R}_p) = x\mathrm{E}(\tilde{R}_q) + (1-x)\mathrm{E}(\tilde{R}_s) \tag{1.1.9}$$

$$\sigma(\tilde{R}_p) = \left[x^2\sigma^2(\tilde{R}_q) + (1-x)^2\sigma^2(\tilde{R}_s) + 2x(1-x)\mathrm{corr}(\tilde{R}_q,\tilde{R}_s)\sigma(\tilde{R}_q)\sigma(\tilde{R}_s)\right]^{1/2}$$
$$\tag{1.1.10}$$

这里的权重设置为 $0 \leqslant x \leqslant 1$，即当在投资点 q 时，权重系数分别为 $x=1$，$1-x=0$，表示所有的资金都投资于 q；同样在投资点 s，有 $x=0$，$1-x=1$，表示所有的资金都投资于 s。在 $\tilde{R}_q$ 和 $\tilde{R}_s$ 完全正相关的情况下，1.0 和 0.0 之间的任何 x 值，都可以在 q 和 s 直线上生成 $\mathrm{E}(\tilde{R}_q)$ 和 $\sigma(\tilde{R}_p)$ 的一个组合。所以这里线段 qs 上的权重分配显得十分重要，他们的分配原则严格地按照权重的次序进行分布，通常是按表1.1.1的第一、第二列的分配方式进行分配，即若 $x=1$，$1-x=0$；$x=-0.5$，$1-x=1.5$；等等。

下面通过一个实例来说明这个问题。我们假设兖州煤业和广深铁路通过市场进行资产组合，我们采用的股票样本沪深300指数来自雅虎财经，股票编号已在图1.1.3中标明，数据自2018年11月23日至2019年11月22日。利用（1.1.8）、（1.1.9）和（1.1.10）式计算的结果如表

1.1.1 所示，图 1.1.3 是我们根据表 1.1.1 绘制的资产组合图。

表 1.1.1   兖州煤业与广深铁路的资产组合结果

x	$1-x$	Return	Std
-0.5	1.5	0.030900406	0.000534
-0.4	1.4	0.024720589	0.000443
-0.3	1.3	0.018540772	0.000364
-0.2	1.2	0.012360955	0.000296
-0.1	1.1	0.006181138	0.00024
0	1	$1.32048E-06$	0.000195
0.1	0.9	-0.006178497	0.000162
0.2	0.8	-0.012358314	0.00014
0.3	0.7	-0.018538131	0.00013
0.4	0.6	-0.024717948	0.000131
0.5	0.5	-0.030897765	0.000144
0.6	0.4	-0.037077582	0.000169
0.7	0.3	-0.043257399	0.000205
0.8	0.2	-0.049437216	0.000252
0.9	0.1	-0.055617033	0.000311
1	0	-0.06179685	0.000382

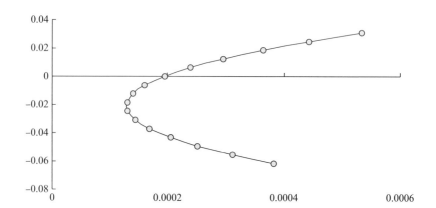

图 1.1.3   兖州煤业（600188）和广深铁路（601333）的
资产市场组合

图 1.1.4 是图 1.1.3 的几何特征，图中的线段 qs 就是权重分布的正

常范围。在 q 点，$x=1$。在 q 点的左下方沿着虚线的位置 $x>1$，不属于我们设定的权限范围。在 q 点右上方沿着 qs 的方向，权重按 x 和 $1-x$ 的方式取值。它们对应的弧线就是图 1.1.4 中的 qes 曲线，这个曲线与线段 qs 围成了一个凸区域，在这个区域进行的两资产组合属于安全区域。从图 1.1.4 可以看出，在线段 qs 上分布的资产组合完全是风险回避的，要提高资产组合效益又要尽量地将风险压缩到最低水平，就必须使在线段 qs 上的权重分布点逐步地沿 qes 移动，最终在曲线 qes 的某个切点的位置（eM 线段之间，包括 e、M 点），实现资产组合效用的最大化。可见，在 $\sigma\left(\tilde{R}_p\right)$ 和 $E\left(\tilde{R}_p\right)$ 构成的平面上，资产组合中的投资权重占有极其重要的位置。图 1.1.4 中的点 s 通常被称为 M 点，它是卖空股票的临界点。与它相对应的纵轴上的 y 点通常被称为 R_p，为理论上收益率的具体值。在 M 点以外的区域，如图 1.1.4 所示，这里 $x<0$，$1-x>1$，参见表 1.1.1 的权重分配，一般不利于资产组合。q 点左下边的区域也是非常重要的，这是 $x>1$，$1-x<0$ 的区域，q 点是资产交易买空的边界点。同样，在 q 点左下边的区域也是不利于资产组合的。

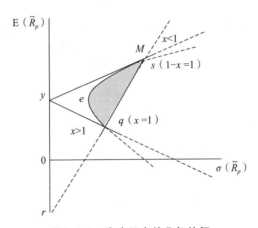

图 1.1.4　资产组合的几何特征

这里特别重要的是 qes 曲线，它的具体方程形式、形状以及最小风险区域 $\sigma\left(\tilde{R}_p\right)$ 的确定，就是图 1.1.4 中 q、e、M（s）点各自所对应的横坐标 $\sigma\left(\tilde{R}_p\right)$。对于两资产的固定市场组合来说，$e$ 点似乎是一个固定点，那么这个固定点就应该有一个固定的值，这个固定的值是什么？

要回答这个问题，首先必须弄清楚马科维茨曲线的方程是什么。只有准确地将这个曲线的方程写出来，我们才能根据投资 p 的利率参考值的大小，求出 e、M 的具体切点。但是，我们根据经验作图是找不出这个具体的曲线方程的。怎么办呢？1972 年诺伯特·莫顿的研究给我们带来了很大的启示。莫顿发现，如果所有证券都可以无限做空，而且如果不可能获得一个 $\sigma(\tilde{R}_p) = 0.0$ 的投资组合，那么，投资组合可行集的左边界即最小投资组合集，就是一个双曲线。[①] 我们认为，莫顿的说法完全正确，但莫顿的结论可能有问题。问题的关键是双曲函数的曲线不可能直接达到 $\sigma(\tilde{R}_p) = 0.0$，因为完整的双曲函数图像都是一系列曲线族，这些曲线族在坐标原点的周围都有一个渐近区域，因此不可能有 $\sigma(\tilde{R}_p) = 0.0$ 的存在。但是这些渐近线，如右边的渐近线恰好就是 $\sigma(\tilde{R}_p)$ 的最小值区域，它理应对应于譬如 $\sigma(\tilde{R}_p)$ 值的最小区域，如 qes 曲线上 e 点的最小值区域。本书就是从这里展开研究的，但这要涉及一些新的数学领域，我们随后将依次说明这些重要的数学领域在金融经济学中的作用，并较为详细地介绍它们的金融经济学意义。

二 $h(t) = 0$ 虚根的金融经济学现象及其后果

现在我们再来看看 $h(t) = 0$ 虚根的金融经济学现象，以及由它所引起的金融经济学后果，这在现代金融经济学领域也是很少有人提及的。

（一）数学上的扩域及其金融经济条件

我们要时刻牢记的是，虚根实际上是由（1.1.2）式所导致的 $h(t) = 0$ 的一元二次方程的根所引起的，即：

$$t^2(EY^2) + 2tE(XY) + (EX^2) = 0$$

它的根的判别式为柯西 – 施瓦茨定理的特殊形式，即

$$[E(XY)]^2 < E(X^2) \cdot E(Y^2)$$

① Merton, Robert C., "An Analytic Derivation of the Efficient Portfolio Frontier," *Journal of Financial and Quantitative Analysis*, 1972: 1151—1172, 1972.

很明显，这是一个形如一元二次方程 $ax^2 + bx + c = 0$ 的根的判别式的平方——$b^2 - 4ac < 0$ 的情况。在这种情况下，要解形如 $h（t）=0$ 的一元二次方程，首先需要做的是对根的值域进行扩域，即我们必须将原来

$$[\text{E}(XY)]^2 \geqslant \text{E}(X^2) \cdot \text{E}(Y^2)$$

所代表的一元二次方程的实根（包括重根），扩展到包括有理数在内的无理数和复数的领域。比方说原来的根的值域 F 仅仅是有理数，这是人的金融经济行为决定了它们必须是有理数，即人们要把在金融经济活动中诸多不可数的东西变成可数的东西，这样才能确定投资和分配的比重。人们日常进行的经济活动所获得的生产性价值，由于生产的不可间歇性及连续性常常会表现为无理数的价值形式，这在相互合作（优势互补）的情况下表现得更加明显。要把叠加在一起通过合作获得的价值，用有理数的形式适当地予以分开才能进行分配。市场交换所形成的分配形式当然是一种最佳的分配形式，但也必须用有理数进行适当的分开。市场经济是怎样将无理数的价值形式"变换成"有理数的形式而进行"分配"呢？这就是市场上的价值博弈过程以及最终交换的完成，实际上它也仅仅是一种近似的结果。如两个人能力相同但禀赋互补的劳动价值看起来是 2（其中每一个人的价值被确定为 1），但要进行交换时就变成了$\sqrt{2}$。[①] 也就是说，人们原认为合作时都有一个单位的价值贡献，而在分配时价值却变成了 $\sqrt{2}$ 个单位。这绝不是简单的数据变化，在数学上体现的是计算领域的变化。这个领域的变化将导致整个计算方式及方法论的变化，因此它就绝不可能再用有理数的计算方法来得到满足。

例如，$\sqrt{2} = 1.41421\cdots$（无理数）$= 1 + 0.42421\cdots$（无理数）$= \tan\dfrac{\pi}{4} + \tan\dfrac{\pi}{8}$。大家知道一个半径为 $\sqrt{2}$ 的圆内接正方形，它的中心在平面坐标系坐标轴原点的第一象限内，就有一个边长为 1 的小正方形的对角线

---

① 这个增加了的价值被德国哲学社会学家西美尔称为"财富的自然增值"，英文被译为 unearned increase of wealth，意为是非劳动所创造的、由财富自身的社会性等因素所带来的增值。详见〔德〕西美尔：《货币哲学》，陈戎女、耿开君、文聘元译，华夏出版社，2018，第 195 页。这个问题我们在后面的"铜钱模型"里还要详细地进行讨论，但参与投资的资产，其价值的自然增值只有在市场经济条件下才能实现。

为 $\sqrt{2}$。这个小正方形的对角线在第一象限内就把小正方形分成两个"对称的"直角三角形，它的正切值 $\tan\frac{\pi}{4} = 1$。按照詹姆斯·托宾的构想，两资产组合者恰好就在小正方形所对应的坐标值为 1 的边长上，然后在达成市场组合（等价交换的都是一个单位价值）协议的基础上，他们就分别地走到了小正方形对角线的位置上。如果交换成功，他们也就分别交换了他们"以交换物为代表"的位置，这时可用对角线分别向两个相反的方向旋转 $\pi/8 = 22.5°$，形成 $\sqrt{2} - 1 = \dfrac{1}{\sqrt{2}+1}$ 的对偶性关系。所以说，两个资产组合者往往是在"小正方形的对角线上"交换成功，进而形成客、主观价值的变化。资产市场组合的这个关系就是本书核心强调的"铜钱模型"的数学原理。它把虚拟经济与实体经济的相互转化，金融风险和危机存在的基本过程、发生过程及基本原理，逐渐有序地"暴露"在了人们面前，为我们运用现代金融经济学的基本概念和手段应对金融风险和危机奠定了可行的数学基础，这些问题和过程我们将在本书中用数学方法逐步地进行分析。

再如我们通常所说的市场交换，包括我们要通过市场进行的所谓"资产组合"，实际上是人们用他们多余的产品通过市场交换获得自己所没有的且十分有用的产品，这种交换的成功往往会使交换者拥有的财富价值在"数量上"达到倍增。可见，市场交换的成功实际上代表着一种人类劳动产品的价值循环。一般来说，循环是离不了循环的标志"π"（人们称之为圆周率）的。大家知道市场交换的成功与否，对实际产品的生产和再生产影响极大，这客观上标志着人们生产（包括计划在内）能否成功或自己的目标能否达到，因此这就和产品的价值循环有直接的关系。所以人们常常把 π 称为超越数。它看起来也是一个无理数但实际上它和无理数还是有区别的，这样我们的计算领域就必须进行再一次地"扩张"，即从有理数、无理数向复变函数领域进行扩张，这在数学上称为扩域。就形式上看，产品的市场配置乃至市场交换的成功，使产品价值在数量上、形式上都会达到大幅度的增加和提高，即有 $\sqrt{2} \times \pi \approx 4.44$ 的作用。正如前面所讲的，这个数据在经济学家进行的检验和经验实践中，曾经得到过不同的解释。本书将适当地介绍这种解释并给予具体的实证依据。这样，我们就将金融经济学的计算领域从仅有有理数的领域 F，扩展到既包含无理数又包含复变函数（超越数 π）的领域 E。这种扩展，会引起金融经济学领域一系列新的变化。它使金融风险的存在原因和作用特点变得十分突出，进而为金融风险的防范和抑制金融危机的发生提供可靠的理论保障和实践基础。

所以，我们上面所举的例子并不是特例，而是来自我们要揭示的金融经济学的普遍原理。可见，上面提到的 $h(t)=0$ 的一元二次方程的根的问题，反映了金融经济学领域最本质、最普遍的基本问题。在这里我们会看到，为什么在金融经济学领域里，通过市场的配置，普惠和双赢是非常普遍的。但要实现公平共赢的市场交换，无理数 $\sqrt{2}$ 和超越数 π 就是恰当的市场扩张必须面对的自然过程。因此，金融经济学方程的根的领域的扩展是必不可少的。这种扩域严格地限制了金融市场交换的次数，使它成为揭示金融风险产生原因、防止金融危机爆发的基本前提。在本书中我们还用了简单的群论知识讨论和证明了这些基本的问题。

（二）扩域所涉及的数学范围以及我们的具体安排

我们虽然是从本章的（1.1.2）式，即 $h(t)=0$ 的一元二次方程的根的存在和排列情况展开问题的讨论的，但若我们再在这个方程的基础上，对一元多次方程的解的形式进行深入的讨论，就难免会使讨论的问题复杂化。因为现代数学已经在这个问题上另辟蹊径，若我们顺着这条蹊径走下去，不但会节省我们的"人力物力"，而且还会很快地找到金融风险的"藏身之地"。在这里就让我们先简单说说本书的"路径依赖"吧！

现代数学将一元多次方程的解的问题，归结为最高次数为 n 的多项式的因式分解所形成的解的组合群问题。比方说，我们在集合 K 中运用群的"加法"和群的"乘法"运算，分别记作 $(K,+)$ 群和 $(K,\cdot)$ 半群，在满足加法分配率和交换律的 $(K,+,\cdot)$ 情况下，我们所讨论的问题就会形成一个环的问题。可见环是群理论的进一步扩展，在环的理论指导下，我们能够具体讨论多项式的根的排列和分布情况。这就是要在整环 $(F,+,\cdot)$ 里面能够找到至少两个元素，且这两个元素在多项式的存在域 F 中能使每一个非零元都有一个逆元，这样的集合 F

就构成了域。随着资产在市场进行组合，资产组合多项式的存在域 F，也随着它的非零元素（有逆元）的增加在扩大，从而引起根的种类和排列的不断变化，所以这样的域 F 也被称为基域。例如，在有理数集合 Q 中，多项式 $f(x) = x^2 - 2$ 的解就在它的基域 F 之中，它的解存在着 $\pm\sqrt{2}$ 的情况，明显超出了有理数集合 Q 的范围，因而形成了 $Q(\sqrt{2})$ 的扩域。我们把这个扩大了的域称为扩域 E，它将不再仅仅包括有理数，而且还包括了无理数的实数域，这个域就扩大了 $[Q(\sqrt{2}):Q] = 2$ 次。金融元素的风险就隐藏在这种多项式的根的变化的排列和组合之中。

举一个我们书中常用的例子。对于 $f(x) = x^n - 1$，在 $f(x) = 0$ 的情况下在基域 F 上形成了伽罗瓦群。它的解是一个经过扩域的根域 $E = F(\xi)$，这里的 ξ 是 n 次本原根，可以看出它是在半径为1的圆周上进行的 n 次分圆所得的多项式的根。这个多项式在有理数域 Q 范围中是不可约的，不过在经过变化了的 F 域上它是可约的。这个变化的条件就好比存在一个同态映射 σ，使得 $\sigma \in G(E/F) = G$。其中的 $G(E/F)$ 就是伽罗瓦群。这时的本原根 ξ 就会成为 $G_n = \{1, \xi, \cdots, \xi^{n-1}\}$ 中的一个生成元。于是就有 $\sigma(\xi) = \xi^i$，$(i, n) = 1$，即 i 和 n 同比例变化，这样的根 ξ^i（$i = 1, 2, \cdots$）就具有循环性。由此按映射为 $[i]_n$，定义 φ：$G \to Z'_n$，可以证明 φ 是 G 到 $\text{Im}\varphi = \varphi(G)$ 上的同构映射。因为 Z'_n 是可换群，所以 Z'_n 的子群 $\varphi(G)$ 也是可换群，因此 G 也是可换群。即得到 $f(x) = x^n - 1 = 0$ 在 F 上的伽罗瓦群是可换群。这就符合了资产市场组合最基本的市场特性——可交换性。

股市的主要风险来源于基域 F 上的多项式在扩域的过程中，因容纳了和原来因素有关的一些新的因素而出现的一些新问题。比方说无理数 $\pm\sqrt{2}$ 或者超越数 π，这些经过扩张了的资产组合多项式，在原来的基域 F 上能否存在？怎样存在？这样资产组合的市场循环（交换）是否能够继续运行？或者交换的次数由于扩域的原因还面临什么限制？这些问题只能在伽罗瓦群论的基础上进行讨论才能得到解决。因为伽罗瓦群的一个最鲜明的特点就是它具有可交换性、循环性，它使得交换前后的域结构具有同构映射的基本功能。

可以看出，无论是群还是环、域的基本理论，都不是用解多次方程的方法来直接解决所讨论的基本问题的，而是根据问题的基本特性研究和寻找解的结构，进而把这种解的结构再按一定的关系和顺序进行排列和组合（群的形成的定义），以使它们和多项式的系数以及常数建立起一种一一对应的关系，由此使问题得到解决。历史证明，这种方法是卓有成效的。

伽罗瓦群对我们所讨论问题的解的揭示，与其说是金融问题的解是在原基域 F 的扩域 E 上，形成了 $Q(\sqrt{2})$ 形式的多项式结构，不如说是解决了多项式 $Q(\sqrt{2})$ 的解的存在范围，并确定了它的存在结构。然而这样问题就彻底地解决了吗？现代金融经济领域似乎认为是解决了，因为现代金融经济领域几乎是以这样的方法论为依据的。然而数学领域里却认为它好像还"缺了点什么"。

我们知道，在数学领域有两个大家公认的集合是可数的：一个是有理数集合 Q；另一个是代数集合 A。当然，$Q \subset A$。对于实数 R，很明显有 $Q = (Q \cap R) \subset (A \cap R)$，这就是说 $A \cap R$ 也属于可数序列。但实数 R 是不可数的，所以 $R - (A \cap R) \neq \varnothing$，这就是说实数 R 中还存在有超越数，如我们所熟知的 π 或 e 等。现代的金融经济学理论正是缺了这个非常重要的东西。

现在，我们以有理数 Q 为基准，进行了第一次域的扩张，这时增加了 $\pm\sqrt{2}$，多项式次数增加 2。然后再进行一次扩域，从实数域 R 扩大到复数域 C，多项式次数再次扩大 2，两次合起来一共扩大到 4。根据伽罗瓦理论，这里要解决的问题只能达到多项式的最高次数为 4。但是到了复数域 C 就有了超越数 π 的存在。那么怎样把它"扩展"到解的"结构"里去呢？

因为我们把有理数 Q 作为我们开始讨论问题的基准，从这里到实数的第一次扩域为 $F(Q) \to E(R)$，其指数增加的 2 是一个素数 p。现在设 $F[x]$ 为域 F 上未定元 x 的多项式环，$F(x)$ 为其分式域，则当 $x = \pi$ 时，这里的自变量就必须改为复数形式的 z，$z = x + iy = re^{i\theta} = r(\cos\theta + i\sin\theta)$，这时的 $x = \pi$ 就成为 $\theta = \pi$。单扩域 $F(\pi) \approx F[z]/p(z)$，也就是说它俩同构。现在定义 n 次多项式：

$$F_n(z) = F_n = a_0 + a_1 z + \cdots + a_{n-1} z^{n-1} + a_n z^n \qquad (1.1.11)$$

同样有:

$$Q_m[z] = p_m = a_0 + a_1 z + \cdots + a_{m-1} z^{m-1} + a_m z^m \qquad (1.1.12)$$

这就得到分式域的有理函数:

$$R(z) = \frac{F_n(z)}{Q_m(z)}$$

但由于 $F(\pi)$ 是单扩域,必存在一个 $f(\pi)=0$ 的多项式。若我们只在实数范围内考虑问题,这里不妨取 $z(\theta)=\pi$,就有 $p_2(\pi)=re^{i\pi}=0$。另外由于伽罗瓦群的限制,这里的 n 和 m 只能取 4 和 2。故有伽罗瓦理论 $E=GF(p^2)=2$。事实上,(1.1.11) 式中的复数 z 实际上为:

$$z = re^{i\theta} \qquad (1.1.13)$$

(1.1.13) 式中的 r 为复数的模,若限定在单位圆周上,它的长度始终为单位圆的半径。这样,描写 (1.1.11) 式的多项式可表示为:

$$F_n(z) \approx a_0 + a_1 r e^{i\theta} + a_2 r^2 e^{i2\theta} + \cdots = a_0 + a_2 r^2 e^{i2\theta} + a_1 r e^{i\theta}(1 + a_3 r^2 e^{i2\theta}) + \cdots$$
$$(1.1.14)$$

把 (1.1.14) 式进行化简,略去高次项并把系数合并,就有:

$$F_n(z) \approx (\tilde{a}_0 + \tilde{a}_1 r^2 e^{i2\theta})(\tilde{a}_3 + \tilde{a}_4 r e^{i\theta}) + \cdots \qquad (1.1.15)$$

其中 $\tilde{a}_i$($i=1,2,3,4$)为合并系数。对于金融资产来说,我们特别注意实际财富和虚拟财富的关系问题,如我们将 $(\tilde{a}+z^2)$ 作为实际财富来考虑,而将具有循环元素的项作为资产的金融性来对待。这时 (1.1.15) 式就有以下的表现形式:

$$F_n(z) \approx (1 + z^2)\left(1 + r\left(i\theta - \frac{1}{2}\theta^2 - \frac{1}{6}i\theta^3 + \cdots\right) + \cdots\right)$$

即:

$$F_n(z) \approx (1 + z^2) + i(1 + z^2)\theta\Delta r\Delta\theta \qquad (1.1.16)$$

在 (1.1.16) 式中,第一项若按圆的形式进行描写,就可写成 $x^2 \pm y^2 = \hat{a}$ 的"圆或双曲线方程"的形式,这在金融领域的理论分析中已经得到了应用。而后一项却较少有人提及，实际上它也是十分重要的。它就是我们前面讨论的扩域的伽罗瓦理论的具体体现。在本书的讨论中，我们将知道 $z^2 = 2$，$z = \pm\sqrt{2}$，而取 θ 为 π，则（1.1.16）式的第二项就成为 $\sqrt{2}\pi\Delta r\Delta\theta$，或约为 $4.44\Delta r\Delta\theta$，其中 $\Delta r\Delta\theta$ 表示两个变化的量的乘积，它是以弧长的形式出现的。它在我们讨论的问题中显得十分重要，它就是金融经济学中的"不确定性"表达式，本书花了大量的篇幅来讨论它。

这样我们所讨论的问题就立刻变得简单起来，即我们可在多项式的乘积 $(z^2, \pm\sqrt{2})\, e^{i\pi}$ 上讨论问题。将上式作以近似，就是说我们可以在 $\sqrt{2} \times \pi$ 中讨论问题，这就从理论上回答了前面提到的市场产品交换成功后的价值 4.44 的问题。

大家知道，资产组合的最佳点在（有效的）边界上，就像马科维茨曲线一样。而我们将上面介绍的复变函数理论和伽罗瓦群结合起来，就很容易说明这一点。但是，在我们把通过市场进行的资产组合建立在如上面所说的圆周上时，必须按照复变函数的阿贝尔第二定理来进行。如图 1.1.5 所示，若幂级数 $\sum\limits_{n=0}^{\infty} c_n (z-a)^n$ 在收敛圆内收敛到 $F_n (z)$［见（1.1.11）式］，且在收敛圆周上某点 z_0 也收敛，其和为 $F[x]$，当 z 在收敛圆内趋于 z_0 时，只要保持在以 z_0 为顶点，张角为 $2\phi < \pi$ 的范围内，$F_n (z)$ 一定会趋于 $F[x]$。这是个很重要的定理，它在我们讲到"铜钱模型"时要用。或者说，当我们根据伽罗瓦群确定资产市场组合时，在多项式的次数 $n=4$ 的情况下，可将圆周分为四等分，其中 $0 \leqslant \phi < \pi/2$（2π 的四分之一，交换前交换双方各在平面直角坐标系的横轴与纵轴的端点上，即各自的交换价值为 1），考虑到前面所说的第二次扩域的次数也是 2，这表示交换双方在 $\pi/4$ 处进行交换。这时交换双方各视为 1 的价值在 $\pi/4$ 处就变成了 $\sqrt{2}$。由于复数的作用，这里有虚数的存在。在交换结束时，它们的价值就又成了 $\sqrt{2}\pi \approx 4.44$，平均约为 2.22。

这样，我们讨论的问题就涉及了复变函数的内容，这主要是为了描述金融经济学里的虚拟经济空间，也就是莱昂·瓦尔拉斯所说的"经济（商业）计划空间"。经济（商业）计划空间又必须和实际金融经济空间进行市场转换，整个人类金融经济史就是这样展开的。这就又涉及泛函

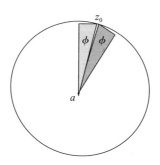

图 1.1.5　阿贝尔第二定理

分析的内容。总之，我们对这些数学概念和方法论的引用，都是在现代金融经济学研究的基础上，严格地按照金融经济学的研究需要进行的。因此，本书从现代金融经济学的经典研究入手，有步骤、有顺序地对现有的金融经济学方法论进行拓展，目的是使现代金融经济学在前人研究的基础上更加科学化、系统化和实践化。因此我们把所得到的结论都完全地进行了数理逻辑检验和实证检验，以提高它的实用性和对经济危机的预测和防范能力，进而为金融经济安全服务。本书就是在这样的情况下展开讨论的。

第二节　由托宾的资产组合流动性
看货币转换的市场属性

人们日常的经济活动离不开货币，但是，人们关于货币的定义，至今有着不下十位数的差异之处。为什么人们对于这个熟悉的名词却没有一个统一的、普遍一致的看法或观点呢？其原因就在于每一个关于货币的定义，都会带来前后矛盾、彼此相悖的逻辑效果。据说货币的产生和人与人之间的产品交换，几乎有着相同的历史。这是因为人与人之间的产品交换，首先应该是拿着自己多余的生活用品去交换。在一般情况下，人们是不会拿着自己短缺的生活必需品去进行交换的，这就有了价值（价格）的存在。根据货币的一般职能，这也就确定了货币的基本存在形式。而价格的存在是和交换品的具体数量有关的。在市场经济条件下，价格和数量的具体关系是经济学"不确定性"存在的根本原因，这才形成了经济学定位的重要基础。"剩余物品变成了价值的象征。当用某一剩余物换来其他物品时，它的价值就兑现了，从而变成了货币。"① 若是这样，据有关资料记载，人类交换的历史至少也应从荷马时代算起，那么至今也有三千多年的历史。② 当然，我们在这里不是要追溯货币的历史，我们只是要探讨货币概念的复杂性。正是因为这种复杂性模糊了人们对货币本质的理解，进而导致了人们计算的理论结果和现实之间的巨大误差，人们对每一次重大经济危机的误解或误判，无不与这种误差有关。

　　这里，我们不妨引入一个较权威的货币定义③：

　　　　货币为任何一种起着交换媒介、计价单位和价值储藏作用的商品。

　　这个定义，初看起来没有任何字面上的矛盾。但是，在现实的经济活动中，"计价单位"和"交换媒介"（涉及具体的交换数量）就存在静态和动态的区别。很明显，静态的"价值数量"和动态的价值数量是不一致的，所以货币的存在和作用就会使人们的经济计划或预算处于相互矛盾的状态。一个具体的例子是，在某一区域一种商品的价格或价值（剩余产品在这里变成专门为了交换的商品），与"运动到了"不同区域的同一种商品，就有着完全不同的价格或价值。也就是说，在完全相同的区域，流动着的货币和储藏着的货币，在同一段时间内也存在着完全不同的价格或价值。"核心问题在于'货币'可以很容易地被定义，但实际中很难衡量发行在外的有效货币的数量"。④ 这说明，货币的储藏价值随着时间的变化具有可逆性，而处于交换状态的同一性质的商品随着时间的变化，它的价值变化却具有不可逆性，等等。正是这样的矛盾或者逻辑上的悖论，常常使人们在实际的经济计划或经营规划中，很难达成统一的认识，最终造成巨大误差或风险误判，导致间接或者直接的经济损失乃至引发经济灾难。为了尽量避免这种误差或误判，或者为了尽

---

① 〔美〕卡比尔·塞加尔：《货币简史》，栾立夫译，中信出版集团，2016，第 9 页。

② 〔英〕哈耶克：《致命的自负》，冯克利、胡晋华等译，中国社会科学出版社，2000，第 40 页。

③ 〔英〕劳伦斯·哈里斯：《货币理论》，梁小民译，商务印书馆，2017，第 3 页。

④ 〔美〕查尔斯·P. 金德尔伯格、罗伯特·Z. 阿利伯：《疯狂、惊恐和崩溃——金融危机史》（第七版），朱隽、叶翔、李伟杰译，中国金融出版社，2017，第 85 页。

可能地缩小以及有效地预防这些灾难，就必须对货币的本质属性进行认真的探讨和深入的研究。

这一节本想讨论货币的基本职能所导致的货币时空效应，但考虑到上面劳伦斯·哈里斯关于货币的定义，我们认为仅货币的职能还不能全面概括货币的基本属性。这是因为，货币本身也是一种特殊的商品。作为商品，货币应该也是有价格的。如果涉及货币的价格，货币的职能所涉及的货币属性将仅仅是货币属性的一个方面，此一个方面和彼一个方面所涉及的货币属性同样重要。但是，按照金融经济学的认识顺序，我们还是先从由货币职能所引起的货币属性谈起。

从现有的资料来看，货币计量单位的起点应该是货币的定价可靠性，但货币定价的可靠性是用货币的信用制度来衡量的。这种信用制度在实际的经济运行中，往往会受到货币流动性的冲击。在经济全球化的今天，一国货币的流进或者流出所引起的汇率变化就是一个典型的例子。此外，以金融证券形式出现的对信用制度的冲击，常常会使货币的价值范围远离它的定价范围，进而使货币流动的速度与实体经济增长的速度相差甚远。应该说马克思最早注意到这些情况，他首先发现了金融危机的形成，就是因为货币流动所引起的价值变化远远超过了原先定价形成的货币价值量。现代马克思主义研究者大卫·哈维教授一针见血地指出，"金融体系与它的货币基础之间不可避免的矛盾可以直接追溯到货币的双重职能，即价值尺度与流通手段。当货币发挥价值尺度的职能时，它必须真实地代表在它帮助下流通的价值。"[①] 在这里，马克思和西方主流经济学家及银行家几乎持有相同的观点，"货币——贵金属形式的货币——仍然是基础，信用制度按其本性来说永远不能脱离这个基础。"[②] 我们知道，在罗斯福新政时期，美国的大多数银行家，为了避免持有的货币贬值，不约而同地反对新货币体制而坚持金本位制。[③] 这是因为金本位制能够较好地代表社会真实的财富量。关于这个问题的原因，我们将在后续章节中陆续涉及。

---

① 〔英〕大卫·哈维：《资本的限度》，张寅译，中信出版集团，2017，第459页。
② 《马克思恩格斯全集》，人民出版社，2006，第685页。
③ 详见〔美〕埃里克·罗威：《货币大师》，余潇译，中信出版集团，2016，第90～91页，第274页。

　　将货币的职能作为货币的属性进行"彻底"认真研究的，当属于美国著名的金融经济学家詹姆斯·托宾。与任何科学设定某事物的属性时需要先做出某些基本假定一样，尽管这些假定和后面的研究证明必然重复，但没有这些假定我们就无法进行专门的研究。因此，我们现在要研究托宾关于"货币流动性"的这个重要的属性，我们首先必须假定资产分为通货、实物和利率这样三种不同的形式，而通货、实物和利率都是完全可逆的[①]。

　　如图 1.2.1 所示，托宾的构思非常巧妙。他将资产从决定出售到实际脱手所花费的时间的方向设计为从右向左。同时，他认为如果买卖顺利的话，资产不可能马上就从销售者那里售出，因此它始终要延续一小段时间 Od，哪怕是几小时、几分钟抑或几秒钟，但它应该是始终存在的。但在这段时间里资产的交换价值会立即上升为 100%。事实上，位于 100% 处的水平线，就是代表具有完全流动性的资产。同时也说明无论出售决定做出得有多迟，该资产都能实现其全部价值。很明显，这一过程就等同于变现。图 1.2.1 中的不完全流动性曲线描述了另外一类资产。对于这类资产，其全额价值能否实现取决于是否有充足的时间来寻找买主。在较短的时间内（当然不能过短），这样的资产可以被出售；但出售决定做出的越晚，实现的价值就越少。[②]

　　在上面的资产组合设定下，可以看出，托宾的资产流动性实际上也就是通货的流动性，对于我们来说也可以说是货币的流动性。它有力地证明了货币的流动和不流动对价值大小的影响。但我们的问题不仅仅在托宾的这种证明里，我们的问题还在设计这种证明图形的"根源"里。正因为是这个图形具有相当"巧妙的"构思，我们始终在思考，托宾设计这样的证明图形是根据什么原理进行的？比方说，在资产马上就要出售的那一小段时间 Od 里，其价值就成为一个"可望而不可及"的极限值，我们不妨把它称为"不完全流动曲线"的"下确"渐近线。而在距

---

① 这里出现了重复，而实际上只有设定了有限的重复才能证明实物资产和通货在市场经济的条件下完全可逆，实际上它们是不可逆的，这可以从同业银行隔夜利率中表现出来。

② 可参见〔美〕詹姆斯·托宾、斯蒂芬·S. 戈卢布：《货币、信贷与资本》，张杰、陈末译，中国人民大学出版社，2015，第 12~13 页。

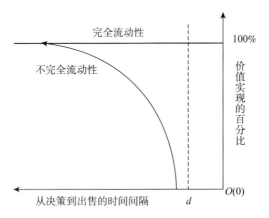

图 1.2.1　托宾的货币流动性和不完全流动性

横轴一段平行距离，即 100% 的价值实现百分比上的"横轴平行线"上，又是一个具有完全流动性的货币区域，完全变现就是完全从实物资产变换成现金，即从不具有可分性变成了具有可分性，这必然是一种"哲学上的"变换，这其中的机制或者原理是什么？

　　问题是，我们已经假定了实物资产和通货是完全可逆的，如果我们沿着托宾的思路继续追踪下去，那么这种可逆性正集中在我们上面提到的"横轴平行线"上。在这里，虽然拥有着实物资产和通货这两种不同的资产组合，但根据资产组合的特性这两种资产的货币转换也应该是"按比例、有秩序"[①] 的，我们就需要像图 1.2.2（a）那样将图 1.2.1 进行扩展。这时候就会像"货币数量论"所设定的那样，出现两个互相"对称"的市场交换者。因为当一个人在只有一种资产的情况下，他要把自己多余的这份资产变成自己想要的另一种财富形式，只有在市场上进行交换才能达到目的。图 1.2.2（a）恰好提供了按图 1.2.1 的方式进行的且对称的交换形式。这时我们就会看到，在以原点为中心的正负对称的横轴上，原点处的财富恰好兑换完毕。即在原点右边，原来的财富全部变成了等量值的货币形式；而在原点的左边，原来的等量货币完全变成了资产（财富）形式。为了清楚地说明这个问题，我们就必须将图 1.2.1 在原有的意义上稍作改变。这种改变，虽然经济意义没有差异，

---

① 这里用了亚当·斯密的市场交换特点，详见〔英〕亚当·斯密：《国富论》，郭大力、王亚南译，凤凰出版传媒集团、译林出版社，2011，第 327 页。

但我们看到，它将引导我们走进了一个全新的资产组合的领域。

图 1.2.2（a）就是我们对图 1.2.1 的一次变换。图 1.2.2（a）实际上是在图 1.2.1 完全变现了（设为原点 O）的基础上，引入了一条相反的曲线（用虚线表示），它表示将通货（货币）转换为实物资产的过程。这样得到的曲线我们十分熟悉，它就是一条余切曲线。根据货币供给理论，我们在后面能够准确地把它推导出来，因此读者在这里就不妨先将它按余切曲线看待。让我们暂时先把这个大家所熟悉的曲线放在一边，只集中讨论图 1.2.1 在图 1.2.2（a）中的意义。

就像我们对图 1.2.1 所分析的，我们观察在图 1.2.2（a）中的时间间隔 Od，即资产售前的时间间隔与纵轴"价值实现的百分比"的间距，可以发现它使图 1.2.2（a）中与原点等距离的左右两边，都有了垂直于横轴的渐近线。这样就使得图 1.2.2（a）中的纵轴有了价值实现的利率变动趋势表示。不过，这里托宾的流动性分析（图 1.2.1）就处在图 1.2.2（a）的第四象限了，即这里确定的是将实物资产逐渐地、完全地转变成货币的价值实现形式。当然这样的转换只有在市场中才能够实现。同样，对于图 1.2.2（a）中和第四象限相对应的第二象限，我们确定的是将完全的货币转换成实物资产的价值实现形式，这种转换也必须在市场中才能实现。这两个"确定"从资产组合论的观点来说是完全行得通的，而货币的利率正是这种资产重新组合的交易成本，即市场价格的来源。同样，由于我们从资产组合的角度考虑这种变换，所以这里表示的资产价值形式包括了货币（通货）流动的时间成本，即包括了资产流动的货币价值形式。

例如，在第四象限中，如果我们规定将实物资产逐渐转换为货币，随着货币价值形式的逐渐实现，实物资产的价值形式会逐渐消失，这就符合两种资产数量变化的"无差异曲线"理论。那么当人们对货币的价值形式的欲望完全得到满足以后，（在横轴上的）实物资产的价值形式就完全变成了货币的价值形式，即从渐近线完全退回到原点坐标 O 处，实物资产价值实现的百分比（利率）从负值上升到 0，这表示成本的付出换来了欲望的满足，这样的付出是值得的。这正是图 1.2.2 第四象限所表示的图形意义，这里除了设定实物资产的价值实现形式与货币利率的"起点和终点"外，其他意义完全相同。对于图 1.2.2（a）里的第二象限的分析，和第四象限的分析情形完全相反，这里不再赘述。

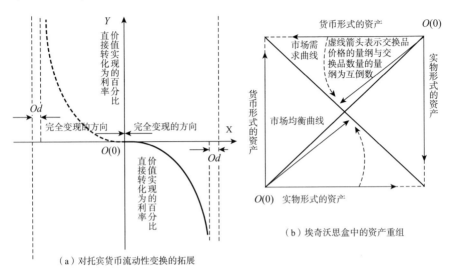

（a）对托宾货币流动性变换的拓展　　　　（b）埃奇沃思盒中的资产重组

图 1.2.2　詹姆斯·托宾的流动性分析

　　现在再说明图 1.2.2（b）的作用和意义。其实图 1.2.2（b）是大家所熟悉的市场均衡条件下的埃奇沃思盒。埃奇沃思盒左下顶点表示的是詹姆斯·托宾所说的图 1.2.1 中的资产出售者；埃奇沃思盒右上顶点所表示的是詹姆斯·托宾所说的以出售实物资产换取货币资产的形式。由于他们谈判的市场价格已经确定，所以他们都处于准备交换的市场位置上，也就是埃奇沃思盒中从左下方向右上方倾斜的对角线上。这一点十分重要，因为市场中是等价交换的，所以交换双方就只能处于正方形对角线（45°角）的位置上。[1] 以往在讨论市场交换的原理时只是认定这是一个常识[2]，从而往往忽视交换双方所处的位置，进而忽视交易成本存在的根源和重要意义。这个问题我们在后面还要进一步论证。

　　图 1.2.2（b）说明，两交换者的交换路径，实际上是在他们各自的对角线位置上分别以逆时针方向完成了一个弧线轨迹（即弧长）。这个重要的特性构成了本书的一个关键的逻辑起点，也是本书要将金融理论和金融实践结合起来进行讨论的根本立足点。理由是从这样的逻辑起点

---

　①　请参看第一节中阿贝尔第二定理的相关内容。

　②　即市场交换的路径分布实际上是均匀的，否则等价交换就不存在，这就形成了原则上的谬误。

出发，金融资产价格和金融资产数量的量纲恰好构成互为倒数的关系，即：

货币单位(元)/资产单位 × 资产总数(按资产单位计量) = 资产价值(元)

这种关系自然形成了一种角动量形式的"旋转"状态。在一个确定的时间内必然形成周期性的"循环"[①]。这恰是人类各种生产性劳动（包括市场交换在内）的自然性环节，我们通常用 ω 表示这种角动量。它在量纲上表示为 ω = 货币单位/资产单位 × 资产总数恰好等于货币数量（角速度）。而 $\omega \cdot t$（时间）$= \theta$（角度），在存在一个交换周期的情况下，有重要的自然积累存在形式：

$$e^{i\theta} = \cos\theta + i\sin\theta = \cos\omega t + i\sin\omega t = 1$$

这就是著名的欧拉方程。或者直接写成现代经济学中价格 Γ 和产品数量 x 的形式，就有：

$$e^{i\theta} = e^{i\Gamma xt} = \cos\omega t + i\sin\omega t = \cos\Gamma xt + i\sin\Gamma xt = 1$$

这样我们就可以用 $e^{i\Gamma x}f(x)$ 来判断价格 Γ 变化 $\Delta\Gamma$ 和数量 x 变化 Δx 对资产组合的影响。可以看出，为了研究资产组合存在的自然机理，必须要用到数学中复变函数论的基本知识。

随后我们将证明，这里复矢量的角速度 ω 与时间 t 的乘积将是图 1.2.2 中余切（正切）角度的 2 倍。"2 倍"的经济学意义主要是针对商品生产（即剩余产品的生产）。整个商品生产的过程，看起来是在一个生产周期内完成，而产品交换在整个生产过程中就要占用半个周期，这就充分地说明了市场交换对于整个商品生产的重要意义。也就是说，实际剩余产品的生产周期，仅仅是坐标上交换长度的一半，而其余的一半则留给了市场。在实际生产周期中周期为 2π，在交换坐标（后面的"铜钱模型"）里，如不考虑价值的变化，仅用 π 来表示就可以了。这个原理的详细数学证明，需要用简单的"群论"基本知识。和上面提到的复变函数知识一样，我们将简明的解释或证明放在了下一节和后面的相关

---

① 可参阅第一节中伽罗瓦群可交换、可循环的基本特点以及 (1.1.10) 式中不确定关系的来源。

论证中，这里先从简单的资产市场组合谈起。

例如，在生产剩余产品完成的 π 阶段，仅仅是交换坐标图上的 $\pi/2$ 阶段；而在生产剩余产品完成的 $\pi/2$ 阶段，仅是交换坐标图上的 $\pi/4$ 阶段，也就是在我们下面介绍的"铜钱模型"里小正方形的对角线阶段，或者说是生产厂商根据市场需要"鉴定出售合同"的阶段。但若在 π 阶段（实际生产阶段已经完成），如果产品的交换不能完成，整个剩余产品的生产将不能完成"惊险的一跃"。这样的原理，将交换坐标图的"活动范围无疑拉大了一倍"，使它和詹姆斯·托宾与斯蒂芬·戈卢布的资产组合模型图相一致，这是我们上面的分析得以进行的主要原因。但是，要使这种判断正确，图 1.2.2（b）中代表资产组合的矢量箭头就必须转换成"复矢量箭头"，进而它们对应的空间也必须是共轭对偶空间。在下面的章节里，我们将陆续向大家介绍这种现象的重要性和必要性。这里先暂时请读者记住这一点，本书将围绕这个重要的人类经济现象逐步展开讨论。我们会看到在遵从现代金融经济学基本原理的情况下，这种方法对金融经济学的定量表示和科学预测将产生多么大的影响。

无论从理论上来说，还是从实践经验上来说，我们可能还存在疑问：这里的资产组合转换过程是否还隐藏着内容完全相同，但方向又完全相反的意义？即从货币转变成实物资产，或是从实物资产转变成货币，是否还具有内容完全相同，而方向却完全相反的经济学意义？根据现代经济学对价值的定义，这样的追问与我们上面的解释完全一样，就是我们所设定的资产组合的本质，必须是一种对资产欲望不同程度的满足。而这种满足，必然伴随着资产组合者对另一种资产数量（欲望）满足的相对减少。也就是说，在同一价值水平上的"无差异曲线"，它上面的点的移动必然会从一个位置移到另一个位置（见图 1.2.3）。这个位置就是无差异曲线与约束曲线（处在第一象限或第三象限的小正方形旋转了 $45°$）的一个边的交点。它正是图 1.2.2（a）中第四象限和第二象限经济状态的反映，具有完全对称的空间关系。现在的问题是，这种对称关系和它们完成的对称变换的时间是否直接相关？这个追问直接涉及资产组合的时间可逆性问题和交换的可连续性问题。

在这里，我们先按照托宾的设定，在不失一般性的前提下，把横轴的方向"倒转"过来，而将纵轴的起点位置进行了"平移校正"（参见

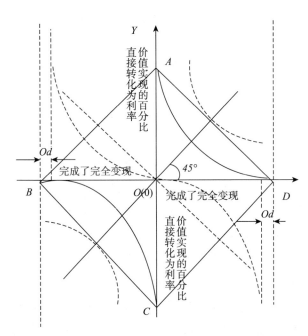

图 1.2.3　托宾流动性变换的资产替代性证明

图 1.2.1），使货币量从负的数值（渴望）变为零（满足）。这样我们就将坐标原点作为两者交换的完成及结束。这时的坐标原点，也就表示着他们将实物资产转换成货币，或将货币转化成实物资产时欲望的满足以及交换的结束。图 1.2.3 中的坐标原点，既是两资产组合变化的结束点，也是转换后欲望满足的终结点。我们暂将上面提到的重要哲学问题放在以后合适的章节中进行讨论，这里只是要读者引起注意。

　　根据上面的讨论，我们就可以用纵、横坐标轴分别表示等价资产组合的交换者分别拥有的剩余资产存量。那么就必须有一个直角三角形的斜边作为两资产实现完全替代性转换的"无差异曲线"，就像图 1.2.3 中的 AD。在不失一般性的条件下，我们不妨将图 1.2.2（a）中第二象限的虚线曲线平移到第一象限的纵、横坐标轴之间，它恰好和纵、横坐标轴以及图 1.2.3 中的线段 AD 相切。AD 则相当于放置水平的正方形向左旋转了 45°度以后的正方形的一个边。同样，我们将第四象限的曲线平移到第三象限，它完成了和水平正方形向左旋转了 45°度的另一个边的相切。我们先来分析第一象限的这种移动后的情形，同样，对于第三象限情形的分析完全类似，这里不再赘述。

在第一象限中，根据现代经济学的基本原理，这两个纵、横坐标轴构成的坐标系，分别表示了价值实现的货币（或资产）的百分比和两资产交换者的资产量。这样的转换使得他们都处于在现代经济学无差异曲线的结构上，只不过第三象限的坐标轴的方向和具体的交换情形刚好与第一象限相反。这正好证明它们之间的共轭对偶特性。我们将在后面的有关章节里具体讨论这种共轭对偶的经济学意义。这就是确定的效用函数与等价约束线段的相切关系，也就是说这里的交换是具有相同资产组合的两交换者在市场的机制下要进行的交换。不同之处在于，资产交换的一方拥有的是实物资产，而另一方拥有的是货币即通货，他们现在只是想把资产换成另一种形式的资产，他们认为这种转换只有在市场上才能公平、公正地完成。这样，他们分别拿着对方需要的资产，正好处于供给与需求均衡的市场上。否则，他们各自的资产是无法进行转换的。这样，图 1.2.3 中正方形的一条边 AD，就成了一个等腰直角三角形的斜边，在这条斜边上的价值要比这两个交换者（OA 和 OD）所持有的等价价值都多约 0.414 个单位（两交换者的财富量相当于图 1.2.3 中正方形的一个边）。这个多余的单位就是满足交换者欲望的主观价值，也就是虚拟价值。所以只要市场交换存在，虚拟经济就会存在，这种合理的虚拟经济是人们进行生产和再生产的重要动力。没有正当的虚拟经济，就没有生产计划，就没有生产的动力，也就没有市场经济所带来的社会生活。

这时的直角三角形斜边 AD 就成了既是等效约束线段又是与无数"无差异曲线"相切的"均衡点"。如果进行交换的两个人，其中的一个人仅有实物资产（OD），而另一个人仅有货币资产（OA），资产价值均为一个等价单位，那么他们在交换时等价效用就成为 $\sqrt{2}$ 个等价单位（多了约 0.414 个虚拟价值单位），多出来的价值，就是我们在第一节中提到的"财富的自然增值"。我们随后将看到，在他们分别将自己的资产完全交换成对方的资产时，效用将增加到 $\sqrt{2\pi} \approx 4.4429$ 个单位。这是一个近似值，我们在后面将推出在法定储备基础上每个人的价值将约为 $4.4429/2 \approx 2.222$ 个单位。这个高出原来价值的部分实际上也是一种价值效应，当然也有主观价值的成分，即在市场经济条件下进行市场交换所得到的效用价值。而在他们交换时的等价效用 $\sqrt{2}$ 实际上不在任何一个交换者的手中，因为它的指向是 45°夹角的右上方，这实际上是"社会合力的方向"，也可以说是市场机制或社会管理成本的方向。我们紧接着将知道，它实际上占有社会总财富的 29.3%。我们会在下一章的第一节、第二节深入讨论。

　　上面的结果能否将问题引向深入？这种深入是否和现实的经济现状有必然的联系？这是我们最关心的问题。因为它涉及理论的现实性和结果的可预测性。美国数学哲学家莫里斯·克莱因认为，用理性逻辑推导出的数学方法，往往对试验方法起着重要的指导和验证作用。[①] 从哲学上来看，用理性（数学）逻辑推导出来的模型结果及结论能否符合经济学的实际发展规律？也就是说人类的理性能否更接近人类社会发展以及自然发展的真谛？对于这个问题，自然科学在数学的指引下做到了，我们不知道经济学是否也能做得到。但我们可以确信的是，现代经济学消耗了几代经济学人辛勤劳动的汗水和心血，用这些汗水和心血滋养起来的理性精神，一定能让我们牢牢地握着数学这个有力的武器，逐步攻破现代经济科学的大门。

第三节　复矢量和资产的可逆、可分性的基本存在方式

　　在上面对资产流动性的分析中，由于价值实现的百分比设定，托宾认为资产组合的转换以及资产是可逆的。托宾说："一项资产的可逆性是指该资产带给其持有者的价值占购买者同期购买该资产所支付成本的百分比。对于一项完全可逆的资产来说，该百分比为 100%，表明卖主可以把买主购买该资产的成本全部转换为现金（与流动性概念一样，可逆性不仅适用于可在市场上交换的资产，也适用于那些可通过其他手段清偿和认购的资产。这里，'买主'和'卖主'应从广义上理解）。"[②]

　　能否这样理解托宾的意思，甲现在有一笔资产，如果（假设）甲的这笔资产的价值是该资产固有价值的 70.7%，而这笔资产的另一部分价

---

① 〔美〕莫里斯·克莱因：《西方文化中的数学》，张祖贵译，商务印书馆，2013，第 140 页。
② 〔美〕詹姆斯·托宾、斯蒂芬·S. 戈卢布：《货币、信贷与资本》，张杰、陈末译，中国人民大学出版社，2015，第 15 页。

值 29.3% 实际上不在资产占有者甲的手里，那么它应该在什么地方呢？我们只能说它存在于这个社会之中，且主要是在市场交换的机制之中，如交换的成本、市场管理的成本及税收等，这和我们上一节的观点完全一致。比如甲、乙两资产所有者，他们在市场上交换资产以前，手中所占有的资产的价值，实际上是社会总价值的一部分，即（$1/\sqrt{2}$）× 100% ≈ 70.7%，其余的 29.3% 就在市场机制中，也就是说在社会中。但这 29.3% 是不是在交换以后就会回到交换者的手中呢？不是。正如我们上一节所说的，它实际上代表了市场的损耗，也可以说是社会的成本。所以，在任何社会制度条件下，一个人或一个团体的劳动，都是整个社会劳动的一部分。因而他或他们就不可能占有全部的社会劳动的财富。但从社会的正义原则来讲，这个劳动如果是在他或他们相对独立的情况下完成的，他或他们起码应占整个劳动价值量的 70% 以上。

如果说我们上面的认定是正确的，那么詹姆斯·托宾的理论条件就是正确的。否则，资产组合理论就失去了建立数学模型的基础。但事实是，对于资产交换双方来说，实际的市场交换并不一定就是按现有理论设定来完成的。在上一节我们讨论的结果里，交换前后双方的价值总量是不一样的，交换后比交换前增加了 121% ~ 122%，当然这仍然是一个近似值。正因为它是一个近似值，就只能说，市场交换前后交换者所拥有的财富是不一样的。也就是说资产流动的可逆性严格来说是不成立的。要说一定可逆，那么它们之间必然存在着很大的误差。之所以说是可逆，是因为资产转换的价格（利息）是由银行部门或国库券出售部门根据自己的主观愿望制定的，而不是由市场机制产生的。不管这种制定有什么样严格的依据，总之它和市场决定的交换价值还是有一定的差距的。事实上，市场所决定的利率虽然也会随时间而变化，但这个利率真实地反映了交换品的价值，这个变化如同消逝的时间一样，是不可逆的。这个结论同样是根据数学模型得到的，而不是我们随意提出的。

事实上，对于图 1.3.1，当我们把原来的纵、横坐标轴作为一个直角三角形的两条直角边的时候，它的一条斜边实际上就是一个正方形 ABCD 的一个边 AD，这个 AD 与图 1.2.3 的 AD 是一致的。这个 AD 实际上也就是图 1.3.1 中的一个新正方形 AODE 的对角线 OE，它是原正方形 ABCD 和它的外接圆逆时针方向旋转了 45° 后，把它外接圆的半径延长了

（$\sqrt{2}-1$）以后得到的新的正方形 *EFGH* 的外接圆半径。这时，我们必须引进一个虚轴 *iY*，或者我们将图 1.3.1 的纵坐标轴称为虚轴，这样我们就会得到一个复平面坐标系。那么，如果将图 1.3.1 中的 *OE* 作为复矢量，根据规定它沿"逆时针"方向的旋转是不可逆的。这也就是我们在第二节的图 1.2.2（b）中所说的将表示交换者的箭头转变成复矢量箭头的原因。因为复矢量 *OE* 的不可逆性，我们就可以在复平面上用复变函数讨论我们的问题。图 1.3.1 很像中国古代的"铜钱"，以后为了研究的方便，不妨将它称为"铜钱模型"。

简单地说，在复平面坐标系上（见图 1.3.1），如果我们用实轴（*OX*）代表实物资产，而用虚轴（*OiY*）代表货币（虚拟）资产，那么在第一象限，当复矢量由 *OX* 方向逆时针旋转到 *OiY* 方向时，掌握实物资本的一方完成了从实物资产向货币资产的转换。同样，通过市场实现资产组合的另一方，在"铜钱模型"的第三象限，则完成了从货币资产（负的实物资产）向实物资产（负的货币资产）的转换。这正是法国经济学家莱昂·瓦尔拉斯当年在《纯粹经济学要义》一书中极力推崇的市场上一个交换者在交换之前的价值设计过程。"一般说来，每一个持有商品的人，当他有意用他的商品的一部分以换取某一数量的其他商品而来到市场上时，在他的心头总存在一个虚拟或真实的商业计划（trader's schedule），这种计划是可以严格测定的。"[1] 然而在实数范围内的欧几里得空间里，瓦尔拉斯始终没有将这个"虚拟或真实的商业计划"严格地测定出来。事实证明，在实数范围内的欧几里得空间里，"这种计划"是测不出来的。但在复平面区域里，这个问题就好办了。我们可以清楚地看到，在两交换者交换前后，他们都对自己的资产留有 29.3% 左右的"法定储备"资产，这种资产我们在前面曾称为"社会财富以及税收、管理成本一类的市场成本"，它就在"铜钱模型"中的 *OX* 轴方向点 *D* 到最大外接圆周之间的距离。这就使复矢量 *OE* 从 *OX* 轴方向逆时针旋转 90°一直到虚轴方向 *OiY*，进而形成大外接圆的 1/4。对于处于第三象限的交换者也有同样的情形。在第一节中我们已经知道这是运用"群论"所带来的必然结果。

---

[1]　〔法〕莱昂·瓦尔拉斯：《纯粹经济学要义》，蔡受百译，商务印书馆，1989，第 84 页。

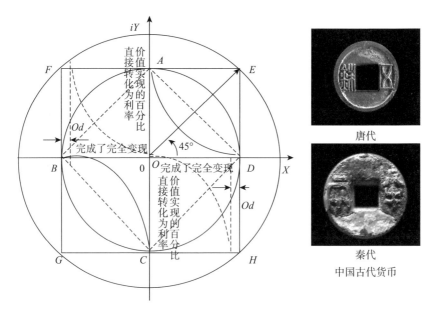

唐代

秦代

中国古代货币

图1.3.1   对托宾资产可逆性的拓展——资产的不可逆性（铜钱模型）

这里还要说明，在"铜钱模型"定义的复平面上，复矢量从 OX 轴逆时针旋转到45°时的位置，是一个非常重要的位置。就是在这个位置上，两交换者处在位置相同但方向相反的同一条直线上（四边形的对角线）。在实际情形中，这说明两交换者是处在相向而视的同一市场位置上。卖方买方相向而视，随时准备进行交换的场所无疑就是市场存在的必然根据。假设两交换者是拿着价值相等（比方说都是一个单位）的不同产品（比方说一个是实物资产，一个是货币），这时他们若交换成功，那么从45°角出发的两条对角线（正方形 $ODEA$ 和正方形 $OBGC$）都处于长度为 $\sqrt{2}$ 的线段上，这说明这时他们从各自45°角的位置上已经发生了转移，由于交换的成功，他们的价值从原来的一个单位，多了（$\sqrt{2}-1$）个单位，而角度也从原来的45°旋转到 $45° + 22.5° = 67.5°$（参见第一节），这时他们将完成 $\pi/\sqrt{2} \approx 2.22$ 的价值实现，即他们这时最容易取得和单位圆的圆周 2π 的 $1/2$ 的市场价值，这就是西美尔所说的"财富的自然增值"①。因为 $\sqrt{2}$ 和 π 都是无理数，这时交换完成，两人所获得的效用

① 〔德〕西美尔：《货币哲学》，陈戎女、耿开君、文聘元译，华夏出版社，2018，第195页。

价值将为 $\sqrt{2}\pi/2$，即约为 2.22。凡是对数学方法比较熟悉的读者，就会相信市场交换的实质与"群"的运行有十分密切的联系。如果我们对"铜钱模型"的设定是正确的，那么它就为用"群论"揭示资产组合的本质提供了可靠的理论依据以及清晰的发展路径。因此，本书将在现代金融经济学方法论的指引下，沿着这条路径坚定地走下去。

从生物的聚集特性和人类财富的聚集增长特性来看，无理数是一个非常重要的聚集因素。美国普林斯顿大学生命科学家罗伯特·梅通过改变食物的供给研究微生物的繁衍聚集现象，得出超越数（无理数的一种形式）是它们聚集增长的基础。[1] 美国经济史学家龙多·卡梅伦、拉里·尼尔认为人类的经济增长曲线就是一条拉长了的对数曲线[2]，并且把握这些基本信息的原因在于我们需要知道"有理数全体是数直线上的有序的稠密集，但不是连续集。这就是说，有理数密密麻麻，而且有序地分布在数直线上，然而却没有填满连绵不断的数直线。"[3] 这就说明有理数不是区域内函数具有连续性的根本原因，根本原因在于无理数。有理数虽然是可数的、可分割的，但正是这种方便性也掩盖了在邻域内研究事物连续运行的局限性。因此，我们在研究问题时，把货币资产视为明显的可数形式，而实物资产不一定全都是可分割的可数数。所以这里的无理数和超越数的相对量就显得特别的重要，因为这直接涉及建立在它基础上的交换活动的连续性和可行性。当我们在横、纵轴上确定两个交换者的坐标时，无理数和填补无理数空隙的有理数，将集中"出现"在无理数 $\sqrt{2}$ 所代表的对角线上，它和超越数 π 的"贯通"将直接关系到交换的完满完成。

下面我们再用实变函数论对这个原理进行简单的证明。[4]

如图 1.3.2 所示，按照上面的叙述，我们将"铜钱模型"进行了简单的变化和拓展。在单位圆内，以虚拟形态流动的货币量是明显的可数

---

① 详见〔美〕约翰·布里格斯、〔英〕F. 戴维·皮特：《湍鉴：混沌理论与整体性科学导引》，刘华杰、潘涛译，上海交通大学出版社，2015，第 54~55 页。

② 〔美〕龙多·卡梅伦、拉里·尼尔：《世界经济简史》，潘宁等译，上海译文出版社，2012，第 15~19 页。

③ 赵焕光、应裕林、章勤琼：《梦想相遇无穷》，科学出版社，2015，第 32 页。

④ 读者如果认为不需要严格追究这方面问题的原因，可先将这里的证明略去，这并不影响全书内容的连贯性。

形式，而参与实物资产交换的产品形态具有明显的不可数形式。例如，相对于"铜钱模型"来说，$g(x) = \arctan f(x)$，$(x \in R^1)$，有点集 $E = \{x \in R^1 : \lim_{y \to x} g(y) = \pi/2\}$，所以，$E$ 是可数的。

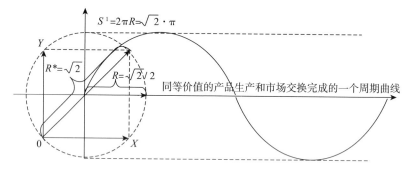

图 1.3.2　两个具有相同价值水平的人的市场交换完成
由两个无理数的乘积 $\sqrt{2} \cdot \pi$ 组成

对于相同的单位圆，相对于产品交换来说，这时"铜钱模型"中的 Y 变成了实物资产。而此时的等价交换者为处于半径 $R^* = 1$，两边价值都为 $1/\sqrt{2}$ 的市场双赢者。待交换的产品为性质各异、价值相等的两种产品，设定双赢就是市场交换的最佳状态。所以对于市场来说，这里 $R^* = 1$ 的一对市场交换者都具有无理数的形态。当用货币替代了等价的实物资产后，可以证明金融市场相对于实际产品市场之间交换不连续。这就是泡沫形成的主要原因。如图 1.3.2 所示，我们用 $f(x)$ 表示货币的交换数量，它可以充当一般产品的市场价值，x 表示实际产品的数量。$f(x)$ 是定义在 R^1 上的实值函数，这时点集 $\{x \in R^1 : f(x)$ 在点 x 处不连续，但右极限 $f(x+0)$ 存在$\}$，是可数集①。对于整个实际产品市场的交换来说，它完全是在完备的无理数路径上完成了一个循环，形成如图 1.3.2 的无理数闭集 $\bar{E}_\alpha$。下面给出这种无理数闭集 $\bar{E}_\alpha$ 存在的具体证明。

设 $\alpha \notin Q$，对于任意的 $x \in R^1$，$\delta > 0$，取正整数 m，$10^{-m} < \delta$，在下面点集 $\{n\alpha : n = 1, 2, \cdots\}$ 中必有 $n_1\alpha$ 与 $n_2\alpha$，它们的前 m 个小数相同，令 k 是数 $n_1\alpha - n_2\alpha$ 的整数部分，则有 $\{n_1\alpha - n_2\alpha - k\} < 10^{-m} < \delta$，记

---

① 详细证明可见周民强：《实变函数论》，北京大学出版社，2016，第 21~22 页。

$\{n_1\alpha - n_2\alpha - k\}$ 为 $l_1\alpha + l_2\alpha$（l_1，$l_2 \in Z$），则 $0 < l_2 + l_1\alpha < \delta$。因此存在 $z \in Z$，使得 $x - \delta < z\,(l_2 + l_1\alpha) < x + \delta$。现在，令 $p = l_2 z$，$q = l_1 z$，可得 $p + q\alpha \in (x - \delta, x + \delta)$，这说明有无理数闭集 $\bar{E}_\alpha = R^1$ 存在，证毕。

以上证明旨在说明，正是由于市场交换中无理数的存在，才使得在它基础上开展的市场交换得以进行，我们才能用数学将这个市场的交换形式用函数的形式表示出来，进行符合市场规律的数学分析。但是，这里出现了一个基本的问题，那就是资产的可逆性与可分性存在的基本原理和基本形式是什么？我们下面先简略回答这个问题，随后再进行详细的讨论。

（1）人们的经济行为以及市场上的行为必然是不可逆的，这是由复矢量旋转（逆时针方向）的本质特征所决定的。那么由此引起的货币流动价值，应完全按在该时间内产生的实物资本的形成量来决定，也就是按货币的自然利率来决定。严格地说，即便是普遍流行的银行隔夜拆借利率，也只是在金融市场上为了资产组合的方便而进行的同业银行间的利率的相互"作用"，从根本上来说它们仍然是一个近似的值。由于产品生产的周期性和这种迭加的客观存在形式，人们也就只能采取最方便的隔夜拆借利率的方式。可以看出，詹姆斯·托宾是用人为设定的货币利率替代了货币流动本身的自然利率。具有自然利率的货币与相对不带任何利率的通货比较来讲，自然利率无论如何都不可能为零。但人为设定的货币利率则可以比自然的货币利率大，也可以更小或者为零。因为如果这样的利率一旦设定，一般都要靠人类社会设定的制度，才能达到预期的目的。

（2）根据现代经济学无差异曲线的特点，资产组合时进行的相互转换，应随着人们对某种资产的满足程度的实现为基准，而与之相兑换的另一种资产的量必然会随着这种满足程度的不断增加而逐渐减少。严格地说资产组合的这种可分性也是理想化的，这种理想化主要是由有理数的可分性与无理数的不可分性的特性所决定的，它不可能和人类社会的资产划分和组合形式完全相符。但正如托宾所解释的，"一项资产可进行交易的最小单位不仅对于确定资产交易的成本至关重要，而且往往是资产交易得以进行的先决条件。通货与银行的定期和活期存款事实上都是完全可分的，或者持有者都可以处置其中的任何部分，不管它有多少；

或者说，对于这种资产，人们可以购买其所渴望的任何数额。"① 但事实上，资产在运行的过程中一般是不可分的，特别是在市场双方的交易正在进行的时候，无理数的连续性区间已将双方的活动行为构建成了一个有机的活动体系，这样交易的目标才能实现。托宾实际上也知道这种活动产生的实际经济效果，托宾说："许多公司在必要时试图通过拆股的方式降低股票的价值。互助基金和许多个体公司允许持股人购买零星股份，从而使小户投资者拥有更加多样化的资产，而这一点对具有不可分性的证券而言是无法做到的。"② 事实上这样的资产组合过程不要说对于证券市场，就是对于任何通过市场媒介形成的资产组合过程，包括正在进行的市场交换过程，要做到完全准确都达不到。但人类就是要先承认这种事实的存在，然后才能竭尽所能把这种误差降低到最小的程度。

以上说明的两个重要的资产组合特性和资产的可流通性一起，构成了在市场作用下资产组合的最基本特征。但是，这些最基本特征也并不是一成不变的，要不然人们就无法进行市场经济条件下的资产组合。然而，要进行这种改变，就必须遵守市场经济的基本规律。也就是说，我们要在市场交换规律的许可下，给它们的基本改变划定一个一般的范围和一般的规则。如果离开了这个一般的范围和一般的规则，硬要进行人为主观的变化或分割，则必然造成市场秩序的混乱，从而受到经济规律的惩罚。

让我们先来看看市场允许它们变化的一般范围到底在什么地方。从图 1.3.1 可以看出，市场交换的完成是在最后形成的最大正四方形的对角线与"铜钱模型"构成的外接圆上。这是一个以连续的无理数为主体构成的完整市场交换体系。事实上，这个完整体系的形成必须有一个"中间条件"，如果这个"中间条件"不成立，那么这个完整的交换体系就无法形成。这就是我们前面一再强调的在正方形的对角线上，尽管交换双方具备了市场交换的"资格"，但最终还不能确定他们能否成功实现交换。大家知道，正切或余切的 45°角是一个特殊的角度，这个角度和

① 〔美〕詹姆斯·托宾、斯蒂芬·S. 戈卢布：《货币、信贷与资本》，张杰、陈末译，中国人民大学出版社，2015，第 16 页。
② 〔美〕詹姆斯·托宾、斯蒂芬·S. 戈卢布：《货币、信贷与资本》，张杰、陈末译，中国人民大学出版社，2015，第 16 页。

正弦与余弦的30°角或60°角完全不同，因为它们的函数值的1/2是一个有理数，而45°的正切和余切这个特殊角度的函数值只有一个类型，即有理数，除此以外，我们就再也看不到一个可分的正切和余切的函数了。这就是说，交换双方就要在正方形对角线的"当口"，也就是要在进行交换的"前夕"，两交换者必须完成他们进行交换的市场"契约"，即对交换的基本价值单位"谈判"好或者说"分割"好，否则交换就难以进行。可以看出，这种"分割"绝不仅仅是市场的"分割"，而是在市场允许的情况下再加以社会谈判的"公平、公正"因素。因为无理数的作用，除此之外，这里完全公正的分割并不存在，这就使得"公平、公正"成了社会因素存在的合理界限。事实上，这种情况我们已经司空见惯了，这里不需要再进行详细的解释。想一想市场经济理论的开山鼻祖——亚当·斯密写了《国富论》之后，又写了《道德情操论》，就是这个道理。

第二章　资产在市场组合过程中的
几个特性

从上一章资产流动性的基本原理可知，资产流动实际上是不可逆的。那么，它的自然利率就应该是确定存在的，而且必须符合自然增长的法则。这样，它的实际利率就必须以自然利率为基准。在一般情况下，资产在流动中应该是不可分的（因为它流动的变量与自变量之间的关系主要是以超越数 e 为基准），但在实际应用中它又必须是可分的，这种可分必须在一定的范围以内，按照一定的学术规则才能进行。但话又说回来，正是货币的存在，才为人类经济活动的资产"可逆性"与"可分性"提供了现实依据，否则资产组合的实际过程就无法进行，而且从货币的单位制规则与其基本功能来讲，资产就必然是可分的。可以看出，正是人类的经济活动才又使得组合的资产必须具有连续性和可分性，要不然人类社会财富的分配也就无法进行。为此，必须研究在最一般的情况下人类对资产可逆性与可分性的基本定义。

本章是在上一章基本要素分析的基础上对资产要素特性的进一步深入探讨，由此我们得到了资产在市场组合过程中的几个显著特征，这些特征实际上在金融历史的发展过程中是始终存在的，而金融经济学却很少提及。例如，实际财富与市场波动财富的比例始终是 1∶16；经过市场交换后的"资产自然增长价值"约为原来 1 个单位的"客观价值"的两倍多（即 2.22），等等。这一章我们都给出了详细的数学原理解释，最后说明这些现象实际上都是由"铜钱模型"得出来的必然结果。

第一节　现代金融经济学中资产的可逆、
可分性本质探讨

美国是现代金融经济体系较为先进的国家，我们在这里不妨以美国对这两者的看法及定义为参考。我们知道，对于资产的可逆性，美国著名的金融经济学家詹姆斯·托宾认为："一项资产的可逆性是指该资产带给其持有者的价值占购买者同期购买该资产所支付成本的百分比。"我们在上一节讨论资产不可逆性的存在时就引入了这段话，如果按这句话的基本含义来理解，当托宾将 100% 设定为该资产持有者的价值占购买者同期购买该资产的价值的比重时，就确定了资产的不可逆性。因为这里的"同期"只是相对的，按现代时空观的基本特性来说，真正的同期是不存在的。同样，这里的 100% 也是不存在的。最简单的一点，如果"同期"不存在，那么"真正的"100% 也就不存在。还有其他很多的理由，这里不必多讲。因为最重要的一条就是它们违背了我们上面所阐述的"铜钱模型"的复矢量分析以及图 1.3.2 的基本原理。

　　所以我们认为詹姆斯·托宾在这里强调的 100%，实际上是在为"交换是可逆的"创造条件。如果在大多数情况下都不能达到 100%，就说明资产随时间的运行实质上并不是可逆的。所以托宾又说："多数资产并非完全可逆。与此相关的交换成本一般有两种，它们往往同时发生，亦即在一项特定的资产交易中，某些成本与交易规模无关。比如银行对存款或支票收取的服务费用；储户从储蓄账户提取存款时所遇到的不便；企业在订购新机器时所支付的设计、核算和管理成本。而另外一些成本则与交换价值成比例变化。比如在许多有组织的金融市场上，上市证券所报的买价和卖价或者'出价'或'要价'之间的差额；不动产代理人的佣金；在美国对已实现的资本收益所征收的税额以及定购材料和设备时支付的搬运与交货成本。"① 我们认为这些例证恰好是对资产不可逆性的有力证明。但托宾为什么要说资产是可逆的呢？这也恰好是为了实际的经济应用而已。

　　詹姆斯·托宾这样对资产可逆性的论证却用了资产不可逆性的例子，似乎有"举例不当"之嫌。现实中人们却把这种实际上的不可逆性作为人们收取交易成本或者"利息""买卖差价"等的主要依据，这也就为买卖双方特别是债权人自由地索取"利润"创造了依据。这里，美国著名的金融经济学家弗兰克·J. 法博齐和弗朗哥·莫迪利尼亚就更直截了

---

① 〔美〕詹姆斯·托宾、斯蒂芬·S. 戈卢布：《货币、信贷与资本》，张杰、陈末译，中国人民大学出版社，2015，第 16 页。

当，他们认为资产的可逆性"指的是投资于一项金融资产，然后将其兑换为现金的成本。因此，可逆性又被称为来回交易的成本"①。这里的"来回交易"，明确说明了资产随时间的可逆性。但这里又有了"买卖差价"的说明，无论如何，"买卖差价"的存在让任何一个有哲学头脑的人，都会认为这是资产不可逆性的显著特征。弗兰克·J. 法博齐和弗朗哥·莫迪利尼亚也承认，"对于不同的金融资产，做市商所取的买卖差价差别很大，这主要反映了做市商做市时所承担风险的大小。"他们把这种风险用两大因素进行衡量，第一大因素是长期相对价格的离散程度，即所谓的"波动性"，而第二大因素是做市商收到买卖指令的速度或频率，即所谓的"市场厚度"。可以看出，詹姆斯·托宾和弗兰克·J. 法博齐及弗朗哥·莫迪利尼亚对资产可逆性的定义有着"异曲同工"之"妙"，那就是他们看起来说的是可逆性实际上所描述的却是不可逆性。人们可能会诧异，为什么金融经济学界一些人的认识，和人们所熟悉的科学哲学界所界定的概念范畴，竟然存在着如此大的差异。我们认为这主要是由人们平时所理解的资产在转换成货币资产时强调的时间成本所致。资产的存放，在它还没有投入使用的情况下仅仅是资产所有者的价值体现。在一般情况下社会是很难衡量它的价值的。只有当这笔资产正式地投入使用时，它们的价值才能够明显地显现出来。但如果是货币，除了通货，它每时每刻都存在"价值的增长或消耗"。实际上，即便通货在人们的手上还没有被使用（进行交换），我们都能明确地看到它们价值的大小，就更不要说货币了。这样看来，现代金融学界所说的资产可逆性，只不过是在强调它们在进行组合时所表现的市场作用而已。弗兰克·J. 法博齐及弗朗哥·莫迪利尼亚在用第二大因素即"市场厚度"衡量资产组合时，明确说明了这种买卖的影响，"三个月期美国国库券显然是世界上厚度最大的市场。与之相反，小公司的股票交易比较冷清。由于国库券在价格稳定性和交易厚度方面优于其他金融产品，所以其买卖差价是市场中最小的。作为金融法定资产的特征之一，较低的交易成本是符合投资者的偏好的，因此较大的市场厚度本身也是一个'加分项'。这一性质

---

① 〔美〕弗兰克·J. 法博齐、弗朗哥·莫迪利尼亚：《资本市场：机构与工具》（第四版），汪涛、郭宁译，中国人民大学出版社，2015，第7页。

也解释了为什么相对于小市场，大市场更具有潜在的优势（规模经济），以及市场为什么要不遗余力地向公众推销标准化的金融工具。"[1]

　　但是，若是这样理解资产的可逆性，我们认为还不能从根本上对其进行更加深刻的认识。因为从这些金融经济学大家所列举的情况和使用的基本工具（如货币流动的速度和交换频率等）来讲，它们都有待丰富和完善。例如，对于衡量长期价格离散程度的价格波动性来讲，它本身就包含了第二大因素中的速度和频率。谁都知道，没有速度及频率是不可能得到均衡状态下的价格波动性的，这样这两大因素就完全可以用一个数学模型来解释。

　　把上面影响做市商收取买卖差价的因素颠倒一下，即我们把两大因素的顺序反排起来，先令某一时刻某做市商收到的买卖指令的交易频率为 ω_i，这里的资产价格设为 Γ_i，那么它的买卖指令价格速度就是 $v_i = \Gamma_i \cdot \omega_i$。要知道，这是一个"瞬时"的指令价格速度，因而就很容易知道这时某产品在时间 t 内的价格波动函数：

$$\varphi_i(\omega_i) = f_i(x_i) \cdot e^{i\omega t} \qquad (2.1.1)$$

这里出现了复数的形式，它就是我们在上一章第三节图 1.3.1 中"铜钱模型"里的复矢量 OE。可以看出，（2.1.1）式将弗兰克·J. 法博齐、弗朗哥·莫迪利尼亚的两大因素有机地结合到了一起。但是，这个关系式现在还不能显示波动函数的形式，若要正式地显示波动函数的形式，还必须在整个交易的时间范围内进行积分，那么就有：

$$\varphi_i(\omega_i t) = \int_t^\infty f_i(x) e^{i\omega_i \tau} d\tau \qquad (2.1.2)$$

图 2.1.1 就是根据（2.1.2）式绘就的证券市场的价格波动图，它说明描述复矢量单位圆的半径，在以几何级数的形式在增加。图中的灰色方框表示虚拟价值，它以 $d = \sqrt{2} - 1 \approx 0.414$ 的几何级数的形式向上增长。可以看出，随着资产连续交换次数的增加，虚拟经济成分所占的比重越来越高。所以在上一章第一节的群论结论里，我们对连续交换的次数给出

————————
①　〔美〕弗兰克·J. 法博齐、弗朗哥·莫迪利尼亚：《资本市场：机构与工具》（第四版），汪涛、郭宁译，中国人民大学出版社，2015，第 7~8 页。

了限制。这个限制就是伽罗瓦理论的多项式最高次数不能超过 4。在这里我们将 R^* 表示的复矢量换成了做市商初售的资产价格 Γ 后，按照金融市场做市的要求，连续地进行有限做市。根据前面的定义，Γ 具有明显的虚数意义。由于 Γ 的量纲和 x 的量纲互为倒数，所以有 $\vec{\omega} = \vec{\Gamma} \times \vec{x}$。若在不考虑角速度方向的情况下，它的值 $\omega = \Gamma \cdot x$。根据"铜钱模型"，我们知道 Γ 每转过 $\omega t = \pi/2$ 相位，资产和通货就互换一次位置。但是在单位确定的条件下，Γ 将增大约 0.414 个单位长度。在 $\omega t = \pi/2 \rightarrow \pi$ 的过程中，根据"铜钱模型"，它应该在新的价格基础上再增加 0.414 个单位长度（角度移动约为 22.5°）。这个问题的理论解决当然不能靠（2.1.2）式独立完成，因为这里（2.1.2）式的振幅和频率（整个生产周期的一半）都发生了相应的变化，这就要按我们在第一章第一节中所讨论的用群论的方法来求解。这里先提请大家注意，不然图 2.1.1 的"图题"就不能冠以"做市商"这个词。

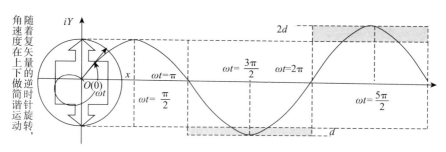

图 2.1.1　某做市商在 t 时收取的买卖差价的速度和价格波动

詹姆斯·托宾的经验表示与我们的认识还是有些差别的，但基本逻辑还是一致的，这说明了科学本身的共识性。但就这么一点点的差别，导致了方法论工具巨大的取向差异，反映了资产运行过程的不同结果。下面就詹姆斯·托宾的基本思想和方法论工具进行具体的分析。

托宾用 $r(t)$，$y(t)$ 和 $V(t)$ 分别代表一项资产在时间 t 时的回报率（利率）、收益值和资产值。于是就有：

$$V(t) = \int_t^\infty y(s) \cdot e^{-\int_t^s r(\tau)d\tau} dx \qquad (2.1.3)$$

（2.1.3）式说明，做市商在时间 s 的资产值是从任一时间起点 t 到时间 s 的按利率 r 变化的波动值。这里资产值的波动是由利率随时间变化所导致的收益波动而形成的。所以做市商的利率是做市商根据收益的需要而随时变化的，这样就导致了资产值的变化。但为了计算或者估算的方便，詹姆斯·托宾将利率固定在 $r(t) = \bar{r}$ 的水平上，使（2.1.3）式简化为：

$$V(t) = \int_t^{\infty} y(s) \cdot e^{-(s-t)r} ds \tag{2.1.4}$$

这样就会产生一个矛盾，即 $\bar{r}$ 必须具有角速度量纲的形式，不然（2.1.4）式就不会成立。托宾下面的论证实际上就是在承认了以上事实的基础上进行的讨论，请看下面的讨论。

如图 2.1.2 所示，按最简单的方式考察（2.1.4）式，令 $R^*(OE) = 1$，那么图 1.3.1 中的 $OD = R \approx 0.707$，从 D 到 OX 轴圆周的最大距离 $\bar{x} \approx 0.293$（Od 的长度），它相当于铜钱模型中的距离（见图 2.1.2）。这就是说复矢量 R 不是从与 OX 轴的夹角零开始逆时针旋转的，它应该在开始逆时针旋转时就已经与 OX 轴保持了一定的夹角，这个夹角应该是：

$$\tan\theta = \frac{Od}{OD} \approx \frac{0.293}{0.707} \approx 0.4144, 所以 \theta = 22°30' 或 \theta = 22.5° \tag{2.1.5}$$

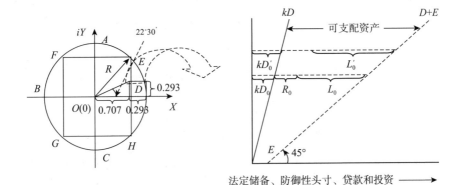

图 2.1.2 从"铜钱模型"到法定储备的确定原理

这个夹角，詹姆斯·托宾将它称为法定储备的固定张角（$\pi/8$），在他的银行资产组合模型中，这个固定的张角的对边长度随着银行存款的增加而增大，这个对边就是银行的法定储备。这样做市商在一单位的资产交易情况下，相对固定的利率 $\bar{r}$ 必然具有角速度 ω 的量纲，即弧度/秒的形式。那么在复矢量 R 的设定下，货币的价格（利率）和货币数量的乘积就成为角速度 ω；资产价格和资产数量的乘积恰好具有这种量纲的形式。

　　这说明，詹姆斯·托宾要使他的整个论证成立，他的（2.1.4）式就应该具有下面的形式，即：

$$V(t) = \int_t^\infty y(s)\,e^{-irx(s-t)}\,\mathrm{d}s \tag{2.1.6}$$

如果考虑到资产的数量是单位数量，那么除了（2.1.6）式是傅里叶变换的形式以外，（2.1.4）式和（2.1.6）式完全一样。由此可见，（2.1.4）式的设定实际上是不完备的。这样我们就确定了图 1.3.1 "铜钱模型"的复矢量设定的方法是正确的。可以看出，在除去复矢量共轭的情况下，托宾的方程（2.1.4）式就是我们的复矢量方程（2.1.2）的一个变形。再如，让 $x\bar{r} = \omega$，这里 x 就成为时间 t' 内货币的生成矢量。若对于资产货币来说，每单位时间都会生成一个最小单位的数量。从群论的角度来讲，这正是具有可置换、可循环群中的最小"生成元"。假设货币的单位为 x（元），我们将初始时间定为 t'，那么除了复矢量共轭的形式外，（2.1.2）式、（2.1.4）式和（2.1.6）式的形式就本质来讲是完全一样的。

　　但以上的推演还不是充分的，因为如果方程（2.1.4）没有复矢量的具体形式，我们从方程（2.1.4）根本不可能导出资产可分性以及可预见性的基本原理，更不可能得出利率不确定性的存在根源。

　　詹姆斯·托宾之所以能够得到不完全的（2.1.4）式，就在于（2.1.4）式是来源于经验公式：

$$r = y/V + \dot{V}/V\,(这里的\ \dot{V}\ 为\ \mathrm{d}V/\mathrm{d}t) \tag{2.1.7}$$

我们之所以说（2.1.7）式是单位时间里的经验公式，是因为（2.1.7）式假设市场是均衡的，并且不存在外生技术的变化，也不要求经济匀速增长，且时间是可逆的。这样（2.1.4）式就是（2.1.7）式的解。这种理想的状态在现实中是很难达到的。所以托宾的方法论始终同经济现实之间存在误差。例如，在完全理想的状态下，托宾假设 1 股 100 美元的股票，每年增长率为 5%，并有 2 美元的分红，则利息为 0.07。相对于"铜钱模型"来说，托宾很明显是把资产组合双方的资产价值仍看成一个单位，既没有看到我们上面所说的市场成本和社会成本，也没有看到交换前后不同的社会效果，这里就和我们计算的结果相差约 1.22 个单位。

因此我们就会看到，（2.1.5）式充分地说明了，从资产组合导致的通过市场来划分和整合资产的价值体系来看，货币的市场运行实际上是不可逆的。人为进行利率设定，是不符合市场运行的实际情况的，因为这样的设定破坏了市场的自然性。

类似这样的错误，在机械论力学描述分子运动时也面临和现代经济学同样的遭遇，函数方程的计算结果和实际分析运行的状态不相符。这里存在一个很重要的问题就是，对于组成气体的微粒（分子）是不是可分的，也就是说分子存在与运行的实在性问题。如果这些微粒（分子）是可分的，气体里的分子就是"实在"的，那么用机械力学所表示的分子位置和速度的函数就是"不准确的"。我们应该看看当时物理学家对此问题的讨论，对我们绝对有益处。下面就是德国科学家奥斯特瓦尔德在 1895 年的"自然研究者与医生协会"的一次讨论会中的发言，我们将他的主要观点摘录下来，以便和我们今天用机械力学函数描述人的经济行为的结果进行对照，这对我们而言无疑是一个"恰当有力的"启示。

"所有自然现象最终都能归结为力学现象的前提，不能作为有效研究的假设：它完全是错误的。这个最清楚不过地由下面的事实揭示出来了。所有的力学方程都有允许时间量反号的性质，就是说，在理论上完整的力学过程，〔在时间〕正反方向上都可以同样地演化。这样，在纯粹的力学世界里，不可能存在我们现实世界中所有的'以前'和'以后'：树能回到树苗和种子，蝴蝶能变回幼虫，老人能变成小孩。机械论学说没有解释为什么这些事情不会发生，因这些力学方程的基本性质，它也不可能提出什么解释。因此，自然现象的实际不可逆性证实了那种不能用力学方程描写的过程存在，关于科学的唯物主义判断也随着这一点而确立起来了。"[1] 物理学界激烈辩论的结果，使描述分子运动的函数形式毅然地走上了统计力学的道路，但涉及比分子更小的微观粒子，如光子、

---

[1] 〔美〕亚伯拉罕·派斯：《爱因斯坦传》，方在庆、李勇等译，商务印书馆，2004，第 117~118 页。

量子等微粒，由于有动量与位置"不确定性"关系的存在，对它们的描述形式又不得不走上波函数的道路。

　　与此相对应，经济学界也一再呼吁，现代经济学用的微积分函数和欧氏空间，不适用于人的经济活动和行为方式。[①] 因为，人的活动及成长的时间不可逆性问题，不仅体现在他们劳动产品及经济活动成果的"可分及可数性问题"，而且也体现在劳动及产品预期和计划实现的过程中。这些问题，在货币以及经济活动的金融化以后，已经变得越来越明显，越来越成为人们在经济发展中不得不面对且必须首先解决的问题。特别是几次比较大的经济和金融危机证明，将适合于机械特性的微积分函数以及它存在的欧氏时空观，用在人的经济行为上是不适当的，是必须进行纠正的。本章之所以用复矢量以及新的经济时空观就是为了避免这一问题。当我们将复矢量方法用在第二节的"铜钱模型"时，我们看到了当资产达到进行交换的位置时，在它们形成的正方形的对角线上，无理数和有理数在 45°角上自动"分化和组合"，这就充分地说明了这种界定的必要性。对于这个非常重要的经济现象，我们在后面各章节的适当地方还要进行讨论。

第二节　资产组合过程中的市场作用及其可预见性比例

　　在上一节中，我们既然认定了（2.1.3）式、（2.1.4）式是（2.1.2）式的一个粗略的变形，那么为什么在这里还要强调（2.1.2）式呢？这是因为（2.1.2）式既能解释资产组合中可逆性与不可逆性的市场作用原理，也能解释资产组合中可分割性与不可分割性的市场机理。但对资产组合的市场作用结果，即可预见性结果，是否也有本质性的解释，是否也能严格地推出它们的经济学原理和依据呢？要回答这个问题，就很有必要先看看现代金融经济学家对资产组合的市场运行结果是怎样定义的，这对我们展开讨论极有帮助。

[①] 可参见〔美〕富兰克·H. 奈特：《风险、不确定性与利润》，王宇、王文玉译，中国人民大学出版社，2005，第 3 页。〔英〕约翰·梅纳德·凯恩斯：《就业、利息和货币通论》，高鸿业译，商务印书馆，1999，第 160～161 页。

在这里，詹姆斯·托宾首先确定了用货币衡量资产价值的预期性特点。托宾说："如果一项资产在未来任何一天的现金价值都可以完全预测，则意味着该资产具有完全可预见性。"[①] 很明显，对作为银行存款的货币，利率就显示了它所代表资产的未来某一阶段的价值。但是，对有些资产来说，这种预期就不可能实现。例如，政府储蓄债券的偿还就取决于偿还的时间，特别是私人债券，其预期性就更难以琢磨。所以说，资产价值预期的概念难以有个准确的定义。还需要说明的是，银行存款利率之所以预期性明确，是因为这里假设货币资产的市场运行在原则上来说是可逆的，但实际上货币资产的市场运行是不可逆的。这就是（2.1.2）式和（2.1.3）式或（2.1.4）式的根本区别。对于这个问题，弗兰克·J. 法博齐、弗朗哥·莫迪利亚尼的回答还算准确："收益的可预测性是金融资产的一个基本特征，是其价值的主要决定因素。假设投资者是风险厌恶者，那么要衡量一项资产的风险性就等同于考察其收益的不确定性。"[②] 当然，詹姆斯·托宾也承认，它上面的定义不包括对商品的购买力。这样来说，（2.1.3）式或（2.1.4）式的应用基本上来说只是一个特殊状态。在一般情况下，（2.1.2）才具有普遍性。

那么，要承认（2.1.2）式的普遍性，就必须表明对资产可预期性的观点和态度，因而首先必须承认资产的存在空间以及它的共轭形式。事实上，只要对傅里叶变换式有一点了解的话，就知道它的共轭形式：

$$\varphi_i^*(\omega_i t) = \int_{-\infty}^{\infty} f_i(x_i) \cdot e^{-i\omega t} \mathrm{d}\Gamma \qquad (2.2.1)$$

再看（2.1.2）式：

$$\varphi_i(\omega_i t) = \int_t^{\infty} f_i(x) e^{i\omega_i \tau} \mathrm{d}\tau$$

很明显，（2.2.1）式也是（2.1.2）式的共轭形式。当我们把概率密度函数变换成复矢量描写的概率密度以后，就可以发现在市场作用的情况

① 〔美〕詹姆斯·托宾、斯蒂芬·S. 戈卢布：《货币、信贷与资本》，张杰、陈末译，中国人民大学出版社，2015，第17页。

② 〔美〕弗兰克·J. 法博齐、弗朗哥·莫迪利尼亚：《资本市场：机构与工具》（第四版），汪涛、郭宁译，中国人民大学出版社，2015，第9页。

下，货币的价格（利率）和流动数量之间有一种像波的性质一样的"干射、衍射"现象。而且我们还可以找到一对描写共轭函数的密度函数 φ_i^*（$\omega_i t$）= φ^*（$\overline{xr}$, t）和 φ（$\overline{xr}$, t），它们之间的联系是定量联系。这是因为任何描写一对共轭函数量的两个概率密度的定积分，都等于一个不变的数 1，即：

$$\int_{-\infty}^{\infty} \varphi^*(xr,t)\,\mathrm{d}r = \int_{-\infty}^{\infty} \varphi(xr,t)\,\mathrm{d}x = 1$$

这意味着可以把概率密度函数变换成两个复矢量平方定积分，它们之间也应有如下的等式：

$$\int_{-\infty}^{\infty} |\varphi^*(xr,t)|^2\,\mathrm{d}r = \int_{-\infty}^{\infty} |\varphi(xr,t)|^2\,\mathrm{d}x$$

参考我们在第一章第一节中所讨论的现代统计学由概率密度等于 1 所得到的线性回归方程 $Y = aX + b$，就知道它只能是众多解中之一的近似情况。

　　早在 20 世纪初，数学家们就知道了，在希尔伯特空间中，两个分别以变量 x 和 r（它们的量纲互为倒数）作自变量的函数，如果有上面的关系式存在，就意味着在这两个函数之间有傅里叶变换式，并且

$$
\begin{aligned}
F^*(xr,t) &= \frac{1}{\sqrt{2\pi}} \int_{-\infty}^{\infty} \mathrm{e}^{-irxt} f^*(x)\,\mathrm{d}r \\
F(xr,t) &= \frac{1}{\sqrt{2\pi}} \int_{-\infty}^{\infty} \mathrm{e}^{irxt} f(x)\,\mathrm{d}x
\end{aligned}
\tag{2.2.2}
$$

可以互相变换。但是，应要特别注意的是，这时的 rxt 相当于一个角度 θ，而 xr 相当于一个角速度 ω，即有 $\theta = \omega t = rxt$，这完全就是图 1.3.1 "铜钱模型"的复矢量逆时针旋转形式。也就是说，要使（2.2.2）式之间的傅里叶变换成立，则必须具备一个条件，即 F^*（xr, t）和 F（xr, t）具有量纲的自变量 r（产品价格）和 x（产品数量）的形式，且他们的量纲必须互为倒数（见图 2.2.1）。例如：

　　　　一公斤苹果的价格量纲为：15 元/公斤；

　　　　25 公斤苹果的价值就为：15 元/公斤 × 25 公斤 = 375 元。

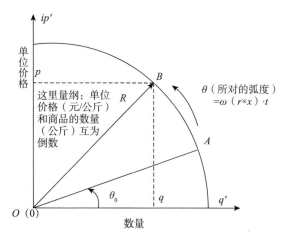

图 2.2.1 商品的价格和数量恰好满足其量纲互为倒数

市场上用于交换的任何一种商品的价格和数量的量纲都有一种这样的倒数关系。它们乘积的具体数据应该是复矢量在逆时针转动了一定角度的情况下所对应的弧度。这就是说我们所讨论的问题具有普遍性的特征，这也是我们采取"铜钱模型"分析问题的原因。同时如果（2.2.2）式的商品价格和数量的量纲互为倒数的定义成立，那么我们不仅可以看到交换的市场实质及其原理，而且也可以知道资产可分性的根据和原则。

一 通过市场实现资产组合的实质和原理

从图 2.2.1 可以看到，当一商品交换者站在横轴的 q' 端（即他处于要交换的状态），他在存储了约 0.293（0.414/1.414）的储备后，要把大约 1 单位的商品交换成货币。同样，另一货币持有者站在纵轴 ip' 端（他也处于要交换的状态），他也是在存储了约 0.293 的储备后，准备用大约 1 单位的货币去交换另一端那个交换者的 1 单位的商品。这时他们走向了市场，在距各自市场位置（距原来位置夹角 45°）一定距离的"弧度"上，实现了市场交换的条件，不然他们不可能进行交换。读者自己可以验证，如果距原来位置夹角不是 45°，那么图 2.2.1 中的四边形 $OpBq$ 就不是正方形，这样交换点在图 2.2.1 的 1/4 圆周上的分布就不是均匀的。这样，交换就不会公平和公正，在市场经济的条件下交换就不能达成。可见，这里的 45°位置是市场交换者进行等价交换的均衡点。也可以说，在市场的平等交换的含义下，均处于单位圆半径上的两交换者，若彼此视待交换的资产的价值相等，则必然处于夹角为 45°的市场位置上。只有在这种情况下，他们会沿着 $\sqrt{2}$ 的单位圆半径各自移动 $\pi/2$ 的位置，这表示交换双方的不同资产形式互换了位置，代表交换的结束。这样他们的交换过程就可用单位圆上的弧长来表示，这种表示体现在单位圆上的点的分布必然是均匀的，而这只有用群论或者环、域理论才能解释清楚。或者说这时他们若交换成功，就相当于持商品的交换者从自己的一端（持有商品）走向了持货币的交换者一端（持有货币），而持货币的交换者则从自己的一端走向了持商品的一端。这时市场交换的两者既有货币也有了商品（他们交换以前各有了自己的储备），而且这时他们各自的储备都成了他们交换后的利润（在价值上完全相等）。为了更清楚地说明这个原理，让我们以单位价格和单位货币的市场交换为依据，来说明通过市场实现资产组合的基本方式。

如图 2.2.2，具有相同工作能力而在不同领域里工作的两个人，拿着他们具有相同的单位价值量的不同产品（x 和 y），在市场上进行交换。无论如何，他们总的社会价值量始终是 $\sqrt{2}$（市场条件下的利益互补），交换后在单位圆上"均匀分布"的价值是 $\sqrt{2}\cdot\pi$。注意，这里从正方形的对角线到圆周的距离都是以 $\sqrt{2}$、π 为主的无理数。这时他们总的价值生产过程就刚好完成了一个周期 $\sqrt{2}\times\sqrt{2}\cdot\pi=2\pi$，它仍然是一个无理数。我们看到了这两个具有同样市场价值的不同产品，在市场上它们已经具备了相互的交换条件（互补），而在他们要进行交换但还没有进行交换时的社会价值约为 1.414。若在完成了交换的条件下，在单位圆周上显示的总价值就应是这两个人的产品对社会价值的总的贡献 $\sqrt{2}\cdot\pi\approx4.4429$（见图 2.2.2）。很明显，这里的 $\sqrt{2}\cdot\pi$ 就是图中虚线圆周的周长，其中半径 $R=\dfrac{\sqrt{2}}{2}$，圆的周长就为：$S^1=2\pi R=2\pi\dfrac{\sqrt{2}}{2}=\sqrt{2}\pi$，这是两个交换者交换后共同具有的价值。那么为什么是整个圆周呢？这是因为两交换者的交换过程是迭加完成的过程，即包括虚拟空间和现实空间在交换中价值的相互转换过程。我们就交换的部分来说，持商品的交换者从拥有"正的"商品（负的货币）到达他拥有"正的"货币（负的商品）刚好完成了半个周期 π（从第四象限到第二象限），对于另一个交换者情况刚好相反。这正是虚、实对偶共轭空间在交换中的相互作用，法国著名经济学家瓦尔拉斯很早就假设这个作用的存在[①]，但只有现代数学知识才证明了这一点。市场经济的发展，最终都要达到具有同等能力但生产不同产品的人进行等价的市场交换，否则就不可能达到帕累托最优，这也是亚当·斯密一再颂扬的市场交换的特点。这就是市场的"自然发展"过程，就是生产周期为 2π 的产品函数的市场迭加过程。自然科学的实验数据并不可能都是有理数，因为实验仪器的功能使人们不可能抛弃无理数而只得到有理数。而经济学中的人类统计数据，却能抛弃重要的无理数，并且无论是计量经济工具还是统计软件，都不能摆脱经济统计数据对有理数的"偏爱"。这样，社会科学就无意地抛弃了描述人类经济社会运行的重要的无理数，进而导致理论和实践的严重偏离。

如何将实数中的无理数进行恰当地分离？在数学中人们要将一个集合中两个不同的点分开就必须对这两个点的邻域进行确切的定义，这个定义具有代表性的是豪斯多夫空间。这个空间认为"不同的点有不相交的开邻域"。由此推得豪斯多夫空间中的每个单点集 $\{x\}$ 都是闭集，并且它的收敛极限唯一。例如，对于豪斯多夫空间中的任意两个点 x，y，$y \neq x \in X$。y 必有邻域包含于 $\{x\}^c$，我们就可以将这两点的距离用从 1 到无穷大的统计数据表示出来，而 $\{x\}$ 里的数据则用从 0 到 1 的数据进行辅助测定。从经济学的观点来说，引进拓扑概念的重要性还远不止这些。这是因为我们可以在这些原理的基础上，为市场经济的资源配置功能打好基础。而市场的资源配置却是一种典型的以无理数为基础的产品交换过程，图 2.2.2 就是这种交换过程的基本原理。

但是，如我们不考虑对偶共轭空间的存在，不考虑交换函数迭加的原因，仅就从图 2.2.1 的平面图形进行计算，也会很快发现问题。例如，我们已经承认某一商品的价格和数量的量纲恰好互为倒数，那么（2.2.1）式与（2.2.2）式应该成立。但成立以后，如图 2.2.1，这时复矢量 R 按逆时针方向"扫"过的面积应该是半径为 R 的 1/4 圆的面积，而不是图 2.2.1 中正方形 $OpBq$ 的面积。假设正方形 $OpBq$ 的边长等于 1，而这时复矢量 R（$\sqrt{2}$）扫过 1/4 圆的面积为 $\frac{1}{4}\pi R^2 = 2\pi/4 = 0.5\pi \approx$

---

① 〔法〕莱昂·瓦尔拉斯：《纯粹经济学要义》，蔡受百译，商务印书馆，1989，第 84 页。

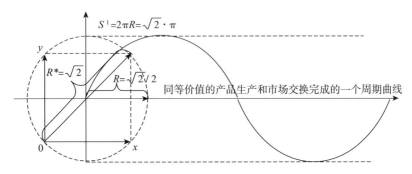

图 2.2.2　市场成功配置资源的区间变量的无理数形式

1.5708，也就是说，按我们的办法所计算的交换收益，要比经济学所认可的交换收益大约多 $1.5708 - 1 = 0.5708$。所以用正方形 $OpBq$ 计算交换后资产组合者的实际收益显然是不符合实际的。

二　通过市场完成资产组合（交换）的可分性原理和原则

通过图 2.2.2 我们还可以看到资产可分性所依赖的基本原理和原则。因为图 2.2.2 用的是单位资产价格和单位价值货币，所以可直接将它应用于通过市场实现资产组合的基本原理和原则的讨论。

从图 2.2.2 可以明显看出，要通过市场实现资产的有效组合，必须使两交换者处于市场交换的位置（即两交换者已经同意进行交换但还没有进行交换的 45°位置），与已经进行的等价交换（资产价格和货币数量所形成的弧度）过程都处于无理数的行为"轨道"上，这个行为"轨道"就是由两个无理数 $\sqrt{2}$ 和 π 所构成的"连通道路"，这时处于市场交换位置的两交换者，就必然处于资产（和货币）可分的"状态"中（45°的正切或余切的值都为 1 的可分状态，即 $\sqrt{3}/2 \cdot 2/\sqrt{3}$ 为 1 的状态）。例如，在以 $\sqrt{2}$ 为对角线的两个直角边上，分别站着可数数 1（或它的自然倍数），但是一旦到达 $\sqrt{2}$，交换一旦进行，立刻就会和无理数对接，即：

$$\sqrt{2} \cdot \pi/8 \to \sqrt{2} \cdot \sqrt{2}\pi/2 \to \pi$$

上面的这个无理数、超越数变换的意思是，当在市场上交换的协议一旦达成，交换双方的价值尺度会立刻从 1 个单位变成 $\sqrt{2}$ 个单位，随着交换的进行$\sqrt{2}$个单位立即会使交换双方在从 1 扩大到$\sqrt{2}$的半径上相向"旋转 22.5°"，这样随着交换的进行交换双方的价值尺度都进行了相应的扩张，在 $\pi/2$ 的时候，交换双方由于交换的成功互换了位置，但整个角度扩大为 π（随后给出证明），即这样才能使这个对角线与超越数 π 对接，形成完整的交换过程。当交换完毕，两交换者又都处于对方交换前各自的位置上，这时他们交换价值共扩大了圆周率 π 的倍数，成为$\sqrt{2}\times\pi\approx 1.414\times 3.14\approx 4.44$，其中每个人的实际价值约为 2.22，比一倍还要多。最明显的例子是大家都知道的餐饮行业利润翻番，实际上乐意享用这种饮食的消费者的效用也必然是翻番的，这是大家都容易看到的一个事实。

相反，如果两交换者所处的位置（等腰直角三角形的两条直角边）不是处于可数数的状态，或者说处于无理数状态（说明双方交换的条件还不成熟或者资产还正处于生产阶段），这时他们的对角线（即他们共同面对的方向）就是处于有理数（可数数）状态，那么他们的交换必然不能和超越数 π 对接，这时的交换就不能成功（即始终处于原来状态）。

例如，等腰直角三角形的两个直角边是$\sqrt{2}$，这时等腰三角形的斜边就是 2，那么它们的道路连通就始终是 π（或 π 的倍数）。如果这里忽视了 π 的作用，就说他们之间的道路不连通。对于市场交换来说，就说明他们始终没有完成交换或者交换没有成功[1]。

等腰直角三角形两条直角边的可分性明显告诉我们，它们是以自然数为基础的有理整数和分数的总称，并且可以将分数按照市场交换的需要确定到一个可数的基本单位，如货币可以按"元、角"等进行基本单位的划分，实物资产可以按"吨、千克、克"或"打、套、个"等进行划分。弗兰克·J. 法博齐、弗朗克·莫迪利亚尼对可分性的定义为"与金融资产交易或兑换成货币时可以使用的最小单位有关。最小单位越小，金融资产的可分性就越强。"[2] 詹姆斯·托宾、斯蒂芬·S. 戈卢布认为，"一项资产可进行交易的最小单位不仅对于确定资产交易的成本至关重

---

① 读者可用群论进行这样的解释，这将使这个问题更加清楚。
② 〔美〕弗兰克·J. 法博齐、弗朗哥·莫迪利亚：《资本市场：机构与工具》（第四版），汪涛、郭宁译，中国人民大学出版社，2015，第 6~7 页。

要，而且往往是资产交易得以进行的先决条件。"① 在这里，他们都没有
对实物资产进行可分性定义，这对资产的有效组合是不利的，我们在这
里对实物资产的可分性进行了定义。事实上，把两交换者所处的位置，
定义在等腰直角三角形的直角边上，就是为了说明他们是在市场上等待
进行交换。我们前面已经说明，这实质上是两交换者已经谈好了交换的
条件，接下来就要进行交换的状态。因为他们这时已经处于无理数$\sqrt{2}$的
"道（环）路"上，准备着与超越数 π 的对接。② 如果这种"连通道路"
已经形成，要再进行"单位划分"就已经不可能，这是由无理数的无限
不可分割性所决定的。那么在交换结束后，两交换者的资产"圆满"分
割是怎样实现的呢？根据"铜钱模型"的原理，我们知道在交换结束以
后，两交换者的位置恰好"调了个个"。也就是说，这时持有实物资产
的交换者交换掉了他手中的实物而获得了货币，而持有货币的交换者交
换掉了他手中的货币而获得了实物，加上效应价值的作用，这时他们各
自的价值都是约为 4.44/4 = 2.22，正好达到了"连通道路"上的各自节
点，所以不存在"无理数"的再分割问题。对于这个节点以外难以分割
的解释，我们想引用詹姆斯·托宾、斯蒂芬·S. 戈卢布的阐述，"许多
公司在必要时试图通过拆股的方式降低股票的单位价值。互助基金和许
多个体公司允许持股人购买零星的股份，从而使小户投资者拥有更加多
样化的资产，而这一点对具有不可分性的证券而言是无法做到的。"③ 因
为这时的股票或互助基金等正处于运行阶段，如果它们的利益没有兑现
就说明它们的"道路连通'循环'"还没有结束，它们就同样处于无理
数和超越数的连通阶段，这时的无理数特性不可能使这个"循环"中
断。弗兰克·J. 法博齐、弗朗克·莫迪利亚尼和詹姆斯·托宾、斯蒂
芬·S. 戈卢布都说明了这种现象，但也都没有说明这种现象产生的原
理。我们认为这个原理恰好可以用上面讨论的等腰直角三角形和正方形
的外接圆性质，即用"铜钱模型"的原理进行解释。

---

① 〔美〕詹姆斯·托宾、斯蒂芬·S. 戈卢布：《货币、信贷与资本》，张杰、陈末译，中
　　国人民大学出版社，2015，第 16 页。
② 在市场经济条件下，交换者交换的成功，就是对自己生产的产品的一种量的超越。
③ 〔美〕詹姆斯·托宾、斯蒂芬·S. 戈卢布：《货币、信贷与资本》，张杰、陈末译，中
　　国人民大学出版社，2015，第 16 页。

三 关于资产组合的历史"谜团"与可预期性比例的形成

詹姆斯·托宾和斯蒂芬·S. 戈卢布将资产的可预见性定义为"未来任何一天的现金价值都可以完全预测,则意味着该资产具有完全的可预见性。"[1] 现实中明显的例子有,由于存款利率的公开性,未来的任何一天人们都能够预测到存款的可能值,这样人们就可以信心百倍地进行资产组合,为以后的利益最大化服务。对于另外一些资产,如政府储蓄债券的偿还值虽然取决于持有的时间,但它们仍然还是可以预见的,因为这种持有时间的利息限定也存在着具体的标准,只要人们了解这个标准,那么人们就可以按照自己的需要进行有效的资产重组,以利于自己资产的增加。可以说,资产在组合时的价格确定,对资产的顺利组合起着十分重要的作用。对于一些风险资产的重组,其组合价格完全由市场来决定,这种资产实际上是在流动的过程中实现组合的,价格在人们事前已经决定好了的情况下,在资产正在流动的过程中是不能被更改。后面我们就可以看到,这种资产组合的流动实际上是沿着一条不可分割路径(主要是无理数或超越数)进行的,即便在已经知道了可能的风险的情况下也不能更改。如果是在这种情况下,那就要看人们担当风险的能力和及时的市场分析。

我们认为弗兰克·J. 法博齐、弗朗克·莫迪利亚尼的定义相对准确一些,"金融资产收益的多少取决于预期会收到的现金流,包括股票股利的支付、债务工具的利息支付和本金偿还以及股票出售时的出售价格。"[2] 这种相对的准确性正是因为它含有金融市场风险分析的"概率流动"。而这种"概率流动"正是因为我们引入的复矢量分析的特有特征,我们现在就来分析它的存在机理。在(2.2.2)式中,有:

$$F^{*}(xr,t) = \frac{1}{\sqrt{2\pi}}\int_{-\infty}^{\infty} e^{-irxt}f^{*}(x)\,dr$$

① 〔美〕詹姆斯·托宾、斯蒂芬·S. 戈卢布:《货币、信贷与资本》,张杰、陈末译,中国人民大学出版社,2015,第17页。

② 〔美〕弗兰克·J. 法博齐、弗朗哥·莫迪利尼亚:《资本市场:机构与工具》(第四版),汪涛、郭宁译,中国人民大学出版社,2015,第9页。

$$F(xr,t) = \frac{1}{\sqrt{2\pi}} \int_{-\infty}^{\infty} e^{irxt} f(x)\,dx$$

当它们以概率密度呈现在我们面前的时候，我们可以得到：

$$F^*(\omega \cdot t)F(\omega \cdot t) = \frac{1}{2\pi} \int_{-\infty}^{\infty} \int_{-\infty}^{\infty} f^*(x)f(x)\,dr dx, \omega = rx \quad (2.2.3)$$

（2.2.3）式正是我们在图 1.3.2 中描述的资产和货币完成交换时的情景。如果我们将（2.2.3）式写成无穷小量的形式，就得到：

$$F^*(\theta)F(\theta) \approx 16 f^*(x)f(x)\Delta r\Delta x \quad (2.2.4)$$

（2.2.4）式里的 $F^*(\theta)$ $F(\theta)$ 成了在区域 $\Delta r\Delta x$ 里的具体概率，它是货币的价值存在的具体形式，其中包含了资产交换的价格和数量，可用交换的单位频率 ω 表示出来。$f^*(x)f(x)$ 是在区域 $\Delta r\Delta x$ 里的概率密度，而它仅仅是资产的量的概率密度，交换的价格和数量即 ω 已经包含在 $1/2\pi$ 里了。现在的计量经济学，没有说出其中的原因，直接用资产的量的统计密度来检验结论是否正确。失去了资产组合中价格和量的相互作用关系，有些人就直接用资产的数量（包括交换的、待交换的资产）不加任何考虑、笼统地进行风险预测、结果检验等，如此一来，结果和现实的脱离可想而知。（2.2.4）式中右边的系数 16，或者货币资产与实物资产之间兑换的比例 16∶1，来自：

$$\frac{1}{2\pi} \times 100 \approx 0.159 \times 100 \approx 16 \quad (2.2.5)$$

这是一个很重要的比例，它在金融发展史上曾产生过十分重要的作用。

第三节　用历史性实践及实证经验检验
"铜钱模型"的两个重要结论

　　资产市场组合理论中衡量资产价值的通货价值，与实际资产价值的比例始终约为 16∶1。这个结论与市场等价交换的基本机理密切相关。或者说，这个结论本身就是市场交换的自然特性的体现。这个自然特性的本质，就是我们在前面一直强调的在"铜钱模型"基础上得出的市场运行周期理论［上一节（2.2.5）式］。同样，资产组合实际结果所呈现的

$\sqrt{2\pi}$——其值约为 4.44，这个价值形式的结论，也与市场交换的这种自然特性密切相关。不管怎样，人类若出现一次这样的交换，他们之间必然存在约为 4.44 的价值形式，若是在其基础上继续进行交换，则有迭加形式的、约为 8.8 数值形式的价值量出现。尽管这些价值形式含有泡沫，也就是说，在原来初次交换的基础上，两次连续性的交换已经使交换双方的价值泡沫达到一半以上，但由于社会各种交换层次的反复迭加，人们对这种泡沫还是视而不见，除非金融危机来临。下面我们就用历史的、现实的具体事实和数据，来检验这两个重要结论。

一　关于货币市场值与社会财富度量（即硬通货）比例的历史性检验与实证检验

历史上曾有的货币与硬通货的比例以及通货价格与标准资产的比例一直都是 16：1。[①] 我们初始还真不知道这个比例产生的理论原因，但从大量金融史了解到，大部分银行学家以及经济学家认为，以这种比例制定的货币政策，可以有效地预防金融危机。但实践的结果又告诉人们，固执地、毫无理论根据地坚守这个比例又会导致通货紧缩，同样会导致经济危机，这在一些实业界人士看来已经越来越明显。

在中国历史上，即在实行银本位制时中国所使用的"十六两秤"（见图 2.3.1），也是用 16 个单位的通货换取 1 个单位的硬通货（如银币）。我们同样不知道在没有涉及"复矢量"的情况下，他们的这个原理又源自哪里？我们只是在用复矢量演示"交换"的基本原理的过程中，逐步得到这个问题的答案的。

现代金融史告诉我们，关于金融货币市场 16：1 的关系问题，是在金属货币向纸质货币转换的过程中，银行家和国家货币管理机构之间的争执引起的。在时任美国总统的罗斯福要进行的货币改革过程中，掀起了一场旷日持久的争论。银行家们一致认为，如果财富衡量的价值尺度——货币多于社会财富的总量，那么将预示着他们手中的财富将减少，

① 美国的 1834 年《铸币法案》以及南北战争期间的货币改革法案一直都以这个比例为准，可参见〔美〕埃里克·罗威：《货币大师》，余潇译，中信出版集团，2016，第 59 页、第 144 页。

图 2.3.1　中国历史上曾使用的十六两秤

这是他们最担心的事情。所以出于对市场的预期，他们坚持认为 16∶1 反映通货和真正财富的比例关系。同时，金融学家也深感用一种最贵重的物质来充当货币，将使他们感到特别的安全，而这种最贵重的物质就是金银。

金银不仅容易切割，相对于其他金属来讲更便于携带、储藏和交换，而且具有世人向往的"天然偏好"。但金银的得来十分不易，这就使得金银的数量相对于劳动产品的种类和数量的不断增多，处于越来越少的状态，这就对金融资产的拥有者十分有利。但过少的硬通货又不利于国家的建设和社会的生产，因为这会使借贷或融资十分困难，从而使商品生产者的生产规划——虚拟空间的产生和发展受到了极大的限制，进而引发由通货紧缩所导致的经济危机。在资本积累阶段，由于作为资本的货币越来越集中到一部分商品生产者手里，银行的货币发行量虽然在不断增加，而市场的货币流通量却越来越少，这就形成了周期性的经济危机。"大多数经济学家都很清楚，自 19 世纪以来，主要资本主义国家才先后过渡到金本位制。自此以后，金银被当作一种理想的货币，仿佛由来已久，根深蒂固。""在金本位制国家，人们将手中的黄金交由银行来保管，而银行券的发行则确保了个人手中的黄金安全。"① 当人们用黄金交换银行的银行券时，最初的交换系数恰好是 16∶1（按货币指数计算，这里应为 0.16 × 100%）。但随着黄金的不断开采和市场流通量的不断增大，这里的比例实际上也在不断增大，但银行的货币流通比例仍以 16∶1

---

① 〔美〕埃里克·罗威：《货币大师》，余潇译，中信出版集团，2016，第 57 页。

为准。现在有充分的证据显示，16∶1 在国家发行的货币与准货币之间有稳定性作用。表 2.3.1 显示了 1865～1914 年美国及英国市场货币的流通情况。

表 2.3.1　1865～1914 年美国实行金本位制对美国和英国价格的影响

年份	美国价格				英国价格		金银比价	
	实际的	未经检验	假设的（16∶1）	精确的	实际的	假设的（16∶1）	实际的	假设的（16∶1）
1865	86.5		57.3		59.8		15.4	
1866	82.6		60.8		62		15.5	
1867	77.6		58.2		61.6		15.6	
1868	76.2		54.6		59.8		15.6	
1869	72.7		54.7		58.7		15.6	
1870	68.7		59.8		56.3		15.6	
1871	69.8		62.5		57.8		15.6	
1872	66.3		59		61.4		15.6	
1873	65.5		57.6		63.5		15.9	
1874	64.8		58.3		61.5		16.2	
1875	63.3		55.1		59.2		16.6	
1876	60.4	60.2	55.4	60.4	57.8	59	17.8	17.2
1877	58.2	59.8	56.8	60.8	56.2	57.5	17.2	17.1
1878	53.9	60.1	55.4	61.4	55.2	57.2	17.9	17.7
1879	52	60	54.7	61.4	52.8	55.6	18.4	18
1880	57.4	64.5	61.3	61	55	58.7	18	15.9
1881	56.3	64.4	60.8	61.5	53.8	58.1	18.3	16.2
1882	58.1	66	62.8	61.1	54.6	59	18.2	15.9
1883	57.4	66.8	62.3	61.3	54	58.6	18.7	15.7
1884	54.4	63.2	59.1	59.7	52.5	57	18.7	16.2
1885	50.8	61.6	55.4	59.6	51.1	55.7	19.4	17.2
1886	50.1	65.1	54.8	59.2	50.3	55	20.9	17.3
1887	50.6	66.8	55.8	59.2	50.5	55.7	21.1	17
1888	51.5	70.9	56.7	59.7	50.5	55.6	22	16.8
1889	51.8	71.5	56.8	61.3	51.2	56.1	22	17.3

年份	美国价格				英国价格		金银比价	
	实际的	未经检验	假设的（16∶1）	精确的	实际的	假设的（16∶1）	实际的	假设的（16∶1）
1890	50.8	62.8	55.8	63.4	52.1	57.1	19.7	18.2
1891	50.3	65.8	55	64.4	51.9	56.7	20.9	18.7
1892	48.3	71.3	52.5	66.7	51.8	56.2	23.8	20.3
1893	49.2	81.8	53.8	69.4	51.5	55.9	26.6	20.6
1894	46.4	95.2	50	70.9	50.6	54.6	32.9	22.7
1895	45.7	90.5	49	71.9	49.9	53.5	31.9	23.4
1896	44.4	85.5	48.1	71.3	49.7	53.9	30.5	23.7
1897	44.6	96.5	48.6	71.1	50.2	54.6	34.5	23.4
1898	45.9	101.8	51	71.3	50.5	56.1	35.5	22.4
1899	47.1	102.3	52.6	72	51.2	57.1	34.8	21.9
1900	49.6	104.5	55.8	72.6	54.6	61.4	33.8	20.8
1901	49.3	108.1	55.7	72.8	54.2	61.2	35.1	20.9
1902	51	126.5	57.9	74	53.3	60.4	39.7	20.5
1903	51.5	124.4	58.6	74.9	53.2	60.4	38.6	20.5
1904	52.3	118.2	59.4	73.8	53.3	60.5	36.2	19.9
1905	53.4	114.4	60.8	72.4	53.6	61	34.3	19
1906	54.5	105.4	62.7	70.1	54	62.2	31	17.9
1907	56.8	112.4	65.2	71.3	54.9	63	31.8	17.5
1908	56.7	138.6	65	73.1	55.1	63.2	39.1	18
1909	58.7	147.5	67	74.7	54.9	62.5	40.2	17.8
1910	60.2	145.6	68.7	76.4	55.2	63	38.7	17.8
1911	59.7	144.9	68.3	79.6	55.9	63.9	38.9	18.6
1912	62.3	132.4	71.4	78.2	57.5	65.9	34.1	17.5
1913	62.6	135.3	71.9	79.7	57.9	66.5	34.6	17.7
1914	63.5	149.7	71.8	78.6	58.2	65.8	37.8	17.5

资料来源：〔美〕米尔顿·弗里德曼：《货币的祸害：货币史上不为人知的大事件》，张建敏译，中信出版集团，2016，第91页。

　　由于美国内战的爆发，再加上19世纪晚期美国又开始从农业国向工业国转型，实施金本位体制的美国十分紧张。从政策层面来看，战后政府逐步实行了有利于债权人和金融界的通货紧缩政策，造成了国许银行货币流通量下降，流量从 1882 年的 3.63 亿美元下降到 1891 年的 1.63 亿美元，1891 年纽约国许银行发行的银行券只有 400 万美元。1906 年 10 月 4 日，纽约商会货币委员会向总部提交了一份研究报告，该报告重点指出缺乏弹性的货币是造成资本和货币市场不稳定的根源。[1]"虽然货币问题绝对不是农业陷入困境的唯一原因，但农场主认为农产品价格正在下跌，而这是与货币有关的。"[2] 图 2.3.2 是根据表 2.3.1 绘制出来的美国 1865～1914 年在金本位制度下的货币流通情况，我们看到按 16∶1 的货币运行曲线（这里用 JIASHE 表示）和实际货币运行曲线（用 SHIJI 表示）的紧密程度。而精确的货币运行曲线（这里用 JINGQUE 表示），恰好和实际货币运行曲线与 16∶1 曲线形成了一个张力空间（见图 2.3.2）。从后续的讨论我们知道，这就是虚拟经济的运行空间；而未经检验的价格水平，实际上就是市场需求的价格水平（这里用 WEIJING 表示）。由于金本位制度的限制，这里提供的只是预设，可以看到，美国的金本位制度确实对美国的经济发展起到了阻碍作用。这里所说的阻碍作用，正是我们在前面所说的，它为美国经济虚拟空间的形成增设了障碍，因而阻止了工、农业生产计划由虚拟经济空间向实体经济空间的正常转换。

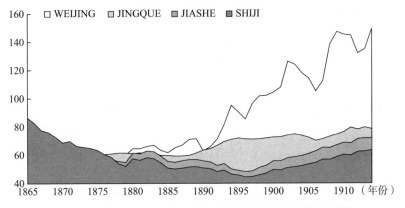

图 2.3.2　美国 1865～1914 年在金本位制下的货币流通情况

将金本位制作为货币发行的基本水准，在允许直接可用货币兑换黄

---

① James Livingston, *Origins of the Federal Reserve System*: *Money*, *Class and Capitalism* (1890—1913)（Cornell University Press, 1986), p.73.

② 〔美〕J. 布卢姆等:《美国的历程（下）》，杨国标译，商务印书馆，1988，第 111 页。

金的情况下，16∶1 是一个最理想的水准。这个原理我们可用前面所证明的 16∶1 形成路径进行理论说明，但黄金的社会存量并不能和人类劳动所产生的社会财富形成合理的科学的比例。由于资本主义生产力的迅猛发展，黄金的挖掘增量和迅猛增长的社会财富增量相比是微不足道的。所以对于市场经济国家，金本位制除了对债权人和银行业有利之外，绝不会给大多数劳动阶层带来好处，并且它只能造成通货紧缩式的经济危机，这在战争或自然灾害年代会显得更为突出。但是，在经济增长较为平稳的国家，金本位制确实对货币市场的稳定发挥着一定的作用。但是在经济发展过程中，需时刻调整货币发行量与黄金存量的比例，这个比例不仅与经济增长速度有关，而且还和市场的均衡变化有关，否则仍然会导致经济危机。下面是我们根据表 2.3.1 绘制的英国货币与黄金的实际比价形成的市场运行图（图 2.3.3）。我们看到实际的金融波动幅度普遍高于假设的波动幅度，这表明设定的货币供给量已经远远落后于市场的需求，因而必然造成通货紧缩，进而导致经济危机。

然而，包括金融机构在内的美国政府的决策人员，都不认为这是资产通过市场组合所导致的人的经济行为使然。大多数人认为这仅仅是美国银行体系特别是内战期间各州银行货币管理混乱所导致的结果。1913年，美国国会通过了《联邦储备法》，决定采取二元式的中央银行体制，将全国划分为 12 个联邦储备区，并在各联邦储备区内设立一家地区性的联邦储备银行。但美国金融体系仍然执行 1900 年的《金本位制法案》，只是他们将这个法案与《联邦储备法》结合了起来，使市场中所有流通的货币都有一个共同的货币发行基础：每盎司黄金价格为 20.67 美元。这是根据《金本位制法案》中规定的一美元是重量为 25.8 格令的标准黄金制定的。①

美国《联邦储备法》的出台并没有缓解美国通货紧缩的预势，特别是随着工业革命导致的农业机械化的发展，农业领域高昂的贷款利息与低廉的粮食价格之间的矛盾越来越突出。虽然农业产量大幅度提升，但

---

① See Board of Governors of the Federal Reserve System, *Banking and Monetary Statistics* (Washington, DC, 1943), table 110, 409–413.

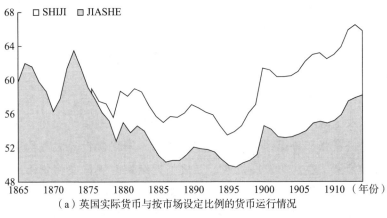

（a）英国实际货币与按市场设定比例的货币运行情况

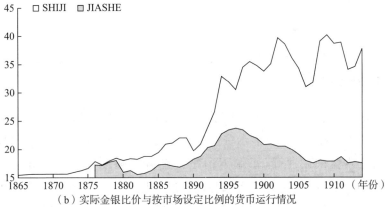

（b）实际金银比价与按市场设定比例的货币运行情况

图 2.3.3　1865～1914 年的英国价格与金银比价

农民的口袋越来越瘪。这种情况在美国新任总统罗斯福上台时也没有得到缓解。美国康奈尔大学经济学家乔治·沃伦认为所有与黄金比价挂钩的美元都是引发大萧条的灾难源头。[1]"随着经济形势的不断恶化，不少债务人已经失去了偿还能力，银行无奈之下不得不将账簿上的呆账核销。如果事态进一步发展，当足够多的贷款都转入呆账之列，在资产质量不佳的重压下，就连银行业也无法维系正常运转，金融体系将全面崩溃。"[2]

看来将黄金作为货币发行的财富支撑这一"传统"的做法不得不改

---

① Ralph West Robey, "*Present Currency System*," New York Evening Post, 3/10/1933.

② 〔美〕埃里克·罗威：《货币大师》，余潇译，中信出版集团，2016，第 64 页。

变了，英国经济学家凯恩斯早就有了这一想法。他认为"商业活动的低迷只能被货币的供给量调整而唤醒"。这是因为，"在一个濒临被贫穷与衰败击垮的世界里，我们宁可选择牺牲债权人的利益，也不能再承受失业带给社会的沉重打击"[①]。

凯恩斯的观点和新上任总统罗斯福的想法不谋而合，罗斯福顶着银行系统以及金融经济学家的压力放开了市场对货币的供给要求，因而使美国的经济紧张形势得到了有效缓解。之后，第二次世界大战给美国的经济发展带来了空前的发展机遇，二战临近结束时美国又将货币的放开机制推向盟国，组成了新的金融互助联盟，这使以美元为国际储蓄货币的布雷顿森林体系得以形成，美国在这种体系下辅助了盟国经济的发展，其自身也获得了巨大的收益。

二　关于市场交换价值是交换前价值约 2.22 倍的基本标准之实证检验（以中国的餐饮行业为例）

凡是阅读过米尔顿·弗里德曼《价格理论》的读者，都记得用 p 表示资产的单位价格，用 q 表示资产的单位数量，且有 $pq = 1$，弗里德曼将它称为总收益的"主量"。剩下的是含有需求弹性 $p\Delta q\ (1 - 1/\eta)$ 的（动力源）项，这里的 η 为需求弹性。这个设定是否正确？我们将放在下一章讨论。在这里我们只是将 p 固定在复平面坐标系的虚轴上，将 q 固定在实轴上，并认定它们之间都是单位值，如这里的 q 为 1 单位的股票量，这里的 p 为 1 单位的股票价格（元）。这样，根据复平面上复矢量 z 的定义式，有：$z = q + ip$。若写成极坐标的形式，则有：

$$令极坐标的模\ \rho = \sqrt{q^2 + p^2},则有\ z = \rho e^{i\omega t}, \theta = \omega t = pqt$$

$$或者写成：z = \sqrt{q^2 + p^2}\,e^{ipqt} = \sqrt{q^2 + p^2}\,(\cos pqt + i\sin pqt)$$

于是我们可以得到一对重要的复矢量 z 和 z^* 的共轭形式：

$$z = \sqrt{q^2 + p^2}\,e^{ipqt}\ 和\ z^* = \sqrt{q^2 + p^2}\,e^{-ipqt}$$

$$当\ t = 0\ 时, z_0 = \sqrt{q^2 + p^2} = \pm q；$$

[①]　John Maynard Keynes, *The Collected Writings of John Maynard Keynes* (Cambridge University Press, 1978).

当 $t = \dfrac{\pi}{2pq} = \dfrac{\pi}{2\omega}$ 时，$z_1 = i\sqrt{q^2 + p^2} = ip$（在纵轴 ip 上）。

按我们的设定，这相当于交换的完成。但是，这里出现了不同的答案。首先，根据我们上面的推导，有：

$$pqt(t = 1) = \dfrac{\pi}{2}, pq = \dfrac{\pi}{\sqrt{2} \cdot \sqrt{2}} \approx 1.57$$

但是，在资产组合者通过市场完成了交换以后，达到了上面的关系式（要十分注意，铜钱模型里的角矢量 ω 将是生产周期角矢量的 2 倍，我们后面将马上对此进行推导）。可以看出，对于其中任意一个以市场为媒介的资产组合者，就是用 $\sqrt{2}$ 扫过"铜钱模型"里的小正方形 $0 \to \pi/2$（第一象限）的面积，即：

$$\sqrt{2} \cdot \dfrac{\pi}{2} = \dfrac{\pi}{\sqrt{2}} \approx 2.22$$

上面的这个数据，正是约为 1.57 再乘以 $\sqrt{2}/2$ 的结果。对于通过市场进行资产组合的双方，就有：$\sqrt{2}\pi \approx 4.44$。可以看出，如果不用复矢量原理，直接得出 $pq = 1$ 或者 $pq \approx 1.57$ 都是错误的（参见第三章第二节弗里德曼的价格理论）。正因为 pq 有二阶能量关系，这里的 pq 要比 1 大，而比 1.57 小。我们还要注意，这里的 π 实际上是产品生产的一个周期即 2π。若认为周期的时间为 1（比方说为 1 年或 1 个季度等），则 $pq = 1.57$（元）。很明显，这里的 pq 还包括弧度下与小正方形一条边（弦）所构成的"扇形"的面积。

如果不按资产市场组合的基本规则来计算，这时交换双方各自等价交换价值量 $pq = 1 \times 1 = 1$（元），而绝不会约为 2.22（元）。这多余的 1.22 个价值余量来自交换的"自然本性"，实际上还包含交换过程中交换双方本身的创造性劳动。例如，交换双方为了使交换得以进行所做的市场安排、信息收集等。

这里读者可能会问，能否将复矢量的长度定义为某种恰好可分的数，那不是讨论更方便了吗？我们的回答是：不行。"铜钱模型"看起来对于连续交换的两个圆内接正方形只有大小的不同，没有原则上的差别，但是它实际上反映了人类进行市场交换的基本规则。事实上，将图

2.3.4 的最大外接圆内接正方形的边长定为 2，那么资产组合的两交换者准备交换的资产价值就处于可分的位置，即自然数的位置。两交换者都是按他们自己的规则（心理需要）确定资产单位的，即他们当然是按自然数（正的可数数）准备他们交换的数量的。这就必须将图 2.3.4 的 AO 和 CO 定义为单位 1（可数数），这时他们处在市场要进行马上交换的位置恰好在 $\sqrt{2}$ 的无理数的位置上，这个位置就是要进行交换的最后过程——由资产互为倒数的量纲形成的"弧（$\pi/2$）"阶段。在这个最后阶段，无理数复矢量 $\sqrt{2}$ 恰好与超越数（$\pi/2$）实现了完整的对接，使交换结束时的价值（各人）2.22 得以实现。但假如这时将复矢量的长度定义为 1，就有两个难点难以解决。

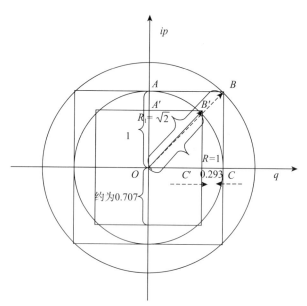

图 2.3.4 "铜钱模型"中的交换价值和社会价值

其一，内接小正方形边长 $\sqrt{2}$ 形成的 $A'O$ 和 $C'O$ 皆为 $\sqrt{2}/2$，这使得两交换者不能将自己要进行交换的资产进行分割，这实际上是不现实的。

其二，复矢量的长度为 1 说明要进行资产交换的两交换者的位置不能与超越数（$\pi/2$）对接。或者说虽然他们已经到了金融市场上，但还没有做好自己要交换资产的准备工作，或者认为价格有问题，这在现实中也是不可能的。

　　所以说，人类资产组合的市场范围，实际上是"交换价值空间"和"社会价值空间"的有效叠加，绝不是以自然空间为基础的简单代数和。不然，推导出来的结果必然与社会实际相差甚远。

　　现在，我们再从"铜钱模型"的交换角度来研究一个"无穷小"角速度 $d\omega$ 的表示式，根据量纲互为倒数的关系，它们乘积的单位应为确定的（弧度）货币单位（元）。因而这时应该有：$d\omega = pdq + qdp$。这表示，如果分别以横轴、纵轴为起点，它们将分别移动了很小的距离 $\Delta p = q\sin\theta$ 和 $\Delta q = p\cos\theta$，所以在单位时间内 $\Delta p\Delta q$ 就具有能量性的特点（它实际上显示的是波、粒二相性的特点）：

$$\Delta p\Delta q = pq\sin\theta\cos\theta = \frac{pq}{2}\sin2\theta = pq\theta\frac{\sin2\theta}{2\theta}$$

由此在交换过程中（注意和交换结束时的区别），有：

$$\Delta p\Delta q \approx pq \lim_{\substack{\theta\to0\\t\to0}} d\frac{\omega t}{dt}\cdot\frac{\sin2\theta}{2\theta} = pq\dot\theta = pqd\omega = \frac{1}{2\pi} \qquad (2.3.1)$$

即（2.3.1）式具有波、粒二相性的特点。如在（2.3.1）式中，p 成为单位交换价格；q 成为单位交换数量，所以这里 $pq = 1$（粒子性），由于转动的角度很小，所以 $\tilde\theta = \omega\cdot t = d\omega = \frac{1\ (t\approx1+\tau)}{2\pi}\approx\frac{1}{2\pi}$（波动性），这里 $\tilde\theta$ 就表示在很短的时刻 τ 最小的转动角度，它几乎就为 $d\omega$，但这时它的单位就不是"度/单位时间"，而是"货币单位（如元）/单位时间"。

这说明，$\Delta p\Delta q = \frac{1}{2\pi}$ 实际上是一个定值，在这个定值的范围内，Δp 或 Δq 是不能被同时确定的。因为 Δp 和 Δq 在我们限定的"路径"中，从 $\sqrt{2}$ 到圆周的超越数 π，无理数的"点"状轨迹体现得非常明显，这些点状轨迹上的无理数点依次分散在被有理数穿插其中的整个"半径"和圆周之间，它们分别以 $\sqrt{2}$ 和 π 的形式表现出来。

　　下面我们要对这个结论进行实证检验，我们用中国餐饮行业15年的经营数据进行实证分析。根据国家统计局公布的数据，我们这里的数据只能以2004年的数据为起点（见表2.3.2）。2004年，我国的市场经济体制已经相对成熟了，这样的餐饮行业收入，实际上就是两次完整的市场博弈过程，即餐饮行业与顾客的博弈过程和与社会管理成本之间的博弈过程，如餐饮行业要从社会上获取原料而进行的交换等。这就是说，我们必须将餐饮行业看成市场供给与顾客需求之间的中间层组织，这是一个重要的结论，否则分析将不准确。对于金融证券市场，也应该遵从这样的分析思路。

我们从国家统计局网站上得到了一组我国餐饮行业 2004～2018 年的数据，来验证我们上面的结论。

表 2.3.2　中国餐饮行业 2004～2018 年的收入与成本

单位：亿元

年份	毛收入	纯收入	成本	纯收入/成本	（纯收入/成本）/4.44
2004	1160.5	1030.8	129.7	7.947571318	2
2005	1260.2	1124	136.2	8.25256975	2
2006	1573.6	1410.6	163	8.65398773	2
2007	1907.22	1711.32	195.9	8.73568147	2
2008	2592.82	2358.39	234.43	10.06010323	2
2009	2686.36	2441.31	245.05	9.96249745	2
2010	3195.14	2893.23	301.91	9.583087675	2
2011	3809.05	3433.77	375.28	9.149888084	2
2012	4419.85	3966.73	453.12	8.754259357	2
2013	4533.33	4056.07	477.26	8.498659012	2
2014	4615.3	4120.2	495.1	8.321955161	2
2015	4864.01	4343.47	520.54	8.344161832	2
2016	5127.07	4562.14	564.93	8.0755845857	2
2017	5312.78	4732.10	580.68	8.1492388234	2
2018	5622.90	4997.7	625.20	7.993761996	2

我们把全国餐饮行业当年的毛收入（营业额）减去当年的纯收入就近似地得到成本。通过实证检验（见表 2.3.3），我们发现这个回归方程为：

市场统计收入$(SH) \approx 8.5$（约为 4.44 的 2 倍）市场统计成本(CH)

表 2.3.3　实证检验结果

Sample		2004→ 2018		
Included observations		15		
Variable	Coefficient	Std. Error	t-Statistic	Prob.
CH	8.449869	0.138712	60.91667	0.0000
R-squared	0.975374	Mean dependent var		3145.455
Adjusted R-squared	0.975374	S. D. dependent var		1381.792
S. E. of regression	216.8392	Akaike infocriterion		13.66053
Sum squared resid	658269.4	Schwarz criterion		13.70773
Log likelihood	− 101.4540	Hannan-Quinn criter.		13.66003
Durbin-Watson stat	0.289346			

这相当于一个形如 $y = 8.5x$ 的直线方程，准确度和调准后的准确度均达到98％［见图2.3.5（b）］。注意，这里的理论值绝不是我们想的 $4.44 + 4.44 = 8.88$，即它的理论方程是 $y \approx 8.8x$，绝对不是。这里相差了近0.4，就是说仍然相差约44％。我们认为这44％仍然属于人们常识性的误差，我们希望读者能够验证这个结果。要解决这个问题，需从"铜钱模型"的理论分析谈起。我们在前面和在本书的最后都给了这个模型的详尽分析，为了不再重复，这里直接给出分析的结果。若社会成本用社会管理成本与餐饮行业成本进行收入分成，则各自应占总收益的一半，即分别约为4.4。再拿顾客与餐饮行业进行成本分成来计算，即顾客和餐饮行业各自的"市场交换纯收益"起码各为约2.2。

那么这个实证检验能说明什么问题呢？它起码向我们说明了以下几点。

（1）经过市场进行的资产组合，或者产品交换，绝不是所谓的"等价交换"。这就是说，交换后的价值绝对是交换前价值的两倍以上，当然这里包括了交换者的主观价值（这是十分重要的）。

（2）这里的交换必须是在交换双方完全自愿的基础上进行的自由交换。就像食客要挑选饭馆一样，否则，就不会实现上面所说的交换双方满意的价值翻倍。也就是说，资产的市场组合或者说市场交换必须是在完全公平、公正的基础上进行。

（3）市场交换必须以实际的物质财富为基础，交换成分里的主观价

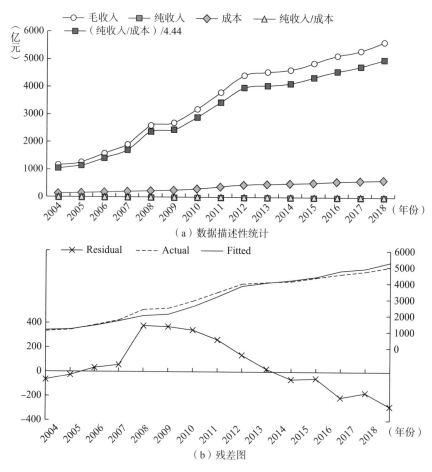

（a）数据描述性统计

（b）残差图

图 2.3.5　实证检验结果

值，也属于人们精神财富的一部分。但是这里就隐藏着泡沫，当泡沫大到一定程度时，就会将风险变成危机。这个界限就是我们前面介绍的约 70.7% 或后面将介绍的"交换能级"的不断垂直上升。

（4）这里先把本书第十章的结论放在这里，其实读者也可以从"铜钱模型"直接推得，那就是说这里的平均斜率为什么是 8.5，即和理论值相差 0.44。事实上，对于饭馆这个"中间商"来说，它处在第六能级上，这时"铜钱模型"却以单位圆的半径在旋转，那么交换后的总价值仍然约为 4.44，若再加上能级 4，就约为 8.44 了。就是说，对于餐饮行业来讲，理论值和实验值几乎完全一致。

上面的数据和实证检验，都验证了我们的结论。对于社会总的财富来说，两交换者都是拿自己一个单位的不同资产在市场上进行交换，如果这些资产不是为了交换而是为了自己享用，那么仅从价值的法律形式来讲，物权的独占性法理使它们不具有交换价值（满足资产者自己的心理需要）。但若作为剩余的劳动产品，那么就要将资产交换出去以满足交换者本人对对方资产的心理需要。相对于两交换者来说，因为彼此对对方物品的心理需要，所以他们各自的私人资产就都有了社会属性。对交换者来讲对方的产品价值不再是一个单位，而是成了 $\sqrt{2}$ 个单位，即这时的复矢量位置恰好就落在了边长为 1 的正方形的对角线上。这时交换完成，双方各自获得的价值就为：

$$\sqrt{2}qp/2 = \sqrt{2}\pi/2 \approx 4.44/2 = 2.22$$

这和我们前面的计算结果完全相同。

　　在本节将要结束之际，我想到了英国著名经济学家约翰·希克斯，他在验证亚当·斯密劳动专业化的效率时发现，当人们之间协作产生的工作效率形成规模以后，往往是单个人工作效率的 4 倍还要多[①]。他是这样阐述这个问题的，"工业所特有的规模经济，即大工厂、大'机器'。按照推理，每一种规模经济都将产生相同的效益：当一个人把他的全部时间专心用于制针（或修理车辆）时，他生产出的产量将超过四十个人各自花费他们四十分之一时间所能生产的产量，而大工厂花费的四十倍的成本也能生产出四十倍以上的产量。但在前一场合，最佳规模不可能大于一个人可以用来工作的全部时间，而在后一种场合，最佳规模要远比这大"。[②] 市场交换所引起的公平和效率与工作中人们之间的密切协作具有完全一致的功能，他们之间的工作效率和"无理数"的作用一样不可分割。

<hr />

① 约翰·希克斯没有说明具体值，可能因为这是个无理数。
② 〔英〕约翰·希克斯：《经济学展望》，余皖奇译，商务印书馆，2013，第 53~54 页。

第三章 弗里德曼价格理论的再分析 与资产组合的市场路径

资产价格的认定标准和数量尺度的确定范围，在现代经济研究中十分重要。自 19 世纪末法国经济学家莱昂·瓦尔拉斯将人们要兑换的商品设定为"虚拟的商业计划"以来，相关的理论研究为资产市场组合的实现即由虚拟经济向实体经济的转变奠定了基础。瓦尔拉斯理论最终难以实现的原因在于它仅仅注重有理数而忽视了无理数，仅仅注重欧氏空间而忽视了虚、实经济空间相互转换的希尔伯特空间等。因此，本书一方面将资产的价格设定在"虚数轴"上，一方面又极力强调"无理数"的作用，就是想要完成瓦尔拉斯的"最终设想"。[①]

但当我们在分析现代经济运行的时候，对价格和数量的理解和掌握往往会涉及所选用的分析方法和运算手段。实际上，在人们的日常经济生活中，对价格和数量的理解和掌握实在是太熟悉、太普遍了，因此它们常常具有不说自明的公理性特点。但也正是这种公理性特点往往使人们"误入歧途"，从而使计算或计划的结果与现实之间存在着巨大的差距。特别是在人类步入现代社会以来，繁荣与危机相伴而行，生产与倒闭如影相随。无论是供应商还是消费者，生产商还是销售商，研究者还是不同类型的管理者等，都会遇到价格和数量的"对立统一"性困扰，而棘手的问题与方法论限制又使他们常常处于十分矛盾的境地。显然，这个问题与市场经济的本质与特性密切相关，但现代经济社会居然会使这些矛盾变得如此突出、如此明显和如此紧迫，这就不得不使我们要从根源上对它们进行探究了。

本章是在上一章分析的基础上进行的。上一章告诉我们，资产在市场上的表现具有一种"波"（市场信息的传播）和"粒子"（市场中运行的实际资产要素）二相性的特点。如果不承认这一点，就难以解释诸

---

① 〔法〕莱昂·瓦尔拉斯：《纯粹经济学要义》，蔡受百译，商务印书馆，1989，第 84 页。

如 1∶16 这个实际资产与市场价值浮动的比例关系以及资产组合双方交易前后价值变化的基本原因等金融市场的基本特征。由此推导出现代金融经济学的一些基本规律，如弗里德曼的价格理论只不过是这种市场价值的一种近似，不然就难以解释货币或证券的市场运行速度及描绘其基本轨迹。

第一节　资产组合市场功能的实质
及其作用的区间表现

如果回到上一章关于资产价值预期的理论探讨，我们知道（2.3.1）式中的 Δp（价格的最小变化量）和 Δq（数量的最小变化量），它们的乘积应该是一个定值，要不然实际资产的区间就无法确定，市场运行中货币的概率也就无法确定。在现实中，资产惯用的价格用 Δr 表示，资产的数量用 Δx 表示。如图 3.1.1，Δr 和 Δx 在市场的均衡点 E 围成了一个小正方形，这个小正方形随着 Δr 和 Δx 的不断缩小，自己的面积也在逐渐缩小，但无论如何它们都不可能缩小到点 E。因为在缩小到点 E 的情况下，小正方形的面积就为 0。但我们一开始就必须假定 $\Delta \omega = \Delta r \Delta x$ 是固定的，因为从量纲的角度来考察，它们的单位互为倒数，也就是说它们具有了角速度的某些特性，否则就不能实现市场上的交换或资产组合，这就和上面的推理产生了矛盾。这就说明了 $\Delta r \Delta x$ 相乘应该是一个定值。也就是说，这里的 Δx 不能无限小，因为当 $\Delta x \rightarrow 0$ 时，$\Delta r \rightarrow \infty$；同样，这里的 Δr 也不能无限小，因为当 $\Delta r \rightarrow 0$ 时，$\Delta x \rightarrow \infty$。这样，就必须把 $\Delta r \Delta x$ 限定在一个有限的范围之中，因为这两个因素的量纲互为倒数，因此这种限定就更具有特别的意义。这两个因素具有两个显著的特点：其一，因为它们的量纲互为倒数，所以它们的乘积就具有了"纯粹的量"的作用；其二，它们的乘积围成的最小面积就具备了测量（波的形态测量）和测定（重量大小或多少的测定）的具体特点。这就使得在由资产价格 r 和资产数量 x 所围成的区域里，$\Delta \omega$ 既具有矢量迭加的波动性特征，又具有服从统计测量的"粒子性"特性。这正是上一章（2.3.1）式成立的基本条件。

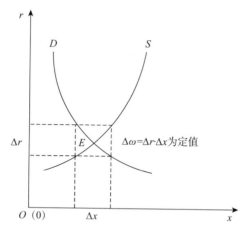

图3.1.1　价格和数量与经济学中的不确定性

在 $\Delta\omega$ 具有了这两种重要特性的基础上，$\Delta r\Delta x$ 就具备了使实物资产的交换者（或货币资产的交换者）在市场条件成熟时，成功进行交换的市场条件，或者说 $\Delta\omega$ 是市场交换成功的概率密度存在的最小区间，也可以说它是一个最小的单位概率密度存在基础。只有自变量在复平面的邻域里，市场才能完成"变实概率"[①] 密度的任务，（2.3.1）式实际上是我们通过傅里叶变换引进的完整的市场交换形成的理论结果。

在一般的市场交换条件下，任何两个通过市场进行资产组合的资产所有者，是不能够百分之百、心满意足地将他们的资产实现完全的组合的，这其中就有交换成功的概率问题。为了下面的讨论不至于和复矢量 R 相混淆，我们将资产的价格用 r 表示，资产的数量仍然用 x 表示，如图 3.1.2 所示。正如我们在"铜钱模型"里所说的，假设两交换者谈好市场交换的条件而准备交换时的市场位置，是在 45°角的小正方形的对角线上（OR 的位置）。随着交换的时间由 t_0 到达 t_0+t，若 $R=1$ 的复矢量转到了 R' 的位置，假设这时转过的角度为 $\theta=\omega t$。很明显，这时的复矢量 R' 不一定等于1，它的长度实际上为 $\cos\theta$。那么这时就近似地存在如下的关系式：

$$\Delta x = 1 - \cos\theta$$
$$\Delta r = \sin\theta$$

---

① "变实概率"指的是理论设计的概率和现实中事件出现的概率是完全一致的。它来自具有虚、实完全对称的共轭空间，是量子统计的理论基础，一般主要存在于希尔伯特空间。

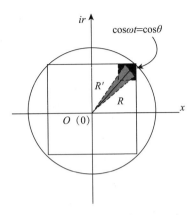

图 3.1.2 $\Delta r \Delta x$ 存在的原理形式

（为了简便，这里先暂时省略纵轴上的虚数符号）写成微分形式为：

$$dx = \sin\omega t \, dt$$
$$dr = \cos\omega t \, dt \tag{3.1.1}$$

$$drdx = \sin\theta'\cos\theta' = \frac{1}{2}\sin 2\theta', \theta' = \omega t \tag{3.1.2}$$

假设他们交换完毕，这时两交换者的位置刚好和他们初次进入市场的位置颠倒，这时 $\theta' = \pi/4$，因而交换后他们的资产分别为

$$w(z) = \frac{1}{2}\int_1^{\sqrt{2}} dr \int_0^{\pi/2} \sin 2\theta' d\theta' = \frac{1}{4} \times \sqrt{2} \times (\cos 2\theta')\Big|_0^{\pi/2} = \frac{\sqrt{2}}{4}(-1-1) = -\frac{\sqrt{2}}{2} \tag{3.1.3}$$

（3.1.3）式的重要性在于它说明了以下两个问题。

（1）在市场上进行资产组合的两交换者，他们的市场位置是整个生产过程（从产品生产到把剩余的产品全部完成市场交换）的二分之一，他们实际交换的资产实际上是他们仅仅剩余的劳动产品。当他们起初到达市场的时候，比方说他自己生产的是粮食，对方生产的是衣服，他现在因为有了粮食而需要对方的衣服，此时他对衣服的需求肯定大于对粮食的需求，这个"大于"到底是多少呢？就是我们前面一再说明的，大了 $\sqrt{2}-1 \approx 0.414$；而对方对他产品的认识也完全一样，这就是心理效用或者说是市场作用。如果没有这个作用，市场交换肯定是不会进行的。

（2）但到了交换结束，他自己生产前的计划和目标就已经完全得到

了满足。这时他用于交换的剩余产品对他的效用已达到了 $\sqrt{2}\pi/2 \approx 2.22$，即比交换前的剩余产品的价值多了一倍多。这里边当然既包含了自己生产劳动的快乐，还包含了自己社会交往的快乐，它和人的生理需求同样重要。这些虽然都包含在他生产前的劳动计划里面，但这种计划一方面与实际生产有关，另一方面与社会关系（包括交换关系）有关。尽管社会关系看起来是"虚拟"的，但人们的实际生活确实是离不了它的。对于我们所举的例子来说，产品的交换和生产同样重要，正因为有了市场交换才有了他们各自所要的粮食和衣服等（丰衣足食）。可见，就整个社会来说，过分强调生产而不强调交换，人们的实际生活是无法进行的；而过分强调交换而不强调生产，大量的泡沫就会出现，从而催生经济危机。美国著名的经济史学家查尔斯·P. 金德尔伯格在讨论美国 1929 年的经济危机时指出，"这次不是由于货币供应量的变化，而是由于在经济最炙热的阶段，里昂的投机资本转向通用联邦银行，这些投机者包括丝绸商、制衣商、干货商、零售商、屠夫、固定收入者、看门人、鞋匠。大量资本从日常业务中抽出，投资于股票市场，包括证券和短期拆借资金。"[①]

如前所述，（3.1.3）式的结果恰好就是我们在第一章第二节"铜钱模型"中所揭示的结果，实际交换的周期角度是交换坐标上（"铜钱模型"上的坐标）时间周期角度的 2 倍。这个问题很重要，它在本书的后续讨论中还会得到反复应用。

从（3.1.2）式我们还可以看出，图 3.1.2 中的复矢量箭头"端点处"，将由 dx 和 dr 构成的"小正方形"分成了两个小直角三角形，这里的 $2\mathrm{d}x\mathrm{d}r$ 代表 $\sin2\theta'$。根据重要极限的判别准则，我们有

$$\lim_{\substack{\Delta r\to0\\\Delta x\to0}}\frac{\sin2\theta'}{2\Delta r\Delta x}=1 \qquad (3.1.4)$$

因为 Δr 和 Δx 不能同时趋于零而是相继地逼近零，所以 $\Delta r\Delta x$ 必然等于定值。在 Δr 和 Δx 相继趋于零的情况下，（3.1.4）式成为：

① 〔美〕查尔斯·P. 金德尔伯格、罗伯特·Z. 阿利伯：《疯狂、惊恐和崩溃——金融危机史》，朱隽、叶翔、李伟杰译，2017，第 97 页。

$$\frac{2\theta'}{2\Delta r\Delta x} = \frac{\theta'}{\Delta r\Delta x} = 1 \text{ 或 } \theta' = \Delta r\Delta x \qquad (3.1.5)$$

在单位时间范围内，（3.1.5）式是弧度（货币量值）。但在平常的情况下，（3.1.5）式是角速度，通常用 ω 表示，它代表了货币单位的面值，如 1 元人民币、一美元、一卢布等。但由于市场等价交换的功能，在单位元的设定下就有 $\Delta r = \Delta x$ 并可以互换，这并不妨碍 ω 的大小和意义，但对我们后面的讨论提供了极大的方便。

对（3.1.5）式的正确性证明，还可以从对货币的价格——利率以及货币的数量 x 的进一步讨论中得出资产组合的实质。事实上，在以复平面为研究区域（这里需以区域代替区间）的情况下，需求曲线和供给曲线实际上都是形状一致、方向相反、积分常数各异的曲线族。我们随后将用复变函数的方法予以证明。大家都很清楚，经典经济学里的需求曲线 $D(x)$ 以及供给曲线 $S(x)$ 的移动都说明这两个曲线族的存在。市场均衡状态的曲线实际上是表示这两族曲线里面"最好的两条曲线"（斜率绝对值和截距都相等），即 $D(x) = S(x)$ 实际上是两条曲线相交时的交点状态。如图 3.1.1 所示，在均衡点有 $D(x) = S(x)$，E 是 r，x 平面上 $D(x)$ 曲线族与 $S(x)$ 曲线族各族中的一条曲线在 x_0，r_0 点的交点。这就是说，无论是 $D(x)$ 曲线族还是 $S(x)$ 曲线族，其中必有一条经过 x_0，r_0。为了研究的方便，现在选定 $D(x)$ 族曲线中的任一条曲线经过这一点。那么这时的价格 r 就可以看作 $r = D'(x)$，为了方便一般就写成 $r = D'(x) = y'(x)$，这样就得到了一个宗量函数关系式 $F(x, y, y')$。它表示在 $D(x)$ 曲线族中，必定有一条最好的曲线 $y = D(x)$，这条 $y = D(x)$ 曲线能够和 $S(x)$ 族中的一条相交，且满足 $D(x) = S(x)$。

要把这条最好的曲线找出来，就必须对从 x_0，r_0 点开始一直到 x_1，r_1 点的一小段距离求积分。若用 $J[y]$ 表示无数条 $D(x)$ 族曲线中一条最好的曲线 y，就有：

$$J[y] = \int_{x_0}^{x_1} F(x, y, y') \, dx \qquad (3.1.6)$$

仔细研究需求曲线 $D(x)$ 和价格 r 以及价格变化率 $y' = D'(x)$ 在 x_0，r_0 之间的微小变化，即有：

$$J[y + \delta y] \geqslant J[y] \qquad (3.1.7)$$

这里的 δy 称为需求曲线 y 在 $D(x)$ 处的变分，它表示 $D(x)$ 中一个微小的变化所引起的 $\delta y(x)$ 从原来的位置进行的一个微小的"脱离"，这个微小的"脱离"将导致随着时间的移动 $y(x)$ 的最终变化。这是 $\delta y(x)$ 和 $\mathrm{d}y(x)$ 不同的地方，可以说是 $\delta y(x)$ 具有人的经济行为的不可逆性，而 $\mathrm{d}y(x)$ 就不具有这个特性。所谓 $y(x) + \delta y(x)$ 在 $y(x) = D(x)$ 的附近，指的是它的差 $\delta y(x)$ ［函数 $y(x) = D(x)$ 的变分］，满足：

（1）$|\delta y(x)| < \varepsilon$；

（2）有时还要求价格 r 的变分也在一定的范围 ε 以内，即 $|(\delta y')(x)| < \varepsilon$。

现在将我们上面所固定的两个端点确定下来，如让 $y(x_0) = a$，$y(x_1) = b$，则有：

$$\delta y(x_0) = 0, \delta y(x_1) = 0 \qquad (3.1.8)$$

在变分 $\delta y(x)$ 足够小时，可将被积函数在极值函数附近作泰勒展开，有：

$$J[y + \delta y] - J[y] =$$

$$\int_{x_0}^{x_1} \left\{ \left[\delta y \frac{\partial}{\partial y} + (\delta y)' \frac{\partial}{\partial y} \right] F + \frac{1}{2!} \left[\delta y \frac{\partial}{\partial y} + (\delta y)' \frac{\partial}{\partial y} \right]^2 F + \cdots \right. $$
$$\left. + \frac{1}{n!} \left[\delta y \frac{\partial}{\partial y} + (\delta y)' \frac{\partial}{\partial y} \right]^n F \right\} \mathrm{d}x$$

$$= \delta J[y] + \frac{1}{2!} \delta^2 J[y] + \cdots + \frac{1}{n!} \delta^n J[y], \qquad (3.1.9)$$

其中：

$$\delta J[y] \equiv \int_{x_0}^{x_1} \left[\frac{\partial F}{\partial y} \delta + \frac{\partial F}{\partial y'} (\delta y)' \right] \mathrm{d}x, \qquad (3.1.10)$$

$$\delta^2 J[y] \equiv \int_{x_0}^{x_1} \left[\delta y \frac{\partial}{\partial y} + (\delta y)' \frac{\partial}{\partial y'} \right]^2 F \mathrm{d}x$$

$$= \int_{x_0}^{x_1} \left[\frac{\partial^2 F}{\partial y^2} (\delta y)^2 + 2 \frac{\partial^2 F}{\partial y \partial y'} \delta y (\delta y)' + \frac{\partial^2 F}{\partial y'^2} (\delta y)'^2 \right] \mathrm{d}x \qquad (3.1.11)$$

（3.1.10）和（3.1.11）式分别称为泛函 $J\left[y\right]$ 的一级变分和二级变分。泛函 $J\left[y\right]$ 不论是取最大值还是取最小值都需要一级变分为 0，即：

$$\delta J[y] \equiv \int_{x_0}^{x_1} \left[\delta y \frac{\partial F}{\partial y} + (\delta y)' \frac{\partial F}{\partial y'} \right] dx = 0 \qquad (3.1.12)$$

对（3.1.12）式的第二项进行分部积分，考虑到边际条件（3.1.8），即有：

$$\delta J[y] = \frac{\partial F}{\partial y'} \delta y \Big|_{x_0}^{x_1} + \int_{x_0}^{x_1} \left(\delta y \frac{\partial F}{\partial y} - \delta y \frac{d}{dx} \frac{\partial F}{\partial y'} \right) dx$$

$$= \int_{x_0}^{x_1} \left(\frac{\partial F}{\partial y} - \frac{d}{dx} \frac{\partial F}{\partial y'} \right) \delta y \, dx = 0 \qquad (3.1.13)$$

由于 δy 的任意性，我们就得到一个极其重要的关系式：

$$\frac{\partial F}{\partial y} - \frac{d}{dx} \frac{\partial F}{\partial y'} = 0 \qquad (3.1.14)$$

这个方程（3.1.14）就是欧勒方程[①]。从它直接可以导出 $\frac{dr}{dx} = \cot\theta' = -\tan\theta'$，并立即得到在时间趋于 0 的情况下，有 $\frac{dr}{dx} = -\frac{\sin\theta'}{\cos\theta'} \approx -\theta'$。

这里需要注意，式中的 x 表示国民经济的总产值，r 代表货币的利率。在科学技术水平不变的情况下，要将 Δx 换成人民币或其他货币如美元等，可设 Δm 为单位货币，就有 $\Delta m \Delta x = C$（以货币计量的价值）为常数。所以 $\Delta x = C/\Delta m$，故有 $drdm = -\omega$（负值表示在第二象限）。但在通常情况下，可笼统地将一年的国民经济总产值直接按货币来计算，所以也就按习惯写成我们前面的定义式 $\Delta r \Delta x = \omega$ 的形式。有时为了将实际资产组合的市场不确定性与金融市场的不确定性区分开来，就得到下面两种要素的不同表达式，但它们在形式上是完全一致的。如果这时添加上纵轴上的虚标符号，就有：

$$\begin{aligned}\text{实物资产的市场不确定性}: \Delta \vec{i\Gamma} \times \Delta \vec{x} = \vec{\omega}, \text{值}: \Delta i\Gamma \Delta x = \omega \\ \text{货币资产的市场不确定性}: \Delta ir \Delta m = \vec{\omega}, \text{值}: -\Delta ir \Delta m = \omega\end{aligned} \qquad (3.1.15)$$

[①]　作者参考的文献中的表述为"欧勒方程"，故本书沿用此表述方式，详见郭敦仁编《数学物理方法》，人民教育出版社，1965。

（3.1.15）式中的 Γ 为实物资产价格，x 为实物资产数量，r 为货币资产价格（利率），m 为货币的数量。

为了和传统的研究进行比较，我们这里可令（3.1.11）式中的一级变分（3.1.13）式按微积分的形式进行化简。这里最大的优点是实现了从肯定人类经济活动的可逆性到肯定人类经济行为的不可逆性，因为这里采取了"泛函分析"和"变分法"的方法，现代经济理论与现实经济结果的误差大部分来自可逆或不可逆分析的差异上。为了消除这样的误差，经过简略的推导和估算，就有了下面的存在形式，当然这样的推导结果是完全近似的，如：

$$\int_{x_0}^{x_1} \partial F \mathrm{d}x - \frac{\mathrm{d}x}{\mathrm{d}y'} \frac{\delta y}{\mathrm{d}x} = F(x_1, y, y') - F(x_0, y, y') + \left(-\frac{\Delta x}{\Delta r} \frac{r}{x}\right)$$
$$= F(x_1, y, y') - F(x_0, y, y') + \eta(\text{需求弹性})$$

$$(3.1.16)$$

如果 η 是需求弹性，就有：

$$\eta = F(x_0, y, y') - F(x_1, y, y')$$

如果 η 是供给弹性，就有：

$$\eta = F(x_1, y, y') - F(x_0, y, y')$$

这表示宗量函数 $F(x, y, y')$ 中的自变量 x 从 x_0 移动到 x_1 时，整个市场经济系统都会发生相应的变化。比方说，劳动力供给市场的变化所导致的工资、物价及房地产市场的供需变化等，都可以用变分法进行相应的计算，但若是用传统的微积分计算，误差肯定要大得多。

现代经济学常将通过市场进行的资产组合称为一个经济事件 $f(x, r)$，因而随意地确定了 r 和 x 的实数区域，并假设有一阶或二阶甚至更多阶的导数存在，这样的假设非常不科学。一般情况下，在复平面所决定的区域内，即在事件所确定的点 $P(x_0, r_0)$ 的邻域 G 内，才必然存在着一阶、二阶甚至多阶的偏导数和混合的连续偏导数[①]。但是如果没有复平面这个设定，这样的结论的正确性是很难得到保证的。

---

① 这是因为在复平面上，$f(x, r) = u(x, r) + iv(x, r)$ 本身就是一个解析函数，所以它的二阶混合偏导数必然存在。

现在就假设经济事件 $f(x, r)$ 存在，也假设存在上面所说的各阶导数。若令 $f(x, r) = x \cdot r$，那么 $\forall Q(x_0 + \Delta x, r_0 + \Delta r) \in G$。如果我们假设两个自变量的变化 Δr 和 Δx 不再发生变化（这里借用了变分的运算规则，$\delta^2 y = 0$，即 $\delta(\delta y) = 0$，因为这里虽说是按微分计算，但作为人的经济行为来说仍然是变分的），我们就按传统的方法在邻域 G 中 Q 点附近展开二阶泰勒级数，有：

$$
\begin{aligned}
&f(x_0 + \Delta x, r_0 + \Delta r) \\
&= f(x_0, r_0) + \left(\Delta x \frac{\partial}{\partial x} + \Delta r \frac{\partial}{\partial r}\right) f(x, \Gamma) + \\
&\quad \frac{1}{2}\left[\Delta x \frac{\partial^2}{\partial x^2} + \Delta r \frac{\partial}{\partial r \partial x} + \Delta x \frac{\partial}{\partial x \partial r} + \Delta r \frac{\partial}{\partial^2 r}\right] f(x, r) + \cdots \\
&= x_0 r_0 + (\Delta xr + \Delta rx) x_0 r_0 + \Delta x \Delta r(x_0 r_0) + \cdots \\
&= x_0 r_0 \left[1 + \Delta x \Delta r + \Delta xr\left(1 + \frac{\Delta r}{\Delta x}\frac{x}{r}\right)\right] （这里将第三项舍去）\\
&= x_0 r_0 \left[1 + \Delta xr\left(1 - \frac{1}{\eta}\right) + \Delta x \Delta r\right], \eta = -\frac{\Delta x}{\Delta r}\frac{r}{x}，是需求弹性系数
\end{aligned}
$$

即：

$$
f(x_0 + \Delta x, r_0 + \Delta r) = x_0 r_0 \left[1 + \Delta xr(1 - 1/\eta) + \Delta x \Delta r\right] \quad (3.1.17)
$$

比较（3.1.16）式和（3.1.17）式，虽然（3.1.16）式给出了个笼统的宗量函数关系 $F(x_1, y, y') - F(x_0, y, y')$[①]，但它将系统运行的动力归结为弹性系数 η，这和（3.1.17）式的结论是一样的。然而实践证明（3.1.17）式除了第二项的"弹性系数 η"为系统的动力外，其余均不符合上述结论。

我们不妨先看看这里舍去的第三项。如果在复平面坐标系里，则有：

$$
z = x + ir
$$

$$
\Delta x \frac{\partial^2}{\partial x^2} + i \Delta x \frac{\partial}{\partial x} \Delta r \frac{\partial}{\partial r} - i \Delta x \frac{\partial}{\partial x} \Delta r \frac{\partial}{\partial r} - \Delta r \frac{\partial^2}{\partial r^2}
$$

考虑前面的讨论，我们立即有：

---

① 意思是这条路只能是一种模糊的估计，要详细地了解系统运行的实际情况，就只能用（3.1.9）式的变分原理。

$$\Delta x \left(\frac{\partial^2}{\partial x^2} - \frac{\partial^2}{\partial r^2} \right) f(xr) = \Delta r \left(\frac{\partial^2}{\partial x^2} - \frac{\partial^2}{\partial r^2} \right) f(xr)$$

上面的关系式具有"粒子 Δr 或 Δx"的形式，也具有"波 $\left(\frac{\partial^2}{\partial x^2} - \frac{\partial^2}{\partial r^2} \right)$ $f(xr)$"的形式。事实上，$\Delta r \left(\frac{\partial^2}{\partial x^2} - \frac{\partial^2}{\partial r^2} \right) f(xr)$ 被称为在市场条件下，资产价格市场传播的"波、粒"混合物。这对在市场经济条件下，资产价格的传播具有非常重要的作用。后面我们将看到，它是资产市场组合安全路径选择上结合点 M 和切点 P 被确定的重要理论根据，我们又怎能将它随意舍掉呢？

可以看出，如果不考虑复平面的区域，而纯粹是按二元函数微分的形式进行分析，是舍本求末的。这是因为傅里叶级数的收敛性与泰勒级数的收敛性明显不同。前者仅依赖所表示函数的连续性和它在实轴的导数，后者还依赖复数域中奇点的位置。事实上，在复平面上最靠近展开式原点的奇点决定了泰勒级数的收敛半径。因此这两种展开式的原理基本上是不同的。傅里叶级数在整个表示区间的范围内是振荡逼近，而泰勒级数是在它的展开原点密集逼近。那么研究复平面区域上的资产组合方式到底应以什么为准呢？很明显，现代的金融经济学研究是以傅里叶级数为准的。

因此传统的微积分方法看似很科学，但实际上显得多余或者很不科学。不科学的关键在于它否定了资产价格的市场意义，进而不可能了解市场经济就是人们将"理想"（经济计划）变成现实的重要过程。因为在复平面范围内，复变函数的微分和积分是密切地联系在一起的。如果复变函数 $f(z)$ 在 G 内解析，则在 G 内 $f(z)$ 的任何阶导数 $f^{(n)}(z)$ 均存在，并且：

$$f^{(n)}(z) = \frac{n!}{2\pi i} \oint_C \frac{f(\zeta)}{(\zeta - z)^{n+1}} d\zeta \tag{3.1.18}$$

（3.1.18）式中的 C 是 G 的正向边界，z 为 G 内任一点。这样我们就可以选择最方便的积分路径。比方说，可以围绕点 $\zeta = x + ir$ 将积分路径选择为单位圆。这样，我们就完全回到了我们在上一章"铜钱模型"的问题讨论之中了。

　　例如利用复变函数的积分，我们可以直接证明在复平面上"铜钱模型"的价值分配为$\sqrt{2}\pi i$，这里的 i 指的是虚轴的方向。不过，正像我们在第一章所论证的，这时两资产的交换者必须同时转换到对方的市场位置上，就是在"铜钱模型"边长为 $\sqrt{2}/2$ 的正方形的对角线上，正方形外接圆的半径为 1，证明如下。

　　他们的市场行为刚好满足复变函数的积分：

$$\oint_C \frac{\sin\frac{\pi z}{4}}{z^2-1}dz$$

若在单位圆 $|z|<1$ 内，被积函数解析，故根据柯西定理知：

$$\oint_{|z|<1} \frac{1}{z^2-1}\sin\frac{\pi z}{4}dz = 0$$

"铜钱模型"的积分剩余路线是在积分围道内，被积函数有一个奇点 $z=1$，按照柯西积分公式，有：

$$\oint_{|z-1|=1} \frac{1}{z^2-1}\sin\frac{\pi z}{4}dz = \oint_{|z-1|=1} \frac{1}{z-1}\left(\frac{1}{z+1}\sin\frac{\pi z}{4}\right)dz = \frac{\sqrt{2}\pi i}{2} \approx 2.22i$$

这里的 i 表示实物资产所有者完成了交换，他和货币资产所有者交换了位置。这和我们前面证明的结果完全一样。但在这里最为重要的是，它说明了资产的市场组合为相互对应的实空间（用实物资产交换货币资产）与虚空间（用货币资产交换实物资产）的相互转化过程，这是一个许多经济学家曾设想过（如莱昂·瓦尔拉斯、欧文·费雪以及约翰·梅纳德·凯恩斯等）但并没有实现过的金融经济市场实例。我们可以在这里用复变函数澄清这个问题。例如，在积分围道内，被积函数有两个奇点 $z=\pm1$，这时复连通区域的柯西积分定理可化为：

$$\oint_{|z|=R>1} \frac{1}{z^2-1}\sin\frac{\pi z}{4}dz = \oint_{|z|=R} \frac{1}{2}\left(\frac{1}{z-1}-\frac{1}{z+1}\right)\sin\frac{\pi z}{4}dz = \sqrt{2}\pi i$$

这里的 i 表示资产市场的交换者经过市场进行组合后互换了位置而导致的整个利益变化。这说明人们的资产组合与人们的资产计划与市场实践都是紧密地联系在一起的。这正是莱昂·瓦尔拉斯等始终都要实现但没能用恰当的数学工具进行解决的问题。

第二节　弗里德曼的价格理论及其局限性

美国著名经济学家米尔顿·弗里德曼对价格理论进行了独到的分析，但他的分析基础就是我们上一章所介绍的传统的分析方法。特别是在需求的价格弹性分析上，他始终认为在价格中及其重要的"动力"就是具有微分形式的弹性系数，它是揭示总收入变动的动力源泉。图3.2.1就是弗里德曼关于需求弹性对总收入影响的价格分解图（图里增加了我们的分析因素）[①]，弗里德曼将商品的价格用 p 表示，商品的数量用 q 表示。他假设价格变化为 Δp，与价格变化相应的数量变化为 Δq，因此：

$$总收益 = (q + \Delta q)(p + \Delta p)$$
$$= pq + q\Delta p + p\Delta q + \Delta p\Delta q$$

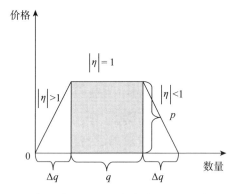

图 3.2.1　弗里德曼关于需求弹性对总收入的影响分析

在这里我们先不说弗里德曼在他设定的区域范围内，价格存在的市场理论根据，也不讨论在他的区域范围内导数存在的可能。我们特别关心的是，弗里德曼在将价格变化设定为无穷小的情况下，十分"大方"地将上式右边最后一项给省略掉了（因为他认为这是两个无穷小量相乘，其积将变得更小）。这样，弗里德曼的总收益变动就成为：

---

① 详见〔美〕米尔顿·弗里德曼：《价格理论》，鲁晓龙、李黎、郭庚吉等译，商务印书馆，1994，第12~13页。

$$\Delta(pq) = p\Delta q + q\Delta p = p\Delta q\left(1 + \frac{\Delta p}{\Delta q}\frac{q}{p}\right) = p\Delta q\left(1 - \frac{1}{\eta}\right),$$

$\eta = -\dfrac{\Delta q}{\Delta p}\dfrac{p}{q}$，是需求的弹性系数

对于需求的弹性系数，弗里德曼进行了详细的分析。他认为，对上式如果除以 Δq，将成为边际收益等于 p $(1 - 1/\eta)$。如果这个量值出现变动，将引起总收益的变动。如果需求有弹性，η 将在 -1 到 $-\infty$ 之间，因此，$1/\eta$ 将在 -1 到 0 之间变动，公式 $1 - 1/\eta$ 将成为正值。于是，根据产品的需求弹性就可以很快地判断总收益是增加还是减少。[1]

　　弗里德曼理论的最大问题，就在于他用静态的眼光看待市场经济，这种看法表面上很有道理，但实际上是有问题的。除了计划经济，在市场经济下无论是金融市场还是商品市场，价格一直在波动。大的技术变化不说，小的技术进步，如计算工具或者说计算方法的改进等，就会使交换的手段变得更丰富，进而使经济效率提高，引起整个市场价格的波动。这对科学地描述市场交换的本质非常重要，而弗里德曼恰恰没有把这个问题考虑进去。

　　因此，市场经济一般是动态的经济。也就是说，市场均衡也是在动态均衡条件下所获得的暂时的均衡。这是因为支撑这种动态变化的因素有很多，特别是科学技术的发展甚至是人们交换方式及工具的变化，都会导致均衡的变化。希克斯或者巴罗、里贝罗提出的生产函数 $Y = AF$ (K, L)[2] 或 $y = Ak$[3]，实际上就是将科学技术系数 A，按下面的方式进行认定。

　　如果科学技术按时间发生变化，就有 A (t)，这时因

$$\dot{A}(t) = \frac{\mathrm{d}A}{\mathrm{d}t} = A\,(设为匀速变化的量)，有\frac{\mathrm{d}A}{A} = \omega\mathrm{d}t = (\Delta ir\Delta x)\mathrm{d}t$$

所以，A (t) $= A_0\mathrm{e}^{i\omega t} = A_0\mathrm{e}^{i\Delta r\Delta xt}$（其中 A_0 就是时间 $t = 0$ 时的初始科学技

①　〔美〕米尔顿·弗里德曼：《价格理论》，鲁晓龙、李黎、郭庚吉等译，商务印书馆，1994，第 12~13 页。

②　John Hicks, *The theory of Wages* (Macmillan, 1932).

③　Barro R. J., "Government Spending in a Simple Model of Endogenous Growth," *Journal of Political Economy*, 1990：98, 103 – 125. Rebelo, S. T., "Long-Run Policy Analysis and Long-Run Growth," *Journal of Political Economy*, 1991：99 – 521.

术）。这时若把科学技术变化看成是"匀速"的，同时把人均生产函数定义为 $f(x)$，那么，以价格 r、数量 x 定义的产量就具有"波动性"和"周期性"的特点，即：

$$F(r,x) = A_0 \int_0^\infty f(x) e^{i\omega t} dt = A_0 \int_0^\infty f(x) e^{irxt} dt \qquad (3.2.1)$$

这实际上是一个傅里叶级数。

在（3.2.1）式中，我们将随时间变化的变量看作技术因素 $r(t)$ 的变化和生产要素投入量 $x(t)$ 随时间的变化，这时（3.2.1）式将变为下面的具体形式，即：

$$F(r,x) = A_0 \iint_{rx} f(x) e^{ir(t)x(t)} dr dx \qquad (3.2.2)$$

这样（3.2.2）式就又回到了傅里叶变换的状态。在这种情况下，Δr（弗里德曼称为 Δp）和 Δx（弗里德曼称为 Δq）所引起的波动性就特别明显。很显然，在弗里德曼的分析里，我们是看不到资产市场组合中这种重要的功能的，因而他就不可能分析这种重要的市场功能。我们可将这种分析的结果用图3.2.2简明地表示出来。

由于弗里德曼的价格理论忽略了 $\Delta q \Delta p$ 这一重要的和关键的一项，人们无法判断供给方和需求方交换得以进行的基本路径，明确市场交换期间出现必然的概率因素的原因，这不仅失去了科学的判断标准，也忽视了在市场经济情况下"不确定性"发生的理论原因。

将 $\Delta q \Delta p$ 视为市场双方交换得以持续的动力因素，在科学发展史上有着相似的案例。在19世纪末20世纪初，当科学家们在研究光学现象与地球的运动关系是否相互独立的问题时，对于一阶函数与二阶函数的取舍，是研究系统是否具有动力性作用的一个关键争论点，后来还是在实验条件的支持下人们才确认了基本事实。[①] 今天的经济理论对经济、金融危机的预测和防范的偏差显得越来越大，这就促使我们重新认识资产函数分析中的第一、第二阶导数分量的关系问题，看这中间是否也存在分析过程中自变量分量的随意取舍问题。图3.2.2是我们对弗里德曼

---

① 详见〔美〕亚柏拉罕·派斯：《爱因斯坦传》，方在庆、李勇译，商务印书馆，2004，第182页。

需求函数分析进行的进一步补充。我们首先补充了当 η 分别等于 ∞ 和等于 0 的特殊情况（图 3.2.2 的左边上下图）。然后就在 $\eta = 1$ 的情况下，对正方形面积 pq 以及对二阶函数 Δp 和 Δq 的作用方式进行了图解式的表示。事实上，Δp 也可以写成在单位时间条件下 Δq 的价值，即边际价值。于是就有：

$$\frac{\Delta p \Delta q}{\Delta t} = \frac{\Delta q}{\Delta t}\Delta p = \Delta p \Delta p = m \Delta p^2$$

上式中的 m 为比例常数，这时 $m\Delta p^2$ 就有能量（动量）的量纲，它以本章上一节末尾分析的"波"的形式存在着。所以 $\Delta q \Delta p$ 实际上是能量表示的一种形式。在单位时间里，它显示了金融市场力的作用。图 3.2.2 用虚线表示的曲线族就说明了这种能量波的传播过程。这种传播过程实际上形成了资产市场组合过程中由一条条"无差异曲线"构成的曲线族，它在资产定价过程中与资产组合的"安全路径"有着十分密切的关系，这个曲线族我们可用上面提到的波动方程一次性解出，这是后话。"无差异曲线"族的传播方向，就是供给曲线的运动方向。我们认为，这是现代金融市场中的一个十分重要的因素。因为，如果市场中有能量波的形式存在，金融市场中交换的财富总量绝不仅仅是由 $\Delta q \Delta p$ 所表示

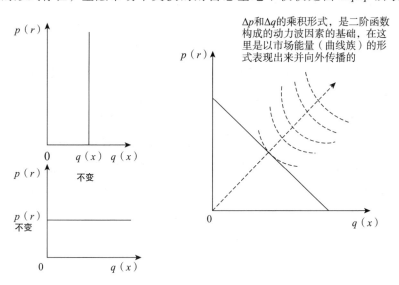

Δp 和 Δq 的乘积形式，是二阶函数构成的动力波因素的基础，在这里是以市场能量（曲线族）的形式表现出来并向外传播的

图 3.2.2 对弗里德曼的需求弹性系数的补充

的正方形面积就能代表的。我们在后面的分析中将看到，它实际上要比 $\Delta q \Delta p$ 大得多。

在今天，市场交换的本质到底仅仅是交换双方都认可的简单价格与数量的相乘关系（图 3.2.1 中灰色的正方形），还是有需求弹性系数的作用（包括图 3.2.1 中灰色正方形与它左边和右边的两个直角三角形）？弗里德曼理论的回答显然包含了这两点。而由二阶函数所引起的从无理数到超越数的存在（图 3.1.2 中的弧形）等，在理论上还很少有人提及。但在市场实践中，这个问题已经普遍存在了，如我们前面提到的交换单位与黄金价值的 1∶16 的关系；中国古代"十六两秤"的使用；资产市场组合的成功使企业或资产所有者的发展得越来越好等。也就是说，实际市场交换成功的结果比没有交换成功的结果，要整整多四倍多的价值效应；好的餐馆的利润收入是它所付出的成本的两倍还要多，而用餐的人们也感到很划算而愿意在此消费等，都说明了随意忽略资产组合中的二阶项的做法是值得怀疑的。

第三节　货币的市场流动轨迹及统计事实验证

一般来说，市场上流动的货币以及有价证券等的运行轨迹是一条数学上的"摆线"。我们在银行利率的流动统计图中，或者在金融证券发行的流量统计图表中，都可以明显地看到这种"摆线"的存在。图 3.3.1 就显示了这种数学"摆线"的轨迹[①]，其中 6 个月美元银行间拆借利率就表现出了一条完整的数学"摆线"，其余各期在 2010 年年中到 2012 年、2013 年初到 2016 年末等时期也同样呈现完整的"摆线"形式。其实，也有不完整的数学"摆线"，这一般是政府货币政策使社会经济实体吸收流动资金"过快"或"过慢"的结果，否则就是资金流动存在市场摩擦的结果。下面我们就分别对这些现象用数学原理进行分析。

我们必须说明，图 3.3.1 中的运行轨迹的来源是（3.1.14）式，即：

$$\frac{\partial F}{\partial y} - \frac{\mathrm{d}}{\mathrm{d}x} \frac{\partial F}{\partial y'} = 0$$

[①] 岳留昌：《美国经济指标图解》，中国经济出版社，2017，第 9 页。

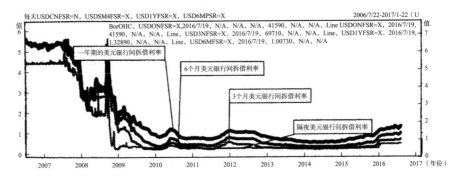

图 3.3.1　2006 年 7 月至 2017 年 1 月银行利率走势

这里 $F(x, y, y')$ 的具体形式为 $\int_A^B (\sqrt{1 + y'^2}/\sqrt{y})\,\mathrm{d}x = D(x)$，这里的 y 表示资产的价格，$y(x) = D(x)$ 为最佳的一条需求曲线（如图 3.3.2 中的直线 AB）。作为需求曲线的价格来说，r 的大小会随着需求的变动随时变动（当然需求的变动也随着价格的大小随时变动）。方程（3.1.14）的解较为复杂，不妨直接给出结果，即：

$$\frac{\mathrm{d}r}{\mathrm{d}Y}\left(\frac{\mathrm{d}r}{\mathrm{d}x}\right) = -\tan\frac{\omega t}{2} = \cot\left(\frac{\pi - \omega t}{2}\right) \tag{3.3.1}$$

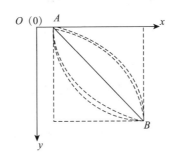

图 3.3.2　用欧勒方程寻找的最佳曲线

（3.3.1）式是一个十分重要的关系式。它说明不管用 $\mathrm{d}r/\mathrm{d}x$ 还是用 $\mathrm{d}r/\mathrm{d}Y$ 表示，利率与国民总收入变化率之比等于复矢量逆时针方向转动的时间里角度变化的一半的余切值或负的正切值。它是由欧勒方程的直接解简化而来的。

$$\begin{cases} x_B - x_A = a(\theta - \sin\theta) + b \\ r_0 - r_1 = -a(1 - \cos\theta) \end{cases} \tag{3.3.2}$$

方程（3.3.2）的运行轨迹就是图3.3.3中灰色的部分。其中a，b为积分常数。本节在图3.3.1中所指出的一系列曲线就是这样的摆线方程。

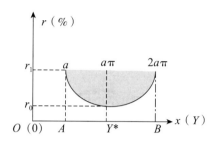

图 3.3.3　解欧勒方程得到的摆线轨迹

摆线有着许多重要的特性，这些都为我们以后详细地研究货币或证券流动的阶段、各阶段的量的大小以及速度的快慢等提供有价值的参考依据。其中最著名的几个性质如下。

（1）摆线的长度等于旋转圆直径的4倍。尤其令人感兴趣的是，它的长度是一个不依赖π的有理数。这说明我们可以完整地将证券或货币的市场流动过程，按其轨迹的长度平均地分为四整份。也就是说，如果我们以单位圆作为旋转圆，那么摆线的长度就为8个单位。我们可将这8个单位按近世代数的"环理论"进行域与扩域的分类，根据本书第一章第一节的介绍，就有：

$$1，-1，\sqrt{2}；-\sqrt{2}，i，-i，\pi，-\pi$$

这8个要素中有有理数、无理数、虚数和超越数，并由资产组合的计划配置（有理数）、市场博弈（无理数）、交换进行（复变函数）和交换成功（复变函数以$e^{i\theta}$的形式与超越数π的结合）这四个阶段形成了一个完整的资产组合过程。

（2）弧线下的面积是旋转圆面积的三倍。这说明如果旋转圆是单位圆，那么图3.3.3的面积即货币或者证券的量值就是3π，弧度π有货币值的形式。这也说明，用普通的算术方法或者高等数学方法是不能得到从资本流动到资本组合的正确结论的。如果用单位圆来说明这个事实，就是说货币形式的资本在自然利率的作用下运行一周，所获得的价值是生产交换周期收益的整整3倍。如果这种情况再加上资本生产周期本身的收益，那么它将是资本本身收益的整整4倍。这就是本书一再强调的

"收益 4 倍"的原因。

（3）圆上描出的摆线的点具有不同的速度。事实上，在特定的地方这些点甚至是静止的。这说明货币或者证券在市场中流动的速度是不一样的。这就真实地反映了货币资产在市场作用下流动速度的变化，更说明了货币资产的流动既不是匀速的，也不是可逆的，这也就是为什么我们在计算资本市场作用时要用变分法。

（4）当两个光滑的小球从一个摆线形状的容器的不同点放开时，它们会同时到达底部。这说明我们得到的货币或证券的运行轨迹是一条最佳的轨迹。这同时也说明将变分法原理用在计算资本市场组合问题上是完全正确的。

让我们再回忆一下由摆线理论得出的本章第一节的（3.1.15）式，即：

$$实物资产的市场不确定性：\Delta \overrightarrow{i\Gamma} \times \Delta \vec{x} = \vec{\omega}，值：\Delta i\Gamma\Delta x = \omega$$

$$货币资产的市场不确定性：\Delta ir \times \Delta m = \vec{\omega}，值：-\Delta ir\Delta m = \omega$$

正是这些关系式提供了资产的市场组合以及等价交换的逻辑基础。

例如，因为 $\Delta \overrightarrow{i\Gamma} \times \Delta \vec{x} = \vec{\omega}$，$\omega$ 的长度定义为 $|\Delta\Gamma||\Delta x|\sin\varphi = \omega$，$\varphi$ 是一个沿逆时针方向旋转的角，它的方向为垂直向上。而 $\Delta ir \times \Delta m = \vec{\omega}$ 的情况则恰好相反（如图 3.3.4）。这就是不同形态资产进行组合的市场机理。实物资产和货币资产进行市场组合的过程是，双方的矢量叉乘所得的结果表明它们仍然是矢量，但这两个矢量变动的方向完全相反，这就促使它们相向而行，在价值相等时完成交换。所以说资产的市场组合，完全不是我们所想象的那样直接对换，它们的轨迹是一个标准的正方形（见图 3.2.1），是既有物物对换（平行运行）又有价值互相转化（圆周运行）的运动叠加过程，我们前面所述的"铜钱模型"，就恰当地反映了这个过程。

传统的分析方法始终将货币的价格（利率）用 r 表示，将货币的数量用表示国民收入水平的 Y 来表示。现代货币理论认为 T 年证券的市场面值 B_T 等于货币的价格 r 与其流动速度 V_T 的乘积，具体的数值主要与下一年的收益 Y_{T+1}，Y_{T+2}，…，Y_{T+n} 以及时间偏好 ρ（$0 < \rho < 1$）有关，

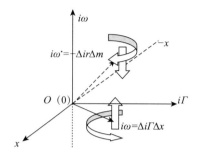

图 3.3.4　共轭空间中两共轭因子的相互作用

写成关系式[1]就是：

$$B_T = rV_T = Y_T + \frac{Y_{T+1}}{1+\rho} + \frac{Y_{T+2}}{(1+\rho)^2} + \cdots + \frac{Y_{T+n}}{(1+\rho)^n} \qquad (3.3.3)$$

（3.3.3）式生成的实际关系可用图 3.3.5 反映出来。

　　图 3.3.5 是传统方法研究资本投资模型最简单的表述，对于物质资本的计划投资水平 I，我们假定金融资产 A 为收益指数（采用公司股票的形式），那么就有：

$$I = f(r^A)$$

于是根据市场均衡条件，得：

$$
\begin{aligned}
& I = f(r^A)\,;\, M^D = f(r^A, \bar{W}) \\
& M^S = f(r^A, \bar{R})\,;\, M^D = M^S
\end{aligned}
\qquad (3.3.4)
$$

其中 $\bar{W}$ 代表总资产，$\bar{R}$ 代表银行的准备金，r 表示利率。根据图 3.3.5 和式（3.3.4），我们在这里可以先研讨一下二维平面上传统的 r 和 Y 的基本市场性质。

　　从图 3.3.5 可以看出银行准备金 R 变动如何影响投资水平 I。这里的 Y 表示利率下降时所导致的国民收入的变化，它和投资 I 具有正相关关系。在图 3.3.5 中，银行准备金 R 增加，供应曲线向右引动，反映到新的供应曲线上，货币市场均衡的收益率成为 r^{A2}（而不是 r^{A1}），随之而来

---

①　详见〔英〕劳伦斯·哈里斯：《货币理论》，梁小民译，商务印书馆，2017，第 22 ~ 28 页。

的是国民收入 Y 的增加以及投资 I 的相对增大。而且，在这种情况下，计划投资水平是 I^2（而不是 I^1）。因此方程（3.3.3）表示了当 $\bar{R}$（以及 $\bar{W}$）在某一既定水平时使货币市场均衡的收益率。

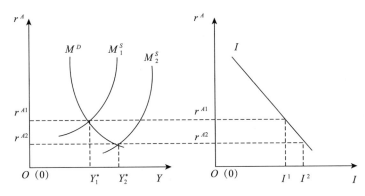

图 3.3.5　市场均衡条件下货币利率与投资需求的关系

从另一方面考虑，货币理论是确定货币流动速度的关键依据之一，但是货币数量论的费雪方程式是 $\bar{M}^S V = pY$。[①] 这里的 $\bar{M}^S$ 为名义货币供给量，p 成为绝对价格水平，Y 为真实收入。很明显，用这种方法所得到的货币流动性数值是在一个市场运行周期中的平均值。由此得到的下一年债券面值，在时间偏好 ρ 已经确定的情况下也是一个相对的平均数值。事实上，实际的时间偏好是很难估计的，这就形成了定义相对正确而实际面值却无法确定的金融经济学"通病"。现代经济学在把债券现值与所得到的货币量看作同一件事的情况下，认为当时间偏好为 ρ 时，一个人为了得到未来收入的权利而愿意支付的货币量，就是个人愿意为债券 B 所支付的价格。也就是将（3.3.3）式写成如下的形式：

$$B_T = PV_T = Y_T + \frac{Y_{T+1}}{1+\rho} + \frac{Y_{T+2}}{(1+\rho)^2} + \cdots + \frac{Y_{T+n}}{(1+\rho)^n} + \frac{B_{t+n}}{(1+\rho)^n}$$

为了简单起见，在货币理论领域经常通过假设债券是一种不偿还的

---

① 另一个是剑桥方程式 $\bar{M}^S = kpy$，式中的 k 取决于收入与支出，它和费雪方程式实质上是相通的。详见〔英〕劳伦斯·哈里斯：《货币理论》，梁小民译，商务印书馆，2017，第 57~58 页。

东西而略去这一点。也就是说，债券是债务人没有确定偿还时间的一种贷款。也可以说，上式中 n 是无限的，这样，当 $n \to \infty$ 时，$B_{t+n}/(1+\rho)^n \to 0$。[①] 然而，这个无限长的设定对金融经济学的准确估计没有带来任何有意义的精确价值。

因此，在这里，我们决定在严格遵守图 3.3.5 假设条件的基础上，抛弃以上那种惯用的计算模式，而改用泛函分析的变分法模式。因为图 3.3.6 给我们提供了完整的泛函分析方程成立的基本条件。这个条件就是图 3.3.5 左图中的 $\Delta r = r^{A2} - r^{A1}$，即投资需求 I 所对应的国民收入 Y，根据前面介绍的欧勒方程 $\Delta Y = Y_2^* - Y_1^*$，就有下面的函数关系：

$$\delta\left(-\frac{\int_{Y_1^*}^{Y_3^*} \sqrt{1+r'}}{\sqrt{r}}\mathrm{d}Y\right) = 0$$

它的解就是（3.3.2）式。由此我们可以得到著名的欧勒方程的变分形式，它的解是：

$$\begin{cases} Y_3^* - Y_1^* = a(\theta - \sin\theta) + b \\ r^{A2} - r^{A1} = -a(1 - \cos\theta) \end{cases}$$

$$\frac{\mathrm{d}r}{\mathrm{d}Y} = -\tan\frac{\omega t}{2} = \cot\left(\frac{-\pi - \omega t}{2}\right) \tag{3.3.5}$$

图 3.3.6（a）是我们根据摆线方程式画出的解的曲线图，它实际上被称为开口向上的数学摆线。注意，这是我们根据投资市场的实际情况得出来的利率降低、投资增大进而引起收益增长的市场动态关系图。在本书第一章第一节里的"铜钱模型"交换坐标，仅仅是本章（3.3.2）式坐标图中复矢量旋转角度的一半，欧勒方程的解（3.3.5）式明确地说明了这一点。也就是说，在"铜钱模型"中的复矢量转动角度要比泛函分析所解得的利率与收益的夹角余切的角度大一倍，这一点需牢记。图 3.3.6（a）是欧勒方程解的摆线形式，图 3.3.6（b）和图 3.3.6（c）分别是中国和美国由国内投资增大所导致的基准利率变化曲线图，它们的摆线轨迹看起来好像有些不标准，这一方面是市场摩擦导致的结果，

---

① 详见〔英〕劳伦斯·哈里斯：《货币理论》，梁小民译，商务印书馆，2017，第 29 页。

另一方面是资产利率在沿着摆线轨迹下行的过程中，在其中的第二个四分之一阶段被实体经济增长指数所吸收的结果。在随后的分析中我们将看到这实际上是摆线方程与柯西级数的连接阶段。但是，市场投资利率在资金流入市场作用下的轨迹绝对是一条摆线。

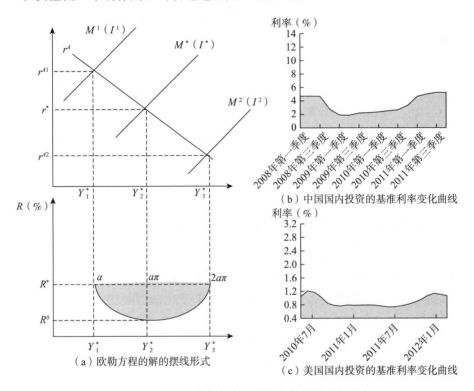

（a）欧勒方程的解的摆线形式

（b）中国国内投资的基准利率变化曲线

（c）美国国内投资的基准利率变化曲线

图 3.3.6 用泛函分析解得的利率与投资的变化速度

资料来源：中国数据来自上海银行间同业拆借利率网站"数据服务"栏目和国家统计局网站"统计数据"栏目；美国数据来自和讯网以及资金管理网。

当我们用实证检验来确定基准利率是否在市场上存在如此的运行轨迹时，立刻就能验证理论和实际的一致。虽然基准利率的市场运行轨迹没有摆线那么光滑，但确实在初始时呈现摆线的轨迹形式，并且实际摆线轨迹的"上下凸凹型波动"都严格地遵循着"四分之一"个相应的阶段性规律。事实上，中央银行在政府经济政策的支持下，将一大笔资金投入市场的时候，我们就会看到这笔资金的利率会随着经济增长速度的变化，呈摆线形式波动。我们还能看到，在经济增长疲软的情况下，利率会随着银行资金的流入而快速下降，当到达底部一段时间内，经济增长速度开始提升，最后利率也慢慢地跟着提升。在经济增长速度上升到正常水平以后，利率也上升到原来的水平。这里我们先来观察银行开始向市场投放资金时，摆线下降的部分。当然这条摆线是不规则的，这是由货币流动的市场摩擦所致。不过，在"摆线规则"的作用下，这些"不规则"都能得到很好的解释。所以，我们在这里首先找到摆线形成的原因就显得特别重要。也就是说，要先找到在市场经济条件下，货币流动的具体路径。

在图 3.3.6（a）中，我们将利率 r^A 改写成 R，将 $\Delta r^A = r^{A2} - r^{A1}$ 改成 $dR = \Delta R$，在这里 $\Delta R = R^2 - R^1$，将货币 M 改写成货币的经济收益 Y。如图 3.3.6，尽管摆线的长度为 $8\pi a$，跨度为 $2\pi a$，其中的四分之一恰好在 $\pi/4$ 上，这实际上是在单位圆内接正方形的对角线上。我们知道，在摆线轨迹上货币的运行速度是不相同的，而且速度的半个周期为 π。尽管摆线的速度、跨度以及高度的表达式里都含有圆周率 π，但它实际的生成过程看不到和圆周率 π 有任何关系，这就是人们认为摆线比较奇特的地方。从欧勒方程的解中我们还看到了积分常数 a 的重要性，它可以根据实际的统计数据来计算摆线周期长度和跨度的精确数值，但无论摆线周期的长度和跨度怎样改变，摆线运行速度变化的时间却只有整个摆线时间跨度的一半。于是，我们有：

$$Y_1 \left[2a\pi / 8a\pi \right], Y_2 \left[2a\pi / 8a\pi \right], Y_3 \in Y^2, \frac{1}{4}, \frac{1}{4}, \frac{1}{2} \in R（实数域）$$

这样，我们将在 $\frac{1}{4} Y_1 + \frac{1}{4} Y_2 + \frac{1}{2} Y_3$ 所组成的平面仿射集（affine set）上讨论问题。

为了使欧勒方程的解和实际的经济运行相符，我们必须规定如果摆线在 $-2\pi \to 0$ 的周期内波动，实际上速度则在 $-\pi \to 0$ 区间按负的正切（差 $\pi/2$ 的余切）规律波动；在摆线的四分之一位置，则是负的正切（余切）从 $-\pi \to -\frac{\pi}{2}$ 按余切的规律变动；在摆线的二分之一位置，则是负的正切（余切）从 $-\frac{\pi}{2} \to 0$ 按余切规律走到横轴下方，这时 $\frac{dR}{dY} = \tan \frac{\omega}{2} t$ 已经出现，只是还在横轴下方。但这些情况实际上都有：

$$\lim_{t \to 0}\left(-2\,\frac{\tan(\omega/2)\,t}{(\omega/2)\,t} \right) = -2$$

所以在 $t \to 0$，$Y \to Y_1^*$ 时，得到：$-2\lim_{t \to 0}\tan(\omega t/2) \cdot \frac{\omega \cdot t}{\omega \cdot t} \leftrightarrow -2\frac{\omega \cdot t}{2} = -\Delta\theta$，如果我们在复矢量空间中考虑问题，那么就有：

$$\frac{\mathrm{d}R}{\mathrm{d}Y} = -i\Delta\theta = -i\Delta\omega \cdot t$$

可以证明，在市场产品单位价格不变以及在单位时间的条件下，从上式可以推得，$\mathrm{d}R = \mathrm{d}\omega = 1/2\pi$，这是我们在前面一再证明过的结果。这说明，在摆线的 $-2\pi < \omega \leq 0$ 区间，即在 $\mathrm{d}R/\mathrm{d}Y$ 的 $-\pi < \omega/2 \leq 0$ 区间，始终有极限 $-\Delta\theta$ 存在。也就是说，在 YOR 平面上的此区间，始终存在着收敛于 $-\Delta\theta$ 的柯西（Cauchy）子序列。所以这个区域是收敛的，现在我们设这个收敛的区域为 C。

　　而在图 3.3.7 的 $0 \leq \omega < \pi$ 区间，实际的 $R = \tan(\omega/2)$ 已不存在（图 3.3.7 中的虚线）。即在原点的右方，尽管为正的斜率（正切）的作用已经结束，但实际上的市场利率 R 已保持着图 3.3.7 的 $-\pi(1/2)$ 的速度运行到图 3.3.8 中 $R_0 = \tan(\omega/2)$ 的位置，这时柯西问题的级数的解 $R_0\mathrm{e}^{Y-Y_1^*}$ 将起作用①。我们要特别说明，在图 3.3.7 中的余切曲线（实线）与柯西问题的级数解围成的空间中，货币供给量在市场利率 R 的作用下，配置给不同的市场经济实体。而在这两条曲线围成的区域之外，不可能得到资金的配置。我们还要十分注意的是，市场基准利率的运行路径绝不像摆轮轨迹那样是光滑的。由于金融市场摩擦力的大小不同，摆线的轨迹就有上下起伏的痕迹。在第一阶段市场基准利率快速下滑结束后，图 3.3.7 中在横轴下方的下降余切速度和上升的正切速度以平衡的形式"补短消长"，一直达到横轴水平，所以就出现了第一个四分之一阶段市场基准利率曲线上升的第一个拐点。由于市场利率 R 受总产出速度 $(Y_1 - Y^*)/Y^*$ 的作用，上升的正切速度仍有向上运行的速度冲力（图 3.3.7 中原点右边横轴上的虚线）。也就是说，在正切函数已经不能

---

① 这样的设定并不偶然，因为下来我们就会看到，这里的 ω 和前面讨论的"不确定性指数"有着完全一样的性质。

存在的情况下，市场利率随着总产出增大已经成为不可能。市场利率 R 的上升实际上是在货币供给量 M 的作用下市场主体间（包括现代企业）市场博弈的结果。因为我们在前面已假定市场机制是健全的，再就是我们得到了 $dR/dY = \tan(\omega t/2) = R_0$ 的一阶常微分方程。这样各个市场主体的博弈行为将按给定的柯西初值条件（$Y = Y_1^*$，$R = R_0$）设定的"柯西问题"解的形式进行（见图3.3.8），即按幂级数[①]的形式收敛：

$$R(Y) = R_0 + R_0(Y - Y_1^*) + \frac{R_0}{2}(Y - Y_1^*)^2 + \cdots + \frac{R_0}{n!}(Y - Y_1^*)^n = R_0 e^{Y - Y_1^*}$$

$$(3.3.6)$$

收敛的方向为 $Y \to Y_1^*$，所以可设这个区域为闭集合 C'。于是有：$C \cap C' = \emptyset$。所以存在一个垂直于纸面切割纵轴 R 的超平面 R_0，即有：$\sup_{\theta \in C} R_0^T \theta < R_0 < \inf_{Y \in C'} R_0^T Y$。很明显，按图3.3.7的这两个区间，即余切区间 $(-\pi, -\pi/2]$ 和正切区间 $(-\pi/2, 0]$，在时间跨越 $\pi/2$ 的跨度构成的凸子集中，按 $\cot\left(\frac{\pi - \omega t}{2}\right)$ 方向取效用函数 $u_t[\theta(Y), R]$，相对应的原点方向恰好是凹的。根据（3.3.6）式，超平面 R_0 右边的区域又是闭的。根据 Farkas 引理，在超平面 R_0 右边区域的效用值函数必然优于左边的效用值函数，其值为：

$$V_t(Y_t) - R_t Y_t \geq V_t(\theta_t) - R_t \theta_t$$

并且 $V_t(Y_t)$ 有限，同时对于任意的 $(R, Y) \in D_{t+1}$，根据 Farkas 引理，下式成立：

$$u_{t+1}(Y_t, Y_{t+1}) + R_{t+1} Y_{t+1} - R_t Y_t \geq u_{t+1}(\theta, \theta + \pi/2) +$$
$$R_{t+1} \cdot (\theta + \pi/2) - R_t \cdot \theta (\theta \leq 0)$$

这就形成了第二个四分之一处的第二个拐点，它促使市场基准利率按正切上升的趋向很快被（3.3.6）式的向柯西级数的初始点收敛的趋势所替代。由于超平面附近在 $(Y_1 - Y^*)/Y^*$ 压力下按正切函数趋势向上冲击的基准利率变化速度（图3.3.7中的虚线）和这个趋势相冲（图

[①] 这个问题接下来我们会给出更为详细的实证检验，以说明这种设定是可靠的。

3.3.8），所以在超平面附近会有市场利率转换的不稳定，导致希克斯货币市场供给模型中各经济元素不稳定。同时根据完全资本市场假设，市场化程度越高，资本有效边界与零风险收益率曲线的切点就越向右偏转，反之向左偏转，这就形成了在第二个拐点处中、美两国柯西常微分方程的解的曲线的不同弯曲 ［见图3.3.6（b）和图3.3.6（c）］。

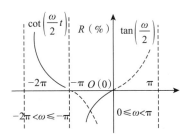

图 3.3.7 利率总产值速度变化

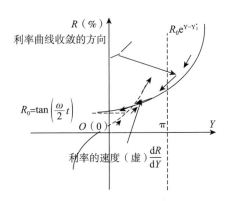

图 3.3.8 货币供给曲线在均衡点的不稳定

对于欧勒方程解下的摆线轨迹与柯西级数的完美对接的事实，中国的统计数据给出了最为完整的实证验证。图3.3.9是根据国家统计局公布的数据绘制的货币供给的利率摆线轨迹[①]和人均收入曲线（图中灰色的竖直线条部分）。如果按原始数据，由于利率和人均收入相差较大，我们根本就无法观察它们之间在市场经济情况下的相互作用。但是，根据本章介绍的原理，我们对利率乘了1600后，人均收入和利率的关系就很清楚了。在图3.3.9中，我们看到它们恰好在摆线的第二个拐点进行了

---

① 这里的利率数据根据本书第一章的（1.1.10）式的比例进行了放大。数据详见李学清：《中国新型城镇化的经济背景与时间探究》，社会科学文献出版社，2017，第341页。

"天衣无缝"的对接。这就充分地说明货币市场运行轨迹的本质就是一条摆线,以及货币量与社会实际财富之比为 16 : 1 的正确性,因此才有了人均收入与利率之间"完美的"重合。

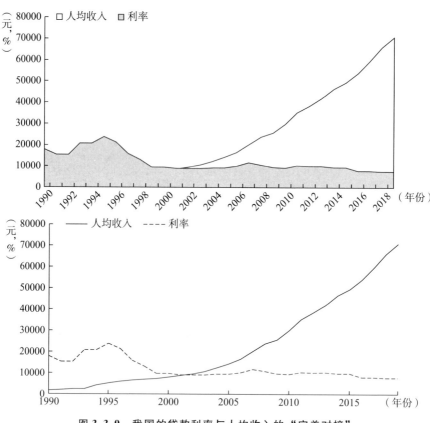

图 3.3.9　我国的贷款利率与人均收入的"完美对接"

第四章　财富转换的基本原理
与一般的数学表示

　　20 世纪初，美国经济学家欧文·费雪提出了"货币数量论"的具体模型和计算方式，此后这种方法被正式地运用于技术经济学和金融银行学等领域。在欧文·费雪 1911 年所撰写的《货币的购买力》一书中，他将货币供应量 M 乘以货币周转率（也称货币周转速度）V，令其等于商品交易量 T 乘以商品平均价格 P，即：

$$MV = PT \tag{4.0.1}$$

（4.0.1）式的存在，实际上将货币所代表的"理想性"财富与现实存在的（拥有的以及实际上能享受到的）财富在量上等同起来了。美国经济学家米尔顿·弗里德曼对此大加赞扬。弗里德曼一直认为在市场经济的作用下，人们"花费的货币数量在总值上与交换来的商品或服务的数量及其支付价格的乘积始终是一个恒等式"。[1] 换句话说，他认为在市场上流通的货币量的总和，实际上就等于在市场上流通的商品或服务的真实社会财富量的总量。然而事实上，人们逐渐发现，无论是从历史的角度还是从现实的角度进行考量，市场上流动的货币总量与社会上实际的财富总量似乎总不相等。如果相等，根据货币量的等值性，如上面（4.0.1）式，即社会上的货币总量当然就应该等于通过市场换取的、等值的其他的商品或服务量。但这种观点把货币的一个非常重要的功能，即货币能使得商品或服务延时或超前实现给"忽略掉了"。这种延时性或超前性即使用利率或者红利等方式进行估算，起码也要把财富增长的速度以及财富的折旧率等包含进去，这在财富的总量上实在是难以估算清楚的。

　　确实，关于数量论所确定的结果始终令人怀疑。现代金融经济发展史以及货币发展史一再地告诉人们，货币是伴随着人类生产的剩余物品

---

[1] 〔美〕米尔顿·弗里德曼：《货币的祸害：货币史上不为人知的大事件》，张建敏译，中信出版集团，2016，第 42 页。

的出现，一同进入人类的经济生活中的，或者说，货币是起源于交换的。但当人们把自己生产出来的产品有计划地划分为自用品和交换品的时候，即使划分时两者的数量（或者说所含的劳动量）完全一样，但划分后或者起码在交换后两者的价值就不一样了。例如，较早充当人类货币的"手斧"，距今已有大约120多万年的历史。而"有息债务"产生的年代比货币"手斧"产生的年代更早，据说起码要早上数千年。①而这些历史现象以及历史记载都说明或证明当时货币的总量与社会财富的总量，基本上是不相等的或者不完全相等。即使对现代社会来说，这两个量也总是不相等的。要么是货币总量小于社会财富总量，形成众所周知的通货紧缩；要么是货币总量大于社会财富总量，形成通货膨胀。无论是"紧缩"还是"膨胀"，都在一定范围内对经济增长起到一定的积极作用。但如果超过这一范围，它们对经济增长的破坏将是巨大的。下面，我们先就货币作用的历史现象，来探寻货币作用的微观意义。然后，再在这种微观意义的基础上，寻找人类金融经济活动的一般机理，进而在这一般机理中理解市场交换的重要机理和条件，以便说明（4.0.1）式存在的现实条件和历史原因。在这里，欧文·费雪的"货币数量论"将成为我们探索这些问题的重要向导。

从本章起我们开始确定虚（经济计划）、实（实际财富创造）经济空间的定义以及它们之间的相互转化问题。在吸取前人经验教训的基础上，我们用"复变函数"的基本概念确定了我们的定义，进而弥补了现代金融经济理论在资产的市场配置方面所存在的一些缺陷，揭示了资产在市场组合过程中不稳定的原因，以及在交换前后"大起大落"的基本规律。最后给出了虚、实经济空间相互作用、相互转换的数学原理和基本方式。

第一节　"债"的作用与人的经济活动的基本认识过程

这里，我们首先将"债"用引号引起来，以说明它有着非常特殊的

---

① 〔美〕卡比尔·塞加尔：《货币简史》，栾力夫译，中信出版集团，2016，第26~27页、第92~93页。

经济意义。我们想先用"债"的存在引申到人的经济活动基础——虚拟经济空间，并依此为基础讨论虚拟经济空间向实体经济空间的转换问题。我们知道，哈耶克在强调人的经济活动的价值存在时，曾毫不忌讳地将经济学称为"交换学"。他认为只有这样，才能找到人类经济活动起源的所谓"元理论"①。但是，当我们沿着这条路径去寻找人类经济活动的根源时，情况又迫使我们不得不循着"现有的"人类社会经济活动的起源"证据"，去探讨人类金融经济活动发生的基本机理，这种违背逻辑的现象在现代科学研究中并不罕见，于是才有科学研究"假设前提"这一说。当然，有人对这种探索不屑一顾。哈耶克则强调，这种行为应离不开人的群体行为，离不开人们之间的交换活动。但这样的回答就完备了吗？事情好像并没有那样简单。

现实的考古研究以及与其相关的人类经济史料研究，确实都在有力地证明：人类的交换活动和人类的经济活动几乎一样古老。在此基础上探讨货币起源及其历史作用时，又发现了货币的作用形式和交换活动的作用形式一样古老。但问题的根本在于，人类经济活动的债的存在形式比货币的存在形式还要古老、还要"普遍"，这也是经过人类历史证明了的、非常可靠的结论。这样一来，就承认了上面的研究证据和史料事实，但从现有的理性顺序和认识程序来讲，这似乎给人一种逻辑混乱、本末倒置的感觉。让我们先来看看一个重要的历史现象。

大约在公元前5000年，在今天的中东地区，已经有各种各样的债务工具出现了。没有利息的债务很常见，但它们通常是作为礼物出现的：尽管没有价格，但收到礼物的人仍然有义务去偿还这一赠品。有息债务最早出现在农业和农耕领域：穷困的农民会向别人借来种子、坚果、橄榄、谷物乃至耕牛，随后在偿还债务的时候会附加利息，即剩余收获物。但是，出借农产品不是一件容易的事。由于气候条件无常，农业债务的利息充满了不确定性。②

---

① 详见〔英〕哈耶克：《致命的自负》，冯克利、胡晋华等译，中国社会科学出版社，2000，第111页。

② 〔美〕卡比尔·塞加尔：《货币简史》，栾力夫译，中信出版集团，2016，第93页。

　　这段内容至少告诉我们，人们的经济活动，总是存在着对未来目标的某种期望或渴望特定目标的实现，同时人们也要准备时刻为此付出必要的代价。尽管这种"期望或渴望"受到了自然条件和社会条件的约束，但人们对这种目标的实现过程充满了对自己能力的自信和对所承担代价的不可推卸的责任，并且人们还尽可能地要通过自身的努力达到目标。因此，这种自信，是自己能够取得借贷的信誉保证和现实生产的资本，同时也正是由于这种自信的存在，对方"借"东西时就显得毫不吝啬，这就成为金融市场"信用"产生的最初来源。用现代经济学的语言来解释，这段内容起码包含了生产、成本、目标、信誉这几个基本的经济活动因素。这些因素和事实将成为本书建立相应的风险预测、防范和治理的逻辑基础。

　　尽管在这方面已经有了相当多的经济史料和研究证据，但我们不打算引用这些资料和证据。我们只打算在所选取的典型文献的基础上，尽快地明确人类经济活动的微观机理。要做好这一点，我们首先认为只能从一个人的经济活动开始，尽管这个人的经济活动不是"孤立"的，但是我们可以把与他相关的外在联系，看作相对的约束关系"隔离出来"，那么这个人就成为一个典型的行为个体。于是我们就能够在这些外在约束的作用下，利用现代经济学方法得出这个人的最大化利润。事实上这样的计算方法和现实的经济状态存在着差距。因为我们难以保证经济实践的条件与这些经典的计算方法的前提条件完全符合。大家肯定在现实经济实践中不止一次地发现，现代经济学得到的现代企业或者经济实体的经济运行结果，与检验它的计量经济模型结果不完全一致甚至相差甚远。更为重要的是，现代计量经济学的检验结果与实际经济运行的状态相差得更多。2008年国际金融危机以前，金融界许多资深管理人士认为一场大规模的金融危机在所难免[1]，而专业的计量经济检验结果却"风平浪静"，致使决策阶层难以定论[2]，最终酿成大祸。

　　现在看来，经济理论界与经济实践界的主要差异，集中表现在一个

①　Robert J. Shiller, *Irrational Exuberance*, 2nd ed. (Princeton University Press, 2005), p. 12 – 13. "The Global Housing Boom," *Economist*, 2005.

②　Joe Nocera, "Risk Mismanagement," *New York Times Magazine*, 2009.

人经济行为的理性目的和他所取得的实际财富与实际经济总量的不一致上。如果一个人获得了他所需要的社会财富，那么就可以说他的物质追求和精神追求得到了满足，而这种物质追求和精神追求与实际的经济数据是否一致，这个问题必须讨论。因为，一个人的想法就是他必须根据他的目标制定生产计划，然后他就要把生产计划变成现实的生产成果，再把生产成果变成现代社会财富的具体资产形式。在市场比较稳定或者风险较为可控的情况下，货币是这些资产所有形式的集中代表，因此人们可用货币满足自己的各种需求。这种从理性到实践的转换以及再从实践到理性的转换过程，并不仅仅有纯粹的技术问题，而且也包含着人类经济实践的"独特性"。当然，这种经济活动需要用欧文·费雪的货币数量论原理加以解释，而这个原理也正是人们根据自己的需要进行资产组合的理论基础。但是，（4.0.1）式始终存在着巨大的包容性，这虽然给了人们巨大的想象空间，但相关研究（包括瓦尔拉斯对市场交换理论的解释）好像并没有"超越"（4.0.1）式所给定的范围。所以在货币数量论的具体应用过程中，我们将看到随着人的经济行为的变化，货币的总量形式以及社会财富的转换方式也会发生不同的变化。

为了分析问题的方便，我们先来研究经济社会中单个人的经济行为路径，而把这个人所受到的其他社会约束"隔离化"。所以这里也就存在把欧文·费雪的货币数量论模型"个人化"，即"微观化"的问题。

如果在完全竞争的情况下考虑问题，对于（4.0.1）式，我们把货币流量作为一次性收入，这时（4.0.1）式的左边就成为某一个人一次性收入的具体数量，我们用字母 M 表示，这时（4.0.1）式就成为：

$$M = PT \qquad (4.1.1)$$

这里的 P 表示个人生产商品的价格，T 表示该商品的交易量。现代经济学将这两者的乘积确认为这个人所得的财富量。按一般的计算常识来看，这样的定义是完全正确的。但深究就会发现，这种定义缺少了几个市场交换的基本特点。

第一，商品价格 P 既由市场决定也由买卖双方的主观愿望决定。买卖双方主观愿望的实现只是他们在市场上根据自身需要相互选择的结果，除此之外，商品价格 P 是由市场决定的。因此，商品价格 P 除带有市场的客观性外，在某种程度上还带有市场选择者的主观性。

第二，T 表示的是商品的交易量，而不是商品的生产量。商品的生产量不可能完全等同于商品的交易量。如果部分商品没有被交换出去，那么这部分商品就不能变成财富，或者说，剩下的这些产品就出现了贬值或"浪费"的情况。

第三，商品的价格 P 是一个有量纲的量，它和交易量 T 相乘恰好等于按货币计算的财富的数量，即财富的多少是一个用货币数量衡量的值。但是这个值对应着不同种类（资产的不同形式）的财富的价格和数量，这就成为资产组合必要性（带有主观性）和市场性（带有客观性）的基础和源泉。

以上三点在人类财富的形成和积累，特别是通过市场进行的资产组合的过程中，是普遍存在的。但货币数量论包括（4.0.1）式，没有把这个问题说清楚。在资产组合论还没有被广泛地应用到诸如投资、融资和理财等金融实践中去的时候，货币数量论是重要的理论指导，人们往往在追求和享用财富的目标下，只考虑财富数量的多少，而不在乎它们存在的基本形式或积累的基本依据，甚至不考虑怎样"合情合理"地使用和享用它们。尽管在希望得到财富的开始阶段或财富正在积累的中期阶段，人们不得不考虑这些特性，然而在他们得到具体的财富以后，就会把初始目标以及具体过程统统忽略或忘记。这就是说，财富的形成和追求的过程，有一个普遍的"只重视结果而不重视过程的属性"。久而久之，就导致了人们不能更加准确地描述财富增长的基本原理和一般原则，最终造成理论和实际的严重脱离。

法国经济学家莱昂·瓦尔拉斯可能最先注意到这种现实并立志进行理论探讨，虽然他极力用当时的数学手段来"刻画"这些情况，也取得了一定的成绩，但这些成绩即使现在也很少有人提及。莱昂·瓦尔拉斯认为："一般来说，每一个持有一种商品的人，当他有意用他商品的一部分以换取某一数量的其他商品而来到市场时，在他的心头总存有一个虚拟或真实的商业计划（trader's schedule），这种计划是可以严格测定的。"[①]

---

① 〔法〕莱昂·瓦尔拉斯：《纯粹经济学要义》，蔡受百译，商务印书馆，1989，第 84～92 页。

瓦尔拉斯认为人们获得的财富，是虚拟的商业计划与实际的市场行为相互转化的结果。然而，瓦尔拉斯却将他的"虚拟或真实的商业计划"放在实数的范围内研究，并试图用欧几里得几何的方法去解决。如图4.1.1所示，有两个人 A 和 B，他们分别要用各自的商品燕麦和小麦在市场上进行交换，他们各自的产品都满足对方的需求。也就是说，在市场上，在还没有进行交换之前，他们已经看到了各自需要的东西恰好就是对方所拥有的东西。市场的作用就是将他们各自所需要的虚拟经济空间变成现实中他们所拥有的实际经济空间。虽然燕麦和小麦的市场价格不相同，但市场的作用使两者均认为他们交换前后的价值相等。这使得价值的主客观效应在市场交换的条件下达到了"空前的"统一。这样，相对于交换前后的财富，图中第一个内接矩形的面积 OD_aAP_a 和第二个内接矩形的面积 OD_bBP_b 必然存在着一定的关系。这种关系就是它们的底（价格）互为倒数[①]，并且它们的高（燕麦和小麦各自的交换数量）有这样的关系：第一个的高 OD_a 等于第二个的面积 $OD_b \times Op_b$；类似地，第二个的高 OD_b 则等于第一个的面积 $OD_a \times Op_a$。这样两个矩形的底 Op_a 和 Op_b 所表示的价格才是平衡时的价格。

这里最为重要的结论是，只要在上面所述的原则下，就有 $P_aP_b=1$ 存在。这里两个矩形的高分别等于另外一个矩形的面积，好像是量纲出现了问题。瓦尔拉斯认为并不是这样的，因为不同产品的财富数量和面积的值（这里恰好是货币的数量）是一样的，即都是财富的数量。瓦尔拉斯认为这里的 $P_aP_b=1$ 就已经含有共同单位的意思，这个共同的单位就是图中的 OI。

现在需要对瓦尔拉斯的虚拟、实体经济空间的存在和相互转换问题做一个简单的评价。可以看出，他的这两个空间实际上都是在实数空间（欧几里得空间）里定义的，因而将虚拟经济空间的隐蔽性去掉了，所以商业计划的实施和实现，在图4.1.1中是没法完成的，因为实数范围内的欧几里得空间并没有给他提供这种实施过程"以外的"具体空间

---

① 这是瓦尔拉斯的一个极其重要的发现，正是这个发现奠定了虚拟经济空间和实体经济空间相互转化的基础。我们在第二章所提到的交换产品的价格和数量的量纲应该互为倒数，就是根据这个重要的发现提出的。但由于当时数学工具的限制，瓦尔拉斯没有注意到这一点，这才导致他在实数范围内用欧几里得几何解决空间的相互转换问题。

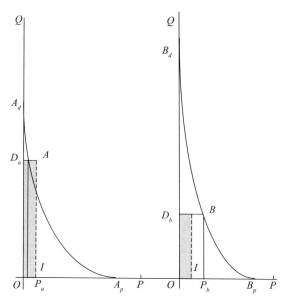

图 4.1.1　瓦尔拉斯的市场交换

（实际上还是原来的实数空间）。事实上，虚拟经济空间的隐蔽性在市场的形成与交换中起着十分重要的作用，如人们在生产中的生产潜力和成本等，都毫无疑问地包含在交换的价值里。这些价值在市场交换中能否得到实现，即从虚拟经济空间向实体经济空间的转换问题，仅用同一种现实的经济空间（欧几里得空间）是无法进行表达的。因为"交易成本理论本身就指明了关于如何最佳地组织厂商的劳动力及进行生产、分配和其他活动的一系列管理性原则。而且该理论还隐含地表明，这里也存在着组织成本，不然的话，厂商就可以不受限制地扩张规模，完全替代市场对资源的配置。"① 瓦尔拉斯的虚、实空间模型显然不可能用同一个价格实轴来表示这"虚、实"价值完全不同的市场过程。另外，这样表示的市场交换原理也太复杂、太烦琐，其原因就在于同一个实轴上两种不同交换品的价值，本质上是不同性质的价格在价格轴上的"投影"，而我们却看不出这种"投影"。再说，如果每个厂商的经济行为都需要一个方程，且这些方程的每一个要素都和其他的企业行为相联系，那么

---

① 〔美〕丹尼尔·F. 斯普尔伯:《市场的微观结构——中间层组织与厂商理论》，张军译，中国人民大学出版社，2002，第 44 页。

庞大的方程组也难以求解。最后，瓦尔拉斯只能认定，在整个经济范围内，无论价格高低，所有买者的支出必然等于所有卖者的收入，也就是交换市场始终都有下面的恒等式：

$$\sum_{i=1}^{n} P_i Q_i^d = \sum_{i=1}^{n} P_i Q_i^s \qquad (4.1.2)$$

但要使这种关系存在，瓦尔拉斯就必须确定一个价格以衡量其他商品的价格。例如，令"第一种商品"为"一般等价物"，且 $P_i = 1$。于是，所有其他商品的价格就是它们同第一种商品的交换利率。[①] 这等于将市场交换赖以存在的"无理数"形式完全用有理数形式取代了。严格地说，这样的处理方式和市场经济的现实条件是不相适应的。但如果不进行这样的处理，将有 17 个严峻的假设条件不能得到满足，这在现实中也是难以达到的。[②]

这样我们就得到，货币数量论的出现只是摒弃了用体积的大小来表示财富多少的"原始"方法，因此只在一维实数轴上就可以完全表示它。从货币数量论代表财富的多少来讲，它表示的是一个仅有大小多少的标量，这个标量完全在实数范围内。但是，这种"简洁、清晰"的表示方法掩盖了财富产生或形成的一个非常重要的性质——作为财富具体形式的资产，进行市场组合必须具有的一般性质和原理。后面我们将看到，市场交换事实上是建立在无理数基础，共轭对偶的虚、实经济空间相互作用的结果。若不能正确地表达市场交换，就不能正确地将人类经济活动的特点和方式"恰当地"进行比较和研究，因而也就不可能有物质生活与精神生活的区别与联系，更不会有人类文明发展的市场效应等。但实数范围内的欧几里得空间掩盖了这种市场效应的存在形式。最简单地说，它掩盖了资产交换的最基本的市场经济特点——虚拟经济空间与实体经济空间的界限以及这种界限在交换中的具体作用。现在就让我们先来简单地分析一下，在实际的市场交换中虚、实经济空间相互作用的基本特点和一般规律。

---

① 详见《西方经济学》编写组：《西方经济学》（第二版），高等教育出版社，2011。

② J. V. Graaf, *Theoretical Welfare Economics* (Cambridge University Press, 1957), pp. 142 – 154.

第二节　资产通过市场进行组合的数学表示

为了较为清晰地叙述虚、实经济空间相互转换的基本特点和一般规律，我们还是从复变函数里的虚、实数定义谈起。这里仍然要用到前面所介绍的资产市场组合过程里"铜钱模型"的某些内容，以进一步加强对"铜钱模型"的认识和理解，同时为虚、实经济空间转换的研究打好基础。

资产通过市场进行组合，实际上就是资产所有者通过市场实现对不同形态资产的重新拥有，以达到利润最大化的目的。虽然资产所有者也可以不通过市场（如通过亲戚朋友甚至某种组织等）对资产进行重新组合，但只有通过市场进行资产组合，才能达到利润最大化的目的。同时，对于实际的资产所有者来讲，供需双方也只有通过市场才能达到他们所要求的资产不同形态的有效组合。除非在现代市场，不同形态的资产在其他市场中是无法进行有效组合的。劳动创造财富只不过是一个简略的说法，因为财富必须具有满足人的物质或精神需求的具体特性。而在交换中实现的虚、实经济空间的转换，虽然只能满足人的精神或物质需求的某一方面，但所有方面的满足可以且必须通过市场交换的形式来实现。

货币数量论的最大特点，就是借助人们对不同商品的供给或需求的具体价格体系，将人们的物质需求与精神需求的转化过程，通过"表面"的界限抹杀掉了，这些则要求由资产组合理论进行弥补。因为货币数量论需要通过某一资产的价格和数量的乘积来发挥作用，而这种乘积如果透过表面现象，往往会揭示市场交换的"波动性"和周期发展的"连续性"，而货币数量论则看不见这种性质。另外，市场的供给侧与需求侧又有完全不同的价格和数量体系，由此对应着价格和数量的不同的乘积形式，这种乘积又都是具有大小和方向的"叉乘"过程，它要求个量和总量的关系绝不是简单的代数和而是"复杂的"几何和的形式，而从货币数量论的简单形式出发，则完全看不到这些不同形式的不同特点。

为了保持货币数量论传统、简洁、方便等优点，并克服上面的缺点，我们先来考虑最简单的虚、实经济空间的转变过程，这个过程实际上已经在金融经济分析中被大量采用。图 4.2.1 是一个复矢量概念的表示图。

我们可以看到复矢量存在的范围是一个复平面空间，这里的横轴为实数变化的空间范围，纵轴为虚数变化的空间范围。现代金融经济学一直将实数和虚数的变化范围相等时所构成的复矢量，即图 4.2.1 中 Oz 轴或与横轴夹角为 45° 的线称为银行或证券公司交换均衡的分界线。这种划分方法，实际上已经成为我们在平面上划分虚、实空间转化的依据。按照这种划分，虚、实空间的分界线就应该是 Oz。但需要注意的是，在分界线 Oz 两边并不是单纯的虚空间或实空间，而是虚、实空间相互渗透的过程。对于实空间，沿着实轴向 45° 右上方，实空间密度越来越低而虚空间密度越来越高，最后在虚、实轴长度相等的正方形对角线上，两者达到一致，即在复矢量"端点"$\sqrt{2}$ 处（供求一致的位置上）他们开始进行交换。这样做的目的不仅符合马科维茨曲线的讨论，也符合资产组合的效应性分析。但要说明的是，这样的情况用一般的数学方法是不能解决的，必须要用到三角函数工具。而这种用三角函数工具的方法也就是数学上的"酉空间"或者"希尔伯特空间"所拥有的方法。这些问题我们会在后面随着金融实践的应用不断展开讨论，再逐步进行相应的介绍。这里先从复矢量平面开始进行讨论。

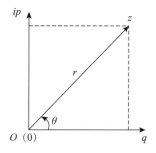

图 4.2.1　复平面上虚、实经济空间的划分界限

因为商品的价格和数量具有不同的量纲，因而它们在复平面空间中必然线性无关。由此可在最简单的情况下，使它们构成含有虚、实坐标轴的二维复矢量空间（如图 4.2.1）。这样，由虚轴作为边长 ip 和实轴作为边长 q 构成的矩形面积 $Oipzq$ 就是货币数量论构成的财富数量。但这个数量是一个"虚数"的形式，可以认为它实际上是还没有经过市场交换变成实际财富的形式。这里 $Oipzq$ 为正方形［也就是说在数量上，它还是一个单位的生产计划（虚拟），还没有成为真正的社会财富］。这样，

正方形 $Oipzq$ 的面积也就是货币的单位值。因为：

$$Oz = (|p|^2 + |q|^2)^{\frac{1}{2}} = r = \sqrt{2}$$

该数值称为复矢量的模。例如，如果某人是商品生产者，他要将自己所制造的商品全部变成货币，那么正方形对角线 Oz 将逆时针方向转动，这时转动的路径为：

$$r\cos 0 \to r(\cos\theta + i\sin\theta) \to ir\sin\frac{\pi}{2},\text{可以看出}: z = \sqrt{2}e^{i\theta} \quad (4.2.1)$$

同样，如果某人是商品的购买者，那么他的经济行为刚好和上面的情景相反。这时正方形对角线 Oz 沿顺时针方向转动，这时转动的路径为：$ir\sin(\pi/2) \to r(\cos\theta + i\sin\theta) \to r\cos\theta$，因此得到和（4.2.1）式共轭的 $z^* = \sqrt{2}e^{-i\theta}$，这样我们将立即得到：

$$zz^* = (q + ip)(q - ip) = q^2 + p^2 = r^2 = 2 \quad (4.2.2)$$

（4.2.1）式和（4.2.2）式告诉我们，在图 4.2.1 中讨论的，常常是市场两侧（需求侧或供给侧）的行为状态，但仅仅考虑这种行为状态是没有意义的。既然市场的一侧必然和另一侧共轭，所以将两者放在一起讨论才有意义。可以看出，（4.2.2）式表示的并不是市场供需双方交换后的财富总和，而是就要交换但还没有交换的两个人（一个人是一个单位）的财富总和（社会财富），但在交换发生以后，简单的代数和就不能和真正的社会财富总和相提并论了。这是现代社会统计经济总量时常遇到的难以解决的问题之一，人们始终发现，笼统的个人（或企业等）财富之和与社会财富总和不一样，问题就是出在这里。

市场的作用就是满足交换双方的价值需求，如果人们的吃饭问题解决了，那么粮食在人们需求中的重要程度就会下降，衣服的价值就会变得突出；同样，粮食和衣服的问题都解决了，住所的价值就会变得突出，等等。这就是取决于价值的两个主要因素——效用性和稀缺性。"经济学的本质就是在于承认效用性和稀缺性这两个基本的事实，然后找出如何组织社会资源才能更有效地利用社会资源的基本路径。这也是经济学最独特的贡献。"① 但如果从价值的角度来讲，待交换的"财货"比还没有交换的"财货"的价值确实是增大的。从图 4.2.1 可以看出，增大的数值起码为 $\sqrt{2}-1\approx 0.414$。但是，在供需双方完成了市场交换后，这时瓦尔拉斯的"商业计划"将立即消失，两个市场交换者各自转换了市场位置，即他们各自转换到了交换前对方的位置上，z 和 z^* 是他们各自从 $0\rightarrow \pi/4$ 状态再到 $\pi/4\rightarrow\pi/2$ 的状态，这表示他们各自已经拥有了他们想要的东西从而达到了心理上的平衡。也就是图 4.2.1 的正方形的一条边长增大到这个正方形外接圆的半径那么长。但这样理解价值增大对不对呢？我们明明看到交换后两交换者的位置刚好发生了变化，即复矢量 Oz 整整"扫"过了 $\pi/2$ 的弧度（实际上是 π，这里的角度实际上是生产周期角度的两倍）。对这两个交换者来说，他们交换后的价值是否还能用交换前的共同价值来衡量呢？

要回答这个问题，首先要明白，这样的交换应该是完成了从生产过程到交换过程的"一个周期"，因而这样的价值应该是一个完整的生产和交换周期的价值。我们还要知道，我们要求交换的是剩余产品，如果产品没有剩余，交换者是不会进行交换的。其次，要明白这样的交换是从生产前交换者的财富设想（计划）开始的。也就是说，从生产到交换的完成是一个从虚拟经济空间到实际财富空间的转化过程。最后，由于交换者的能力相同而专业技术水平不同且互补，所以他们生产和交换的是对自己和对方而言的必需品。由于技术的不同，它们各自的另一部分生活必需品必须经过市场交换来得到。

由此可知，资产所有者要通过生产和市场才能将剩余的产品进行交换。正因为交换的产品是彼此非常需要的，所以他们将对方的产品价值看得高于自己现有的待交换的产品的价值。另外，如果交换不成功，他们各自手中的产品必然贬值，而如果交换成功，他们手中这些剩余的产品就必然要升值。

这里还要着重说明以下两点。（1）如果要交换的产品是对方所需，那么他们各自的产品的价值，就会比原先的单位价值升高 $\sqrt{2}-1\approx 0.414$。（2）如果交换成功，那么他们共同拥有的价值就会增大到 $\sqrt{2}\pi\approx 4.442$。

---

① 〔美〕保罗 A. 萨缪尔森、威廉 D. 诺德豪斯：《经济学》，机械工业出版社，1998。

这个结论，和我们在前面讨论的结果完全一样。随着讨论的不断深入，我们在后面还要多次涉及这个结论。当然，我们同样可用不同的方法得到相同的结果。这里仅说明，如果将整个剩余产品从生产到交换完成看作一个完整的周期，那么复矢量 r 将旋转 $\pi/2$，另一个交换者（依他的角度看待复矢量旋转）的复矢量 r 也将旋转 $\pi/2$（注意交换和整个周期相差一倍的关系）。这时他们共同的价值将为：

$$\frac{\pi}{2}r + \frac{\pi}{2}r = \pi r = \sqrt{2}\pi \approx 4.442$$

大家在以后还将陆续看到，这样的定义对市场的均衡条件实现、现代经济学经济增长理论的解释以及金融危机的形成和预防等，都有着十分重要的作用。

　　现在我们先不从理论上推导出这个虚拟经济与实体经济的具体空间，而仅仅观察这两种（共轭）空间在市场交换过程中的具体表现，我们将具体的推导过程留在后面。我们知道，这两个空间都是在一个具体的市场经济实体（一个人或者一个企业）的经济行为过程中形成的。和瓦尔拉斯的看法一样，我们认为，经济计划或设想的形成，都是在这个虚拟的经济空间里进行的。比方说，某人要进行某种经济活动，首先需要准备一定的经济成本，这种成本能不能承担经济计划所需的费用，资金量充足不充足，是否需要借贷，借贷的资金在计划完成以后能否还清等，这些一系列准备阶段的安排，都是在虚拟的经济空间里进行的。当在虚拟经济空间里完成了这些安排以后，接下来就是将虚拟经济的计划付诸实践，使虚拟的经济计划变成现实的具体财富，也就是从虚拟经济空间向实体经济空间转换。从数学意义上来讲，这种转换应该是在一定的函数区间内，由于自变量的变化而导致的函数值域的变化，这个函数恰好就是我们要从事的"经济事业"的函数。再从我们上面所介绍的转换过程来看，如果把虚拟经济空间的功能，说成是具体经济实践者所承担的"债务"，是最合适不过的了。因为这样的称呼最容易使我们把这个经济行为者的经济行为与金融机构联系起来，这样做也最容易用现代的经济行为方式进行分析。约翰·希克斯评价在英国财政部长期负责监管金融工作的经济学家霍特里："霍特里直接从纯信用体制开始，在这个体制里，交换媒介只不过是一种债务（或信用），银行家就是债权人。债务必须用记账单位来表示,但除了通过记忆外,没有什么东西可用来测定记账单位的价值。"① 希克斯的意思是说,在市场经济情况下,只有银行和借贷者知道这笔钱在还款的时候应该是多少,这个"多少"的数目应该通过具体的函数关系计算出来才比较科学。所以,我们将经济行为者在虚拟经济空间的活动,称为拥有特殊函数的"债务"是比较合适的。事实上,每一个经济行为者都可以根据自己的行为来验证以上的作用与存在。但个人的经济行为毕竟隐秘,所以在这里我们不得不用一个较为特殊而又较为普遍的事实来验证我们上面的结论。说特殊,是因为它用"金银"财富直接和流通货币的交换来体现两者的价值比例变化;说普遍,是因为这种交换比例具有两个价值空间变化特点的普遍性。下面我们就来进行这方面的讨论和分析。

一 市场配置资源的数学分析

根据数学知识,我们把有限的含有实、虚轴的空间称为酉空间。现在需要在酉空间中,在认定人的经济行为及其"举债"的基础上,进一步讨论市场均衡的基本模型。这个模型的基本要求,是必须舍去瓦尔拉斯的市场均衡理论中"一般等价物"的主观确定过程,而让市场交换的本来面目得以显现。在这里,我们先以市场形成之初的最原始的物物交换开始。

这就需要将图 4.2.1 的表示"范围"适当地进行"扩大",并使扩大的"范围"处在"埃奇沃思盒"里。因为根据市场出清的基本原理,帕累托均衡应具有典型的普遍性。一般来说,在市场上相互交换的两种商品,由于市场的博弈最终要达成等价交换。那么,是否这里就是同等的货币数量应等价于交换后的最终价值呢? 即以物易物的交换,是不是用同等的货币数量度量价值的具体形式呢? 答案应该是否定的,因为这种答案既否定了市场交换的基本功能,也否定了价值所体现的主观心理效应与客观市场效应。例如,就如瓦尔拉斯所设想的,我们将自己要交换的产品定义为虚拟部分,而把要换到的对方的产品定义为实际部分。具体的情况如图 4.2.2 所示,我们看到,在达到等价交换条件的情况下

---

① 〔英〕约翰·希克斯:《经济学展望》,余皖奇译,商务印书馆,2013,第 143 页。

虚、实空间的转换，即：

$$zz^* = (q + ip)(q - ip) = r^2 e^{i\theta} e^{-i\theta} = q^2 + p^2$$

可以看出，它就是上面所提到的（4.2.2）式。

但是，由于我们是在"埃奇沃思盒"里进行的交换①，交换双方各自的数量与价格在量值上就呈正方形状态。这时交换的结果是图中两正方形的面积之和。即 $zz^* = q^2 + p^2$，在"埃奇沃思盒"里，$q = p$，都代表一个单位的不同交换品。因而，图4.2.2中各正方形的面积又可以写为 pq，所以有：

$$zz^* = q^2 + p^2 = 2pq \tag{4.2.3}$$

但根据（4.2.3）式，要找到图4.2.2中两个1/4虚线圆的切平面，即 $(zz^*)' = 2q_1 = 2p_1$，可在这个交界面上作两个虚线圆的切线（切平面）（图4.2.2中的点划线），这时应有：$zz^* = C$（常数），即：

$$zz^* = q^2 + p^2 = C, ipq = C$$

事实上，如果读者对数学曲线比较熟悉的话，可以看到这两个1/4的虚线圆，一个是极坐标 $z = re^{i\theta}$ 在平面直角坐标 $qO(-ip)$ 中"双曲线"的一条，另一个是极坐标 $z^* = re^{-i\theta}$ 在平面直角坐标 $qO(ip)$ 中"双曲线"的一条。二次项 ipq 实际上为常数，即 $ipq = C$，这时 ip 和 q 互为反比函数，因此也以反比曲线的形式出现在图4.2.2中。将以上的所有情况综合到一个平面直角坐标系中，它们就成为一个在平面复矢量空间中的复变函数，即：

$$w = f(z) = z^2 = q^2 - p^2 + 2ipq \tag{4.2.4}$$

从（4.2.4）式可以看出，在市场经济情况下，对于持有1单位价值的不同产品的两市场交换者来说，他们交换的结果绝不仅仅是交换前两个单位产品价值的简单代数和，而是要比交换前两个单位的产品价值多：

---

① 在我们还没有具体确定虚、实经济空间的定义以及相互转换的基本原理前，我们这里只能用单位价值和数量的产品在"埃奇沃思盒"里进行讨论。我们将从本章的第二节起，依次明确虚、实经济空间的定义以及相互转换的基本原理，并逐渐将我们讨论的问题引向深入。

$$\sqrt{2}\left(\frac{\pi}{2} + \frac{\pi}{2}\right) - 2 = \sqrt{2}(\pi - \sqrt{2}) \approx 2.4428$$

这个多余的价值就是市场交换所"创造"的价值，它不仅使社会中的财富"增加"了，而且也肯定了两成功的交换者的社会地位，这是因为他们彼此的劳动产品得到了社会的承认。

但是，若按我们通常的想法，如果认为两市场交换者在市场上交换的结果，仅仅是虚拟经济空间的消失，因为这时他的虚拟经济计划已经变成了实际的财富，那么就有：$z^* = q - ip = 0$。它可以由以下方式推得。

例如，设 $zz^* = 0$，故得：$zz^* = q^2 + p^2 = 0$，因为在"埃奇沃思盒"中，我们很容易得到：$q = p$，因此有：$q^2 = p^2 = qp$，即 $2qp = 0$。由此立即得：

$$q^2 + p^2 = 2ipq = 0，即有：q_1^2 - 2ipq + p_1^2 = (q_1 - ip_1)^2 = 0$$

这显然是错误的。

从上面的叙述中可以看出，虚、实经济空间在通过市场进行转换的具体过程中，认定的复平面区域起着十分重要的作用。如果我们知道了虚拟经济空间的作用，就不能把虚拟经济空间当作实体经济空间（在实数范围）；即使设计了虚拟经济空间（在虚数范围）但没有市场交换的功能而直接用共轭相乘的手段消除虚拟经济空间也不行。因为虚拟经济空间，按照瓦尔拉斯的说法，实际上是通过市场发挥作用的。实际上，由于在运算的过程中我们没有设定任何的假设或主观标准，所以由虚拟经济空间得到的结果要比瓦尔拉斯均衡更自然。这里不存在任何比例的设定问题，因为对经济学来说，经济数据的比值基本上属于可数数的范畴。而从自然界与人类社会的"自然"发展过程来讲，包括市场交换，基本上都是以不可逆以及无理数的形式进行的。可以看出人们日常生活中所应用最多的有理数范围，以及与其相适应的欧几里得空间，只能近似地描述经济发展的面貌，而不可能使人们准确掌握经济发展的基本规律，这是我们要特别强调的。同时也说明，在货币数量论的原理下，通过虚轴的设置，我们总可以把不同数量和价值的待交换商品，转化成在同一区域里两个相同的小正方形的对角线相接的形式（见图4.2.2），这样我们才能更清楚地看到市场交换使得原有产品价值增大的具体过程。

图 4.2.2 还告诉了我们这样一个基本的事实，那就是要研究在市场经济条件下的微观经济行为，仅仅用一般的代数知识或者微积分知识是远远不够的。因为人们的市场行为，往往是在人们经济实践基础上主观"商业计划"的具体实施过程，这个过程也就是虚拟经济与实体经济相互转化过程。人们的市场经济实践，是在人的主观价值观念的指导下有计划进行的，这些主观的价值观念能否在市场经济条件下得以实现？现代数学如拓扑学、泛函分析以及实变函数论为人类主观经济计划的形成与客观的实践提供了有力的理论基础和分析工具，在下一节我们就集中讨论这方面的问题。

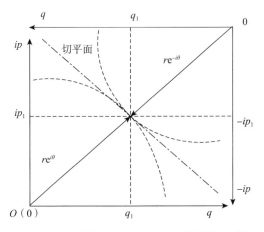

图 4.2.2　酉空间中市场交换的"埃奇沃思盒"

二　复矢量在分析市场配置资源问题上的必要性和重要性

有了上面的应用基础，我们就可以在现有的数学分析基础上，根据现代经济学的基本要求，将我们的讨论引向深入。

图 4.2.1 说明了利用复矢量来表示市场交换的基本形式，它不仅能够形象地说明人类经济社会的交换实质，而且还能够简洁地说明人类经济活动的基本特征。例如，应如何揭示人类经济活动的不可逆性？应如何实现市场生产的预期性以及尽可能地避免市场风险和实现交换的顺利进行？我们将看到，利用复矢量的形式可以完整地表示从生产经营的计划开始到整个生产经营完成的过程，即经济模型可以表示整个生产经营的市场运行模式及轨迹。在货币数量论基础上进行的资产组合形式使我

们看到，尽管市场上的商品价格与该商品交易数量的乘积是一个具体的量值（财富），但是这个量值有不同的商品价格和数量组合。也就是说，对于数值相同的不同财富形式，就有一对价格和商品数量的不同组合。尽管这种组合形式不完全相同，但只要它们在市场上组合成功，就必然会以复矢量共轭的形式出现，这是由市场交换的基本特性决定的。

例如，在上面提到的（4.2.1）式和（4.2.2）式，我们用 p 表示商品价格，用 q 表示商品交易的数量，如图 4.2.3 所示，市场上这个商品的表示式就为：

$$z = q + ip \quad 或 \quad z = re^{i\theta}$$

它的共轭形式则为：

$$z^* = q - ip \quad 或 \quad z^* = re^{-i\theta}$$

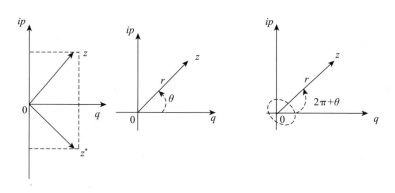

图 4.2.3　用复矢量的形式表示商品的价格和交易量

注：复数形式的 $z = x + iy$，还可以写成复矢量的形式，这个复矢量以逆时针方向旋转，表示它的不可逆性和多值性。它们的共轭形式为：$zr = (\cos\theta + i\sin\theta) = re^{i\theta}$；$z^* = r(\cos\theta - i\sin\theta) = re^{-i\theta}$。

我们就可以说它们是相互共轭的。因为只有让它们相互共轭，它们才能完成具体的交换过程，才有统计的概率密度存在。而这个统计的概率密度的存在决定了 q 和 p 必须在一定的范围内是不确定的，这样才能使它们的交换在无理数的基础上形成一个完整的周期。

值得注意的是，用复矢量表示的资产组合，还能够让我们简单明晰地观察到金融市场健康发展的状况。

我们将复矢量 z 作为自变量而考察复变函数 $w = f(z)$，这里先假设

复矢量的模 r 始终不变，即 $r=1$。这样，复矢量就始终在复平面上沿逆时针方向转动。再加上，"铜钱模型" 旋转的角速度始终是实际市场经营周期的 2 倍，那么在单位时间内 $\theta = \omega \cdot t = \omega \cdot 1 = \omega$，这时就有下面表示的单位圆形式出现：

$$z^2 = e^{i(2\frac{\div}{})} = e^{i\theta} = 1$$

将单位圆按指数的形式展开，就有：

$$e^{i\theta} = 1 + i\theta + \frac{(i\theta)^2}{2} + \frac{(i\theta)^3}{3!} + \cdots + \frac{(i\theta)^n}{n!} \quad (-\infty < x < +\infty)$$

很明显，上式实际上为：

$$z^2 = e^{i\theta} = 1 - \frac{\theta^2}{2} + \frac{\theta^4}{4!} + \cdots + i\theta - \frac{i\theta^3}{3!} + \frac{i\theta^5}{5!} + \cdots \qquad (4.2.5)$$

这是一个实部与虚部混合而成的完全对偶的空间结构，它完全印证了我们前面所指出的瓦尔拉斯设想，即金融市场上的资产组合就是虚、实经济空间相互转变的过程。这样，在假定复矢量 z 的模 $r=1$ 不变的情况下，(4.2.5) 式对应的图形就如图 4.2.4（a）。同样，我们还可以画出 $w = 1/z^2$ 的图形，见图 4.2.4（b）。图 4.2.4（a）就是我们后面所要讨论的资产组合马科维茨 "有效边界" 的形状和位置的确定图。在后面我们将看到，它实际上是以复变函数 $w = z^2$ 为解析函数时所得到的实部与虚部的解。图中的曲线是不同张口方向的 "马科维茨曲线族" 与相应的效应曲线族，它们不仅确定了马科维茨曲线的具体形状，而且还确定了

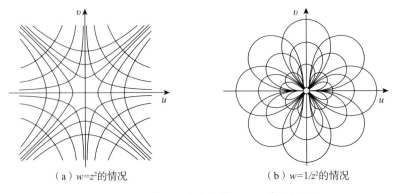

（a）$w = z^2$ 的情况　　　　　　　（b）$w = 1/z^2$ 的情况

图 4.2.4　函数 $w = z^2$ 和函数 $w = 1/z^2$ 的图形

资产组合的具体安全点和市场基本利率值。资产市场组合切点 R^* 的确定与标准安全切合点 M 的确定，有着十分重要的意义。在这里我们需要指出，马科维茨所提出的"有效边界"，绝不仅仅是他最初设想的只有一条，实际上是分布在风险 σ、收益 μ 平面上的曲线族。这些曲线族几乎囊括了资产的市场定价、借贷、租赁等的价值确定以及有效边界上的所有位置和安全切点的确定。至于图 4.2.4（b），正是现代金融学所指出的"蓬齐骗局"或者叫"伞形信托"效应的基本原理图，这个问题我们后面还要详细地进行讨论，这里不再赘述。

三　资产组合的数学表示以及主客观差异的存在

我们始终认为人类的财富是客观存在的，但我们怎样确定这个客观的财富量？或者进一步说，我们能够准确地表示这个财富量吗？为什么人们的认识和经济运行的实际状况始终存在差距？知道了这种差距或者尽量把这个差距"压缩"到最小，也是我们使自己的计算能够无限接近客观情况的主要途径。下面根据一个具体的例子来说明这个问题。

就拿我们前面所举的"铜钱模型"这个例子来说，我们设定每个人都拿一单位价值的资产进行市场组合（交换）。这一单位价值的资产按道理来说是大家都承认的，是客观的。但交换的结果比原来的价值增加了，这和客观实际相符吗？这多余的价值是如何产生的？或者说是怎样来的？这个问题我们在前面已经用实变函数、复变函数等方法给予了回答，现在再用傅里叶变换予以回答，以说明这个答案的可靠性。傅里叶变换是复矢量在希尔伯特空间（或酉空间）逆时针旋转所引起的必然结果。

假若资产市场组合者之一，他在"铜钱模型"中的位置为第一象限的 $\pi/4$，此时他想要交换的资产已经不在原坐标点值 1 的那个价值，而成为 $1 \times \pi/4$ 或者 $S_1 \times \pi/4 = (\pi/4) S_1$ 个单位的价值，对于他来说，这时他的交换价值就有下面的关系：

$$S_1 = \frac{4}{\pi} r \times x \text{（因为我们用的是单位价值和数量），故有 } S_1 = \frac{4}{\pi} \sin x$$

若市场上又存在一个被他看重的资产的所有者想要交换，他同样站在"铜钱模型"中待交换的位置上，但这时必须注意，这个 $\pi/4$ 处的位置

和第一个 π/4 处的位置不在同一个坐标，而是在相互垂直的三维直角坐标系上。这样，他们虽然没有进行资产交换，但他的资产组合就有了挑选的余地，这时他的交换价值就有了下面新的关系：

$$S_3 = \frac{4}{\pi}\left(\sin x + \frac{1}{3}\sin 3x\right)$$

以此类推，更进一步有：

$$S_5 = \frac{4}{\pi}\left(\sin x + \frac{1}{3}\sin 3x + \frac{1}{5}\sin 5x\right)$$

$$\cdots$$

$$S_i = \frac{4}{\pi}\left(\sin x + \frac{1}{3}\sin 3x + \frac{1}{5}\sin 5x + \cdots\right), 其中 \ i = 1,2,\cdots,n$$

这样我们就得到图 4.2.5（a），这是客观承认的资产所有者交换前所面对的资产价值（图中阴影部分）。两资产所有者想通过市场进行资产组合，他们想用数学的方式完整地将他们交换前后的价值变化表现出来。他们最理想的目标是交换以后不使自己资产的价值减少或至少保持相等。在面对一个市场交换者时他看到的价值是 S_1，同时在面对另一个交换对象时他看到的价值是 S_3，一直到面对 S_i（$i = 1，2，\cdots，n$）。如图 4.2.5（b）所示，正方形表示的资产总值，可用图 4.2.5（b）的曲线完整地表示出来。我们看到，随着图 4.2.5（b）中 i（横坐标）不断增大，S_i 表示的图形愈加接近图 4.2.5（a）。那么，我们只要用 $i = 1，2，\cdots，n$，即令 i 的数目尽可能地大，就必然有：

$$f(x) = S_i = \frac{4}{\pi}\left(\sin x + \frac{1}{3}\sin 3x + \frac{1}{5}\sin 5x + \cdots\right), i = 1,2,\cdots,n$$

$$(4.2.6)$$

但准确地说，（4.2.6）式应该写成：

$$f(x) = S_i(x) + \varepsilon_i(x), i = 1,2,\cdots,n \qquad (4.2.7)$$

这里的 $\varepsilon_i(x)$ 为误差项，根据高斯定律我们只能考虑均方差：

$$M = \frac{1}{2\pi}\int_{-\pi}^{\pi}\varepsilon_i^2(x)\,\mathrm{d}x \qquad (4.2.8)$$

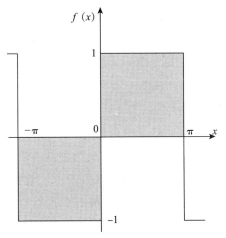

（a）客观资产价值的存在

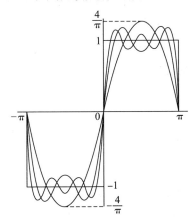

（b）数学方法对客观资产价值的模拟

图4.2.5　对客观资产价值的描述

从理论上来说，（4.2.6）式是正确的，但实际上也始终存在着一些误差。

图4.2.6说明了通过市场进行资产组合，资产所有者的资产价值变大的基本原理。这个原理需要用以下几个步骤进行说明。

首先，在资产组合的过程中，组合资产的价值只有达到大于资产交换者原先的资产价值时交换才得以进行。这是因为资产组合与财富的生产始终存在着必然的联系，财富的生产是有周期的，那么资产的组合也必然是有周期的。而在市场信息充分的情况下，S_i（$i=1,2,\cdots,n$）必须填满各资产市场组合者的正方形（相等的单位价值量）。只有填满了各个正方形，资产组合轨迹才能从整个资产组合周期中将各个正方形的面积"分割"出来，使它们从周期性的连续状态转为相对的、阶段性的"不连续"状态［见图 4.2.5 (a)］，这种现象被称为吉布斯（Gibbs）现象，这就是资产进行市场组合前后价值变化的主要原因（见图 4.2.6）。

　　其次，随着 i 的增加，在图 4.2.5 (b) 中的 S_i 曲线振荡下降到 $y=1$ 附近，但在不连续点 0，π 处，由于 i 的无限大，y 值就有一个很大的振荡存在，使它高出 1 很多。这是因为在 0 和 π 之间，各 S_i 曲线之间的正负值相互对应、相互抵消。只有在 0，π 两个不连续的端点处，其峰值才不会被抵消，反而会叠加，使振荡的幅度更大。这种情况对于它的镜像 $y=-1$ 的情况同样成立。这是各资产所有者进行资产组合的最佳条件，在这种情况下资产组合者大部分都能实现资产重组。由此可以看出，资产组合在交换处价值的增大，实际上是处于同一交换状态下拥有大量资产的不同资产所有者，他们之间的博弈使得交换成功者处于较高的价格优势地位，故他们要交换的资产价值处于较高的位置，起码两交换者都这样认为才使交换得以成功。

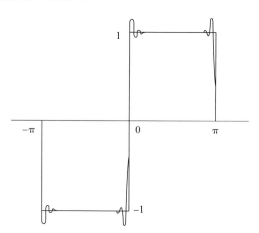

**图 4.2.6　资产组合者在市场交换后总存在着
大于自己交换前资产的价值**

　　最后，虽然资产组合者通过市场取得资产组合的成功，但这种成功掩盖着同一资产特性的不同资产所有者相互博弈的信息扩张，这些信息不排除有虚假信息或资产泡沫存在。但在交换时一般的资产组合者对这样的信息是难以分辨的，因为虚高的资产价值本身就是市场振荡余波的"升高"，再加上主观价值的支配作用，结果资产市场价值越升越高，泡沫越吹越大，最后必然导致金融危机爆发。

用数学方法模拟资产组合前后价值的变化，不仅为我们后面的研究指明了方向，也为后面的研究带来了极大的方便。我们将这些重要的启示罗列如下，供读者参考和思考。

（1）市场上成功组合的资产的价值是从整个资产组合周期中"分割"出来的一对共轭对偶的正方形面积（分别处于第一、第三象限）。这说明资产组合理论是从实数范围内剔除了大量无理数，进而仅仅保留了主要为有理数的连续经济周期中的阶段性过程，这才使资产组合者通过市场的作用使资产价值变大成为可能。正是由于无理数部分的大量剔除，资产组合价值变大的部分必然存在着很大的经济泡沫。

（2）由于比较成功地剔除了实数范围里的无理数，所以处于连续经济周期的各资产组合的分割点处于不连续的可分割状态。由于经济周期的作用，这些不连续的状态必然处于均匀的弧形迭加轨道上（这是因为单位圆中角频率 ω 的存在)[1]。这就导致了下面第（3）条的资产价值在圆弧上的均匀分布。

（3）由于资产组合过程是从经济周期里"分割"出来的一部分，所以资产组合阶段的两个点之间的线段必然是"弧形的"而不是"直线的"。正因为如此，我们在前面推导的资产组合者在交换的准备阶段，互相看到对方待交换的资产价值是 1，而在交换时看到对方的价值是 $\sqrt{2}$，这就说明了价值均匀地在单位圆弧上分布。

以上三个问题，现在看起来还似乎有些"模糊"。但请读者相信，随着我们讨论的不断深入，我们的分析工具也将"与时俱进"。现在要将我们上面的讨论结果与现实的经济事实努力地结合起来，使人们确信这些问题的处理和解决，实际上是现代金融经济学在前进中进一步深化和发展的表现。如果我们现在仍然还认识不清这些问题，无疑将认识不到现代金融经济学面对的问题的本质，这些认识都为我们利用"群论"

---

[1]　无理数的剔除是对每一个分布均匀的单位长度实数，例如对圆周率 π（超越数），先在相同的 1/10 实数范围的 0.1 和 0.2 之间，剔除 0.14159……中的 0.1，再在 1/100 实数范围的 0.04 和 0.05 之间剔除 0.04 等等，每一部分都一样，所剩下的就是分布均匀的有理数。详细的内容请参阅〔美〕R. L. 怀尔德：《数学概念的演变》，谢明初、陈念、陈慕丹译，华东师范大学出版社，2019，第 81 页。

分析资产组合理论提供了重要的依据。

第三节　虚、实经济空间的基本特性
及相互转换理论

本书在第一章第一节引入的詹姆斯·托宾的货币流动性模型，以及由此建立的"铜钱模型"，都是在直角坐标系内讨论问题的。最简单的欧几里得空间坐标系是平面直角坐标系，它是平面解析几何以及傅里叶变换讨论问题的基础。对于金融经济学来说，经济空间存在与变化的首要条件是虚、实经济空间必须共轭，因此金融经济空间的结构并不仅仅局限于二维平面。我们现在要解决的主要问题，一是尽量把金融经济学表示的空间加以扩宽，使它们能够满足多种金融经济学现实的需要；二是为了解决虚、实经济空间相互转化的需要，尽量把我们所要讨论的金融经济空间变换成共轭对偶的金融经济空间，以符合莱昂·瓦尔拉斯的最初设想。现在我们就来完成这两方面的工作。

一　寻找金融经济学的虚、实经济空间转换必须具备的一般数学表达式

对于数理经济学来说，我们要得到的最一般的数理经济模型，那就是 n 维空间或者 n 维复空间（酉空间）以及无限维复空间（希尔伯特空间）等，这并不是我们喜欢把简单的问题复杂化，而是只有了解了最一般的数理经济空间，我们才能有效地应对较特殊的、复杂的数理经济空间。而我们所习惯了的二维平面以及三维欧氏空间或三维复空间等，才是特殊的数理经济空间，它们对于我们要探讨的资产市场组合的秘密，是远远不够的，所以我们还是从最一般的数理经济空间谈起。

我们知道，对于二维平面直角坐标系中关系的刻画，最简单的形式是勾股定理。对于三维空间直角坐标中关系的刻画，也完全可以按照勾股定理的形式进行"改造性"推广。例如，我们最熟悉的表示财富"大小或多少"的空间是三维欧氏实数空间 R^3（ae_1，be_2，ce_3），它叫作"自然空间"或者"欧几里得空间"，其中（a，b，c）是财富的"大小（位置）或多少（变化）"的空间量值，它们是在三维互为 $90°$ 的坐标轴（e_1，e_2，e_2）上的"投影"，财富的实际量就要看它的"空间量值"（体

积）的大小，这个通用的空间用"广义长度" $d = \sqrt{a^2 + b^2 + c^2}$ 来表示。为了方便，通常将 (a, b, c) 写成 (x_1, x_2, x_3)（分别用坐标 x_1, x_2, x_3 来直接表示 3 个坐标上的数值 a, b, c）的形式，这样就可以将它的空间度量长度简便地写为：

$$d = \left(\sum_{i=1}^{3} x_i^2 \right)^{1/2} \qquad (4.3.1)$$

可以看出，（4.3.1）式的出现需要两个重要的条件，一是必须要有数字类元素表示的集合 $\{X\}$；二是必须具备衡量空间大小的条件 d，因此通常把符号 (X, d) 定义为度量空间。在这种情况下，衡量度量空间大小的数据就被称为"范数"，用范数定义的空间被称为"赋范空间"。通常用 $\| x \|$ 表示财富"大小或多少"的实际"体积"，也称为三维欧几里得空间的函数表示，仿照（4.3.1）式，我们就可以写出赋范空间最一般的表示式：

$$\| x \| = \left(\sum_{i=1}^{3} | x_i |^2 \right)^{\frac{1}{2}} \qquad (4.3.2)$$

我们看到（4.3.2）式的空间表示与（4.3.1）相比并没有发生多大的变化，只不过把 d 用 $\| x \|$ 表示了出来，而把 x_i 用 $| x_i |$ 表示了出来。在复杂的情况下，这是一种常用的数学表达式。

因此，（4.3.1）式的表示比较直观，（4.3.2）式的表示则更具一般性。另外，在衡量实际财富"大小或多少"的时候，通常是将"参考点"放在坐标原点上。进一步，在（4.3.2）式中，我们还试图把对财富大小或多少的测量方法推广到 n 维空间中去，以便寻找更为普遍的意义。下面就是当我们把（4.3.2）式推广到 n 维欧氏空间，甚至是 n 维复空间 C 时（含有虚轴的坐标），应该注意的几个问题。

首先，在 n 维空间里，$\| x \|$ 实际上更明显地反映出它是一种欧几里得 n 维空间的变量函数，这种变量函数被简称为 n 维欧氏空间的模，可表示为 $\| x \| = \left(\sum_{i=1}^{n} | x_i |^2 \right)^{\frac{1}{2}}$。我们将式中的指数 2 和 1/2 分别用字母 p 和 $1/p$ 表示，于是就得到更一般的表示式：

$$\| (x_1, x_2, \cdots, x_n) \|_p = \Big(\sum_{i=1}^{n} | x_i |^p \Big)^{\frac{1}{p}} \qquad (4.3.3)$$

在（4.3.3）式里，空间 $\| x \|$ 里的函数（范数）用 x 的分量形式 x_1，x_2，$\cdots$，x_n 来表示，这些分量形式对于实坐标或虚坐标皆适用。但是，这里的 p 应符合一定的条件，我们把这些条件和要求统一写成：$1 \leqslant p < \infty$，$(x_1, x_2, \cdots, x_n) \in K^n$，$K$ 表示实数集或复数集。这种一般性的表示方式，也符合在实空间中共轭空间的存在形式，这正是我们极力寻找的和实际财富相伴随的商业计划[①]的表示方式。例如，在同一个坐标系里的同一个经济活动区间，我们还可以找到一个用变量 y 表示的范数（函数）$\| y \|$，写成分量的形式，就有：

$$\| (y_1, y_2, \cdots, y_n) \| = \Big(\sum_{i=1}^{n} | y_i |^q \Big)^{\frac{1}{q}}$$

$$q \geqslant 1, (y_1, y_2, \cdots, y_n) \in K^n$$

这里设：

$$1 < p, q < \infty ; \frac{1}{p} + \frac{1}{q} = 1$$

这样就有：

$$p - 1 = \frac{p}{q} ; q - 1 = \frac{q}{p}$$

所以得：$(p-1)(q-1) = 1$。

有了 p 和 q 的这种关系，我们立即就可以得到互反的两个函数：如果取 $u = t^{p-1}$（见图 4.3.1），其中 $t \geqslant 0$ 和 $t = u^{q-1}$（图中点划曲线），其中设 $u \geqslant 0$，设 $\alpha > 0$，$\beta > 0$。曲线 $u = t^{p-1}$ 的图像将以 $(0, 0)$，$(0, \beta)$，(α, β) 及 $(\alpha, 0)$ 为顶点的矩形分为 Ⅰ 和 Ⅱ 两部分（见图 4.3.1）。此时有两种可能性，第一种可能性是在图 4.3.1 的矩形里将对角线上的曲线 $u = t^{p-1}$ 分为两部分 Ⅰ 和 Ⅱ，这时矩形的面积为 Ⅰ 和 Ⅱ 两部分之和。第一部分积分的面积等于 $u = t^{p-1}$ 的反函数 $t = u^{q-1}$ 在区间 $[0, \beta]$ 上的积

[①] 这里的"商业计划"用的是莱昂·瓦尔拉斯的思想，实际上就是我们上面一直解释的"虚拟经济空间"。

分；第二部分积分的面积小于或等于函数 $u = t^{p-1}$ 在区间 $[0, \alpha]$ 上的积分。因此，在这里按上面同样的方法，我们将 x 看成了它的截距 α 的形式。这样就有：

$$\alpha\beta\,(矩形面积) \leq \int_0^{\alpha} t^{p-1} \mathrm{d}t + \int_0^{\beta} u^{q-1} \mathrm{d}u \tag{4.3.4}$$

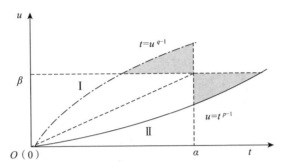

图 4.3.1　实数范围内欧氏空间中的经济空间共轭关系

易见在图 4.3.1 矩形的虚对角线下面的 u 函数曲线，它所表示的 Ⅰ 和 Ⅱ 两面积和的情况也适合矩形面积的不等式（图 4.3.1 中的阴影部分是多余的面积，它们相互之间起到互补的作用）。这说明实际上人的市场行为过程，要比人们预期设计或计划的过程复杂得多，正如在图 4.3.1 中所表示的曲线积分一样，它绝不是人们想象的矩形或者长方形面积那样简单。于是，对于 (4.3.4) 式，必然有：

$$\alpha\beta \leq \frac{\alpha^p}{p} + \frac{\beta^q}{q}$$

若我们用 ℓ^p 表示 x 的点序列，用 ℓ^q 表示 y 的点序列，就有：

$$x = \{x_n\} \in \ell^p, y = \{y_n\} \in \ell^q;这时 \{x_n y_n\} \in \ell^1$$

仿照勾股定理的形式，在单位圆内有 $x_1^2 + x_2^2 = 1$。我们可得到以下的条件：

$$\sum_{i=1}^{n \to \infty} |x_i|^p = \sum_{j=1}^{n \to \infty} |y_j|^q = 1$$

再利用 (4.3.4) 式，有：

$$\alpha\beta = |x_i y_i| = |x_i\| y_i| \leqslant \frac{|x_i|^p}{p} + \frac{|y_i|^q}{q}$$

于是我们就得到：

$$\sum_{i=1}^{n} |x_i y_i| \leqslant \frac{\sum_{i=1}^{n} |x_i|^p}{p} + \frac{\sum_{i=1}^{n} |y_i|^q}{q} = \frac{1}{p} + \frac{1}{q} = 1$$

从上式立即得：

$$\sum_{i=1}^{\infty} x_i y_i \leqslant 1, 或者写成点序列变化的形式; \Delta x_i \Delta y_i \leqslant 1 (或定值)$$

$$(4.3.5)$$

若数列 $x = \{x_n\}$ 的每项均为 0，或者数列 $y = \{y_n\}$ 的每项均为 0，上面的等式也成立。（4.3.5）式读者其实并不陌生，它实际上就是（3.1.15）式的不确定关系式，这是金融经济学对不确定关系的又一证明。现在不妨假设：

$$\sum_{i=1}^{\infty} |x_i|^p > 0, \sum_{i}^{\infty} |y_i|^q > 0$$

令：

$$x'_n = \frac{x_n}{\left(\sum_{i=1}^{\infty} |x_n|^p\right)^{\frac{1}{p}}}; y'_n = \frac{y_n}{\left(\sum_{i=1}^{\infty} |y_n|^q\right)^{\frac{1}{q}}}$$

这时有：

$$\sum_{n=1}^{\infty} |x'_n|^p = \sum_{n=1}^{\infty} |y'_n|^q = 1$$

同样有：

$$\sum_{n=1}^{\infty} x'_n y'_n \leqslant 1$$

于是我们立即得到：

$$\sum_{n=1}^{\infty} |x_n y_n| \leqslant \left(\sum_{n=1}^{\infty} |x_n|^p\right)^{\frac{1}{p}} \left(\sum_{n=1}^{\infty} |y_n|^q\right)^{\frac{1}{q}} \qquad (4.3.6)$$

读者其实也明白，（4.3.6）式的右边实际上是一个具体的数值，他是金融经济学不确定性的空间表现。这是一个重要的不等式——郝尔德（Hölder）不等式。它说明了在离散型模型中 p、q 的共轭对偶关系。对于连续型的郝尔德不等式，同样设 $\dfrac{1}{p} + \dfrac{1}{q} = 1$，$p > 1$，$q > 1$，（4.3.6）式可变为：

$$\int_a^b \mid x(t) y(x) \mid \mathrm{d}t \leqslant \left(\int_a^b \mid x(t) \mid^p \mathrm{d}t \right)^{1/p} \left(\int_a^b \mid y(t) \mid^q \mathrm{d}t \right)^{1/q} \quad (4.3.7)$$

按照这种方法，我们可以同样得到另一个十分重要的不等式，我们必须写下这个不等式，它就是闵可夫斯基（Minkowski）不等式（这里只给出连续型），这些不等式直接对应资产市场组合的不同情景。

设 $p \geqslant 1$，$\forall x, y \in L^p [a, b]$，就有：

$$\left(\int_a^b \mid x(t) + y(t) \mid^p \mathrm{d}t \right)^{1/p} \leqslant \left(\int_a^b \mid x(t) \mid^p \mathrm{d}t \right)^{1/p} + \left(\int_a^b \mid y(t) \mid^p \mathrm{d}t \right)^{1/p}$$

$$(4.3.8)$$

其中 $L^p [a, b]$ 为巴拿赫空间。

这里的 $L^p [a, b]$ 通常被称为 Lebesgue 可测函数，一般这种可测函数需要在一定的空间内才能得到准确表达。我们可从金融经济学的角度先理解完备的度量空间的基本特征。那就是不管在什么样的坐标系中，我们都能够完整地利用整个坐标系的基，使整个经济事件包括资产组合等过程都能够充分地在这个空间得到表达。这样的度量空间就是完备的度量空间。它的具体数学定义读者可参阅有关于"实变函数论"的教材。我们在这里可以举一个具体的例子（借助图 4.3.2），简单说明完备度量空间中的巴拿赫空间、希尔伯特空间。同时，这个例子也揭示了我们用这种方法来表示资产组合的原因。

在图 4.3.2 中，共轭指数 $p = q = 2$ 的情况下，就有 $\dfrac{1}{p} + \dfrac{1}{q} = 1$。这就是说，我们研究的区域不是二维的平面型空间，而是一个一维的直线型空间，那么就不会有资产进行市场组合的可能。因为这里不存在一个边长为 1 的正方形，因而也就没有两资产组合者分别拿着他们各自价值相同而资产形式不同的东西进行"交换的场所"。也就是说，他们之间进

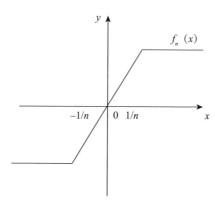

图 4.3.2　不完备区间上的一些重要空间特性

行交换的空间还不完备。证明如下。

　　首先，我们认定在赋范空间，除了 0 元素外，大于 0 的空间都是可以用具体数据来表示的；空间扩大或缩小和它乘以实数域（或复数域）K 里的数的倍数相同，且在赋范空间满足"三角形两边的和大于或者等于第三边"（三角不等式）的规则。这样的空间如果能把它要表示的"经济事物或者事件"完整地体现出来，我们就称它为"巴拿赫空间"。

　　其次，在巴拿赫空间里，假设有一闭区间 $[1，-1]$，让它在一维空间中能用可数的数据表示具体的经济事件，如价值相同而资产的具体形式不同。用数学表示这个区间就是 $C^0（[-1，1]）$，它被称为巴拿赫空间里的"真空子空间"，这时就有下面的关系式存在：

$$f_n = \begin{cases} -1, x \in \left(-\infty, -\dfrac{1}{n}\right), \\[2mm] nx, x \in \left[-\dfrac{1}{n}, \dfrac{1}{n}\right], \\[2mm] 1, x \in \left(\dfrac{1}{n}, +\infty\right) \end{cases}$$

　　再次，取两种数目很大、数字相近却不同的可数数据 n 和 m，那么由它们组成的函数 $f(x)$ 所形成的空间的大小就可以用下式表示：

$$\|f_n(x) - f_m(x)\| \leqslant \int_{-\frac{1}{n}}^{\frac{1}{n}} |f_m(x)| \, dx + \int_{-\frac{1}{n}}^{\frac{1}{n}} |f_n(x)| \, dx \leqslant \frac{1}{n} + \frac{1}{m}$$

故 $\{f_n\}$ 为 $(C^0（[-1，1]），\|\cdot\|_1)$ 中的柯西序列，它不在 C^0

（［-1, 1］）中收敛，但可以在（C^0（［-1, 1］），$\| \cdot \|_1$）中收敛：

$$f(x) \overset{a,e}{=} \begin{cases} -1, x \in (-\infty, 0) \\ 0, x = 0 \\ 1, x \in (0, +\infty) \end{cases}$$

因此，C^0（［-1, 1］）在（C^0（［-1, 1］），$\| \cdot \|_1$）不是闭的（见图 4.3.2）。

最后，设 $f, g \in C^0$（［a, b］）（a < b），这里的 g（x）可以看作和 f（x）价值相等而形式不同的另一种资产。要组合就有内积 $\langle f \cdot g \rangle = \int_a^b f$（x）g（x）dx 的形式存在，且称它为（$C^0$（［a, b］），$\langle \cdot, \cdot \rangle$）中的内积空间。在这个内积空间中，由它诱导的范数（模）为：

$$\|f\|_2 = \langle f \cdot f \rangle^{\frac{1}{2}} = \left[\int_a^b f^2(x)\, dx \right]^{\frac{1}{2}}$$

能够满足 $\|f+g\|^2 + \|f-g\|^2 = 2$（$\|f\|^2 + \|g\|^2$）形式的平行四边形法则，这样才能成为希尔伯特空间。可以看出，希尔伯特空间是巴拿赫空间，而巴拿赫空间不一定是希尔伯特空间。

从上面诱导的范数模 $\|f\|_2 = \left[\int_a^b f^2(x)\, dx \right]^{\frac{1}{2}}$ 可以看出，它在（C^0（［a, b］），$\| \cdot \|_2$）中并不完备，因为这里不存在 g（x）$\in C^0$（［a, b］），从而（C^0（［a, b］），$\langle \cdot, \cdot \rangle$）不是希尔伯特空间。具体理由如下。

当 $m \geq n$ 时，有：

$$\|f_n - f_m\|_2 = \left\{ \int_a^b [f_n(x) - f_m(x)]^2 dx \right\}^{\frac{1}{2}} \leq \left(\int_{-\frac{1}{n}}^{\frac{1}{n}} 1^2 dx \right)^{\frac{1}{2}} = \left(\frac{2}{n} \right)^{\frac{1}{2}}$$

这表明 $\{f_n\}$ 为（C^0（［a, b］），$\| \cdot \|_2$）中的柯西序列，由于 C^0（［a, b］）$\subset L^2$（［a, b］），而 L^2（［a, b］）是完备的，故 $\{f_n\}$ 在 L^2（［a, b］）中收敛于 f，从而 $f_n \Rightarrow f$（$n \to +\infty$），即 f_n 度量收敛于 f。根据里斯（Riesz）定理，必有支序列：

$$f_{n_i} \xrightarrow{a,e} f(i \to +\infty), 即 \{f_{n_i}\} 几乎处处收敛于 f$$

但是在

$$f(x) \overset{a,e}{=} \begin{cases} -1, x \in (-\infty, 0) \\ 0, x = 0 \\ 1, x \in (0, +\infty) \end{cases}$$

里看不出存在 $g(x) \in C^0([a, b])$，使得在 $(C^0([a, b]),$ $\| \cdot \|_2)$，有 $\{f_n\} g \in C^0([a, b])$。这就证明了 $(C^0([a, b]),$ $\| \cdot \|_2)$ 不完备，从而 $(C^0([a, b]), \langle \cdot, \cdot \rangle)$ 不是希尔伯特空间。

这就有力地说明，人们现在用一维线性方式进行的资产组合运算，或者说要用一维线性方式进行的计算方案都是靠不住的，因而它们不会达到理论和实际相一致的结果。这也是对现代金融学一些计算方法的理论否定。

现在我们就可以把（4.3.6）式、（4.3.7）式和（4.3.8）式统一用下面的定理表示出来。

设 $L^p[a, b] = \left\{ x \mid \int_a^b |x(t)|^p dt < +\infty \right\}$，$(1 \leqslant p < +\infty)$，它几乎把相等的函数看作同一个元素，定义 $d(x, y) = \left[\int_a^b |x(t) - y(t)|^p dt \right]^{1/p}$，$\forall x, y \in L^p[a, b]$，则 $L^p[a, b]$ 是完备的度量空间。当我们分别令 $p = 1$，$p = 2$，$p = +\infty$ 时，我们就得到了完整的"铜钱模型"的金融经济学解释。同时，读者对（4.3.5）式也并不陌生，它是无限维空间中金融经济学的不确定关系 $\sum_{i=1}^{\infty} \Delta \Gamma_i \Delta x_i = 1$ 形成的一个体积等于 1 的特殊空间体 [（3.1.15）式]。式中的 $\Delta \Gamma$ 正是我们这里变化的"点序列" y_i，而式中的 Δx_i 正是这里的"点序列" x_i。

对于金融经济学来说，Lebesgue 可测函数构成的郝尔德不等式的重要意义在于，如果将 $\|f\|_E$ 作为实体经济空间堆积的形式，那么 $\|g\|_E$ 就成为"承载实体经济空间堆积"的空间存在形式。人们要从事的经济活动，是实体、虚拟经济在"互通的"区间里相互作用（转换）的过程。这种作用过程通过市场的功能而形成的财富，一定要比没有经过市场作用的财富多（如本书一再论证的，社会财富形式约 4.4429 和个人财

富形式约 2.22），这个思想非常重要。

二　从空间度量理论看"铜钱模型"的市场意义

当我们引进完备的度量空间：

$$L^p[a,b] = \left\{ x \mid \int_a^b \mid x(t) \mid^p \mathrm{d}t < +\infty \right\},$$

$$(1 \leq p < +\infty)$$

我们会发现当 $p=1$ 时，我们就得到图 4.3.3 中的菱形，它恰好就是我们第一章开始提出的"铜钱模型"的第一阶段，即两资产组合者准备用剩余产品（资产）到市场上进行交换的情形。这时，他们各自认为他们资产的价值起码为 1，即 $p=q=pq \geq 1$。当他们分别处于各自的坐标点时，即持有实物资产的所有者站在横轴为 1 的位置上，持有货币的资产所有者站在纵轴为 1 的位置上。这说明他们准备到市场上进行交换但他们还没有交换，所以其中一个经济空间拥有实物资产，并计划通过市场将它变成货币资产，即通过市场进行"实"变"虚"的计划。同样，另一个资产所有者是准备通过市场进行"虚"变"实"的计划。这就是图 4.3.3 中的菱形（正方形旋转 90°），$p=q \geq 1$ 的情形。这里若单独用 (4.3.6) 式的郝尔德不等式表示，似乎没有意义。但它的共轭关系则恰当地说明了资产所有者心中市场"计划"的经济学意义。

因为若 $p=1$，那么根据共轭关系 $\dfrac{1}{p} + \dfrac{1}{q} = 1$，则得：$q \to \infty$；

反过来，若 $q=1$，那么根据共轭关系 $\dfrac{1}{p} + \dfrac{1}{q} = 1$，则得：$p \to \infty$。

这就是我们前面一再说明的市场不确定性关系。

这时若再用闵可夫斯基不等式加以佐证，我们就立即知道，因为有 $p \geq 1$，或 $q \geq 1$，所以只分析它们之中的任何一个就可以了。若分析 $p \geq 1$，则有：

$$L(x,y) = \mid x \mid + \mid y \mid \tag{4.3.9}$$

这恰好就是图 4.3.3 中菱形的关系式，它代表了图 4.3.3 中第一象限里菱形的一条边。

现在我们再讨论 $p=2$ 的情形。通过上面的讨论，我们知道，方程

（4.3.9）恰恰就是一个具有过渡性质的方程，若资产所有者要把自己的"计划"付诸实践，就必然会向 $p = 2$ 过渡。我们看到方程（4.3.9）所代表的菱形的四个角，紧紧地贴着 $p = 2$ 的 L^2 的"边线"，就是这个道理。在 $p = 2$ 的情形下，闵可夫斯基不等式就是一个圆的方程：

$$x^2 + y^2 = 1 \tag{4.3.10}$$

它的重要性是在圆周上，在图 4.3.3 中我们把它画成了实线。从三角函数的角度说，在第一象限，复矢量方程 $\vec{r} = 1 \times e^{i\theta} = e^{i\theta}$ 中 θ 除了为 0，$\pi/4$，$\pi/2$ 外，整个圆弧都是连续的。所以当两资产组合者从各自的位置 $\theta = 0$ 和 $\theta = \pi/2$，"走"到准备交换的 $\pi/4$ 时，他们各自实际上还要再"走" $\pi/4 \rightarrow \pi/2$，$\pi/4 \rightarrow 0$ 的弧线"路程"。从等分单位圆周的数学观念来说，他们各自走完的这条弧线将实现总价值的 $\sqrt{2} \times 2 \times \pi/4 \approx 2.22$。本书第一章里的图 1.3.2，从"实变函数"的角度也证明了"这段路程"的存在。

　　资产市场组合的成功，并没有使资产所有者放弃对最大化利润的追求。如图 4.3.3 所示，实线圆外面紧贴着一个用虚线框表示的正方形，它表示 $p \rightarrow \infty$ 时的情形。在图 4.3.3 中，我们看到从 $p = 2$ 到 $p \rightarrow \infty$，是一个很自然的进程。这里的 $p \rightarrow \infty$，必然预示着它的共轭空间指标 $q \rightarrow 0$，这就说明人们企图不断从市场的资产组合中获取利益，实际上是以不断

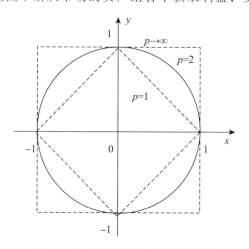

图 4.3.3　度量空间和"铜钱模型"

压缩它的共轭空间——"实体经济空间"为代价的。每次资产组合的成功，都会使得资产组合者的利润得到一定程度的提高。在图 4.3.3 中，沿着市场扩张的路径，$1 \rightarrow \sqrt{2} \cdot \pi/2 \rightarrow 2 \rightarrow \cdots\cdots$ 这一过程持续进行，直到把一个经济体系拖垮。我们后面再根据"群论"完成对这个问题的进一步分析。这说明，仅仅用空间度量理论还只能对资产组合市场模型（铜钱模型）了解个大概，要深究其理论根源还需要更进一步借鉴其他数学工具。

三　虚、实转换关系中的市场不确定性原理

我们在推导虚、实经济空间的结构中再一次发现了资产的市场价格 p（在推导中用 y 代理），资产的交换数量 q（在推导中用 x 代理）的不确定关系式，如上面推导中的（4.3.5）式，即：

$$\sum_{i=1}^{\infty} x_i y_i \leqslant 1, \text{或者写成点序列变化的形式，即} : \Delta x_i \Delta y_i \leqslant 1 \text{（定值）}$$

它说明，在完全竞争的情况下，资产组合者资产的市场价格和数量的乘积至少来说是一个"定值"，这个"定值"代表资产的通货量（以货币来计量）。在市场经济条件下，每一个资产拥有者都是一个经济实体，他和企业、金融机构甚至银行一样，都是一个重要的经济实体，它的市场生存能力由智慧或者主观能动性来决定。

（4.3.5）式说明想通过市场进行资产组合以取得最大利润的资产所有者不得不面对的市场困境。"如果决定了资产的价格，资产组合的数量就无法确定；反之，如果确定了资产的数量，资产的价格就无法确定"。但正是这个困境，又给资产所有者在市场上的套利、消除"过剩"资产留下了"空间"。这个"空间"，当然需要用资产所有者的智慧来"填充"。不确定性的原因正如我们在本章图 4.2.6 中所分析的那样，表面上人们是用市场上的等价交换来确定交换的数量以及社会财富总量，而实质上人们在市场上交换的产品价值往往要大于自己交换出去的"等价"交换值，要不然他们之间就不会进行交换。这就是"铜钱模型"中正方形的两条直角边与对角线之间的关系。对角线的长度始终要比直角边长大约 $1.414 - 1 = 0.414$ 个单位；或者约长 $1 - 0.707 = 0.293$ 个单位。正

是因为在对角线这个 45°角的特殊关系上，才使得周期性的连续经济活动形成缺口，使整个交换活动从完整的社会经济价值链上"分割"开来。这个问题，我们在前面已经反复地讨论了多次，这里不再赘述。

对于金融业也一样，我们前面已经论证了它的不确定关系的量值形式为：

$$\Delta r \Delta m \leqslant 1 \text{（定值）}$$

这里的 Δr 表示银行利率变化量，Δm 表示同银行利率相伴的货币发行变化量。它们的乘积在市场上表现为一个定值。

接着，我们看到（4.3.6）式在实数范围内很明显是将单位数量 x 和单位价格 y 变成了一个广义的空间范数，就是我们已经知道的勒贝格可测函数空间范数，即 $L^p\,[x,\,y]$ 空间，说明了我们将资产的数量和价格，作为两个不同的空间进行了成功的分割。但在实数范围内，它们的共轭关系是在空间上形成的，如

$$\left(\sum_{n=1}^{\infty} \mid x_n \mid^p\right)^{\frac{1}{p}}, \left(\sum_{n=1}^{\infty} \mid y_n \mid^q\right)^{\frac{1}{q}}$$

这里的 p 和 q，实际上是空间函数的指数表示。例如在我们前几章所举的资产组合例子中，我们让纵轴 y 表示单位产品的价格，而用横轴 x 表示单位产品的数量，只有这样我们才能按市场交换的规律恰当地说明问题。

我们在这里还要着重地谈谈在实数范围内虚、实经济空间的共轭表现形式。可以看出，和我们在图 4.2.3 中复平面表示的共轭关系不同，在实数范围内欧几里得空间中的共轭关系主要体现在财富以指数形式增加。如图 4.3.1 中对 t 的指数限制 p 和它的反函数 u 的指数限制 q。这种限制一般是不能显示市场经济中资产所有者的商业计划的，进而也难以表达资产所有者通过市场实现计划的空间转化过程，这和本章刚开始时所说的瓦尔拉斯"商业计划"的空间设计是完全一样的。我们看到，瓦尔拉斯虽然用图 4.1.1 的形式，提出了在市场交换情况下虚、实经济空间的相互作用原理，但他在之后论证金融市场与一般经济市场相互作用的关系时，就再也没有用到这个原理，这说明他的分析方法没有起到应有的作用，也可以说他的原理设计方法可能是有问题的。

因此，为了更确切地表示在实体经济空间中，各种形式财富的标准

范围，以及它们与人们事先计划（不同的资产组合形式）之间的关系，我们还需要继续进行理论上的探索，然后再把探索的结果应用到实际经济活动中去，并用实践进行检验。这样，就需要先了解在不同类型的经济空间中，我们如何能有目的地测量由不同元素构成的"一堆"财富所占据具体空间的大小。例如，在这样的空间中，财富由二元要素 x 和 y 构成的圆的体积来衡量，被称作由函数（或范数）所诱导的财富的度量 $\rho(x, y)$，或 $\rho(x, y) = \| x - y \|$。财富度量及范数的引入，对本书有着极其重要的意义。后面我们谈到这些财富的积分时，为了避免讨论构成财富的函数的连续性问题及积分区域的可积性，我们主要使用度量空间。

只要资产组合是通过市场来实现的，那么，资产的存置就必须具备两个空间。就像法国经济学家莱昂·瓦尔拉斯在《纯粹经济学要义》里早已讨论过的虚拟（计划）经济空间和实体（实际）经济空间。这里的虚拟经济空间就是他所说的"虚拟的商业计划"；实体（实际）经济空间就是他所说的真实经济空间①。凡是读过瓦尔拉斯这部著作的人，就会觉得他在这里写得有些"模糊"，他将虚拟的商业计划与真实的"商业计划""含混地"放在一起来说明，这是因为他在这里许诺"这种计划是可以严格测定的。"但我们看到他在欧氏空间用微积分方法进行了简单的推导以后，和我们在本书第三章开始时讨论的"价格、数量"空间转换一样，实际上他并没有完成"可以严格测定的"许诺，否则他在讨论市场均衡时就不会放弃这种空间设定。事实上，现代金融经济学已经很少有人再提他的这种虚拟、真实经济空间的设定了，这事实上已经说明了"他的证明"没有获得成功。2008 年国际金融危机爆发前后，美国经济学界才开始重视"虚、实体经济"的状态及研究。早在 2007 年 9 月，美联储就大幅降息在声明中多次强调是"为了防止市场动荡损及实体经济"等。现实中"实体经济"使用频率的一再升高说明了"虚拟经济"的存在。② 2015 年，美国人威利·莱顿维塔、爱德华·卡斯特罗瓦合写了一本书，书名为《虚拟经济学》，但全书只字未提莱昂·瓦尔

① 〔法〕莱昂·瓦尔拉斯：《纯粹经济学要义》，蔡受百译，商务印书馆，1989，第 84 页。
② 详见周莹莹、刘传哲：《虚拟经济与实体经济协调发展研究》，经济管理出版社，2013，第 26 页。

拉斯的"虚拟经济空间"的思想。① 莱昂·瓦尔拉斯"虚拟经济空间"被放弃或者说这一思想的失败,主要是因为仅用欧几里得空间和传统的微积分方法,根本不能解决现实金融经济活动中的问题。但这并不能说明这位伟大的经济学家"虚拟经济空间"思想的破产。在现实金融经济市场中,因为"虚拟经济空间"的存在以及它与实体经济相互作用的规律没有被人们所掌握,所以大小金融经济危机接连爆发,这不仅对现代金融经济理论提出了严峻的挑战,而且给人民正常的生活带来了很大的影响。

---

① 〔美〕威利·莱顿维塔、爱德华·卡斯特罗诺瓦:《虚拟经济学》,崔毅译,中国人民大学出版社,2015。

第五章 资产组合的空间限制及资产定价的动态机理

我们已经知道货币资产市场运行轨迹实际上是一条摆线，因为货币资产的市场流动符合欧勒方程 $\frac{\partial F}{\partial y} - \frac{\mathrm{d}}{\mathrm{d}x}\frac{\partial F}{\partial y'} = 0$。我们还给出了很多实例，如用证券、货币和债券等形式的统计轨迹图来说明这种描述的正确性。事实上，现代金融经济学界，特别是具体金融部门一直是按照摆线轨迹的运行模式，来描述和分析资产（包括货币及债券）的运行结果的。詹姆斯·托宾的"债券运行轨迹的可预见性结果"就是一个明显的证明。

资产组合的各种形式，基本上是通过市场来实现的。然而除了股票和私人债务等以外，定期存款、政府债券等资产的市场运行轨迹并不明显，这是因为这些资产的价格很容易被预见，但它们并没有脱离资产流动的摆线轨迹。下面我们以典型的资产流动状态为例，来说明它们是怎样遵循市场的运行轨迹的。詹姆斯·托宾和斯蒂芬·S. 戈卢布认为，随着时间的推移，这些资产的价值变化呈现不均衡的情景①。我们在货币资产的摆线轨迹引入时就曾经说明过与速率有关的资产价值不均等，它意味着在市场进行组合过程中资产的价格或数量在不停地变化，这也是摆线轨迹所具有的基本特性②。

本章将复变函数论和"铜钱模型"理论结合起来，由此我们就可以直接得到资产市场组合的系列双曲线族，关于曲线族的具体数目和详细分析我们将在第九章讨论。但在知道了这些曲线族后，资产组合者的一些不同的市场行为，如贷款、融资、股票等的行为规则和市场价格确定体系也就基本明朗了，由此得出的资产市场组合的安全线与效用线也就基本确定了。本章将通过理论和金融经济实例对以上的观点和问题进行

① 〔美〕詹姆斯·托宾、斯蒂芬·S. 戈卢布：《货币、信贷与资本》，张杰、陈末译，中国人民大学出版社，2015，第 18～20 页。
② 详见张家瑞、李兴春：《摆线族》，哈尔滨工业大学出版社，2015，第 29～54 页。

说明和分析。

第一节 资产组合的平面区域以及可预见性的 轨迹表示

詹姆斯·托宾和斯蒂芬·S. 戈卢布用横轴表示从现在起的时间，用纵轴表示一项资产的价值，可具体表示为当前价值。（ⅰ）绝对上限——如果有的话；（ⅱ）在投资者看来，资产价值被超过的可能性只有 10%；（ⅲ）投资者估算的中间值被超过的可能性为 50%；（ⅳ）投资者认为资产价值被超过的可能性达到 90%；（ⅴ）绝对下限——如果有的话。图 5.1.1（a）表示完全可预见性资产，它展示的是如不可转让的定期存款一类的资产，其所有者所得到的补偿会随着到期日的临近而增加的情景。图 5.1.1（b）显示的是对如政府债券——这种政府债券具有确定的到期日——这类预见性资产的估计。到期日之后，这种债券就如同现金；但在到期日之前，资产价值可能会随着市场利率的变动而波动。上限曲线（ⅰ）表示未来给债权人支付的利息之和；曲线（ⅱ）表示债券持有者在债券到期日之前对债券价值的预期，可见这个预期价值随着到期日的临近而有所降低。这是因为到期日之后，它会像不会增值的通货一样。曲线（ⅲ）是一条水平线，表示该债券正在按期出售，而且总的来说，投资者预期这种情况会持续下去。但到达（ⅳ）阶段后，随着到期日的临近，债券持有者预期债券价值有所增加，一直到到期日来到。这种在债券到期日之前购买者期望的变化过程，说明政府债券流动的速度是不一致的，用我们前面提到的"铜钱模型"来讲，就是复矢量逆时针旋转的角速度 ω 不是匀速的，或者说摆线在各个点的速率是不一样的。随着时间的变化，这种不均匀或者差异就反映在复矢量移动的"弧长"上的不一致。

由于私人信用和政府信用之间的差别，詹姆斯·托宾等认为曲线（ⅲ）不应该是一条直线，而可以是任意形状的线段。总的来说，曲线（ⅲ）的变化或由此引起的（ⅱ）、（ⅲ）和（ⅳ）收敛趋势的存在，恰恰反映出"证券的期限越短，其预期价值的波动幅度就越小，由特定利率变动所引起的固定美元债务值的变化也就越小。曲线在另一端的收

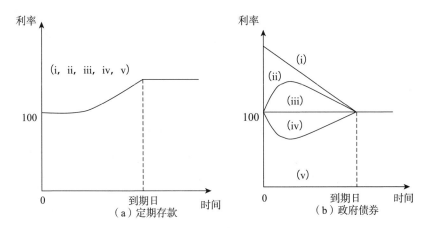

图 5.1.1 詹姆斯·托宾等的定期存款和政府债券的可预见性

敛显示了证券市场上人们的一种惯常信念：证券价格和利率的大幅度变动通常比小的变动要花费更长时间。"① 可以看出，詹姆斯·托宾等虽然利用了类似"摆线"的曲线图，但他们的分析仍然显得十分主观和随意，这大概和他们还不知道他们分析的轨迹和"摆线"密切相关。尽管他们"摆线"式的曲线图可能是根据经验数据而绘制的，但这种缺乏理论依据的经验数据图会使得具体的曲线形状和曲线位置十分难以确定，而且随意的画法和位置的限定也往往会使理论对现实经济造成很大的误导，这大概就是当前金融经济理论和金融经济现实不相符合的主要原因。

事实上，这种表示在同一时间过程中对未来预期的不同反应的空间的存在，恰好就说明在研究人的经济行为时，在复平面上用复矢量旋转的描述手段，并用以摆线研究作为辅助，是一种较贴近现实的分析金融经济现象的方法。我们在后面将看到，随着讨论的深入，这种共轭对偶空间的存在和作用，与金融风险的"自然潜伏"以及偶然爆发是多么相似。事实上，对于私人债务的描述就说明了我们用复矢量关系描述人的经济行为更为恰当，又因为复矢量的研究方法始终与三角函数紧密地联系在一起，这就为我们的研究提供了丰富的现代数学手段。

这正好也说明了人的经济活动的不可逆性以及人们对市场价格预见的特殊性。这种特殊性一方面是由市场本身决定的，另一方面又是由货

---

① 〔美〕詹姆斯·托宾、斯蒂芬·S. 戈卢布：《货币、信贷与资本》，张杰、陈末译，中国人民大学出版社，2015，第 18 ~ 20 页。

币的职能引起的，并不能简单地认为是人类活动的产物。由于货币的职能不同，人们会在市场条件不同的各种环境中，适当地进行交易和资产组合，以便利用交易与资产组合的不同特性，来套取随时间变化的红利，这是完全可能的。但要知道不同的交易和资产组合，必须用一定的理性工具才能表达清楚。如果我们要用数学这种理性工具进行表达，那就必须详细地研究数学的不同领域以及不同领域的特点和研究方法。以利用数学表示人的经济行为为例，建立在自变量范围的各种人的行为规则，或者说方程和约束关系，往往有实数域和虚数域之分；人的经济行为和交换行为，也往往有连续性和不连续性之分。这些问题不是随便用一下"微积分"或者"线性空间"就能轻易解决的。而三角函数却能自然而然地将区间连续与不连续的特点用它的基本特性区分开来。三角函数最适用的领域是由复矢量旋转所形成的复空间，所以表达市场资产组合最有效的方法是在复空间上的三角函数。

　　"货币作为交换媒介的作用意味着货币是一种价值储藏手段；在非物物交易的社会中之所以使用货币，最重要的原因是，除了物物交易外，出售与购买是不同步的；因此，时间的概念是货币分析的关键。而且，货币作为价值的储藏手段实际上也是一种工具。在资本主义社会里，个人或者社会正是利用了这种工具，来记录他们出售的劳动力或其他商品的价值对社会和他人的贡献，并以此来领取贡献报酬。但是，货币必定是价值储藏手段这一事实并不能掩盖货币是交换媒介这一事实。"[1] 只要把货币的这两种职能进行比较，问题就立刻变得明显起来。这首先表现在同样的货币形式在充当这两种职能时，同样的"时间"显示出来的不同价值"长度"，而这种长度正是用货币来衡量的。帕廷金指出，这是因为人们无法预期在出卖物品之前，是否能够得到他们要购买的物品（以及是否有能力对这些物品进行支付）。他们希望避免由于无力支付而陷入的困境（或被迫破产），这种愿望影响了他们对货币的需求。[2] 很明显，帕廷金在这里主要说的是人们对未来价格的"不确定性"问题，帕廷金正是在这种情况下引出了经济学的"不确定性"的。当然，较早引

---

① 〔英〕劳伦斯·哈里斯：《货币理论》，梁小民译，商务印书馆，2017，第13页。
② Patinkin, D., *Money, Interest and Prices*, 2d, ed. (Harper & Row, 1965).

出"不确定性"问题的还有美国经济学家弗兰克·H. 奈特和英国经济学家凯恩斯。奈特主要是从"不确定性"对企业利润的作用为基本点来论述的，他始终坚持"不确定性实际上是生产和经营技术不断进步的不可避免的伴随物。虽然我们都具有预测能力，但不可预测意义上的量的变化独立于进步意义上的量的变化，因此他们的结果极不相同。所以在因果关系分析中，这两个因素必须要分开来研究。"[①] 我们不清楚奈特是否认为"确定性"与"不确定性"之分有"有理数"与"无理数"之间的关系。在这里，凯恩斯有这样一段话："一旦我们承认一种经济实际是时间上的存在，历史更是从一去不复返的过去向着未卜的将来前进的，那么以摆钟在空间来回机械地摆动比喻为均衡的观点就站不住脚了。整个的传统经济学需要重新考虑。"[②] 我们认为这两个经济学家的研究可能对帕廷金产生了影响，使他直接将随着时间变化的价格变化与人类技术进步影响下的经济活动的不可逆性联系起来。这种联系，直接说明了时间不可逆与经济利润变化的历史根源，为用复矢量的"逆时针旋转"来描述人类交易行为提供了基础性的支持。但一涉及用复矢量的逆时针旋转描述人类的经济活动问题，就自然涉及不确定性与对偶空间的相互联系问题，这样不仅能够解释图 5.1.1 詹姆斯·托宾和斯蒂芬·S. 戈卢布的"到期日的银行存款和政府债券"问题，还能解释他们提出的私人债务和普通股利率的变化问题。[③] 所以说，资产的可预见性以及在这种可预见性支配下时间的可逆性，只是人为因素和对未来的限定而已。人们的这种限定，同样涉及人类经济活动的"空间对偶性"问题。正是这种对偶性使得人类的经济活动在不同的目的下得以运行，进而使复矢量空间的叠加成为可能，这就为人类的经济活动是个人与社会的相互作用、相互促进和共同发展的研究奠定了理论基础。

我们不知道詹姆斯·托宾和斯蒂芬·S. 戈卢布是根据什么原理画出

---

① 详见〔美〕弗兰克·H. 奈特：《风险、不确定性与利润》，安佳译，商务印书馆，2010。

② 详见〔英〕约翰·梅纳德·凯恩斯：《就业、利息和货币通论》，高鸿业译，商务印书馆，1999，第 160 页。

③ 考虑到不使内容的重复，我们这里没有画另外两个资产可预见性图形，读者若愿意了解这两个图形，可直接参阅〔美〕詹姆斯·托宾、斯蒂芬·S. 戈卢布：《货币、信贷与资本》，张杰、陈末译，中国人民大学出版社，2015，第 18～20 页。

这两个图形的，因为在他们的著作里我们并没有看到这些图形的"作法"或来源。但根据书中上下文的关系来看，这些图形很可能是来自具体的实践经验。如果我们按照本书第二节的"铜钱模型"来分析，资产储蓄者是按对方（银行）给定的价格开展经济（交换）活动。按詹姆斯·托宾和斯蒂芬·S. 戈卢布的说法，对于如图 5.1.1（a）所认定的银行的定期存款，假设交换者在存款的第一天认定银行对定期存款的利率是可信的，即他在存款的设定期限内能获得银行所规定的利息。在存款第二阶段所设定的天数里，他的存款数额增加了 10%；在存款第三阶段，他的存款数额增加了 50%；在存款第四阶段，他的存款数额增加了 90%；在存款第五阶段，他获得了存款开始时的预期数额。这种预期的可能性说明在整个存款阶段，资产所有者的价值是增值的，但价值的增值过程是一个连续的不可分割的过程。如果你硬要将它分割开来，那么原来设想的价值增值将不会存在。图 5.1.2 是我们根据复矢量以不同的角速度 ω 在存款或购买政府债券周期内按照中国 SHIBOR 绘制的利率运行图及实际运行轨迹。它基本上和托宾等人绘制的图形相似，但我们应用了本书前面介绍的"铜钱模型"的资产组合原理。后面，我们还要专门对这个原理进行详细讨论。

因此，上面存款数额的增加只能说明资产增值的可预见过程，也是一个"可连续的""不能割断的"经济行为。但货币流动"速度"的不同（实际上角动量的转速不同）则是一个特殊的资产循环过程。这个过程从银行和存款者双方都认可的价值标准出发，不管这个价值到底是多少，只要两者认可就会构成正方形相连接的两条边，它们的对角线就会始终有 $\sqrt{2}$ 的因子存在，方向指向社会共有财富的综合方向（水平方向的 45°）。假设存款的周期是一年，在存款刚开始时他双方认可的价值是认定价值的 2 倍整，一边是存款用户的存款，即他们双方都认可的价值，另一边是银行用自己的部分储蓄所作的抵押（和存款用户的存款价值相等），我们可以认为以这笔价值为"基"，他们各自的价值均为 1（双方认定的等价值）。两者合起来的总价值不是 2（等价值的 2 倍），而是 $\sqrt{2}$。当双方交换成功后，这时他们两人得到的效应价值为 $\sqrt{2}\pi$，其中每个人得到的价值为 $\frac{\sqrt{2}\pi}{2} \approx 2.222$，所以将 2.222 的百分数作为最高存款利率的

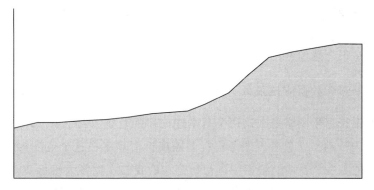

（a）在角动量和时间作用下的定期存款利率

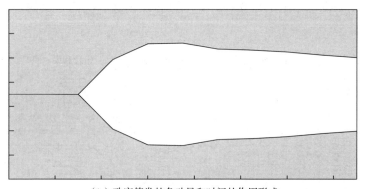

（b）政府债券的角动量和时间的作用形式

**图 5.1.2　在角动量与时间作用原理下的定期存款和
政府债券的资产可预见性**

下限，即从自然性资产中分割出下限是有道理的，而不管银行用什么方式制定这个下限。这就是银行存在的社会价值原理，我们将看到，这个设定是符合现代数学的计算过程的，而多余的价值实际上是虚拟价值。这样，银行对外公布的价格可能会远远低于实际价格，但从银行的运转来说，这些虚拟价值的存在对社会来说是有益的，因为它能加快社会的资金周转速度。我们也坚定地认为，银行规定的价差不能太大，否则可能会加速经济危机的形成。

我们应该看到，每个人是在复矢量 $\sqrt{2}$ 以角速度 ω 转动一周后（他们各自占二分之一周期即 π）完成这次交换的。不然，复矢量的转动周期就不能完成，交换也就不会成功。但是，正如我们前面在"铜钱模型"中所分析的，由于在交换前双方都有一定的储蓄，这个储蓄约占他们各自资产份额的 29.3%（约为 1 - 0.707），那么，他们交换成功后获得效用价值的头寸（约为 4.44 - 4），应以事前储蓄的基准作为交换利率的上限，这是很自然的资产分割基础。在这种情况下，银行定期（一年）存款利率的参考数据应该最低为 $\left(\dfrac{4.44-4}{1-0.707}\right) \approx 1.51$[①]，最高为 $2.22 = \dfrac{\sqrt{2}\pi}{2}$。实际的银行存款利率是在这两个基本理论值的范围（约为 2.22 - 1.51 = 0.71）内波动，这里若再参考银行间隔夜拆借利率在这个范围内的数据最好。图 5.1.3 是我们根据中国银行公布的我国主要各大银行 2017 年三个月、半年和一年的定期存款利率所作的图，这里我们可以看到一年的利率波动幅度基本上是在 0 ~ 0.71 个百分点，这和我们上面的理论设定基本一致。

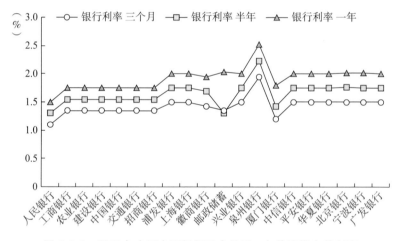

图 5.1.3　2017 年中国主要银行三个月到一年的定期存款利率

资料来源：南方财富网，http://www.southmoney.com/lilv/cunkuanlilv/。

但詹姆斯·托宾和斯蒂芬·S. 戈卢布并不是这样确定的。虽然他们确定了利率的最低值域，但并没有说出详细的基本原理。可以看出，他们主要是根据经验做出这样的决定的，"一般而言，时间间隔越长，回报额会越大，回报率也就越高。通常而言，对不同时段回报额的标准化处

---

①　这里最低定义的来源在于托宾所说的，"资产的回报额占这段时间开始时资产的比重"。详见〔美〕詹姆斯·托宾、斯蒂芬·S. 戈卢布：《货币、信贷与资本》，张杰、陈末译，中国人民大学出版社，2015，第 23 页。

理方式是，把每一回报率乘以（一年）/（用年表示的时段长度），这样会得到每年相应的近似回报率（忽略一次付清的情形）。基于此，一个季度 1% 的回报率应等于一年的 4%；两年的 10% 的回报率等于每年的 5%。"[①]

在利率可预见性的基础上，詹姆斯·托宾和斯蒂芬·S.戈卢布还提出了收益回报的基本原理。虽然通过银行利率的形式或债券到期日的利率形式，资产所有者能够得到确定性的收益回报，但詹姆斯·托宾和斯蒂芬·S.戈卢布认为这只是人们经济行为中非常少见的特殊现象。"多数资产的收益是无法预见的。红利的规模乃至形式，债务人按时偿还付息债务的能力和愿望，保险、储存、税金以及其他持有资产成本的大小——所有这些都是不确定的。此外，与耐用消费品和耐用生产品相关的投入产出也无法完全预测和控制。还有，由于一项资产受益的某些组成部分——无论是收入部分还是支出部分——不是以现金形式出现的，因此这些部分的股价就成为收益值无法确定的又一因素。即便以商品、服务和非现金金融资产形式体现的收益可以完全预见，但是除非事先确知非现金项目的现金价格，否则其收益值依然难以确定。"[②] 由此可知，詹姆斯·托宾和斯蒂芬·S.戈卢布对于资产回报的可预见性理解，与我们对资产运行基本原理的理解，往往显示出经验图形（相似性）和理论图形（规范性）的区别、数值的大体性和精确性的区别。

如图 5.1.4（a）所示，我们先按托宾等人的"收益和增值"的关系进行分析。图中横轴表示一个给定时段的收益值，由于没有复矢量在复平面上运行的理论基础，他们设定这个收益值可正可负。收益值的正负取决于资产的现金收入或资产的使用是否在价值上超过了成本。纵轴表示该时段的资产增值，可用利息来表示，也具有正负之分，如价格的变化或实物折旧等。"收益 – 增值"可用轨迹来反映，即对于每个可能的收益值，资产的可能最大增值或最小贬值。图 5.1.4（a）LL′曲线表

---

①　〔美〕詹姆斯·托宾、斯蒂芬·S.戈卢布：《货币、信贷与资本》，张杰、陈末译，中国人民大学出版社，2015，第 23 页。

②　〔美〕詹姆斯·托宾、斯蒂芬·S.戈卢布：《货币、信贷与资本》，张杰、陈末译，中国人民大学出版社，2015，第 22～23 页。

示耐用品"收益 – 增值"的可能轨迹，当收益为 Y' 时，最小贬值为
A'。在零收益情况下，贬值仅为 A。曲线通常向右下方倾斜，这是技术
事实的反映：一项资产现在使用的越多，它将来的用途就会越少。但
是也不排除向上方倾斜的可能。① 可以看出，这样的分析本身具有不确
定性。

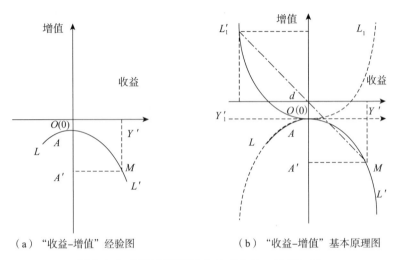

（a）"收益–增值"经验图   （b）"收益–增值"基本原理图

图 5.1.4 不同理解基础上的"收益 – 增值"图

我们的分析设置〔图 5.1.4（b）的平面坐标〕与托宾他们的设置完
全一致。我们在复矢量逆时针旋转的情况下，所得的收益 – 增值关系和
前面的表述完全一致，即在复平面上通过正（余）切曲线的形式将收益
和增值联系起来，这与交换双方通过市场交换的情景完全对应。但是若
按图 5.1.4（b）的曲线来看，$L_1'L'$ 是一条经过图中横轴原点 O 的余切曲
线的形式（也可以认为是负的正切曲线）。它表示实物资产的交换者在
开始走向市场时，即从 L_1' 开始（第二章的图 2.2.1 中的 q' 点）走向市
场时，他的实物资产价值量将耗费（折损）而变为资产收益，随着消耗
的增加他的收益会慢慢地增大直到原点 O 处，这笔收益以 Od 的大小
（约为 0.293，占整个资产价值的不到 30%）作为交换的储备（也就是右

图中实、虚横轴间的距离），这时这个拥有实物资产的交换者相当于沿着余切曲线走到了原点的位置，而在复矢量逆时针旋转的描述中他相当于站在了边长为1的正方形的对角线上，我们已经知道余切函数的对应角度恰好是复矢量逆时针旋转方向的1/2（"铜钱模型"与实际交换在角度上相差的1/2）。在图5.1.4（b）的原点右方，实物资产交换者逐步地完成了从实物资产向货币资产的转换（和实物资产的方向刚好相反），这时他的货币资产收益和增值将同幅度增加。图5.1.4（b）的 L_1L 所表示的正切曲线，反映的是和他对应的（共轭）交换者的资产组合转化情况，这里不再赘述。可以看出，若用了这种复矢量的方法，资产的市场组合形式将可以给出更具体的定量描述。

事实上，图5.1.4资产的收益和增值的复矢量描述同三角函数的描述是完全一致的，用复矢量的描述需要将资产的增值（或者叫利率）用虚轴 iy 来表示，而资产收益用实轴 x 来表示。三角函数中虽然没有实轴和虚轴的区分，但从复变函数的定义（如欧拉公式）我们知道，实际上实轴和虚轴形成了一切三角函数的曲线形式和变换分类，尽管曾有过"在实数范围内讨论问题"的提醒，但学习过复变函数的人往往有着在复平面上考虑问题的习惯，所以这里的提醒也是完全有必要的。

另外，用三角函数讨论问题不仅可以比较放心地对经济函数进行微积分处理，而不用特别担心复平面是否连续或导数、积分是否存在等，即便确实有不连续等问题，我们也能较方便地用复变函数方法进行处理，而不用担心计算的结果是否失真。这就使得我们得到的图形更加标准，导数点、结合点等的定位更加准确和可信，而不必再因随意地画图、随意地找切线或结合点而无法准确地进行定位，等等。

第二节　财富集聚、流动路径上的
资产组合微观分析

这里的微观分析是指，两个资产所有者分别以1单位的资产价格或资产数量，在资产市场上按他们的心理需求实现资产组合。我们从生物界以及人类社会财富集聚的"自然"特性出发，用数理经济学的方法来

描述这类财富集聚的基本原理①。但在货币出现以后，人们可以将这些
财富根据不同的类别，以价格与数量"互为倒数"的关系，折合成不同
形式的资产组合，以利于消费或者投资等。同时，我们最好把它们折合
成相同单位的货币，以便在现代市场经济条件下，使这些不同的资产能
在市场上顺利地进行交换，同时尽量地将风险降到最低。现在关键的问
题是怎样预测这种风险或者怎样使这种市场风险最小。经过反复的理论
探讨和实践总结，人们终于认识到必须在"微观"领域寻找答案，才能
避免以往的失败再次发生。这里先给出如下的观点。

　　我们日常从事的经济活动是在所研究的区域内由无理数和有理数混
合而成的积分区间上进行的。这个事实看起来无关紧要，但人们往往会
忽视无理数的存在而只关注有理数，致使研究的结果和现实严重脱离，
现代经济学以及金融经济学尤其如此。经济活动的连续性和可导性等与
无理数及其区间的相互作用关系密不可分，有理数值只起着"填充空
间"的作用，进而使经济事件完成的过程变得更明显而已。当我们实际
进行经济分析的时候，我们要知道在这些无理数的点上，有理数是怎样
将一个连续的经济事件进行"分割"，从而将在经济事件中起着重要作
用的无理数掩盖起来，而由"有理数"以"涨落"的形式反映出来的
"事实"误导着人们，使人们对真实经济过程产生疑惑。

　　首先，仅仅从复平面领域来考虑，如图 5.2.1 所示，将两资产交换
者放在资产可数状态的横轴 OC 和纵轴 OA，他们现在都处于自然数单
位为 1 的位置。而当处于交换状态时，他们就到了 $\sqrt{q^2 + |(ip)^2|} = \sqrt{q^2 + p^2} = \sqrt{2}$ 的位置上，而使他们交换得以进行的连接弧是 Bip 和 Bq，
这里取弧度的系数 B 为 2，这样就可以把整个交换的过程连贯起来，即：

$$q^2 - p^2 + i2pq = f(z) \text{（买空方）}$$
$$q^2 + p^2 - i2pq = f(z^*) \text{（卖空方）}$$

$$(5.2.1)$$

这里的 $f(z)$ 或 $f(z^*)$ 称为资产通过市场成功交换的经济事件，它是
复矢量 $z = q \pm ip$ 的平方。在两者都处于自然数单位为 1 的情况下，也可

---

① 详细分析及描述可参见李学清：《中国新型城镇化的经济背景与实践探究》，社会科学
文献出版社，2017，第 48 ~ 52 页。

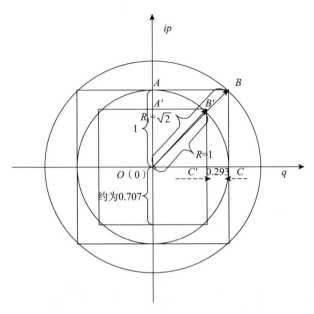

图 5.2.1　"铜钱模型"中的交换价值和社会价值

以表示为 $e^{\pm i2\omega t}$ 时，就成为

$$e^{\pm i2pqt}，在单位时间内为 e^{\pm i2\omega} = e^{\pm i2pq}$$

这样，在等价交换的市场规则下，$q^2 \pm p^2$ 往往会以 2 的整数倍的形式表现出来，具有典型的自然数"点"的性质，而 $i2pq$ 弧度则以"波"的形式表现出来。因此整个市场交换过程就呈现"典型"的"波粒"二相性的形式，进而体现了资产组合的市场化特点，这是市场信息得以传播的基本理论依据。

其次，在这个基本理论依据下，我们看到了这个重要的关系式——复变函数 $w = f(z) = z^2$，它表示两个通过市场进行资产组合的交换者与他们的资产价值之间正相关的关系。如果用 ρ_{12} 表示资产（实物）回报与货币（资产）之间的相关系数，而且当这种相关系数为正的时候，$\rho_{12} \geq 1$；如果用 ρ_{12} 表示它们负相关，则 $\rho_{12} \leq -1$。于是，（5.2.1）式就成为：

$$q^2 - p^2 + i\rho_{12}2pq \geq f(z)$$
$$q^2 + p^2 - i\rho_{12}2pq \leq f(z^*)$$

$$(5.2.2)$$

这样（5.2.2）式就可以直接写成我们前面提出的"铜钱模型"最普遍

的表示式。若我们用 x_1 表示通货在资产组合中的份额，用 $x_2 = 1 - x_1$ 表示资本份额，将复变函数 $w = f(z) = z^2$ 用于这种关系式，立刻得：

$$u_1^2 = x_1^2 q^2 - x_2^2 p^2 ; v_1 = 2\rho_{12} x_2 p x_1 q ; u_2^2 = x_1^2 q^2 + x_2^2 p^2 ; v_2 = - 2\rho_{12} x_2 p x_1 q$$

即有：

$$w = (u_1 + iv_1)^2 = x_1^2 q^2 + i2\rho_{12} x_2 p x_1 q - x_1^2 p^2 \qquad (5.2.3)$$

即在 $\rho_{12} = 1$ 的情况下：

$$w = (x_1 q + ix_2 p)^2$$

这里，在复变函数的实部和虚部都非负的情况下，风险最小化的资产组合为：

$$\{x_1, x_2\} = \left\{ \frac{q^2 - \rho_{12} pq}{q^2 - p^2 - 2\rho_{12} pq}, - \frac{p^2 + \rho_{12} pq}{q^2 - p^2 - 2\rho_{12} pq} \right\} \qquad (5.2.4)$$

若两资产相互独立，$\rho_{12} = 0$，则风险最小化的资产组合必包括与其各自方差相反的两种资产，其风险为：

$$\left[2 \times \frac{p^2 q^2}{q^2 - p^2} \right]^{1/2} \qquad (5.2.5)$$

但在两种资产完全负相关，即 $\rho_{12} = - 1$ 的情况下，有：

$$u_2^2 = x_1^2 q^2 + x_2^2 p^2 ; v_2 = - 2\rho_{12} x_2 p x_1 q$$

我们立即得到：

$$w^* = (u_1 - iv_1)^2 = x_1^2 q^2 + i2\rho_{12} x_2 p x_1 q + x_1^2 p^2$$

即在 $\rho_{12} = - 1$ 的情况下：

$$w^* = (x_1 q - ix_2 p)^2$$

在这种情况下，又有：

$$\{x_1, x_2\} = \left\{ \frac{q^2 + \rho_{12} pq}{q^2 + p^2 + 2\rho_{12} pq}, \frac{p^2 + \rho_{12} pq}{q^2 + p^2 + 2\rho_{12} pq} \right\} \qquad (5.2.6)$$

图 5.2.2 画出了各种 ρ_{12} 不同值的关系。

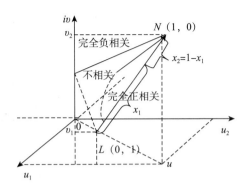

图 5.2.2　用复矢量解释资产组合相关假设的理论依据

最后，如果我们考察 $w = z^2$ 和 $w = (z^*)^2$ 的图像，我们就会发现一个十分有趣的现象。在等价交换的单位复矢量条件下，有：

$$z = e^{i\omega t}; z^2 = e^{2i\omega t}; \text{这时有：}(z^*)^2 = z^{-2} = \frac{1}{z^2}$$

这样，我们首先得到了

$$w = z^2 = (q^2 - p^2) + 2ipq$$

其中 $u = q^2 - p^2$ 为复变函数的实部，$v = 2ipq$ 为复变函数的虚部。这是反映通过市场进行资产组合的一个十分重要而且实用性及可操作性特别强的关系式。如图 5.2.3（a），$u = q^2 - p^2$ 是把原来的实、虚轴变换成二次方的具体形式，它一方面为统计数据的平方化处理奠定了基础；另一方面它把约束方程的直线形式变换成了曲线形式。这样它与无差异曲线 $v = 2pq$ 的关系就成了由过去的"相切"关系变成了现在的"正交"关系。正如图 5.2.3（a），它是由一族"无差异曲线"构成的描述通过市场进行资产组合的原理图。越靠近两轴，两不同资产的替代性越小，但交换的速度越快，说明交换优势越强。随着 $v = 2ipq$ 曲线越来越向两坐标轴较远的方向移动，所交换的资产类型替代性越大，交换的优势就会减弱。实部曲线相应地和虚部曲线正交，传播市场交换信息的速度也呈现减弱的态势。图 5.2.3（b）为金融证券形式的连续买卖所形成的"伞形信托"[①]，

[①]　"伞形信托"是指一个信托产品中包含两种或两种以上不同类型的子信托产品，从而这种信托产品具有伞状结构。引自香帅无花（唐涯）：《金钱永不眠——资本世界的暗流涌动和金融逻辑》，中信出版集团，2017，第 112 页。

它是酿成金融风险的重要根源之一，我们准备在后面再分析它。

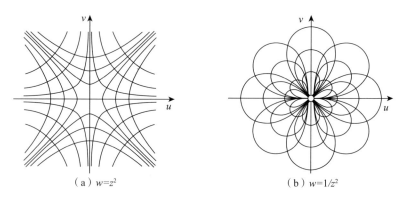

（a）$w=z^2$　　　　　　　　（b）$w=1/z^2$

图 5.2.3　用复变函数表现的资产组合原理

　　从数学的角度来说，在图 5.2.3（a）中，$w=z^2$ 是一个解析函数，因此我们有：

$$\frac{\partial u}{\partial q}=2q,\frac{\partial u}{\partial p}=-2p;\frac{\partial v}{\partial q}=2p,\frac{\partial v}{\partial p}=2q;$$

$$即有:\frac{\partial u}{\partial q}=\frac{\partial v}{\partial p},\frac{\partial u}{\partial p}=-\frac{\partial v}{\partial q}$$

（5.2.7）

这说明，整个复变函数 $w=z^2$ 在复矢量区间都存在着可微、可导以及可积性，整个市场信息传播渠道畅通，建立在这个复矢量区间的整个金融业在理论上都可以正常运行。但这个市场中的风险，不但有，而且还十分大。这需要根据（5.2.5）、（5.2.6）和（5.2.7）式逐个进行分析。

　　（1）在复变函数 $w=z^2$ 的实部和虚部都非负的情况下，两资产回报的相关率 ρ_{12} 至关重要，因为我们是以单位价值为基础讨论的，所以这里的 q 和 p 虽然价值相等但表现为不同资产的具体形式，所以不会存在两者相减为零的情况发生。事实上，这里的 q^2-p^2 的形式正是"双曲线" x^2-y^2 的形式，就是说，q 和 p 根本不可能"接触"。从资产组合的角度来分析，在接近它们价值相等的情况下，如在其相等值为 1 的附近，有很多个 n 点，这些 n 点越接近 1，由点 p 和点 q 构成的交换条件就越脆弱（不存在）。但如果 $\rho_{12}\rightarrow1$，也就是说，两者的价值回报很接近，但资产的形态（如通货、国债和股票等）完全不一样，这样的风险就是可控的。

（2）在两资产相互独立的情况下，$\rho_{12} \to 0$，则风险最小化的资产组合包括与其各自方差相反的两种资产，其风险为：

$$\left[2 \times \frac{p^2 q^2}{q^2 - p^2} \right]^{1/2}$$

可以看出，在两种资产的价值完全相等的时候风险最大。如果在金融市场上是新上市的公司或者初次进行股票交易的用户，由于上面所说的资产的形态完全不同，所以必有 $q^2 \neq p^2$。另外，这两个资产具有了同种"品质"，那么在复矢量空间的设定下，我们在后面将证明，这种情况将使分母的值达到最小而不等于零。所以，（5.2.5）式当然是最小的风险控制范围，即这样的金融市场是安全的。但是，当 $q^2 = p^2$ 的时候，对于两种不同的资产所有者的资产组合，由于 $\rho_{12} \to 0$，即他们的资产形态（即与股票交易市场孪生的次级贷款、债券和股票等）相同且价值相等，这样就很容易出现金融风险[1]，这是本书和传统金融分析最大的不同点之一。在一般的金融风险分析的书籍中，它们没有从复矢量和复变函数的观点出发看待问题，所以它们的资产风险往往会呈现下面的形式[2]：

$$\left[2 \times \frac{\sigma_1^2 \sigma_2^2}{\sigma_1^2 + \sigma_2^2} \right]^{1/2}$$

这常常被他们看成金融风险最小化的情况。但我们从复矢量和复变函数的观点分析，这恰恰是最危险的。这种危险存在的根据是，当在次级金融市场不断衍生的情况下，极有可能存在 $q^2 = p^2$，从而导致金融风险的爆发。

（3）（5.2.6）式看起来是十分安全的金融风险控制范围。但（5.2.6）式是在条件十分苛刻的情况下金融风险的"固化"形态。正如我

---

[1]　"雷曼兄弟"股价较 2007 年初最高价已经下跌 95%，还在跌，次贷危机正在发酵。"雷曼兄弟"旗下持有大量涉及房地产的不良资产，由此会触发金融界多米诺骨牌效应，将波及美国乃至全球，格林斯潘说："这次是百年一遇的经济危机"。如果说不久前美国政府还在努力拯救房利美、房地美，这次雷曼的倒下不是美国政府不想施以援手，而是无力和无奈，因为捅的窟窿太大了。信息来源：《雷曼申请破产保护》，新浪财经，http://finance.sina.com.cn/money/usstock/lehman0911，2008 年 9 月 15 日。

[2]　详见詹姆斯·托宾、斯蒂芬·戈卢布：《货币、信贷与资本》：张杰、陈末译，中国人民大学出版社，2015，第 85 页。

们前面所说的，（5.2.6）式是在复矢量 $z=q+ip$ 的共轭形式 $z^*=q-ip$ 的基础上产生的，因为 z^* 或 $(z^*)^2$ 都不是解析函数，所以复变函数 $w=(z^*)^2$ 在它的复平面中不可能有处处可导、可积的条件，所以它的存在只不过是和实体经济空间相对应的虚拟经济空间中的一种设想，而不可能产生真正的金融事件。如图 5.2.3（b），唐涯称之为"伞状信托"，它是高杠杆的典型例子。这些资金很多是从银行出来，进入配资公司，以 1∶3 或者 1∶5 的比例流入信托公司，通过层层转配，最高能发展到 1∶9 的比例。[①] 虽然（5.2.6）式始终和（5.2.4）式相伴而生（共轭），但它们任何一方都不能独立存在。

　　从上面的讨论可知，在引入复矢量和复变函数以后，资产组合的微观状态有以下几个明显的特性。

　　（1）在融资远离实体经济的情况下，由于受金融信息波的影响，市场不确定性的风险加大，因而资产组合者可能获得的市场收益也将增大。

　　现在，我们要研究在复平面基础上建立的资产市场组合条件下，风险中性、风险规避和风险爱好的一些重要的特性。首先我们看到，对于建立在复平面 $z=q+ip$ 上的复变函数 $w=z^2$ 是一个解析函数，因为它符合解析函数的条件（5.2.7）式，所以它也必然满足解析函数实部和虚部的调和条件：

$$\frac{\partial^2 u}{\partial q^2}+\frac{\partial^2 u}{\partial p^2}=0,\frac{\partial^2 v}{\partial q^2}+\frac{\partial^2 v}{\partial p^2}=0 \qquad (5.2.8)$$

这说明金融市场是一个"无源"场，或者说它的"场源"在金融市场"较远"的一个地方，这个地方就是实体经济存在和影响的地方。[②] 金融市场的这种存在方式决定了通过市场进行资产组合的当事人的行为"轨迹"也发生了重大的变化。人们虽然可以根据金融市场的信息决定自己的经济行为，但在离实体经济信息源较远的情况下，金融信息极易严重失真，从而致使"跟风"的行为发生，这是引爆金融风险的重要"导火

①　香帅无花（唐涯）：《金钱永不眠——资本世界的暗流涌动和金融逻辑》，中信出版集团，2017，第 112～113 页。

②　近 30 年来，金融创新的结果是买卖的链条越来越长，分布的范围越来越广，交易完成后，最终的投资者和最初的借款人之间已经相隔万水千山，彼此毫不了解。资料来源：http://wenwen.sogou.com/z/q1690 02829.htm.09.12.9。

索"［如图 5.2.4 （a）］。因为只有在距企业融资较近的区域内，人们才能根据企业的市场行为获得较为准确的金融市场信息，如图 5.2.3 （b）。[1] 但是图 5.2.3 （b） 首先假定了一个无风险的回报率 S_B 和贷款利率 S_L，接着定义了一个理想的混合风险资产有效轨迹 KK'，随后将无风险资产与风险资产相结合，得到有效轨迹 NMN'，再让它与 KK' 相切，根据 $u_p = S_B + \dfrac{u_M - S_B}{v_M} v_p$（注意，这里的 u 代表预期回报，v 代表风险的方差），决定持有风险 MM' 的具体数据。但事实上，由于作图的"随意性"，传统的方法始终是只有原理（大概定性的经济学原理）而没有具体的数字标准，因而人们在实际操作时无法准确把握。

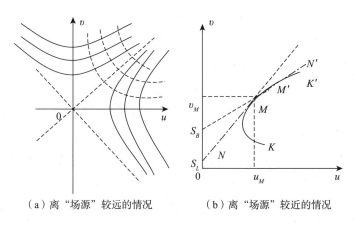

（a）离"场源"较远的情况　　　　（b）离"场源"较近的情况

图 5.2.4　不同"场源"情况下金融信息波对资产
组合者行为的影响

我们认为，如果将资产市场组合的实部部分 $u = q^2 - p^2$（数学上的双曲线），看作市场信息的传播方向，它们分别沿着纵、横坐标轴的方向向外传播，以统计数据（$|-p|^2$ 和 q^2）的幅度向外扩散，这将以双曲线的形式体现出来。而资产组合的虚部部分 $v = 2ipq$ 则以"波"的形式，在两个轴坐标的夹角方向（45°）体现由资产市场组合的强度向资产替代的形式转化。在这里，很容易使一些配资公司和 peer-to-peer 公司等，以灵活分仓的形式抬高市场杠杆，从而形成次贷风险。而这种风险的具体

---

①　详细信息来自〔美〕詹姆斯·托宾、斯蒂芬·戈卢布：《货币、信贷与资本》：张杰、陈末译，中国人民大学出版社，2015，第 97 页。

数据约为 70.7%，我们在后面就给出依据。

在现实经济运行中，由于次贷交易主体大部分是借助实体开发公司的专业化管理进行分仓的次级公司，所以它们仅以实体开发公司的虚拟共轭对偶的形式存在。虽然在交易中价格出现了变动（一般是抬高），但它也是在所依靠的实体公司基础上进行抬高的，"卖空"的对象仍然是实体公司，也就是说它是以实体公司的资产价格为基础的。这样就决定了经济行为的 $w = \dfrac{1}{z^2} = z^{*2}$ 形式，它的图形如图 5.2.3（b）所示。如果实体公司允许母账户拆分出多个独立的子账户，并分配相应的资产，那么场外的资金就可以重复加杠杆，这就形成了著名的"伞形信托"。"根据中国证券业协会统计，以恒生 HOMS、铭创软件以及同花顺为渠道的配资规模总额接近 5000 亿元，其中 HOMS 占比最高，达到 4400 亿元，铭创软件和同花顺分别为 360 亿元和 60 亿元。私募基金、peer-to-peer 等其他途径的配资量，则没有官方的统计说明。"[①]

所以说，（5.2.1）式是一个非常重要的资产市场组合"风险鉴别式"。如果我们承认人的经济行为具有复矢量的旋转（变化）形式，并具有实际经济行动和虚拟经济计划复合而成的行为形式，[②] 那么金融市场的不确定关系式：

$$\Delta p \cdot \Delta q = \mathrm{d}\omega = 1/2\pi$$

就是这种思想的有效表达。在此基础上我们得到：

$$q^2 - p^2 + i2pq = f(z^2)（买空方）$$
$$q^2 + p^2 - i2pq = f(z^{*2})（卖空方）$$

这有力地说明，我们平时使用经济统计数据计算的结果，如果没有严格的数理经济模型进行辅助证明，是绝对不能证明或预测经济发展的趋势和风险的。因为这样计算得出的结果，最多只能是（5.2.1）式第一项的"统计性涨落"，而把（5.2.1）式第二项极其重要的经济波动事实（主

---

① 详见香帅无花（唐涯）:《金钱永不眠——资本世界的暗流涌动和金融逻辑》，中信出版集团，2017，第 112 页。

② 这是我们前面一再提出的莱昂·瓦尔拉斯的设想，详见《纯粹经济学要义》，蔡受百译，商务印书馆，1989，第 84 页。

要的无理数形式）给忽略掉了。

现代数学已经证明，无论是自然界还是人类社会，建立在微观基础上的整个经济事物的运动阶段，它们的基本依据和理论判定是以有理数和无理数的共同作用为基础的，而无理数对事物的连续性发展和周期性上升的贡献可能更大。但事实证明无理数是"不可得"的或者说难以"捕捉"的，自然科学家的实验仪器或者特殊的实验室可以"捕捉"到它，人类的统计数据却没有这种功能。而人类的统计数据，却恰恰是以有理数为基础的。有些本不具备有理数存在条件的经济事件，人们在进行经济检验时，硬要把它变成有理数或者假设它具备有理数的条件，致使经济预测的结果一错再错。我们下来就分别从这两个方面，即人类经济活动的无理数基础和人类经济统计的有理数方法进行探讨。

现代金融经济学是从均值与方差分析的关系中解释风险中性、风险规避和风险爱好的原理的。人们首先分析了资产转换周期中的收益不确定性根源，认为正是由于这种不确定性的存在，我们可以用二次型的效用函数衡量收益的概率分布，用标准差（分布区间的二次方）来衡量数据的区间。表 5.2.1 给出了 4 组可供选择的效用数据，图 5.2.5（b）是根据这 4 组数据画出的风险中性、风险规避、风险爱好的三种不同的曲线，其中直线 Ⅰ 是风险中性曲线；曲线 Ⅱ 具有明显递减的边际回报（表达式是 $8r - 2r^2$，这里 $r > 2$，表示回报）；曲线 Ⅲ 显示了递增的边际回报（表达式为 $2r + r^2$）。曲线 Ⅵ 表示具有谨慎态度的资产组合者以较小损失换取较大收益的市场转换行为。[1] 将图 5.2.5（b）化成标准的市场风险资产组合形式，将资产回报用 v 表示，将 v 的生成区间用标准方差 u 来表示，就成为图 5.2.5（a），其中曲线 II' 表示具有风险规避倾向的资产组合者的市场行为，曲线 II' 向上倾斜。位于曲线 II' 上方的曲线 JJ' 是一条有着更高预期效用水平的无差异曲线，它以统计平均值的形式表现"粒子"型轨迹，也是路易斯·巴舍利耶效仿爱因斯坦描述的"布朗运动"得出的"粒子统计"轨迹图[2]。而图 5.2.5（a）的虚线曲线描述波

---

① 详见：〔美〕詹姆斯·托宾、斯蒂芬·戈卢布：《货币、信贷与资本》：张杰、陈末译，中国人民大学出版社，2015，第 70 页。

② Courtault J. M., Kabanov Y., Bru, B., Crépel, P., "Louis Bachelier on the Centenary of Théorie de la Spéculation," *Mathematical Finance*, 2000：341 – 344.

动的二次项。布朗运动方程都以"粒子"和"波"的形式来表现的。对于图 5.2.5（a）横轴下面的曲线，则反映风险爱好者的市场行为，即曲线 $I_1I'_1$ 和曲线 $J_1J'_1$，这里的解释和上面对曲线 II' 和曲线 JJ' 的解释相对应，我们不再赘述。可以看出，图 5.2.5（a）是图 5.2.3（a）的一部分。

表 5.2.1　詹姆斯·托宾等的市场风险行为数据

回报	效用			
	序列 I	序列 II	序列 III	序列 IV
− 1.00	− 1.00	− 1.00	− 1.00	− 1.00
− 0.10	− 0.10	− 0.082	− 0.19	− 0.082
0.00	0.00	0.00	0.00	0.00
0.0395	0.0395	0.0313	0.0806	0.0313
0.05	0.05	0.0395	0.1025	0.0395
0.0605	0.0605	0.0477	0.1246	0.0477
0.10	0.10	0.078	0.21	0.078
0.20	0.20	0.152	0.44	0.152
0.30	0.30	0.222	0.69	0.280
0.10	1.10	0.640	3.41	1.20

资产组合	资产组合的预期效用（括号内为排序）			
	序列 I	序列 II	序列 III	序列 IV
A	0.05 (4 − 7)	0.0395 (4)	0.1025 (7)	0.0395 (5)
B	0.05 (4 − 7)	0.0392 (5)	0.0142 (6)	0.0392 (6)
C	0.10 (2 − 3)	0.077 (1 − 2)	0.217 (2 − 3)	0.077 (3)
D	0.10 (2 − 3)	0.077 (1 − 2)	0.217 (2 − 3)	0.078 (2)
E	0.105 (1)	0.074 (3)	0.259 (1)	0.103 (1)
F	0.05 (4 − 7)	0.0373 (6 − 7)	0.1136 (4 − 5)	0.0373 (7)
G	0.05 (4 − 7)	0.0373 (6 − 7)	0.1136 (4 − 5)	0.0421 (4)

资料来源：〔美〕詹姆斯·托宾、斯蒂芬·戈卢布：《货币、信贷与资本》；张杰、陈末译，中国人民大学出版社，2015，第 69 页。

不过图 5.2.3 中的坐标和曲线将资产组合者的市场行为规范化了。我们看到，围绕着虚轴 v 的曲线族与围绕着实轴 u 的曲线族的间隙，恰好就是风险中性资产组合者的市场行为空间。这样，围绕实轴 u 的曲线族就成为资产组合者的市场行为转化曲线。读者从图 5.2.5 可以看出，这里的资产组合风险规避者的行为轨迹是绕 v 轴正方向的双曲线上半部分；风险爱好者的行为轨迹是绕 v 轴负方向的双曲线下半部分，它们代表持有货币形式的资产交换一方；持有实物资产（证券）形式的一方是绕实轴 u 的双曲线对称部分。但是，这里明显的问题是，如果就市场进行资产组合的双方来讲，无差异曲线表示市场上两不同资产的组合给他们带来的效用，那么他们进行交换的条件并不是和各自的无差异曲线"相切"，而是无差异曲线与等价值曲线（$v = ipq$）正交。从图 5.2.3 可以看出，让他们各自的无差异曲线与双曲线不正交是不可能的，而他们的无差异曲线的同等价值交换条件恰好就在无差异曲线与收益曲线正交的位置上。

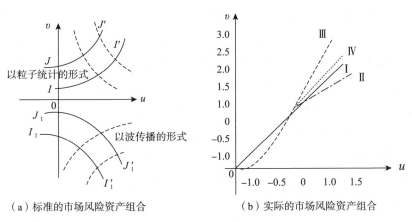

（a）标准的市场风险资产组合　　　　（b）实际的市场风险资产组合

图 5.2.5　风险中性、风险规避和风险爱好的分布

（2）复变函数对两资产组合者的市场交换行为特点的更进一步考察——风险爱好者、风险中性者和风险厌恶者的市场行为特点。

人们对无理数在经济行为中所起的重要作用，在很长一段时间内还没有真正搞清楚。特别是由于投资市场的形势千变万化，人们在发现金融经济理论难以正确地反映这种形势以后，首先设想的是缩小自变量的变化范围，用最小的因变量"起伏平均值"去追踪它的随机性变化根源。路易斯·巴舍利耶是这种设想的最初提出者，他的这种思想来源于罗伯特·爱因斯坦对布朗运动的研究。[①] 路易斯·巴舍利认为金融衍生

① Courtault, J. M., Kabanov, Y., Bru, B., Crépel, P., "Louis Bachelier on the Centenary of Théorie de la Spéculation," *Mathematical Finance*, 2000: 341 - 344.

品对投资市场价格的冲击，就相当于水分子冲击导致的"花粉"微粒的随机性波动。在这种情况下对投资产品的定价实际上也就是在衍生品冲击下对非金融衍生品的定价。对于这种定价，后来的人们采纳了欧文·费雪的观点。这种观点的思想是，对于两种投资项目的分析，首先，投资者应该选择价值最大的一种方案；其次，应选择在这样的投资中能使现值达到最大化的一种方案。这时，投资方案的回报率就是两种投资方案收益相等时的贴现率。[1] 约翰·伯尔·威廉姆斯把费雪的方案更加具体化，认为股票的价值就是所有未来股息的贴现值，这就是我们今天所称的股票价值基础。[2] 但是，这个价值基础应该具备以下的前提条件：没有税收或破产成本，没有不对称信息，价格随机游走，而且必须是有效的市场。如果这些条件成立，则公司的价值应该不受其资本结构的影响。换言之，债务价值与股票价值的总和应该保持恒定，不需要考虑整体资本在债券与股票之间的不同分布。[3] 这就是著名的 MM 定理。用这些重要的理论作铺垫，让我们再回到路易斯·巴舍利耶的经济学布朗运动，而且是经过萨缪尔森改进的经济学布朗运动。萨缪尔森用收益对实际股权进行替代，并把股东的有限责任降低到零[4]，这就为实际经济分析奠定了基础。

可以看出，经济学家在追踪投资市场的随机性变化趋势时，是受到了物理学的深刻启发的。这里，资产定价有两个特点，一是金融资产定价具有明显的统计平均值表述的特征，二是金融衍生品定价主要是由股票的期权价格来决定的。由于市场的波动性，这种定价过程往往具有波动的特征。实际上，本节的方程（5.2.1），完美地将这两个过程通过市场双方的相互作用而有机地联系起来了。股票的统计性原理和价格确定的衍生性影响，实际上是紧密联系在一起的，这就是我们所说的资产市

[1] Irving Fisher, *The Theory of Interest as Determined by Impatience to Spend Income and Opportunity to Invest It* (Macmillan, 1930), p. 155.

[2] Peter I. Bernstein, Capital Ideas, *The Improbable Origins of Modern Wall Street* (Free Press, 1992), pp. 153 – 154.

[3] Franco Modigliani and Merton H. Miller, "*The Cost of Capital, Corporation Finance and the Theory of Investment,*" *American Economic Review*, 1958: 261 – 297.

[4] Donald MacKenzie, An Engine, *Not a Camera: How Financial Models Analysis* (MIT Press, 2006), p. 64.

场的"波、粒"二相性机理。事实上,要说它们之间的不同,仅仅是资产市场双方在资产经营过程中的行为方式的不同,就像(5.2.3)式中的两个方程以及它们分别所对应的图5.2.3中两个不同的图形一样。遗憾的是,现代金融学并没有这样看待问题,他们还是将资产的定价过程和实证检验分开来处理和证明,这就使得资产市场的轨迹不断地在人们的研究视野下"逃逸"。

金融经济学家决定在最小的范围内,寻找资产市场的随机游走现象与生成区间的关系,马科维茨是第一个在这方面进行探讨的人。他首先将市场风险添加在模型里,用纵坐标表示资产的统计性期望收益,用横坐标表示资产收益的标准差。[①] 马科维茨的模型在詹姆斯·托宾的论文中得到了进一步改善。这是因为,对于资产组合回报来说,无论具有什么样的概率分布特性,运用二次效用方法便足以根据均值和标准差两个参数对资产组合进行合理分析。而无论效应函数的性质如何,利用回报的正态分布也同样能够进行上述的分析。其原因是,正态分布也属于两参数家族,确切地说,两个参数分别是均值(μ)和标准差(σ)。和二次效用函数一样,对于把预期效用写成两参数(均值与方差)函数来说,正态分布只是一个充分条件而非必要条件。[②] 图5.2.6是詹姆斯·托宾对不同资产所有者的风险偏好示意图,把图5.2.6和图5.2.3进行比较,我们就能够根据资本市场的"波、粒"二相关系式(5.2.1)和复变函数关系式对图形进行精确的调整和重绘。我们改进这些方法的理由如下。

(1)用"波、粒"二相关系式(5.2.1)和复变函数关系式,我们不仅能够更充分地解释上述图形产生的基本原理,还能够把它们标准化和规范化,这将方便我们确定曲线的准确形状和具体的位置。

(2)我们的方法不仅能够对风险进行可行的数理估计,而且还能够对发现资产虚、实空间转化的基本原理提供很大的方便。

(3)这些基础运算和整个资产市场运行的路径依赖,都是同一个系统的发展过程。

[①] Markowitz, Harry M., "Portfolio Selection," *Journal of Finance*, 1952: 77-91.

[②] 〔美〕詹姆斯·托宾、斯蒂芬·戈卢布:《货币、信贷与资本》:张杰、陈末译,中国人民大学出版社,2015,第76页。

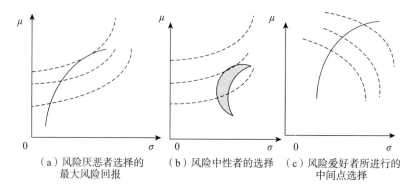

（a）风险厌恶者选择的　　　（b）风险中性者的选择　　（c）风险爱好者所进行的
　　最大风险回报　　　　　　　　　　　　　　　　　　　　中间点选择

**图5.2.6　詹姆斯·托宾在标准差和均值的无差异曲线族中
对风险爱好、风险中性和风险厌恶的分析**

第三节　财富积聚的形态与资产定价的动态关系

人们在发现自然界微生物积聚的数量是按对数方式增长之后，发现人类自身，包括财富也是按对数的方式增长。美国著名经济史学家龙多·卡梅伦教授认为，人类的经济增长就是一条拉长的 S 曲线[①]，它也是生物学家对人类和动物数量增长的表示——对数曲线（如图5.3.1），这条曲线是经济增长的来源之一。例如，如果人类的财富积聚按对数的形式增长，设 $Y(t)$ 为人类的财富总量，它是时间 t 的函数，$G(t)$ 为财富增长，它也是时间的函数，那么就有：

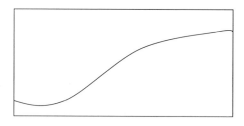

图5.3.1　龙多·卡梅伦描绘的经济增长曲线

---

① 〔美〕龙多·卡梅伦、拉里·尼尔：《世界经济简史》，潘宁等译，上海译文出版社，2012，第15～19日。

$$G(t) = \ln Y(t)，于是：\frac{\mathrm{d}G(t)}{\mathrm{d}t} = \frac{1}{Y(t)}\frac{\mathrm{d}Y(t)}{\mathrm{d}t}$$

当然，财富的积聚增长也就是经济的增长。在单位时间 $\mathrm{d}t$ 内，用 g 表示单位时间里（经济学通常定位以年为单位）的经济增长速度，$g = \dfrac{\Delta G}{\Delta t\ (\Delta t = 1)} = \dfrac{\Delta Y}{Y}$，实际上现在的经济增长速度就是这样得来的。

美国生态经济学家加勒特·哈丁则认为，对数增长是指数增长的一种特殊形式，在涉及人类复利，比方说银行的账户价值时，指数增长应该是按幂指数的形式增长（见图 5.3.2）。[①]

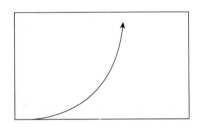

图 5.3.2　加勒特·哈丁的幂指数增长曲线

然而这两种人类财富的积聚方式导致了两种完全不同的结果。但我们始终认为，这两种结果对社会学、经济学，包括金融经济学而言都是极其重要、极其有用的。前一种结果导致了由价格和数量决定的市场不确定性以及经济的周期性运动[②]，而后一种结果则决定了人类金融活动的范围以及金融风险的根源及具体的防范措施，本节在这里主要强调的是后一种情形。

因为后一种结果，不仅符合莱昂·瓦尔拉斯的设想，即人类的经济活动空间是由人们经济生活必须依赖的虚、实空间相互转化而来的，而且有力地证明了这种虚、实空间的相互转换本身就是它们之间相互依存、相互共轭、相互作用的具体表现，从而使得人们能更加清楚这种经济空间的实质。加勒特·哈丁将银行通过市场经营所取得的收入称为复利，他认为一个银行账户如果每年赚取 5% 的复利，那么财富将在 14 年里增

---

① 〔美〕加勒特·哈丁：《生活在极限之内》，戴星翼、张真译，上海译文出版社，2016，第 87 页。

② 关于前一种结果的具体内容，读者如有兴趣，请参见李学清：《中国新型城镇化的经济背景与实践探索》，社会科学文献出版社，2017，第 48～104 页。

加一倍。另外，加勒特·哈丁还给出结论，如果银行的储蓄无限制地增加下去，那么这将使银行突破极限。这就和大自然中的生物种群增长一样，如果任由其增长，最后将导致种群灾难。加勒特·哈丁认为，这样的结果是非常可怕的，因为银行的过度储蓄必然会导致高利贷行为，"在一个确定的领域，高利贷的破坏性潜力受到诸如通货膨胀、银行破产、债务拒付以及国家衰败等不受欢迎事件的控制。"[①]但无限制的自发增长将突破这个控制，给人类自身造成巨大的灾难（见图5.3.3）。我们始终认为加勒特·哈丁的文字演绎推理可能是正确的，但这种文字演绎推理的方式不符合金融经济学的基本要求。因为只用生态学的语言逻辑进行论证，既超越了金融经济学的问题讨论范畴，也显得缺乏严密可靠的数理模型支持以及必要的实证检验支撑。

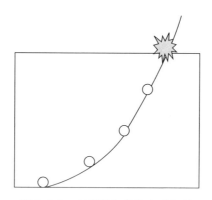

图 5.3.3　复利银行指数突破限制

现在我们试图先以科学的方法来考察资产动态价格的确定性问题。

我们认为科学技术的进步使产品的价格和数量都发生了变化，这种变化和社会财富增长的变化应该是一致的，同时国家以财富增长的幅度发行货币。根据货币数量论，就有：

$$\sum_{i=1}^{n} \Gamma_i Y_i = \sum_{i=1}^{n} R_i m_i$$

式中 Γ_i 代表不同实体财富的价格，Y_i 代表不同实体财富的数量。这里假

---

① 〔美〕加勒特·哈丁：《生活在极限之内》，戴星翼、张真译，上海译文出版社，2016，第92页、第127页。

设生产函数是巴罗和里贝罗模型[①]，人均资本 k 用 x 代替，即 $Y = Ax$，这时令：

$$\Gamma = \sum_{i=1}^{n} \Gamma_i; Y = \sum_{i=1}^{n} Y_i; R = \sum_{i=1}^{n} R_i; m = \sum_{i=1}^{n} m_i$$

如果我们在希尔伯特空间中考虑问题，考虑到直角坐标系的正交特性，就得：

$$\Gamma Y = Rm$$

故有：

$$\Delta \Gamma Y + \Gamma \Delta Y = \Delta Rm + R \Delta m$$

即：

$$\frac{\Delta \Gamma}{\Gamma} + \frac{\Delta Y}{Y} = \frac{\Delta R}{R} + \frac{\Delta m}{m} \tag{5.3.1}$$

现在我们认为价格速度变化 $\Delta \Gamma / \Gamma$ 是直接投资增速 $\Delta m / m$ 所导致的结果。于是我们立即得到：

$$\frac{\Delta R}{R} = \frac{\Delta Y}{Y} = g(经济增长速度)$$

或者：

$$\Delta R = gR \tag{5.3.2}$$

读者马上会问，在（5.3.1）式中，如果科学技术的增长速度和资本的投入速度不相等时，（5.3.2）式是否还成立呢？这时（5.3.2）可能不会成立。但是还需对（5.3.1）式进行更为仔细的分析。

首先，我们可以将 $\Delta \Gamma / \Gamma$ 看成资本边际产品的增值比。它就是创新产品价格投入资本的边际产值 MPK 与投入资本 MV 之比，即 $-\dfrac{MPK}{MV}$，其中负号表示利率的方向和投资的方向相反。用 $\Delta m / m$ 表示投入货币的市

① Barro, R. J., "Government Spending in a Simple Model of Endogenous Growth," *Journal of Political Economy*, 1990: 103 – 125. Rebelo, S. T., "Long-Run Policy Analysis and Long-Run Growth," *Journal of Political Economy*, 1991: 500 – 521.

场价值增加的速度，这也可以看作"真实资本的市场行情"的直接反映，这样它就可以写成 $\frac{\Delta MV}{MV}$。用 $g = \frac{\Delta Y}{Y} = -\delta$ 表示货币的折旧率。令利率从整体投资开始时增长，这样可将利率的增长速度 $\frac{\Delta R}{R}$ 看作 R 函数的变化，于是（5.3.1）式可以变成如下的形式：

$$R = \frac{MPK}{MV} + \frac{\mathrm{d}MV}{MV} - \delta \tag{5.3.3}$$

这和詹姆斯·托宾所得的结果完全一样。[①]

　　所以，对于较高科技含量的企业投资，除了动用市场力量，一般私人是很难进行直接投资的。"但证券交易所把许多资产每天重新估价一次。这种重新估价，使得私人和社会投资部门共享市场信息的机会变得多起来。这就好像是一个农人，在用毕早餐，看了'晴雨表'以后，可以在 10 时与 11 时之间，决定把资本从农业中抽调回来，然后再考虑要不要在本周把资本再投到农业中去。故证券交易所之每日行情，其初衷固在便利人与人之间旧有投资之转让，但势必对于当前的投资量产生重大影响。"[②] 这既说明了证券交易所筹措社会资金发展科技大企业的重要性，又说明了重置企业成本的现实必然性。詹姆斯·托宾认为资本的市场价值与重置资本之间有一个相对固定的比值关系，若用 MV 表示资本的市场价值，用 RC 表示企业资本的重置成本，则 $q = \frac{MV}{RC}$，这就是著名的托宾 q 值。

　　我们已经谈到在市场经济条件下，企业产品的价格和生产的数量的不确定性问题。这也是企业生产的不确定性问题，它的实质是 $\Delta\Gamma\Delta x = 1/2\pi \approx 0.16$（定值）。事实上，若市场上仅有一家企业，并且其生产的产品是供不应求的，那么这个企业的生产是完全可以确定的。但是，在完全竞争导致的市场均衡情况下，假若有一两家生产同一产品的企业实

① 〔美〕詹姆斯·托宾、斯蒂芬·戈卢布：《货币、信贷与资本》：张杰、陈末译，中国人民大学出版社，2015，第 160 页。

② 〔英〕约翰·梅纳德·凯恩斯：《就业、利息和货币通论》，徐毓枬译，北京联合出版公司出版，2013，第 129 页。

现了技术革新，由于节省成本而增加了产品的数量，那么整个市场就会出现产品过剩。这样，整个产品市场的生产就出现了不确定性问题。因此企业生产的不确定性问题，主要是由科学技术进步所引起的市场竞争的激烈程度所决定的，它使得市场均衡往往都处在一个动态的变化过程中。这就使得企业生产者对自己生产的产品能不能被市场所接受产生疑虑，这种疑虑也往往会通过产品的价格和数量不能同时被确定而表现出来。很显然由 $A = A_0 \mathrm{e}^{i\omega \cdot t} = A_0 \mathrm{e}^{i\Gamma \cdot xt}$ 可知，在确定的时间内，科学技术进步系数 A 的提高就相当于 ω 的增大，ω 的增大是由两个因数确定的，即要么是产品的科学技术含量增加导致的价格变化，要么是产品的产出率提高导致的收益增加。从后面的推导可以看出，这就相当于企业产品的产量 Y 呈指数 $\Delta Y/Y$ 形式的增加。

例如，对于某一行业内生产相对不变的某企业来说，其技术革新的程度不断提高，使得在原材料价格相对不变的情况下，原材料的消耗量逐步减少，从而导致企业的产量逐渐增加，进而导致整个市场同一产品的价格产生波动，一些技术落后的企业被挤出市场。至于创新性企业（横向创新），则属于专利垄断企业，它们则可以按经济学中的垄断竞争企业处理，这里不予考虑。我们这里所说的市场价格的不确定性，主要指的是由企业技术水平的提高而引起的市场价格波动或产量波动。因此，假设市场的技术水平提高导致 ω 变大（主要是指技术革新或技术熟练），同时产品价格 Γ 相对不变（但有波动），从而使单位时间内使用的原料增加，进而导致产品数量 Y 的增加，再进一步使得经济增长速度的压力变大，从而导致货币流速增大。那么这种企业就由于其较为强大的技术能力和优势，更容易吸引社会投资，其理由主要由第三章第三节的（3.3.5）式决定，于是我们有：

$$\frac{\mathrm{d}r}{\mathrm{d}Y} = -\tan\omega t \approx -\omega \cdot t = -\omega(t = 1) = -\Gamma x = -\Theta\Gamma Y$$

这里 Θ（$0 < \Theta < 1$）是 x 与 Y（即原料成本与产品的价值）的比值，为常数。在宏观情况下，由于我们考虑到企业是一个生产的"黑箱"，也就是说这里企业的产量与原料的使用量成正比，于是我们有：

$$\mathrm{d}r = -\Theta\Gamma Y \mathrm{d}Y，\text{解得：} r = -\frac{\tilde{A}}{2}Y^2 + A$$

这里 $\tilde{A} = \Theta\Gamma$，A 为积分常数，不妨在这里将这个积分常数进行确定。可以令 $Y = 0$，$r = A$，得：

$$r = -\frac{\tilde{A}}{2}Y^2 + A = -\frac{\Theta\Gamma}{2}Y^2 + A \qquad (5.3.4)$$

（5.3.4）式具有非常重要的金融经济学意义。它说明，当市场处于均衡状态时，产品的价格 Γ 相对保持不变。那么，在经济增长速度压力的驱使下，银行倾向贷款给技术革新水平较高的企业。这里的 $\Theta\Gamma/2$ 越大，企业的技术水平就越高，它拿到贷款就越容易。技术水平越低，它拿到的贷款就相当于企业的技术消耗成本。这里的 $\Theta\Gamma/2$ 相当于图 5.1.4（b）中将横轴上移的距离 Od。图 5.3.4 与（5.3.4）式相对应，可以看出它是一个开口向下的二次曲线。其中曲线顶点距原点的距离正是 $\Theta\Gamma/2$，这就是技术进步所引起的消耗。企业现在要获得贷款，其收益起码要超过它的技术消耗成本。这是银行给技术创新企业进行贷款的主要依据之一。对于一般的企业来说，科学技术水平较高的企业大多是技术革新的企业（纵向创新，如前面所说的我们这里不考虑横向创新），它的技术水平主要根据市场价格确定，即主要是由经过技术革新降低成本后而提高的产量来决定。那么（5.3.4）式就是我们探讨的企业到底在什么情况下能得到市场资金（或者说获得银行贷款）的关系式。

可以看出这里的贷款利率，主要是能使企业的产量（用货币值折算）达到该区域平均产量的平方的水平。这里的比例系数 $\tilde{A}$，是将区域的平均产量水平 Y^2 "压缩" 到和贷款利率同 "幅度" 的水平，但它以 Y^2 为计算手段的方式是不能改变的，图 5.3.4 给出了这种计算的具体办法。

根据（5.3.4）式，首先确定 $\tilde{A}$，它等于贷款利率 r。可见这个 A 是很好确定的。然后根据贷款利率的数量级确定常数 $\tilde{A} = \Theta\Gamma$，这样由于 $r = -\frac{\Theta\Gamma}{2}Y^2 + A$，根据图 5.3.4，就可以确定出 Y^2。若在完全竞争的市场情况下，当企业由于科学技术进步，生产的幅度等于或者高于 Y^2（折合到利率水平），它就一定能拿到利率为 r 的贷款。而在图 5.3.4 阴影部分内的生产都是低效率的。

当然，在市场经济条件下的贷款是在其他金融市场获取资产组合的

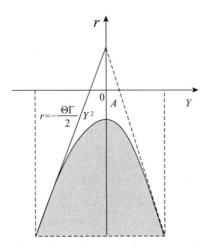

图 5.3.4　技术革新企业从市场上获得贷款的情况

一个特例。我们认为，在适当地考虑市场摩擦力的情况下，最粗略的计算是可以估计到这种摩擦系数的，然后用（5.3.4）式作用于这个摩擦系数，就可求得其他不同证券的获利数据。这里给定的只是一个粗略的计算办法，在后面我们将要讨论较为详细的计算办法，但这个办法主要是以 $r = -Y^2$ 曲线形状的改变和 $\bar{A} = \Theta\Gamma$ 的固定关系为标准，这当然是最科学的，但我们现在还不能在这里讨论。同样，图 5.3.4 的曲线仍然是一个曲线族，它是本书图 4.2.4（a）诸多曲线族中的一个曲线族。这样来说，它的具体方程仍然是双曲线的形式，也就是说，它可以由本书后面提到的数理方程得到具体的曲线形式。这样，在复平面范围内，图 4.2.4（a）几乎囊括了所有的金融经济学现象。当然，这已经脱离了本书的范围，我们不打算在这里进行详细的讨论。

第六章　虚、实经济空间相互转换
与资产组合的关系

　　资产的市场定价模型问题是现代金融经济学特别关心的问题，这种问题的本身就包含着风险的存在。例如，众所周知的线性回归系数（斜率）β，其本身就被称为"风险系数"。而通过统计分析得到的协方差系数，就是系数 β 在统计规律作用下的一种"风险"的反映。在虚、实经济空间相互转化的情况下，这里极限的求取和导数的存在问题就显得特别重要。本章在现代经济学经典理论的基础上，利用较为恰当的数学工具，严格地证明了虚、实经济空间的相互转换问题。这就成为本书除"铜钱模型"外的另一个基本的理论问题。瓦尔拉斯设想了"虚拟经济空间"，但没有完整论证其向"实体经济空间"转换的过程。我们在引用了复变函数这个数学工具后，紧紧地沿着"边际理论"的思想，牢牢地掌握着复矢量空间共轭对偶的关系，根据现代市场交换的基本特点和规律完成了虚、实经济空间相互转换的过渡环节，这不仅验证了"铜钱模型"理论的必要性、正确性，而且论证了虚、实经济空间的相互转换对资产市场组合理论研究的必要性和正确性。在此基础上，我们还分析了虚、实经济空间转换过程中的资产定价问题，进而分析在这种定价过程中所得到的结论和我们前面所取得的关于"铜钱模型"结论的一致性问题。为什么会达到这种一致性？这种方法论在不同的计算手段下为什么会"殊途同归"？本章对这些重要的问题都进行了详尽的数学解答。这对于讨论金融风险的形成以及金融风险向危机的转化都有十分重要的意义。这就使得资产市场组合的实践者在使用该模型的时候，有具体数据作为操作的基础，从而在资产定价过程中尽可能地降低风险以防止金融危机的发生，这也是本书分析问题的一大特点。

第一节 现代金融经济学的资产定价模型 及风险预测与防范

如我们在上一章图 5.2.4（b）中所显示的，如果将利率用资产回报率 μ 替代，将两资产组合者的位置"压缩"到仅使资产回报率 μ 最大，而在它的微观作用区间内"最小"，即在以协方差呈现的 σ 的范围最小的区间内考虑问题，是现代资产组合论规避市场风险的主要方法。现代金融经济学不考虑经济活动的形成实际上是无理数中的有理数"无法被切割"的结果，而是认为把经济活动"压缩"在均方差区间的最佳范围内，就可以将经济风险的"根源"寻找出来。

但我们也知道，正如本书第一章第一节所述，这只是我们要解决资产市场组合问题的一个特殊方面。它来自"一元二次方程" t^2（EY^2）+ $2t\mathrm{E}$（XY）+（$\mathrm{E}X^2$）=0 的根的判别式，柯西-施瓦茨定理在

$$[\mathrm{E}(XY)]^2 \leqslant \mathrm{E}(X^2) \cdot \mathrm{E}(Y^2)$$

条件下才能成立。那么对于这个"一元二次方程"根的判别式，柯西-施瓦茨定理在特殊条件下，即在

$$[\mathrm{E}(XY)]^2 < \mathrm{E}(X^2) \cdot \mathrm{E}(Y^2)$$

条件下就不成立。

当然，现代金融经济学更没有考虑到它所研究的经济区域最佳回报效应曲线是否一定连续、可微或可积等。我们认为这也是现代金融经济学无法科学地描述金融经济行为以及无法明确风险产生和存在的根源的主要原因。

图 6.1.1（a）就是在上面第一种特殊情况下得到的解的曲线图。可以看出，在 $\sigma O \mu$ 平面坐标系中，存款利率与贷款利率曲线（向右上方倾斜的直线）与马科维茨曲线 KK' 的两个交点 M（存款利率直线与 KK' 的交点）和 M'（贷款利率直线与 KK' 的交点），组成混合资产的有效轨迹 $NMM'N'$。它由三个部分组成：NM 段表示既按照放款回报率 S_L 持有正的安全资产（放款），同时又持有正的混合资产 M；$M'N'$ 段表示按照利率 S_B 借入资金，以便持有混合风险资产 M' 的杠杆头寸；中间部分 MM' 仅指

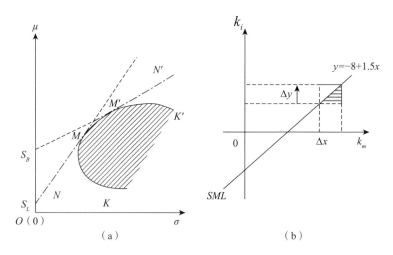

图 6.1.1   金融经济学寻找贷款与放款的最佳回报效应
边界和金融斜率 β 的意义

持有风险资产。不过，对处于 M 点的风险资产组合与处于 M' 点的资产组合并不能"一视同仁"，而位于线段 MM' 部分与处于弧度 MM' 部分的资产组合也有所不同。[①] 它们只是围成了一个集合 S，以表示资产组合权重分配的线性结构。图 6.1.1（a）中，曲线 $NMM'N'$ 里面的斜纹部分称为资产组合区域，但在这一区域内的资产组合不是最佳的资产组合，最佳的资产组合只能由 MM' 线段与 MM' 弧度部分围成的集合 S 决定，这就涉及投资的权重结构。

现在我们先从最简单的两资产组合说起，从这里会看出图 6.1.1（b）中的线性方程在决定市场风险时的重要意义。

首先，我们根据上面提到的关于 t 的一元二次方程和柯西-施瓦茨定理，知道马科维茨曲线和正态分布统计中的线性方程，即图 6.1.1 的两个图形，都属于根的判别式 $[E(XY)]^2 \leq E(X^2) \cdot E(Y^2)$ 所示的一元二次方程的根的特解（重根），只不过表现不同。因此，这两者之间存在一一对应关系。

其次，在图 6.1.1（a）中，马科维茨曲线和斜率分别为 S_B、S_L 的直线构成的 $NMM'N'$ 图形上，MM' 弧段是有效投资组合的最高价值预期范

---

① 详见〔美〕詹姆斯·托宾、斯蒂芬·戈卢布：《货币、信贷与资本》，张杰、陈末译，中国人民大学出版社，2015，第 97 页。

围，它对应的标准差应该是收益标准差最低的区间。这个区间应在斜率为 S_B 和斜率为 S_L 的直线与马科维茨曲线分别相切的切点 M、M' 之间。这样就构成了由 MM' 构成的小弧段与 MM' 直线形成的一个集合 S，这个集合 S 里的点就和图 6.2.1（b）中的边长为 Δx，高为 Δy 的横截线阴影三角形区域内的点相对应（满射）。

最后，很明显，这里的 Δx 实际上就是收益标准差，Δy 就是最高的预期收益。这样，图 6.1.1（b）中直线方程 $k_i = a + \beta k_m$ 中的斜率 β，可用点集 $\dfrac{\mathrm{Cov}\ (k_i,\ k_m)}{\sigma^2\ (k_m)}$ 来表示。该点集具有正切函数的形式，这一点比较重要，我们在这里要详细地分析它。

假若我们把图 6.1.1（b）中的直线方程 $k_i = a + \beta k_m$ 看成阴影小直角三角形区域形成的斜边，那么就有直线方程 $\Delta y = a + \beta \Delta x$，这里的 $\beta = \Delta y/\Delta x$ 是斜率。因为它和图 6.1.1（a）中的集合 S 是满射关系，所以在 $\Delta y = \Delta x$ 的情况下，$\beta = 1$。这相当于两个资产组合者在市场的作用下同时来到了 MM' 弧段的最佳点 e（图中没有标出），而这个 e 点又对应"铜钱模型"中的小正方形对角线（45°）的位置。在交换成功（资产组合成功）以后两者的"行动"方向刚好相反，且价值又相等（如图 3.3.4），这时直线方程就立刻变成 $\Delta y = a + \Delta x$。又因为 $\Delta y = \Delta x$，我们能得到 $a = 0$ 吗？不能，它说明两交换者这时都上升了一个交换平台，即在"较高的经济层面"上进行交换，这就是"铜钱模型"在旋转了一个阶段后"小正方形"的边长扩大了 $\sqrt{2} - 1 \approx 0.414$ 个单位。这就说明对于两交换者的简单资产组合模型来说，斜率 β 具有正切函数的形式。

但是，若 Δy 与 Δx 不相等，或者说图 6.1.1（b）中的直线方程 $k_i = a + \beta k_m$ 的 k_i 与 k_m 不相等，如 $y = -8 + 1.5x$。这说明资产交换还存在着不公平的现象，即价格不公平或数量不公平；或者说在市场上有些交换者还没有达成交换协议便硬被作为统计数据统计进去了；或者说交换双方还没有真正达到双赢等。这时的线性方程必然存在着一个"游离残数 ξ"，因而 6.1.1（b）中的直线方程 $k_i = a + \beta k_m$ 应该是 $k_i = \alpha + \beta k_m + \xi$，这里的 ξ 是一个有方向的矢量，它不在 $k_i k_m$ 所确定的平面上。这样对于金融市场统计结果就会出现图 1.1.2 那样的残差近似图。为什么说是近似图呢？因为这张图还没有出现残差 ξ。

　　有了对两资产组合者的市场行为的分析，我们就可以分析在整个证券市场上投资者的资产风险评估。

　　现代金融经济学是把市场上所有资产投资者的投资行为进行平均后取期望值，然后计算任意一个投资者在投资权重支配下的收益。例如，某资产组合者的证券随机收益为 $\tilde{R}_{it}$，所有证券构成的市场随机组合收益为 $\tilde{R}_{mt}$，可以用均值 R_{mt} 代表随机波动值 $\tilde{R}_{mt}$。这样就可以将 R_{it} 用数学期望进行确定：

$$\mathrm{E}(\tilde{R}_{it}/R_{im}) = \int_{R_s} R_{it} f(R_{it} \mid R_{mt}) \, \mathrm{d}R_{it}$$

这样就可以确定某个资产组合者与整个市场上的所有资产组合者之间的关系：

$$\mathrm{E}(R_{it} \mid R_{mt}) = \alpha_i + \beta_i R_{mt} \qquad (6.1.1)$$

在这种情况下，自然不能保证（6.1.1）式确定的所有投资点都在这条直线上，于是就有了残差关系：

$$\xi_{it} = \tilde{R}_{it} - (\alpha_i + \beta_i R_{mt}) \qquad (6.1.2)$$

这里，

$$\beta_i = \frac{\mathrm{Cov}(\tilde{R}_{it}, \tilde{R}_{mt})}{\sigma^2(\tilde{R}_{mt})}, \alpha_i = \mathrm{E}(\tilde{R}_{it}) - \beta_i \mathrm{E}(\tilde{R}_{mt})$$

和上面的叙述一样，这里的 β_i 具有正切的含义。这不仅从 β_i 的定义式可以看出来，而且从其密度函数 $f(R_{it} \mid R_{mt})$ 的均方差可以看出来。如：

$$\sigma^2(\tilde{R}_{it} \mid R_{mt}) = \int_{R_s} \left[R_{it} - \mathrm{E}(\tilde{R}_{it} \mid R_{mt}) \right]^2 f(\tilde{R}_{it} \mid R_{mt}) \, \mathrm{d}R_{it} = \sigma^2(\tilde{R}_{it})(1 - \rho_{im}^2)$$

这里的 ρ_{im} 是 $\tilde{R}_{it}$ 与 $\tilde{R}_{im}$ 的相关系数，它为：

$$\rho_{im} = \frac{\mathrm{Cov}(\tilde{R}_{it}, \tilde{R}_{im})}{\sigma(\tilde{R}_{it})\sigma(\tilde{R}_{im})}$$

从三角函数的余弦定理可以看出 ρ_{im} 具有正切的含义。

对于（6.1.2）式，我们知道参数 ξ_i 不在 $\tilde{R}_{it}$ 与 R_{im} 构成的平面上，这里的 $\tilde{\xi}_{it}$ 具有随机性。所以有：

$$E(\tilde{\xi}_{it} \mid R_{im}) = E(\tilde{\xi}_{it}) = 0$$

这样就可以得到上面的残差 $\tilde{\xi}_{it}$ 的方差：

$$\sigma^2(\tilde{\xi}_{it} \mid R_{mt}) = \sigma^2(\tilde{R}_{it} \mid R_{mt}) = \sigma^2(\tilde{R}_{it})(1 - \rho_{im}^2) = \sigma^2(\tilde{\xi}_{it})$$

$$(6.1.3)$$

这就是说，残差 $\tilde{\xi}_{it}$ 与所有的 R_{mt} 不但相互独立，而且具有相同条件下的正态分布。由于 $\tilde{\xi}_{it}$ 具有这种特殊的性质，所以在证券市场上测算每一个投资者的市场风险是非常不容易的。因此，这项工作常常以失败告终。

关于用一次项系数 β 对金融风险进行测评，还有很多理论。这里只是简单地进行陈述，但对这个理论的作用，金融经济学家已经进行了以下简单的评价。

市场均衡要求价值加权市场组合 M 应该是最小方差投资组合。任意正方差证券 i 从时刻1到时刻2的预期收益率为：

$$E(\tilde{R}_i) = E(\tilde{R}_{0M}) + [E(\tilde{R}_M) - E(\tilde{R}_{0M})]\beta_{iM}, i = 1,2,\cdots,n \quad (6.1.4)$$

其中，n 是市场上正方差证券的数量；$E(\tilde{R}_i)$ 和 $E(\tilde{R}_M)$ 分别表示证券 i 和市场组合 M 的预期收益率；$E(\tilde{R}_{0M})$ 是任意正方差证券的收益率，或由收益率与 M 无关的证券组成的任意投资组合的预期收益率；且

$$\beta_{iM} = \frac{Cov(\tilde{R}_i, \tilde{R}_M)}{\sigma^2(\tilde{R}_M)} \quad (6.1.5)$$

是市场投资组合 M 中证券 i 相对于 M 的风险。

但对于众多的市场投资者 n 来说，（6.1.4）式只是一个特例，为了提高某一投资者对市场价值预测的正确性，金融学家们对（6.1.4）式进

行了改进，如：

$$E(\tilde{R}_i) = E(\tilde{R}_{0M}) + [E(\tilde{R}_M) - E(\tilde{R}_{0M})]\beta_{iM} + q\beta_{iM}^2 + d\sigma(\tilde{\xi}_i) \quad (6.1.6)$$

这样，原来的线性方程就成了非线性方程。它比（6.1.4）式多了两个解释变量 β_{iM}^2 和 $\sigma(\tilde{\xi}_i)$，这里的 q 和 d 为系数。那么，这个想法和实际一样不一样呢？就必须进行实证检验才知道。这样，就要把（6.1.6）式进行改造以便进行检验。借助最小二乘法，（6.1.6）式就变成如下形式：

$$R_{pt} = \gamma_{1t} + \gamma_{2t}b_{pm,t-1} + \gamma_{3t}b_{pm,t-1}^2 + \gamma_{4t}\bar{s}_{p,t-1}(e_i) + \eta_{pt} \quad (6.1.7)$$

根据最小二乘法的变换原理，我们可以看到对于所有证券市场投资者来说，投资 p 的市场利率为 R_{pt}，γ_{1t} 的最小二乘值实际上就是 β_{iM}、β_{iM}^2 以及与 $\sigma(\xi)$ 有关的标准投资组合收益率，对于 γ_{2t}、γ_{3t}、γ_{4t} 可按最小二乘法的原理作同样的解释。这里的 η_{pt}，是一个独立于以上解释变量的新的残差。为了使（6.1.7）式符合线性组合规范，在确定 γ_{3t}、γ_{4t} 为零的情况下，确定 γ_{1t}、γ_{2t} 的权重统计条件，进而使（6.1.7）式成为：

$$R_{pt} = \gamma_{1t} + \gamma_{2t}b_{pm,t-1} + \eta_{pt}, p = 1,2,3,\cdots,20 \quad (6.1.8)$$

Fama-MacBeth 就是这样完成了对（6.1.6）式的改造。为了实证检验的需要，他们把投资组合中的证券总数目分为 n，再把 n 进行 20 等分，取一个最初数值为初始值，它小于或等于 $n/20$。然后他们利用美国 1930~1966 年的 $b_{pm,t-1}$ 风险分布具体值，确定了资产市场风险系数（见表 6.1.1 和图 6.1.2），这对我们明确"铜钱模型"对风险认定范围的界定有很大的帮助。

表 6.1.1　经过最小二乘法改造的美国资产市场线性回归

方程风险系数统计值[①]

统计值	1930~1934 年	1934~1938 年	1938~1942 年	1942~1946 年	1946~1950 年	1950~1954 年	1954~1958 年	1958~1962 年	1962~1966 年
b_{pm}	1.291	1.458	1.627	1.661	1.479	1.527	1.587	1.388	1.486
标准误	0.033	0.053	0.080	0.077	0.086	0.086	0.064	0.065	0.056

---

① 详见〔美〕尤金·法玛：《金融基础——投资组合决策和证券价格》，王蕾译，格致出版社，2017，第 276~278 页。

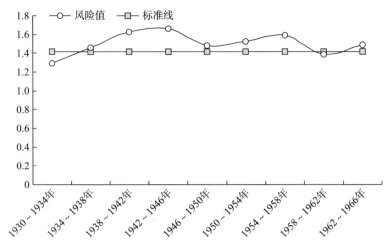

图 6.1.2　1930~1966 年美国资产市场风险系数波动情况

这里对 Fama-MacBeth 实证检验的方法和结果进行简单的解释，以说明我们引用相关内容的金融经济学意义。首先，对所有证券的 n 分法，其目的无非是要说明最后一个投资组合（即最高的 b_{pm}）会得到额外的一个证券回报（如他们把 n 作为偶数或奇数加以说明），所以这里的投资 p 的市场价值率应该是最后一个投资回报相对于所有证券价值的增加率。其次，这里的 $b_{pm,t-1}$（$b_{pm,t}$ 的上一期）在金融安全要求下应该等于 1（正切函数值，小正方形的对角线），但根据我们前面的讨论，在 $b_{pm,t-1} = 1$（小正方形的对角线上）时，双方只是具备了进行市场组合（交换）的条件，而不能保证进行了交换。当 $b_{pm,t-1} = \sqrt{2} \approx 1.4142$ 时，正切值所面对的角度约为 54.74°，这时取单位圆的半径 1，它恰好对应于约 1 个弧度。这就是说，这时的资产组合者已经完成了在市场条件下的资产组合，这和 Fama-MacBeth 的实证检验设计是一致的。最后，这说明将资产组合的风险安全线定在数值 $b_{pm,t-1} = \sqrt{2} \approx 1.4142$ 上是合适的，这将是我们后面分析风险问题的重要基础。

因为，这里若 $b_{pm,t-1} = \sqrt{2} \approx 1.4142$，它所面对的正切反函数就有以下这个"奇怪的现象"，即 $b_{pm,t-1} \approx 1 + \tan \pi/8 \approx \tan \pi/4 + \tan \dfrac{\pi/4}{2} = 1 + 0.414213 \cdots$

这就是说，风险系数 $b_{pm,t-1}$ 是在"小正方形对角线上"的一次"跳跃"，这个"跳跃"使得他们在原来 45° 的方向上发生了 22.5° 的"偏转"。这个弧度的变化可以用算术式来表示：

$$\tan \pi/8 = \sqrt{2} - 1 = \frac{1}{\sqrt{2}+1} \qquad (6.1.9)$$

即这里有对偶关系存在。这说明在"小正方形对角线上"的端点处，资产组合双方都发生了位置偏移，进而使得交换达到了成功。这里交换的产品价值是市场上双方都认为是等价交换的价值 1，额外得到的是约为 0.4142……（无理数）的主观价值（效应补偿）。我们再来分析这 $\pi/8$ 在圆周上的均匀分布，事实上它只是在生产经营的市场交换阶段（半圆上）均匀分布的 8 个等分。而这 8 个等分按通货的流动速度来讲只能为 4 个等分（代表通货流动的正切值只是现实角度的 1/2），这 4 个等分在第一象限只有 2 个等分。因为圆的半径为 $\sqrt{2}$，所以它扫过的弧度应为 $\sqrt{2} \cdot \frac{\pi}{2} \approx 2.22$，这样我们就又证得"铜钱模型"的结论。所以将 $\sqrt{2} = 1.41423\cdots$ 作为我们判断证券市场上取得资产组合的基本条件，图 6.1.2 将它称为标准线。我们看到具备市场组合的资产数值都在这条线"不远处"上下波动。而离这条标准线"较远"的数值，若在这条标准线的下方，就说明市场组合者还达不到进行市场交换的基本条件。若在这条标准线的上方，则说明他们已经脱离了"第一阶层"的安全条件，转而向第二个风险标准线"跃进"，这个问题后面再讨论。

现在，我们再用 Blume[①] 的方法，计算我国证券市场的 β 系数，以验证我们关于风险标准线的结论。图 6.1.3 是中国沪深 300 证券市场部分股票的风险运行状况，数据来源于雅虎财经网站，时间为 2015 年 10 月 16 日至 2017 年 10 月 27 日（选取这个时间段是为了排除其他事件对我国证券市场的影响）。图中 VB 代表样本股票 Vasicek，即调整的 β 系数[②]。其中除 H000156 代表华数传媒外，其他均与雅虎财经公布的股票代号一致。

---

①　Blume M.，"On the Assessment of Risk," *Journal of Finance*，1971：1 - 10. Blume M.，"Betas and the Regression Tendencies," *Journal of Finance*，1975：785 - 795.

②　可参见张水泉主编《EXCEL 在金融中的应用》，中国金融出版社，2018，第 221 ~ 224 页。

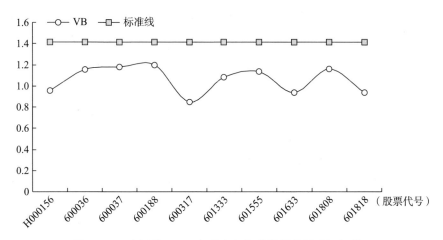

图 6.1.3　中国沪深 300 证券市场部分股票的风险运行状况

从图中所反映的这些公司的股票指数来看，当时还远没有达到股票交易的成熟阶段，因为股指波峰值与标准线都相差一定的距离。而这时再进行市场交易，一般会使公司受到一定程度的资产损失，甚至面临危机（与图 6.1.2 进行比较，缺陷十分明显）。对于证券市场熟悉的参与者，这时是不会轻易进行资产投资的。这就要求这些公司扩大市场份额，完善市场机制，才能使资产达到有效的价值实现。

可以看出，如果仅仅用风险系数 β 来衡量市场的风险程度，不但手续复杂，结果也不甚牢靠。这里主要的原因就在于，马科维茨曲线上的 M 点位于最小方差边界上的斜率必须为正的部分[①]的假设要可靠，如果这个假设不为真，隐含的非线性和非 $-\beta_M$ 风险的检验就毫无意义。[②]读者回想一下本书第一章第一节的（1.1.4）式和（1.1.5）式，那里的误差就在这里。

那么对于一个通过市场进行资产组合的投资者，他的风险预测和防范是以什么为依据呢？我们认为，这当然还是要从莱昂·瓦尔拉斯的虚、

[①]　如果我们把马科维茨在 M 点的期望值 $\mathrm{E}\,(\tilde{R}_M)$ 看成是在"铜钱模型"的小正方形对角线附近，那么就有 $\mathrm{E}\,(\tilde{R}_M) > \mathrm{E}\,(\tilde{R}_{0M})$，这里的 $\mathrm{E}\,(\tilde{R}_{0M})$ 是随机利率 R 在 M 点的斜率。这就是说，统计数据的点基本上要落在小正方形对角线附近。

[②]　详见〔美〕尤金·法玛：《金融基础——投资组合决策和证券价格》，王蕾译，格致出版社，2017，第 252 ~ 264 页。

实空间的相互转换过程来谈起，也就是要从"铜钱模型"里所确定的"小正方形的对角线"谈起。我们的观点是，不论是个人对自己财富经营的计划设计和实践安排，还是从自己的财富出发对整个证券市场的风险判断或防范，都应该以本书第四章第三节讨论的内容，以约为 0.707 和 0.293 的数据为界限，即沿着以向右上方 45°的财富分布分界线为基准进行判断。事实上，现代金融学已经用这两者相结合的方法进行市场判断了，我们现在就来讨论这个问题。

一般来说，β 是单值证券收益 k_i 与市场收益 k_m 的协方差除以市场收益方差，即：

$$\beta = \frac{\text{Cov}(k_i, k_m)}{\text{Var}(k_m)} \tag{6.1.10}$$

所以也可以说，β 是评估一只证券与市场上其他证券收益的相关度。但从另外一个角度来看，β 是一只证券收益变化的百分比，是衡量其对外部市场变动的反映。因此它可以被认为是一给定资产相对于市场变化的金融弹性。[①]

有了资产组合 β 的定义式，我们就可以从资产定价模型的主要因素中了解金融市场波动是怎样逐步演变为风险的。例如，对于下面的资产定价模型：

$$k_i = R_f + \beta_i(k_m - R_f) \tag{6.1.11}$$

其中 R_f 表示无风险利率。为了刻画资产组合中的风险，上面模型中将任一资产的必要收益率，认为是无风险资产收益率和市场风险溢价相加的结果。很明显，市场风险溢价为市场利率与无风险利率之差（$k_m - R_f$）与 β 的乘积，即 $\beta_i(k_m - R_f)$。图 6.1.4 很好地说明了证券市场线 SML 与 β 构成的不同市场风险结构关系。无风险利率 6.5% 与 β 为 0 相对应。市场利率 12% 与 β 为 1 相对应，但是这时的市场风险溢价为 5.5%。资产必要收益率 16.67% 与 β 为 1.85 相对应，这时的市场风险溢价为

[①] 〔美〕M. J. 阿尔阿比：《数理金融》，温建宁译，机械工业出版社，2018，第 276 ~ 280 页。

10.17%。可以看出所有 β 高于 1 的资产会有比市场风险更高的风险溢价。例如 β 为 1.85 时的风险溢价比市场风险更高（图中 CE 为 10.17%）。但是，当 β 比 1 低的资产会有比市场风险更低的风险溢价。例如在图 6.1.4 中一公司 S 的 β 为 0.5，这家公司的风险溢价出 GH 表示，其比市场风险溢价更低。

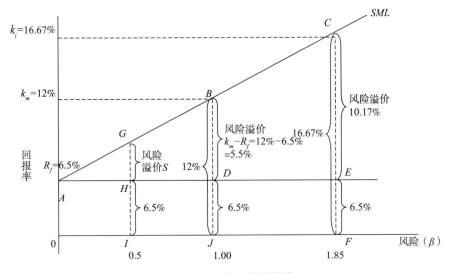

图 6.1.4　风险溢价的结构

和图 5.3.4 不同，对于 M. J. 阿尔哈比教授的经验性分析，我们还是找不到它们之间基本的经济数学原理。这就是说，我们不知道他的 β 值和风险溢价的关系与理论推算的结果到底一致不一致？若不一致，问题在哪里？或者说尽管我们对他的经验性结论持认可态度，因为这符合"铜钱模型"得出的结论，但我们仍有些疑问，因为我们并不确定这个结论是否和数学推导的理论结果一致。不要紧，当我们再沿着这种思路走不多远时，我们就会看到前面用复变函数方法所推导的实体经济利润，与现代金融经济学的经济市场获利有着同样的作用，我们的思路也会随之开阔。

现在让我们给图 6.1.4 的模型"嵌套"一个通货膨胀溢价（IP），其作用在于当价格上升时防止投资者的债券购买力下降。第二个因素是实际利率 k^0，它不包括通货膨胀。这样就有：$R_f = k^0 + IP$。因此，在通货膨胀的作用下，我们就得到了一条随着 IP 增加而无限向上平移的

SML。可见 *SML* 曲线最关键的是它的斜率 β，它实际上表示了资产组合者厌恶风险的程度（见图6.1.5）。

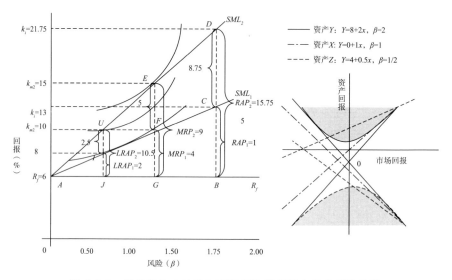

图6.1.5　科技进步方法论与现代经济学解释市场获利的比较

M. J. 阿尔哈比教授用金融经济经验数据对现代金融经济学的资产组合进行了独到的分析，我们在这里不妨用他的分析结论，来探究现代金融经济学资产组合的市场机理，以辨析它与将科技进步用复变函数分析所导致的资产市场组合结果的异同。这为我们前面所提到的基本原理，提供了一个不可多得的理论检验和实践证明。

M. J. 阿尔哈比教授认为，证券市场的斜率展示了投资者风险厌恶的程度。因此，*SML* 以向上、向下转动来显示投资者的风险厌恶程度的变化。当斜率为0时，*SML* 将与无风险资产收益率（R_f）持平，即风险资产在达到无风险时卖出，则在这一点无风险溢价。当风险厌恶程度变大时，风险溢价上涨，则 *SML* 会以 R_f 为中心旋转，它的另一端将根据风险溢价的多少而上升。从中心轴来看，整条线将开始摆动。图6.1.5展示了当风险厌恶程度上升时，市场风险溢价（*MRP*）上升的情况。例如，当风险厌恶程度从4%上升到9%（竖线 *FG* 到 *EG*），必要市场收益率（k_m）将从10%上升到15%，并且 β 为1.75的风险资产收益率（k_i）将从13%上升到21.75%，这个资产风险溢价（*RAP*）将从7%上升到

15.75%（竖线 CB 到 DB）。[1]

这就是风险资产变动前后的风险溢价，这个变动导致了斜率变大，从而曲线更为陡峭，SML_1 将转动到 SML_2。很明显与 β 低于1的低风险资产相比，风险厌恶程度的改变对于 β 更高的高风险资产影响更大。这可以从两种风险资产的必要收益率的改变看出来。一种风险资产的 β 为1.75，其必要收益率增加了8.75个百分点（从13%到21.75%），而 β 为0.5的风险资产的必要收益率上涨了2.5个百分点（从8%到10.5%）。这意味着一个 β 为1.75的风险资产面临着比 β 为0.5的风险资产高2.5倍的必要收益率增长。[2]

如果读者还记着第五章的图5.2.3和图5.2.4，就必会想到由复变函数 $w = z^2$ 所画的这幅图在这里所起的作用。从理论上来说，由曲线族 $u = q^2 - p^2$ 构成的图5.2.4（a）的所有曲线中，除过曲线族 $v = 2pq$ 外，很难找到唯一一条通过原点且和所有曲线相切的直线。但是，我们知道通过原点且和实、虚轴夹角45°的一条直线和在 $u = q^2 - p^2$ 曲线族的最外部的曲线，即在"无限远处"极有可能相切。而这条直线也被称为最"安全"的无风险曲线，这条直线就是图6.1.5右图 $\beta = 1$ 的资产 X 的点划线。其他直线若要和曲线族 $u = q^2 - p^2$ 相切，必须在图5.2.3（a）绕原点处还没有"曲线族"存在的范围内，即在过原点（除了原点）的纵轴（资产的价值）上、下交点（确定的市场价值）范围内。这就是说，这些要和曲线族 $u = q^2 - p^2$ 相切的直线族全部在原点的"上下（或左右）"范围内。这就是图5.2.3（b）资产 Y 和资产 Z 所有的不同的曲线形式。那么，它们正是上一章图5.3.4表现形式的具体体现（具体的数值我们在本书的最后一章研究）。在这样的基础上，我们再来详细分析它们的经济学意义。

事实上，复变函数 $w = z^2$ 在复平面区域上所画的 $u = q^2 - p^2$ 曲线族，在复平面上都是直线。这些直线，将成为复变函数 $w = z^2$ 所在范围内的一条条由"密度"极高的"点"构成的曲线族，它们为现实金融经济学

---

[1]　$k_i^1 = R_f + \beta_i(k_m^1 - R_f) = 0.06 + 1.75 \times (0.10 - 0.06) = 0.06 + 0.07 = 0.13$，其中 $k_i^2 = R_f + \beta_i(k_m^2 - R_f) = 0.06 + 1.75(0.15 - 0.06) = 0.06 + 0.1575 = 0.2175$，其中 $1.75 \times (0.10 - 0.06) \times 100\% = 7\%$ 和 $1.75 \times (0.15 - 0.06) \times 100\% = 15.75\%$。

[2]　〔美〕M. J. 阿尔哈比:《数理金融》，温建宁译，机械工业出版社，2018，第282页。

的"点密度"解释奠定了不可多得的统计基础。它是以波的形式向外传播的,这就成为曲线 $v = 2pq$ 的"波动力"的重要范围。我们十分感谢路易斯·巴舍利耶效仿爱因斯坦描述"布朗运动",将"粒子统计"的方式引入到金融经济学领域①,这给了我们重要的理论启示。但路易斯·巴舍利耶是否知道爱因斯坦等人在描述"布朗运动"的过程中,已经"迫不得已"放弃了传统的统计手段而进入到"量子统计"阶段?而这种"量子统计"的手段是人们现在早已经习惯了的所谓的"波函数"的统计方式,这实际上等于完成了物理学时间和空间的一种深刻的革命。正是这种革命提醒人们,必须将人的市场行为不确定性,与企业生产的产品数量和价格的不确定性进行"高度的"融合,才能使我们在现代金融经济学的市场运行过程中,注意到理论和实际一再脱离的"深水暗礁",才能使我们试图从改变人的经济行为时空观入手,来解决这个人们平时不太注意的基本问题。要不然,马科维茨关于"效率的前沿"② 的解释将是另一番模样,托宾的"分离定理"也将进行重新界定。

第二节　虚、实经济空间的存在与转换的证明

从市场交换的实践经验来说,有大量的事实表明市场交换所形成的实际价值与虚拟价值同时存在,这当然不仅仅以人们的主观意志为依据。价值主观特性的确立,在经过奥地利的卡尔·门格尔、英国的杰文斯和瑞士的瓦尔拉斯等学者的努力,已经取得了世界经济发展事实的有力支持。但传统数学的方法论工具阻碍了它的进一步发展,使它好像只能在和现实世界十分接近的欧几里得空间里运行,这也同时使得将本来不可逆的人的经济活动行为被误认为是可逆的经济活动行为,这些明显的错误使得现代金融经济学在现实的"南墙"面前不断碰壁,因而也不断地遭到经济学界的猛烈批评。我们现在举一实例来说明由现代金融经济学所用的方法论工具导致的金融经济理论和现实误差不断增大的基本原因。

图 6.2.1 是一个共轭对称图,图中 *TU* 表示总效用,*MU* 表示边际效

---

① Courtault, J. M., Kabanov, Y., Bru, B., Crépel, P., "Louis Bachelier on the Centenary of Théorie de la Spéculation," *Mathematical Finance*, 2000: 341 – 344.

② Harry Markowitz, "Portfolio Selection," *Journal of Finance*, 1952: 77 – 91.

用。刚开始，随着总效用的增加边际效用逐渐降低，当它们各自达到最大的限度后，它们的作用就完全"打了个颠倒"，即随着边际效用的增加总效用降低。这正是虚拟经济空间与实体经济空间相互作用的具体表现。

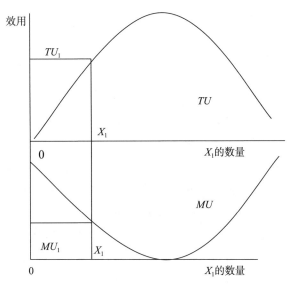

图 6.2.1　杰文斯的边际效用递减规律

杰文斯说，"我们几乎不需要考虑除去最后增加的被消费物品之外的所有物品的效用程度，或者说，只考虑下一个增加的被消费物品的边际效用。因此，通常我总是使用最后效用程度的说法，表示最后增加的，或下一个可能增加的一个极小或无限小的现有存货的效用程度。"[①] 这里所说的是，人们对某种商品的总效应该是人们对这种商品的欲望。这种欲望首先在人们的头脑中，因为它是处于"虚拟的"的状态，所以它的整个存在空间实际上是一种虚拟空间。这种函数的特有形状（即随着欲望的逐步实现，人对它的欲望会逐渐减少），本身确定了它是一种概率逐渐得到满足的正态分布形式，这种形式用高斯分布表达最为恰当。因此我们可根据杰文斯的总效应和边际效应的相互作用（"你增我减"）来恰当地确定高斯分布 $x = \mu$ 这个对称轴。但是，这时的高斯分布将不再表示

---

① William Stanley Jevons, *The Theory of Political Economy*, 3rd ed. （Macmillan, 1888），
　　p. 51.

为概率分布的形式，而应该表示成具有共轭集成的波函数形式。我们若用 $F(x)$ 表示这种波函数，即：

$$F(x) = a^{-\frac{n}{2}} \int_{-\infty}^{\infty} e^{i\frac{(x-b)}{a}} \mathrm{d}x \qquad (6.2.1)$$

它的共轭形式为：

$$F^*(x) = a^{-\frac{n}{2}} \int_{-\infty}^{\infty} e^{\frac{(x-b)}{i \cdot a}} \mathrm{d}x \qquad (6.2.2)$$

对于这两个互为共轭的波函数，它们的图形就对应图 6.2.1。不过，这里的图形不具有杰文斯实空间的意义，根据数学的定义，它的积分仍然是它本身。它只有变成统计形式的（FF^*）时才具有图 6.2.1 的经济意义。但是，在我们研究共轭对称图形转换时，这样的形式是十分有用的（见图 6.2.2）。因为在成为共轭对称的图形时，它会从图 6.2.1 的形式变成图 6.2.2 的形式。在酉空间坐标系里，它与共轭图形分别处于第一象限和第三象限。因此，若要证明它向实际空间的转换（杰文斯图形），这就需要使用小波变换的方法，下面展示了这种证明过程。

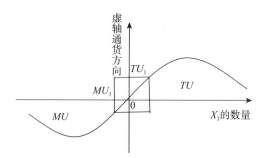

图 6.2.2　带有虚拟空间的高斯波函数共轭图形

　　先在我们设定的框架 A 和 B 内，取波函数 $\psi\left(\dfrac{x-b}{a}\right)$[①]。这里，我们把上面的函数式（6.2.1）和式（6.2.2）里（隐含）的伸缩性参数 σ，连同它的系数选择设为框 A 的"底边" $a = a_0^m$，$m \in Z$，$a \in R_+$，$a \neq 0$。固定伸缩步长 $a_0 \neq 0$，高为 $\psi^{a,b}(x)$。我们把高斯函数里的对称轴平移参数

---

① 有波动就有波函数的存在，马科维茨当年就是用横轴表示收益波动的标准差的。Harry Markowitz, "Portfolio Selection," *Journal of Finance*，1952：77 - 91.

μ，取在 B 框的一个固定的"底边" $b = b_0$（使我们可任意固定 $b_0 > 0$）的整数 n（$n \in Z$）倍即可。恰当选择 b_0，使 ψ（$x - nb_0$）"覆盖"整个数轴。对不同的 m 值，$a_0^{-m/2} \psi$（$a_0^{-m} x$）的宽度为 ψ（x）的 a_0^m 倍。这样选择 $b = nb_0 a_0^m$ 将确保小波在级别 m 上"覆盖"数轴。然后，经过连续的小波变换，可以在广义 L^2（R）函数空间找到一个母小波函数 h。由此，我们一定能够得到一个这样的波函数，即 $h^{a,b} = a^{-1/2} h \left(\dfrac{x - b}{a} \right)$，其中 a，$b \in R$，$a > 0$。它可以找到 A、B 框内函数的"迹"。于是就有下面重要的关系式①存在：

$$A \parallel h \parallel^2 \ln a_0 \leqslant \frac{2\pi}{b_0} \parallel h \parallel^2 \int_{-\infty}^{\infty} e^{-\frac{(\xi-\mu)}{2\xi}} \mathrm{d}\xi \mid \xi \mid^{-1} \leqslant \frac{b_0 \ln a_0}{2\pi} B$$

令上式除以 $\dfrac{2\pi}{b_0} \parallel h \parallel^2$，我们就得到：

$$\frac{b_0 \ln a_0}{2\pi} A \leqslant \int_{-\infty}^{\infty} a\xi \mid \xi \mid^{-1} \mid \dot{\psi}(\xi) \mid^2 \mathrm{d}\xi \leqslant \frac{b_0^2 \ln a_0}{(2\pi \cdot h)^2} B$$

这是高斯函数成立的条件，如果上面的关系存在，我们必然就能得到和总效用曲线一致的高斯分布函数：

$$FF^* = \frac{1}{\sigma \sqrt{2\pi}} \int_{-\infty}^{\infty} e^{-\frac{(x-\mu)^2}{2\sigma^2}} \mathrm{d}x$$

它的密度函数为：

$$p(x) = \frac{1}{\sigma \sqrt{2\pi}} e^{-\frac{(x-\mu)^2}{2\sigma^2}}, \quad -\infty < x + \infty$$

这不仅说明了杰文斯的边际效用和总效用的原理来自人们欲望（在虚空间里）的逐步满足进而导致总效用（虚空间）减少的事实。同时也说明它来自人类经济行为的概率统计分布，证明了人的经济行为的不可逆性。

现在我们仍然从最基本的共轭函数图形说起，继续考察（6.2.1）式

---

① 这个证明比较复杂，但又是我们从欧几里得空间进入到适应人的经济活动的希尔伯特空间的重要依据，故我们将证明进行了简化。详细的过程可参考〔比〕英格里德·道贝切斯：《小波十讲》，贾洪峰译，人民邮电出版社，2017，第 60～62 页。

和（6.2.2）式。假设边际效用增加一个单位和总效用减少一个单位时的斜率相等，而它们在两个不同的空间里（共轭）的方向相反。对于（6.2.1）、（6.2.2）式分别求导，再令它们相等，就有：

$$\frac{i}{a}e^{i\frac{x-b}{a}} = \frac{-i}{a}e^{-i\frac{x-b}{a}}, \text{即有} -e^{i\frac{x-b}{a}} = e^{-i\frac{x-b}{a}}$$

或 $e^{\frac{2i(x-b)}{a}} = -1$，我们得到：$\cos\left(2\frac{x-b}{a}\right) = -1; 2\left(\frac{x-b}{a}\right) = n\pi, n \in Z$

根据我们前面的讨论，这里必须取 $n=1$，为了方便，可先选取 $b=0$。这样我们就将对称轴放在虚纵坐标轴上，即 $\frac{2x}{a} = \pi$，$x = \frac{a\pi}{2}$。为了能够在它们形成共轭密度时进行积分，又要符合图6.2.1，必须令 $\sigma=2$。那么这里的 a 在形式上就为 "a_0 的数值为1的一个单位"，于是有：$x = \frac{\sqrt{2}\pi}{2\sqrt{2}} = \frac{\sqrt{2}\pi}{\sqrt{2}\sigma}$。只有这样，才能对（6.2.1）和（6.2.2）式形成的共轭密度进行积分。由此我们得到在系数 $\frac{1}{\sqrt{2}\sigma} = \frac{1}{2\sqrt{2}}$ 下的 $\tilde{x} = \sqrt{2}\pi$。再强调一下，这里的 $\frac{1}{2}$ 保证了 $\sigma=2$ 的杰文斯效用曲线；这里的 $\frac{1}{\sqrt{2}}$ 说明了市场上两交换者的位置是在 "铜钱模型" 的小正方形的对角线上。为了和图6.2.1一致，我们就得到：

$$\psi(x) = (2\sqrt{2})^{-m/2}e^{-i\frac{x}{2\sqrt{2}}} \qquad (6.2.3)$$

这里的 $a^{-\frac{m}{2}}$ 由（6.2.3）式或（6.2.4）式以及它们共轭式所形成的密度函数归一化来解决。我们现在可以将（6.2.3）式的纵坐标轴进行 "平移"，如从原点向右移至 b，它的距离是 μ，即 $b=\mu$（见图6.2.3），则（6.2.3）式就成为：

$$\psi(x) = (2\sqrt{2})^{-m/2}e^{-\frac{x}{2\sqrt{2}}} \qquad (6.2.4)$$

可以看到，它达到了和杰文斯的总效用曲线 TU 和边际效用 MU 的一致。可见这里的（6.2.4）式和（6.2.5）式取 $\sigma=2$ 是必然的，否则，这两式都不成立（参见图6.2.3）。这里 a 的指数 m 在 $\psi(x)$ 形成密度函数后，就更容易用归一化决定其具体形式。例如，我们能够证明，在 $m = 2$ 的情况下，归一化得到：

$$\psi(x)\psi^*(x) = \frac{1}{\sigma\sqrt{2\pi}}e^{-\frac{(x-\mu)^2}{2\sigma^2}} \quad (-\infty < x + \infty) \tag{6.2.5}$$

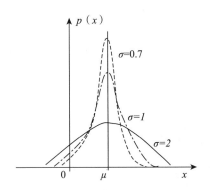

图 6.2.3 σ 的具体数值和对应的图形

它的经济学含义是：在实际的市场位置中，交换者甲用通货成功换取交换者乙的布匹，这时 $\tilde{x} = \sqrt{2\pi}$。这就是杰文斯所说的，"通常我总是使用最后效用程度的说法，表示最后增加的，或下一个可能增加的一个极小或无限小的现有存货的效用程度"。因此它们是分别通过增加自己的边际效用，减少了总效用。

知道交换前后的价值差异，对于市场功能的理解和市场作用的正确发挥十分重要。首先，因为它来自人的经济计划和实际经济行为的相互转换，所以它给了人们只为市场效应而放弃虚、实经济空间相互转化的基本原则，进而形成市场泡沫的行为误区提出了"警告"。其次，它告诉人们虚拟经济空间对实体经济的生产和发展所起的不可或缺的作用，告诉人们在现代市场经济条件下融资、投资所必须遵守的基本界限和规则，若超越界限或违背规则，就有可能引发金融、经济危机。这几个方面都是相互联系、相互作用的，彼此的存在和发展都以对方的存在和发展互为前提，我们必须加以重视。

因此，我们对马科维茨效率前沿的解读［见图6.2.4（a）］和对托宾分离定理的研究［见图6.2.4（b）］，其目的在于对以下问题进行解答：他们构造这些准确图形的金融经济学原理是什么？这些区域或区间要满足怎样的假设条件？有了这些条件，它们又是怎样和人的经济行为的有理数间隔（将无理数排除）完全一致？特别是如图 6.2.4（b）的"资产配置线"为什么没有经过原点？它离原点的具体高度是多少？是怎样确定的？我们将逐步向读者解答这些问题，并给出它们对应的基本原理。

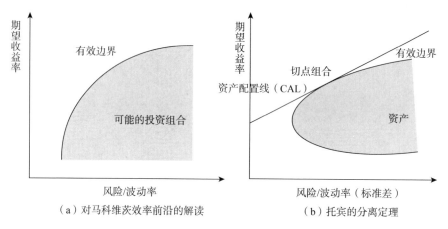

图 6.2.4　现代金融经济学对路易斯·巴舍利耶理论的拓展

资料来源：（左图）"Modern Portfolio Theory and the Efficient Frontier", http://www. smart401k. Com/content/retail/resource-center/advanced-investing/modern-portfolio-theory-and-the-efficient-frontier.

（右图）"The Capital Asset Pricing Model-Fundamental Analysis", ED-informatics, accessed2013, http://edinformatics. Com/investor_ education/capital_ asset_ pricing_ model. htm

这就是我们引入复矢量空间模型的原因，也是我们根据现代经济学统计性原理从复变函数向多维复矢量空间过渡进而寻找适合人的经济活动的时空观的原因，这就确定了我们根据复变函数确定资产组合的具体空间位置的根本目的。

第三节　虚、实经济空间的转换过程与"铜钱模型"的结论

我们这一节的目的，就是要证明能否从现代经济理论推出"铜钱模型"的结论，进而证明虚拟经济空间与实际经济空间相互转换的具体过程。

　　仔细分析现代经济学以及资产组合理论，我们就会发现虚、实经济空间相互转化的依据是现代金融经济理论的重要基础。更进一步地说，现代金融经济理论实际上只是虚、实经济空间相互转化理论的近似表达。这主要是因为它们的存在和发展过程，都是以市场经济这个最基本的存在为条件的。

　　例如，现代经济学认为，企业的利润等于总收益减去总成本，写成公式就是：

$$企业的利润 = 总收益 - 总成本$$

总收益是企业的销售收入，它等于销售产品的价格与销售数量的乘积，而总成本则是企业生产过程中的各种有形与无形的支出，它们都取决于企业利润的量纲 λ。为了方便，我们这里仅取企业产出的单位量值，即这里的 $\lambda = 1$。再假设企业的产品价格为 x，企业的成本价格为 ξ，这样 λ 就成为和利润有关的量，其中产品价格 x 由市场决定。企业的成本价格由原料以及其他用于企业生产的有形与无形的成本组成，这些组成既由市场决定（如从市场中购买原料），也由企业内部决定。那么，这时企业的利润 r 就为：

$$r = \lambda(x - \xi) = x - \xi$$

这种利润，会随着市场的价格变动而波动。对于这种波动，现代经济学理论完全承认，但又没有明显地对这种波动进行必要的数学证明。因为现代经济学没有用波的模型来表示这种波动的"习惯"，大部分经济学教科书也只是用语言来进行逻辑性的描述。而这些描述大部分将产生这种波动的原因——在市场竞争中形成的产品价格和生产数量不能同时被确定——给忽视掉了，金融经济学家们似乎是达成了某种"默契"，而对于找出其中的真正原因显得"无能为力"。这在美国经济学家弗兰克·H. 奈特和英国经济学家凯恩斯等人的著作里都有不同程度的反映。[①]事实上，主要是波，即波函数才能准确地表达其运动形式，真实地反映其运行规律。而波函数存在的重要条件就是两个量纲互为倒数的指数形式能够存在。同样，也正是波函数才能将产品的价格和生产的数量放在

---

① 详见张雪魁：《知识、不确定性与经济理论》，上海人民出版社，2010，第91页。

必要的、十分"显赫"的地位。波函数中"波"的表示形式为：

$$e^{i\lambda(x-\xi)} = e^{i(x-\xi)} = e^{ir}$$

它说明，在市场经济的条件下，商品的利润可产生一种波。这种波，是由商品的价格 x 和商品的数量 λ 确定的。这种确定，实际上是反映了它们之间的一种"不确定性"，这是一个十分重要的观点。当然，对资产的市场组合者来说，每一个经济实体（包括市场主体的个人），也应该有这样相同的观点。

正因为有这种"不确定性"的存在，才有了企业 r（利润）的存在形式（确定性）。企业利润 r 是企业用自己的"权威"[1] 将市场中不确定的因素确定了下来。在市场经济条件下，企业要承担产品的价格和生产数量的不确定性风险，这直接关系到企业的生存。所以才有罗纳德·科斯的著名论断——在企业外部，价格变化指导生产，在企业内部，企业权威主导生产[2]。对于我们的关系式来说，很明显，它们的量纲互为倒数。而将企业的生产数量 λ 设定为 1，就是为了更加突出未来价格的不确定性。本来，市场上某一产品的数量 λ 和价格 x 的不确定性，使它们实际上处于一种不相容的状态。这种不相容的具体表现形式为，数量 λ 和价格 x 在一定的范围 r 内难以同时确定。例如，我们确定了产品的数量 $\lambda \to \lambda_0$，价格 x 就有：$\Delta x = \lim\limits_{\lambda \to \lambda_0} \dfrac{r}{\Delta \lambda} \to \infty$；同理，如果我们确定了未来产品的生产价格 $x \to x_0$，那么数量 $\lambda \to \infty$。这样，才有了企业 r（这里以利润为代表）存在的可能。但是，这种表示在数学上要求必须是以一种"波" $e^{i\lambda(x-\xi)} = e^{i(x-\xi)} = e^{ir}$ 的形式呈现才符合逻辑。很明显，这种波在 $e^{ir} = 1$ 的情况下，恰好显示了企业未来生产的不确定性，因为对于 $e^{ir} = 1$，只要它的指数 $r(\lambda, x)$ 里有任何一个变量，不论是 λ，还是 x 成为另一个函数的自变量，那么 $e^{ir} = 1$ 就会和这个函数相互作用，使这个函数成为周期函数。也就是说 $e^{ir} = 1$ 本身就是不确定的。这难道不是奈特、凯恩斯等经济学家一直都在寻找的价格、波动和周期等经济现象的几个

---

[1]　详见张维迎：《企业的企业家——契约理论》，上海人民出版社，2016，第 12 页。

[2]　〔美〕罗纳德·H. 科斯：《企业的性质》，盛洪、陈郁译校，格致出版社，2014。〔美〕路易斯·普特曼、兰德尔·克罗茨纳编《企业的经济性质》，孙经纬译，上海财经大学出版社，2009，第 78 页。

重要概念之间相互联系、相互依赖的实质吗？

$e^{i\lambda(x-\xi)}=e^{i(x-\xi)}=e^{ir}$ 具体表现为波的形式，它直接是 $cosr+isinr=1$ 的真实写照，也是欧拉公式的具体表现。这就是说，这种表示波的方式是古老的、可信的、经典的，经济学既然承认市场波（信息）的存在，就没有理由拒绝这种"波"的存在方式。由于我们在这里用了单位产量和单位价格，我们希望用这种和边际效用直接相关的概念，去直接"导入"经济数学问题的核心。考虑到我们要把这种"单一"产品的数量和价格形式推广到"大量的""不同的"产品的市场经营中去，在不影响一般性的前提下，我们可以将 $cosr+isinr=1$ 的形式进行以下的变换：

$$F(\lambda,x) = \int f(x)\,\mathrm{d}x = \int f(\xi)\,e^{i\lambda(x-\xi)}\,\mathrm{d}\xi \qquad (6.3.1)$$

这里首先要介绍 $f(\xi)$，如果按我们上面所定义的，ξ 表示市场中产品的资源（包括人力资源）即成本。根据托宾对索洛经济增长模型的分析，我们可以将 $f(\xi)$ 定义为人均的生产函数[1]，这样就有 $x=f(\xi)$，即 $f(\xi)$ 就成了生产的单位产品，按照货币数量论的观点，x 也可以成为单位产品的价值量。所以这时的 (6.3.1) 式就成为在生产成本 ξ 的极小区域内，商品生产者在市场的作用下根据单位产品 x 的"微小"作用规则，为长远的生产规划进行的决策。这时 (6.3.1) 式积分号内的部分就变成：

$$xe^{i\lambda(x-\xi)}\,\mathrm{d}\xi \qquad (6.3.2)$$

对于大量的产品生产，就有：

$$A\int_{-\infty}^{\infty}\mathrm{d}\lambda\int_{-\infty}^{\infty}xe^{-i\lambda(x-\xi)}\,\mathrm{d}\xi = f(x) \qquad (6.3.3)$$

(6.3.3) 式实际上就是一个典型的傅里叶积分公式，(6.3.3) 式中的 A 实际上就是一个积分常数。对傅里叶积分公式十分熟悉的人很快就会知道，在这里 $A=\dfrac{1}{2\pi}$，因此，我们有：

$$f(x) = \frac{1}{2\pi}\int_{-\infty}^{\infty}\mathrm{d}\lambda\int_{-\infty}^{\infty}xe^{i\lambda(x-\xi)}\,\mathrm{d}\xi = \frac{1}{2\pi}\int_{-\infty}^{\infty}f(\xi)\cdot e^{-i\lambda(x-\xi)}\,\mathrm{d}\xi \qquad (6.3.4)$$

---

[1] Tobin J., "Money and Economic Growth," *Econometrica*, 1965: 671 – 684.

仿照托宾的定义方法，我们可以将 $f(x)$ 看作在市场上交换成功（即销售出去）的产品，这时的 $f(x)$ 不是再以产品的形式存在，而是以价值，即以通货的形式存在。再考虑到我们是从单位产品、单位价格入手讨论问题的，因而这里 x 和 ξ 的主要差别在于，x 是产品的价格，ξ 是成本的价格，它们两者之间相差 $f(\xi)$（现代经济学认为这种关系式一般是线性的）。同时我们还要注意的是，这里的产品 x 虽然是生产出来了，但还没有进行交换，我们也不知道它是否能够交换成功。所以，在这里它实际上只有 $\sqrt{2}$ 的市场待售价格（参考"铜钱模型"中的讨论）。只要它们交换成功，它们就立刻成为 $f(x)$，这时它的价值就成为 $\sqrt{2}\pi$。于是，这里（6.3.4）式就可写为：

$$r = \sqrt{2}\int_{-\infty}^{\infty} x\mathrm{e}^{-i(x-\xi)}\mathrm{d}\xi \qquad (6.3.5)$$

这里产品的数量区间 λ 实际上是无限长的实数域区间，即以上的积分关系主要发生在 λ 区域和 ξ 区域的无理数和超越数（如 π 和 e 以及 $\sqrt{2}$ 等）上。因此，对待（6.3.5）式中（隐含）的 λ，按实变函数的方法应分割为以周期为 2π（$-\pi$，π）的可测区间。在这里我们已经将 λ 确定为单位产量，所以在这里，只要我们保证（6.3.5）式中的被积函数是偶函数，我们就可以认为 $\int_{-\infty}^{\infty}\mathrm{d}\lambda = 2\pi$，这时就有从（6.3.4）式向（6.3.5）的过渡（这个函数里的 λ 已经成为 1）。同时，因为我们在这里将 $x = f(\xi)$ 定义为单位的产品价格，实际上可以认为它从 1 开始变化。于是（6.3.5）式还可以进行化简，即：

$$r = \sqrt{2}\int_{-\infty}^{\infty} \mathrm{e}^{i(x-\xi)}\mathrm{d}\xi = 2\sqrt{2}\int_{0}^{\pi}(\cos r + i\sin r)\mathrm{d}r = \sqrt{2}\int_{0}^{\pi} 2\cos^2\left(\frac{r}{2}-1\right)\mathrm{d}\left(\frac{r}{2}\right)$$

再进行以下的化简，即有：

$$r = 2\sqrt{2}\int_{0}^{\pi} 2\cos^2\left(\frac{r}{2}\right)\mathrm{d}\left(\frac{r}{2}\right) - \sqrt{2}\int_{0}^{\pi}\mathrm{d}\left(\frac{r}{2}\right) = 2\sqrt{2}\frac{\pi}{2} - \sqrt{2}\frac{\pi}{2} = \frac{\sqrt{2}\pi}{2}$$

$$(6.3.6)$$

这里为什么会出现原来转换价值的一半呢？这主要是原来的产品原材料，也就是我们所说的成本函数没有确定。事实上，在企业进行产品生产的时候，我们只是假定成本函数已经确定，而企业也可能是认为确实已经确定了，不然企业就不会进行生产，只是解决的方式没有在企业的利润计算中显现出来，所以这里就出现了企业的产品交换利润为自然理论值 $\sqrt{2\pi}$ 的二分之一。实际上，这个问题比较普遍，平时顺利进行生产的人们往往会忘记，他们现在的生产基础是谁"打下"的，所以在所核算的结果里，就有 4.44 一半的理论值，即 2.22 的收益。

这就是我们对"铜钱模型"理论的再一次严格的论证。这次论证是我们在讨论不断深入的情况下，通过虚、实经济空间的相互转换，将资产组合的主要结论用市场经济行为中的具体状态来证明的。它无疑使我们的认识和实践更加深入。

第七章　资产组合下的市场均衡与突破

我们是否都考虑过这样的问题，为什么限制金融市场的无限扩张，会促进实体经济的健康发展？为什么财富的不断积聚，会导致金融市场均衡上限的突破？当然这里还不包括金融市场存在的泡沫对市场均衡的影响。而要回答这些问题，就必须回答为什么人类的生产技术进步会推进经济的自然增长。这里的技术进步，当然也包括人类重大的科学技术突破。但是和科学技术不同的是人类的生产经验，它几乎每时每刻都在发生变化。大家熟知这样的道理：第二次开展同样性质的生产业务，肯定会在技术或速度上要比第一次好，哪怕是观察不到的微小进步。但按市场均衡的科学性来说，只要人类生产财富的效率发生变化，财富的分配和资源的配置必然要跟着发生变化，哪怕这种变化很小或微不足道。对于这个问题市场的反应最为灵敏，所以我们才要求坚持发挥市场对资源配置的决定性作用。财富分配和资源配置的变化，就要求人们将财富及交换的手段——通货的流动方式跟着发生变化，否则就会有生产过剩或资源短缺的可能，市场均衡原则上就会被打破。所以我们说的"市场均衡"始终是近似的、大体的或者说是暂时的均衡，现实经济中没有严格意义上的均衡。所以对经济学中特别重要的市场均衡，我们也往往以科学技术进步或其他重要原因导致的经济失衡为准，它是相对于人类财富的边界遭到突破而言的。对于这种突破，我们应该获得怎样的信号或信息，这是这一章需要讨论的内容。

本章主要研究虚、实经济空间在市场的运行和转换过程中，"突破"界限所导致的危机爆发的可能性因素及基本概率，以及确定如何避免这种情况的发生、基本的补救措施和方法论原理。同时，本章以银行为例进行了详细的证明和具体的操作说明，其中银行在市场中所表现的详细数据结构和演绎规则，我们都进行了严格的推演和详尽的描述，以加强现代金融经济学在这方面的理论基础和实践法则，进而说明虚拟经济空间的构造机理和市场运行法则。这对促进市场主体按照市场功能有计划地发展壮大实体经济，推动区域金融经济事业的健康稳健发展，具有极其重要的作用。

第一节　技术进步促进财富积聚按幂指数形式增长的均衡与突破

虽然我们前面提到了科学技术进步推动人类经济自然增长的基本特征，但我们仍不能详细地论证其中的一些重要原因，这主要是因为我们还不知道到底是什么因素引起了人类经济发展的周期性波动。也就是说，为什么会有上一章（6.3.1）式的存在？即在 $f(\xi)\,e^{ir(x-\xi)}\mathrm{d}\xi$ 中，仅有 $f(\xi)$（也可以叫人均经济增长）到底行不行？

事实上，从人类社会发展的自然特性来考察，仅有人均经济增长（包括一个国家或一个区域的经济总量的增长）是不行的。因为不管是从人类的发展史来看，还是从自然界的生物聚集来看，还没有一条能任意延伸的发展曲线。人类经济增长的曲线和自然界其他生物增长的曲线，都是一条有规律的增长曲线。这种曲线大体上有两种，正如我们前面所介绍的，一种是按指数幂的曲线形式增长[1]［见图 7.1.1（a）］，一种是按对数的曲线形式增长[2]［见图 7.1.1（b）］。现在人们已经认识到，经济增长是有规律的，并且还具有周期性波动的性质。而这种波动的特点，基本上会在一条曲线上呈现出来。现代数学的发展，已经能够对经济增长规律进行有效的描述和证明，并且还提供了可靠的理论总结和实践检验。我们绝对不能忽视这些重要的理论总结和实践经验。本节我们主要讨论技术进步促进财富积聚按幂指数形式增长的均衡与突破。

如果说，我们认为市场开拓和产品交换，是经济增长的有效方式之一，那么以托宾对索洛经济增长分析所得的人均经济增长函数 $f(x)$，应表现为人均经济增长的价值量的形式。它在人类历史发展的长河（$-\infty$，∞）中，在周期性的闭区域 $[-l, l]$ 里，应以波函数 $f(x)$ 的周期性

---

[1]　〔美〕加勒特·哈丁：《生活在极限之内》，戴星翼、张真译，上海译文出版社，2016，第 87 页、第 126 页。

[2]　〔美〕龙多·卡梅伦、拉里·尼尔：《世界经济简史》，潘宁等译，上海译文出版社，2012，第 16 页。

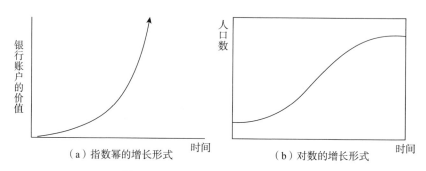

图 7.1.1　一般的经济增长曲线形式

波动形式反映出来。因此，这里必须根据数学的要求保证 $\int_{-\infty}^{\infty} \mid f(x) \mid$ dx 收敛，也就是说保证体现实物交换价值的通货 $f(x)$ 的发展变化不能是无限制的变化，而应该是有逻辑、有规律的增长及变化。要不然，表现实物价值的 $f(\xi)$ 必然会受到挤压。这是因为，在闭区域 $[-l, l]$ 内，$f(x)$ 的无限增大必然会使在 ξ 区间的 $f(\xi)\, e^{-i\lambda(x-\xi)} = xe^{-i\lambda(x-\xi)}$ 发生变化，由于 x 表示的是价值（因为这里的原材料及成本 ξ 实际上并没有多少变化），这将导致：

$$\frac{x}{e^{i\lambda(x-\xi)}} = \frac{x}{\cos\lambda(x-\xi)} \geqslant x$$

而这里的 $\mid \cos\lambda(x-\xi) \mid$ 在 $x \to \infty$ 时，$\mid \cos\lambda(x-\xi) \mid \leqslant 1$。所以，这里原来没有泡沫时的产品值（还没有交换）就会成为最小值。但为了和无限增大的 $f(x)$ 相对应，这时的货币值 $f(x)$ 就开始用"泡沫"填充，但若超过实际交换的价值，就会使成交后的价值里充满泡沫。所以这里必须对要转换实物的通货 $f(x)$ 进行限制，即有：$\int_{-\infty}^{\infty} \mid f(x) \mid dx =$ 有限值。

　　只要有了上面的限制，我们才有可能在闭区域 $[-l, l]$ 里，把函数 $f(x)$ 展开成傅里叶级数，这个傅里叶级数以 $2l$ 为周期，并可将 $f(x)$ 拓展到整个区间 $(-\infty, \infty)$，因而使拓展的函数在 $(-\infty, \infty)$ 成为周期函数。这里必须申明，如果我们没有"$\int_{-\infty}^{\infty} \mid f(x) \mid dx =$ 有限值"这个限制，就会造成虽然 $f(x)$ 已定义在区间 $(-\infty, \infty)$ 上，但也不会成为周期函数（政府虽然可以按一定比例增加通货 $f(x)$ 的发

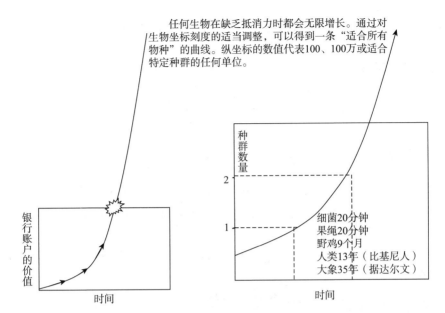

图 7.1.2　加勒特·哈丁横坐标为时间的生物、人类及金融的指数幂的增长

行量，但这种增加的关系仅仅是一种近似于线性的关系）。因此这里就不会有傅里叶级数的存在，故也不会有和实物进行交换时的有效价值的市场存在。因此，这里必须有：

$$\int_{-\infty}^{\infty} |f(x)| \, \mathrm{d}x = \text{有限值} \tag{7.1.1}$$

现在假设（7.1.1）式成立，那么 $f(x)$ 定义在 $(-\infty, \infty)$ 内，且在 $(-\infty, \infty)$ 中的任一有限区间 $[-l, l]$ 中光滑，这样就有：

$$f(x) = \frac{a_0}{2} + \sum_{n=1}^{\infty} \left(a_n \cos \frac{n\pi x}{l} + b_n \sin \frac{n\pi x}{l} \right) \tag{7.1.2}$$

其中

$$\begin{cases} a_n = \dfrac{1}{l} \displaystyle\int_{-\infty}^{\infty} f(\xi) \cos \frac{n\pi x}{l} \mathrm{d}\xi, n = 1, 2, \cdots, m \\ b_n = \dfrac{1}{l} \displaystyle\int_{-\infty}^{\infty} f(\xi) \sin \frac{n\pi x}{l} \mathrm{d}\xi, n = 1, 2, \cdots, m \end{cases}$$

将 a_n 和 b_n 代入（7.1.2）式，就有：

$$f(x) = \frac{1}{2l}\int_{-l}^{l}f(\xi)\,\mathrm{d}\xi + \sum_{n=1}^{\infty}\frac{1}{l}\int_{-l}^{l}f(\xi)\cos\frac{n\pi(x-\xi)}{l}\mathrm{d}\xi \quad (7.1.3)$$

考虑到限制条件（7.1.1）式，当 $l\to\infty$ 时，有：

$$f(x) = \lim_{l\to\infty}\sum_{n=1}^{\infty}\frac{1}{l}\int_{-l}^{l}f(\xi)\cos\frac{n\pi}{l}(x-\xi)\mathrm{d}\xi \quad (7.1.4)$$

这里可取 $\lambda_1 = \dfrac{\pi}{l}$，$\lambda_2 = \dfrac{2\pi}{l}$，$\cdots$，$\lambda_n = \dfrac{n\pi}{l}$，$\Delta\lambda_n = \lambda_{n+1} - \lambda_n = \dfrac{\pi}{l}$

这正是表示科学技术进步推动的人均经济增长的特殊阶段。将（7.1.4）式的极限定义在 $[-l, l]$ 中，并用 λ_i 或 $\Delta\lambda_n$ 去取代，就有：

$$f(x) = \lim_{\Delta\lambda\to0}\frac{1}{\pi}\sum_{n=1}^{\infty}\Delta\lambda_n\int_{-\infty}^{\infty}f(\xi)\cos\lambda_n(x-\xi)\mathrm{d}\xi$$

$$= \frac{1}{\pi}\int_0^{\infty}\mathrm{d}\lambda\int_{-\infty}^{\infty}f(\xi)\cos\lambda(x-\xi)\mathrm{d}\xi$$

由于被积函数 $\cos\lambda(x-\xi)$ 是关于 λ 的偶函数，因此上式又可以写为：

$$f(x) = \frac{1}{2\pi}\int_{-\infty}^{\infty}\mathrm{d}\lambda\int_{-\infty}^{\infty}f(\xi)\cos\lambda(x-\xi)\mathrm{d}\xi$$

这正是我们前面论证过的交换成功的价值呈现为 $\sqrt{2}\pi$ 的原因。

可以看出，对 $f(x)$ 的限制，看起来是对通货的限制，实际上是对货币发行量的限制。因为，在实际 $f(\xi)$ 增长十分有限的情况下，$x = f(\xi)$ 的增长速度由于 $\mathrm{e}^{-i\lambda(x-\xi)}$ 的作用而明显滞后于 $f(x)$ 的快速增长，这就会使 $f(x)$ 中存在大量的泡沫，进而促使 $f(x)$ 严重贬值。我们在前面介绍的银行家千方百计要维护金本位制以限制政府无节制地发行货币，就说明了这个道理。所以在讨论经济增长的问题时，仅用人均经济增长 $f(\xi)$ 来衡量经济发展的健康程度是绝对不行的，因为市场经济的条件使得仅有 $f(\xi)$，并不能体现出市场的健康发展。也就是说，$f(\xi)$ 并不代表已经生产了的社会产品得到了社会的承认。

因此在市场经济条件下，用科学技术带动的经济增长，这就好比在一个静水湖中安装了一个巨大的水轮，要使湖中的水流动起来，这个水轮就必须靠自身的转动装置将湖水输送到铺设管道的水渠中，进而让水流向湖外。否则，仅依靠湖水水位的增高来带动水轮转动是不可能的。

这个水轮自身的转动装置就是我们强调的科学技术进步。这个水轮显然就是 $e^{-i\lambda(x-\xi)}$，这里的湖水就是 $f(\xi)$，这里的货币发行量就是 $f(x)$。只有在水轮转动时，再按水流量的合适比例向湖中注入 $f(x)$（货币），就会使这湖水"活"起来，并从低处流向高处（如图 7.1.3）。我们上面所讨论的问题也是这个道理。

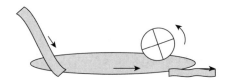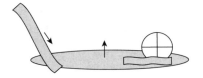

图 7.1.3　只有水轮转动（科学技术进步的推动），再注入适量的水时，湖里的水才能向外流动（左图）；只给湖里注水是不能带动水轮转动的，水轮只会随着湖水水位的上升而被淹没（右图）。

如果我们将 $e^{-i\lambda(x-\xi)}$ 称为水轮，那么能促使 $e^{-i\lambda(x-\xi)}$ 波动的原因只有两个。一是 $\lambda=0$，它代表实体经济中产品的数量为零；二是 $x-\xi=0$，这时产品生产的价格和成本价格相等。在这两种情况下，$\omega=\lambda\cdot(x-\xi)=0$。在一般情况下，把它写成增量的形式更为合理，所以我们以后在没有特别说明的情况下，尽量把它写成增量的形式，即 $\Delta\omega=\Delta\lambda\cdot\Delta\varGamma=0$，这里的 $\Delta\varGamma$ 表示产品的价格增量，价格增量一般为 $\Delta\varGamma=\Delta x-\Delta\xi$。如果要形成小波变换的波动形式，必有 $\Delta\lambda\Delta\varGamma\leqslant\dfrac{1}{2}$，这是在勒贝格空间 $L^2(R)$ 中函数及傅里叶变换中"时间—频率""窗宽"的"测不准原理"。很明显，在 $\Delta\omega=0$ 的情况下，就没有傅里叶波动了，这时我们的"水轮"也就不转动了。

那么，在"水轮"不转的情况下，通货会出现怎样的现象呢？要回答这个问题，我们还是用傅里叶积分公式进行探讨。例如，对于

$$f(x)=\frac{1}{2\pi}\int_{-\infty}^{\infty}\mathrm{d}\lambda\int_{-\infty}^{\infty}f(\xi)e^{-i\lambda(x-\xi)}\mathrm{d}\xi$$

继续用 $f(x)=\sqrt{2}\pi$ 代表交换后的产品价值量，它和通货具有相同的性质；$x=f(\xi)$ 表示已生产出的还没有交换的产品，在单位确定为 1 时，它的价值为 $\sqrt{2}$；用 ξ 表示单位成本。现在，不是确定数量 λ 为零，而是认为生产后的产品 x 和成本 ξ 的价值相等。这促使 $r=x-\xi=0$，因而上

面的"水轮"就不存在。此时上式就成为：

$$f(x) = \frac{1}{2\pi} \int_{-\infty}^{\infty} \mathrm{d}\lambda \int_{-\infty}^{\infty} f(\xi)\,\mathrm{d}\xi$$

一般来说，这里的 $x = f(\xi)$ 难以确定。但我们可以考虑一个特殊情况，这个特殊情况是巴罗（Barro）和里贝罗（Rebelo）[①] 所举出的一个极端的例子。这就是所谓的单要素生产函数，人均经济增长 $y = Ak$，这里的 A 为资本的边际生产率，k 是人均资本和人力资本的混合资本。和我们的设定相对应，就是 $x = f(\xi) = A\xi$，我们可以把这个关系式代入上式，就有：

$$f(x) = \frac{1}{2\pi} \int_{-\infty}^{\infty} \mathrm{d}\lambda \int_{-\infty}^{\infty} f(\xi)\,\mathrm{d}\xi = \frac{1}{2\pi} \int_{-\infty}^{\infty} \mathrm{d}\lambda \int_{-\infty}^{\infty} A\xi\,\mathrm{d}\xi = \frac{\mathrm{d}\lambda}{\pi} \int_{-\infty}^{\infty} \xi \frac{\mathrm{d}f(\xi)}{\mathrm{d}\xi}\mathrm{d}\xi$$

考虑到在 $x = f(\xi) = \xi$（上面提到的 $x - \xi = 0$），化简上式，就得到：

$$f(x) = \frac{\Delta\lambda}{\pi} x^2 \tag{7.1.5}$$

这是在直线中长度为 $\Delta\lambda$ 的间隔内有一个 $f(x) = x^2$ 的函数图像，它是将原来投入企业生产成本的原材料等，直接等价地交换成投资资金，而预想获得金融市场利润 $f(x)$ 的一种方法。由于我们已经设定在这种情况下，$x = \xi$，$\mathrm{e}^{i\lambda(x-\xi)} = 1$（$\lambda \neq 0$）。所以（7.1.5）式和企业的实际运行没有任何连带关系，但投资者对企业的风险承担着连带责任。一般来说，这个函数的图像 $f(x) = x^2$ 在 $\Delta\lambda$ 里显得很"狭小"，进而波谷十分"尖锐"（如图 7.1.4 中的阴影区域）。图 7.1.4 是纯金融投资的 $f(x)$ 曲线与"理想人均增长曲线"[②] LG 的比较示意图。可以看出，在正区间内，它们之间存在着一个交点 G，在交点 G 的左边，$f(x)$ 曲线在 LG 曲线下面，而在交点右边，$f(x)$ 曲线就到了 LG 曲线上面。这时，在两条曲线之间的灰色阴影部分就是纯粹金融投资带来的经济泡沫区。由于这种纯

---

① Barro R. J. , "Government Sending in a Simple Model of Endogenous Growth," *Journal of Political Economy*, 1990: 103 – 125. Rebelo S. T. , "Long – Run Policy Analysis and Long-Run Growth," *Journal of Political Economy*, 1991: 500 – 521.

② "理想人均增长曲线"是指在市场经济条件下，完全受金融支持而没有任何经济泡沫的人均经济增长曲线，这当然是一种理想的状态。详见李学清：《中国新型城镇化的经济背景与实践探究》，社会科学文献出版社，2017，第 346 页。

粹的金融投资没有使 $e^{-i\lambda(x-\xi)}$（水轮）转动，所以特别容易"赢利"，而且易于进行市场选择，又易于从市场撤出，也易于重新投资。但它们基本上是虚拟经济，从图 7.1.4 可以看出，它们都绕着虚轴集中在 $f(x) = x^2$ 的狭窄区域里，最长的宽度在 $\dfrac{\Delta\lambda}{\pi}$ 之间的极小一部分，基本就是在虚轴上向上积累，又和实体经济联系不大，所以极易发生风险。

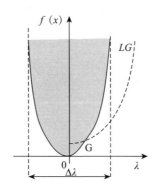

图 7.1.4 将资金当作成本的金融投资

图 7.1.5 是我们用 Eviews 软件所作的两条曲线相交图。由于图中的纵轴的单位长度大，所以看到的 $f(x) = x^2$ 曲线向上的开口距离很大。但是，如果我们将纵、横坐标都用相同的单位表示，$f(x)$ 就会陡峭许多。我们看到用 Eviews 作图比较规范和清晰，容易辨认。

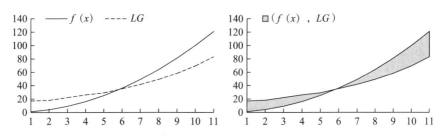

**图 7.1.5 实际的 $f(x)$ 曲线与 LG 曲线及
相交后的泡沫区域**

我们能够算出这两条曲线交点的具体坐标，考虑到第三章（3.3.6）式的柯西收敛级数，将它的横坐标换成和（7.1.5）式一样的自变量 x。同时，我们应注意，因为我们这里是将投资的钱直接当作成本来看待，所以这里的成本和资金应在单位上保持一致。只是投资人在进行投资时，对自己资金的期望价值肯定是增高了，他把一单位的资金按 $\sqrt{2}$ 单位资金去看，融资商也这样看待投资人的资金，而柯西级数恰好提供了这方面的条件，如下面所示：

$$\frac{\Delta\lambda}{\pi}x^2 = y_0\left[1 + (x - x_0) + \frac{(x - x_0)^2}{2}\right] = 1 + (x - x_0) + \frac{1}{2}(x - x_0)^2$$

由此根据图 7.1.6，这里 x_0，y_0 是曲线固定位置 d 上的一个点。若在 $x - x_0 = 0$，即在 $x = x_0$ 处，为了让（7.1.5）式与柯西级数对接，由 $\frac{\Delta\lambda}{\pi}x^2 = \frac{x_0^2}{2}$ 得，$x^2 = \frac{x_0^2}{2}$，$x = \frac{x_0}{\sqrt{2}}$，我们就得：

$$\Delta\lambda = \frac{\sqrt{2}\pi}{2} \tag{7.1.6}$$

把 $\sqrt{2}\pi$ 的交换价值分成两部分，一部分在实轴的原点左边，和虚轴共同组成一个空间；一分部在实轴很窄的部分，和虚轴共同占有一个空间，这和"铜钱模型"圆外接正方形旋转 $\pi/4$ 后，实轴和虚轴所处的位置完全一致。因此，这个结论和我们前面所讨论的问题的结论完全相符。也就是说，我们又可以根据现在的推论回到"铜钱模型"的资产组合市场状态。很明显，这样的投资已经不是两市场交换者用他们各自的劳动产品进行的市场交换了，而是在金融市场上用金融产品（单位价值为 $\sqrt{2}$ 的产品，以及第一次交换得来的效用值 $\sqrt{2}\pi$）进行再交换。根据我们前面对"铜钱模型"的分析，这时他们之间的任何一方都有被做空的可能，因为他们共同对应的实物产品已经成为"空中楼阁"，而这和实体经济的正常运转却关系不大，从而造成了整个社会虚拟经济空间对实体经济空间的压力。

但是，这种压力不会"永远"存在，因为金融证券对实体经济的压力不像不动产那样短期内难以消除。如果这种压力和企业的生产经营联系不大，只是影响了实体经济的生存空间，那么，这些"积压"在虚拟经济空间的金融证券泡沫就会被人为挤出，即那些掌握大量金融资产的人根据有利条件将这些"溢满"的金融证券"提走"，这是完全有可能的。我们现在是从理论上探讨在什么条件下这些人会把"溢满"的金融证券"提走"。

图 7.1.3 只是说明了在金融市场没有推动"水轮"转动的情况下，金融投资的曲线会是 $y = \frac{\Delta\lambda}{\pi}x^2$ 的初等函数，这里的 $\Delta\lambda = \frac{\sqrt{2}\pi}{2}$，它就是这个初等函数和理想经济增长曲线的一种特殊的联系，即（7.1.6）式。那么我们能否根据初等函数 $y = \frac{\Delta\lambda}{\pi}x^2$ 的基本特性找出它们之间的最一般的联系？

首先我们知道，最简单的初等函数 $y = x^2$ 是一个最明显的单调性函数，我们先把它的区间限定在实轴区间，就会看到：

$$\forall x_1, x_2 \in X, 使 x_1 < x_2, 则 f(x_1) - f(x_2) = x_1^2 - x_2^2 = (x_1 + x_2)(x_1 - x_2)$$

当 $x_1 < x_2 < 0$ 时，$f(x_1) > f(x_2)$，即在区间 $(-\infty, 0)$ 内，$f(x)$ 严格单调递减。但是当在 $0 \leq x_1 < x_2$ 时，$f(x_1) < f(x_2)$，即在区间 $[0, +\infty)$ 内，$f(x)$ 严格单调递增。所以在原点左边，"过溢"的 $f(x)$ 很容易被取走。另外，在原点左边，由于初等函数 $f(x)$ 不受任何实体经济的"牵连"，这就更增加了拿走"过溢资金"的可能性。现在，我们再将它的区域限定在围绕原点的 $\Delta\lambda$ 区间，那么柯西初值条件就对它提出了更高的要求。例如，我们已经看到了 $\Delta\lambda$ 内完全是无理数在起作用（见图 7.1.6）。这就说明，现实中被投资的企业完全从事市场化的生产经营活动，投资人的资金一般来说是可数的，这些可数的资金在被企业吸收以后基本上只是处于企业生产的"利润过剩"阶段。所以，必须通过企业（按现在的称呼就应该叫公司）来分配投资的"红利"，否则投资者的风险将大于 2/3（后面马上证明）。事实上，当初的东印度公司和股民就是这种的直接关系。下面是股民和被投资企业之间的关系的证明。

如果我们将股民投资企业的区间限定在 $\Delta\lambda = \frac{\sqrt{2}\pi}{2}$ 之内，为简单起见，我们让 $\Delta\lambda$ 内包含原点，并将原点用戴德金分割法的原则进行查找[①]。我们用 $\Delta\lambda$ 作柯西一阶微分方程的柯西闭矩形区域的实数轴（x

---

① 详见刘培杰数学工作室编《无理性的判定》，哈尔滨工业大学出版社，2015，第 115 ~ 130 页。

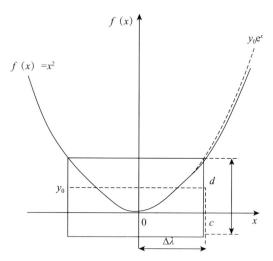

图 7.1.6　投资者和投资公司的双向选择范围

轴），将 $f(x)$ 的边长仍然限制在 $\dfrac{d-c}{M}$ 上，这里 $d-c$ 为柯西闭矩形的"宽"，这里的 M 仍然为 $f(x)$ 在这个有界闭矩形上连续的最大值，即 $|f(x)| \leqslant M$。这样就有：

$$h = \min\left(\Delta\lambda, \frac{d-c}{M}\right) \tag{7.1.7}$$

这就是（7.1.6）式的定义域和值域。在这种情况下，被投资的企业（现代公司）就一定能从投资中取得利润，而投资者也一定能够拿到应得的红利。但这里仍然有风险，这种风险的大小就取决于投资者对被投资的公司的经营业绩与信用的信心。

　　（7.1.7）式的 $\Delta\lambda$ 区域是投资者希望得到的价值回报的最大期望值，这种期望值当然和自己所选取的投资对象有关。如果选对了投资对象，那么他至少也能获得以下各种可能的价值回报，如 0.11，0.22，0.33，0.44，0.55，0.66，0.77，0.88，…，2.22，4.44 等，或在这些数据附近波动。这里的 dc（图 7.1.6），是被投资的企业（公司）的业务实际范围或边界，这是投资者选择投资对象的重要标准。这里的 M 是企业（公司）赢利的最大值，它可以从企业（公司）的上市信息或业绩汇报中产生。但是，如图 7.1.6 所示，这种事情只发生在原点右边 $f(x)$ 曲线与 $\Delta\lambda$ 相交的区域以内。同时，由于 $f(x)$ 曲线跨过了原点左右两个区域，

所以，投资者的资金也有随时被卷走的可能。股票市场是一个多个融资方共同参与的金融市场，在股民追求利益最大化的情况下，盲目追逐最高利率，就很难使投资资金与金融公司完全结合，最后在原点左端曲线无限饱和的情况下，导致"股市坍塌"，资金被强大的金融集团掠走。这是因为，从数学原理上来说，$S_{投资者与实体经济对接几率} = \int_0^1 x^2 \mathrm{d}x = \frac{1}{3}x^3 \Big|_0^1 = \frac{1}{3}$，即 $f(x)$ 曲线与实体经济（x 轴）所围成的面积，只有整个股市投资面积的 1/3。也就是说，实体经济实际上是在这 1/3 的区域内和投资者对接，这种对接成功的最大几率也只有 1/3，其余 2/3 都是投资风险形成的区域。

　　一般来讲，股票市场包括现有股票行情是没有"正规"的逻辑可循的，在这方面有大量的书籍，但很难找到共同的规律甚至基本相似的特点。巴顿·比格斯被誉为美国绝无仅有的投资策略师，可惜他对美国的股市充满了失望，"在我看来，股票现在已经很危险，而美国国债等仍然是我的心头好。"为了说明我们已经证明的问题，这里需要再引用他下面的话，"另外一件需要牢记的事情是，系统本身可能也出了问题。乔治·古尔德在 1987 年股市大崩溃时担任美国财政部长，这位智者上周对我说，当年的问题就是投资组合保险策略认为可以在连续的市场中执行交易，而我怀疑很多衍生品对冲工具也是如此。还有，不要忘记我现今所处的市场是一个'狗尾巴'的市场（期货市场指挥现货市场），卖空期货合约的人从不需要一只上涨的股票。"[①] 实际上，正如我们前面所指出的，巴顿·比格斯对康德拉季耶夫的"长经济周期"很感兴趣，也就是说，他希望能找到经济运行的长周期进而掌握股票波动的基本周期。但这里有两个问题他没有搞清楚。第一，他不知道推动经济运行的是价格和生产总值这一矛盾。第二，他不知道股市要能够真正出现周期性的波动，必须对实体经济发展起到了一定的作用。而这些问题我们在前面已经有了较为详细的介绍。

---

① 〔美〕巴顿·比格斯：《疯狂与恐慌：巴顿·比格斯论金融、经济与股市》，崔传刚译，中信出版集团，2016，第 35 页。

第二节　借贷收益、成本函数的存在性问题
——"一个银行（一）"

　　图 7.2.1 是詹姆斯·托宾、斯蒂芬·戈卢布给定的一个银行的资产组合和利润生成的结构图。[①] 其中资产用横轴表示，存款用纵轴表示。D 表示存款，银行的固定资本用 E 表示。这样，纵轴至虚线 $D + E$ 的水平距离代表总资产，到实轴 kD 的水平距离代表法定储蓄。k 的具体数据在第一章已经介绍过，它为 $1 - \sqrt{2}/2 \approx 0.293$，是一个无理数。但是这个无理数没有在横轴上，而是在横轴距 kD 的水平距离上。从图中可以看出，这里的 k 恰好为一正切值，$k = \dfrac{kD_0}{OD_0} = \tan\theta$。其中 $\theta \approx 16°22'$，很明显，$\tan\theta = k$ 应该是无理数形式。[②] 那么，这时的法定储蓄 kD 必然也是无理数的形式，这是因为银行的存款状态 D 必然为有理数形式（无理数与非零的有理数相乘仍然是无理数）。因此这里的防御性头寸 R_0 必然也是有理数形式。这样的投资及贷款 L_0 也必然为有理数形式，并且它与防御性头寸 R_0 可以互相替换。由此可以看出，图 7.2.1 事实上就是固定资本在有理数的范围内，随着银行存款量的增加成比例地增大。如果仿照第四章图 4.3.3 的证明，图 7.2.1 则是一个 $p = 2$ 的平面，这里的函数若为 $f(x)$，那么我们一定会找到和 $f(x)$ 在价值上相等的函数 $g(x)$，它的具体表示式为：

$$g(x) = C(x) + \pi(x)$$

其中 $g(x)$ 为成本曲线，$\pi(x)$ 为利润。$g(x)$ 我们在随后的银行边际成本分析中要用到，它就是资产组合者一方想和另一方进行交换的同值异形的资产。这时图 7.2.1 中的 $D + E$ 虚线，就是图 4.3.2 中的 nx 曲线（在希尔伯特空间里，它是存在的），它是将资本固定在 E 的范围，并且随着存款增加到 D'_0 的位置，可支配资产扩大到 $R'_0 + L'_0$ 的位置。

---

① 〔美〕詹姆斯·托宾、斯蒂芬·戈卢布：《货币、信贷与资本》，张杰、陈末译，中国人民大学出版社，2015，第 186 页。

② 详见刘培杰数学工作室编《无理性的判定》，哈尔滨工业大学出版社，2015，第 99 页。

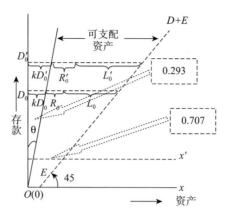

图 7.2.1 贷款、法定储蓄以及可支配资产与存款的关系

不过这里的 R'_0 不固定，它由贷款和投资的风险程度（即 L'_0 的程度）来确定。所以固定资本 E 的长度可用 $1/n$（有理数）来衡量。

图 7.2.1 和詹姆斯·托宾、斯蒂芬·戈卢布的原图是有区别的。那就是我们把水平轴 x 向上移动到 x'，这样根据"铜钱模型"理论，E 的数据区域才可能有根据。可以看出，图 7.2.1 中有两个虚线方框，它们的数值分别为 0.293 和 0.707，并分别对应于"kD 和 E"空间，它们之和等于 1。$D+E$ 线就是水平夹角 45°的安全线，也就是"铜钱模型"中小正方形的对角线，这是我们后面要确定的银行和证券公司安全运营的防线。$D+E$ 安全线的另一段，正是资产组合者进行市场交换的位置（银行或者证券公司的营业部）。如果银行的法定储蓄、防御性头寸以及贷款和投资一直是这种形式，那么账面业务的安全率就一直是 0.293/0.707×100%≈41%。当然，法定储蓄和正、负防御性头寸与银行总的财产比值分别为 0.293 与 0.707，这两个比值也不会变。

但是，根据图 4.3.2 的证明过程，这里设定的法定储蓄 kD 中，必须含有大量的无理数，有理数只是"均匀地安插"在无理数之间。反之，如果它仅有有理数，那么这个银行或者公司就不是一个稳定的市场主体，至多是一个合伙的、松散的经济团体。而资本可变动范围区域 E 的水平扩展形式，即在防御性头寸 R_0 和贷款及投资 L_0 之和的有理数区间，除了存在函数 $f(x)$，在区间 $[-1/n, 1/m]$ 上还存在另一个相应的储蓄函数 $g(x)$，这是希尔伯特空间所要求的。它被称为精算成本或者其他形式的违约函数，对于银行或证券公司来说，它就是成本函数。这里的

x_i （$i = 1$，2，$\cdots$，n）就是 L_0 的具体有理数形式，当 $\sum_{i=1}^{n} x_i = 1$，即 g （x）$= f$（x）$- \pi$（这里的 π 为最大净收益）时，f（x）$= P$（L），于是就有：

$$P(L) - g(L) = \pi（利润）$$

这时就有图 7.2.2 的情形，这里的 P（L）可称为银行的收益，它是 n 个储蓄用户的总储蓄。但詹姆斯·托宾、斯蒂芬·戈卢布在没有给出任何证明的情况下，就认为存在一个银行贷款收益函数 P（L）。我们这里引用他们的原话，"现在假定银行在防御性头寸 R 上赚取的利率为 r（或者对负头寸支付的利率为 r），规模为 L 的贷款和投资资产组合赚取的总收益为 P（L）（扣除管理成本和精算容许的违约）。对银行来说，存款是一个无法控制的给定 D_0，自有资本固定在 E"。[1] 詹姆斯·托宾、斯蒂芬·戈卢布在假定存在贷款和投资的总收益 P（L）过程中，认为这里银行的存款是十分重要的。但他们将银行存款的法定储蓄（kD）[2] 设定以后，认为可支配资产里的防御性头寸 R_0 是一个和固定资本 E 相对应的灵活的值。因为可支配资产虚线 $D + E$ 与横轴成 45°角，这非常符合我们在第二章第二节所提出的贷款利率按 $\frac{\mathrm{d}R}{\mathrm{d}Y} = \tan\omega \cdot t$ 变动。而防御性头寸 R_0 和贷款及投资的不确定性实际上对银行风险的预测设置了障碍。但是这一点又带来了另外一个好处，那就是这使得银行的贷款和投资更具有有理数的特点，这对银行开展具体业务是十分方便的。

在这里，詹姆斯·托宾、斯蒂芬·戈卢布可能已经估计到有理数区间 E 的设定对于总收益函数 P（L）的极端重要性。因此，他们在不断强调有理数区间 E 设定的内容和意义。他们说："在满足资产负债表上的约束 $L + R = E + $（$1 - k$）$D_0$ 的前提下，银行会努力最大化其资产组合净收益总值 P（L）$+ Rr$（这里的负防御性头寸 R 和利率 r 的乘积显然就是利润 π）。如果贷款的边际收益 P'（L）为一个常数并大于 r，那么，资

---

[1] 〔美〕詹姆斯·托宾、斯蒂芬·戈卢布：《货币、信贷与资本》，张杰、陈末译，中国人民大学出版社，2015，186 页。
[2] 注意这里的无理数 k 值约为 0.293，我们认为没有这个无理数形式，银行的市场存在将成为一个问题。

产组合净收益的最大化除了取决于银行的借款能力外，还取决于贷款和投资的资产组合的扩展。如果银行的边际收益 $P'(L)$ 总是小于 r，银行就会把全部存款和自有资本投放于防御性资产。"[1] 这说明詹姆斯·托宾、斯蒂芬·戈卢布的总收益函数是假定的，他们并不关心这个函数是否存在，他们是通过防御性头寸 R 的正负设定及贷款和投资的额度来确定银行的利率 r，然后再通过 r 的具体值确定边际收益 $P'(L)$ 的大小，进而再确定 $P(L)$ 的存在。例如，根据资产负债表上的约束：

$$L + R = E + (1 - k)D_0$$

这里很明显有：

$$L \Leftrightarrow D_0 - kD_0, R \Leftrightarrow E \tag{7.2.1}$$

这就是说，银行实际上从存款额度中减去法定储蓄以确定贷款和投资额度，根据资本固定值 E 确定防御性头寸 R_0 并依此确定银行利率 r，进而确定 $P'(L)$ 和 $P(L)$。这是因为，仔细分析资产负债约束，这里 $(1 - k)D_0$ 相对来说是一个定值。这也将资本固定值 E_0 看作一个定值，那么 $R = E_0 - L$，将它代入净收益总值 $P(L) + Rr$ 并最大化，有：

$$P'(L) - r = 0, \text{立即得} \ P'(L) = r$$

这就是银行家根据经验来确定银行利率 r 和总收益曲线 $P(L)$ 的理论依据。由此，我们认为现在的金融经济学充其量是一个经验性学科，而不是现代意义上的科学，因为这里的 $P(L)$ 来源确实缺少确切的理论根据。

为了验证我们上面的想法，我们再来看看詹姆斯·托宾、斯蒂芬·戈卢布是怎样重新确定扩大了的资本固定值 E 的。图 7.2.2 充分说明了他们的思想，他们认为，在贷款边际收益递减的情况下，贷款和投资的资产组合将存在一个正的界限。在图 7.2.2 中，横轴表示贷款和投资 L_0。在 L_c 点，贷款和投资等于可支配资产，即 $L_c = E + (1 - k)D_0$，在 L_c 的左边，防御性资产头寸 R 为正数。在其右边，R 则为负数。贷款和投资

---

① 〔美〕詹姆斯·托宾、斯蒂芬·戈卢布：《货币、信贷与资本》，张杰、陈末译，中国人民大学出版社，2015，第 186 页。

的净收益总额由原点向上的纵轴部分表示，由防御性头寸带来的总收益则由原点向下的纵轴部分表示。负的防御性头寸当然意味着该项的收益为负，图 7.2.2 中，它表现为一条收益曲线 C 高出横轴的部分。这种划分，无意中起到了"共轭对称"空间的作用，使我们的研究有很大的进展。因此在图中，由上述两项收益构成的总收益表现为两条曲线间的距离。这样，詹姆斯·托宾、斯蒂芬·戈卢布认为，收益曲线 C——防御性头寸收益曲线——可视为贷款和投资收益曲线的成本（尽管是机会成本）曲线。从图中可以明显看出，最大收益值位于 L_0。在这一点上，两种资产头寸的边际收益相等，曲线斜率为 r。存款水平的提高将使银行在任何给定的贷款和投资水平上拥有更多的防御性头寸。在图 7.2.2 中，假定存款从 D_0 上升到 D'_0，在满足法定储蓄要求 kD_0 以后，银行现有可支配存款为 $D'_0(1-k)$。这样，图 7.2.2 中表示防御性头寸为零的 L_c 点将移动到 L'_c 点，从数额上讲移动了 $(1-k)(D'_0-D_0)$。同时，图中的防御性头寸收益曲线 C 将向右平移到 C'。在这种情况下，银行没有理由改变其贷款投资水平。因为这时，放款的边际收益依然等于边际成本。若给定法定储备金率 k，存款增加一美元便意味着法定储备金增加 k 美元，防御性头寸增加 $1-k$ 美元。[①]

　　詹姆斯·托宾、斯蒂芬·戈卢布模型里的净收益函数实际上是任意画出的，其中一个原因是他们的收益函数和函数的区间条件不完备。例如，主要函数在闭区间 $[-1/n, 1/n]$ 里的函数形式为 nx，这种形式的函数只有在希尔伯特空间中才能从坐标点（1，0），（0，1）上和图 4.3.3 中从 $p=1$ 到 $p \to \infty$ 进行联通，即从与闭区间走向外区域。另一个原因是模型的存在区间（如图 4.3.3），在将实数轴中的有理数通过 $p=2$（圆周上）的三角函数形式找出来以后，完全用有理数的形式进行资产组合，如资本固定值、预期的正负防御性头寸、贷款和投资数额等全是在有理数区间，这就从根本上抽掉了净收益函数存在的基础。他们也似乎看到了资本固定值 E 的范围设定是净收益函数 $P(L)$ 存在的一个极其重要的条件。所以他们从市场交易成本分析入手，认为市场成本的存在，

① 〔美〕詹姆斯·托宾、斯蒂芬·戈卢布：《货币、信贷与资本》，张杰、陈末译，中国人民大学出版社，2015，第 187 页。

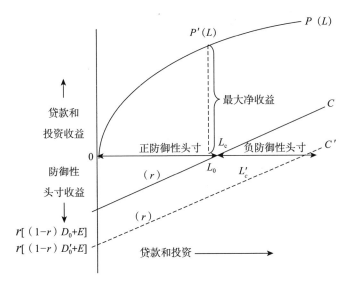

图 7.2.2 贷款净收益的最大化和防御性头寸

决定了图 7.2.2 中通过横轴交叉点 L_c 的曲线，绝不可能是图 7.2.2 中 C 那样的一条直线，而应该是斜率为 r 的折线，这个折线在 L_c 上升了一段垂直距离 a（成本）之后，以斜率 $(r+b)$ 的形式向右上方延伸[①]。但是，由于存款的不确定性，为了确保银行利润的最大化，他们认为这时在 E 区间里，成本曲线应该是以概率 $\rho(D_0 - X_1)$、$\rho(D_0 - X_0)$ 和 $\rho'(D_0 - X_0)$ 变化的概率曲线（见图 7.2.4），这样的曲线图实际上基本可以确定 $P(L)$ 的形状，但是现实中的边际收益 $P'(L)$ 还是难以准确地确定。

这种存在结构是这样形成的，如图 7.2.3 所示，L_0 代表银行所选择的贷款和投资额度，D_0 代表下一周的预期存款额。但是和图 7.2.1 不一样的情况是，图 7.2.3 中的各种存款极可能较高也可能较低，即它们在 D_0 的垂直方向上可以"自由"地上下移动，D_0 只是概率分布的均值。R_0 在图 7.2.3 中仍表示预期的防御性头寸。考虑到货币市场供给的基本规则，引出一条通过 Q 点且与 $D+E$ 直线平行的 45°线。若给定贷款和投资额度 L_0，则实际存款与防御性头寸将位于这条线的某个地方。如果银

---

① 这里省略了具体的图形，读者如有兴趣，可以参见〔美〕詹姆斯·托宾、斯蒂芬·戈卢布：《货币、信贷与资本》，张杰、陈末译，中国人民大学出版社，2015，第188页。

行的存款增加，则实际存款额和防御性头寸将位于该线 Q 点的右上方；如果存款提取超过预期，R_0 则位于 Q 点的左下方。倘若存款由 D_0 减少 X_0 而降低至 $D_0 - X_0$ 的水平，则银行的防御性头寸会完全消失。

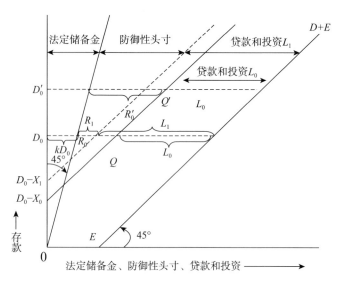

图 7.2.3　做出贷款决策后的实际存款的资产负债结果

这样，结合我们上面的讨论，詹姆斯·托宾、斯蒂芬·戈卢布似乎已用概率论的形式，将我们在上面对他们模型提出的问题都解决了，图 7.2.4 是他们经过修正后所提出的模型之一[①]。

在图 7.2.5 中，参照图 7.2.2，$L_c = D_0 (1 - k) + E$ 代表与零防御性头寸相对应的贷款与投资水平。在该水平上，机会成本曲线的斜率由 r 增加到 $r + b$（这里如果有存款成本，会增加一个垂直方向的成本值 a）。在图 7.2.5 中，原先代表贷款与投资额的 L_c，现在代表的是零水平的防御性头寸。但是，负的防御性头寸出现的概率在 L_c 的左边不再为零，出现在 L_c 的右边则为 1。这说明在 L_c 的右边出现的是百分之百的负防御性头寸，可见这里有一个均衡的过渡阶段。也就是说，这里的防御性头寸的正负值是随着 L 的变化而相应变化。因此，L 在每个水平上所面对的

---

① 经过修正后，詹姆斯·托宾、斯蒂芬·戈卢布共提出了三个基本模型，这些模型基本上是以边际成本的不同形式进行区分的，但基本方法差别不大，我们这里选择性地举一个模型进行分析。详见〔美〕詹姆斯·托宾、斯蒂芬·戈卢布：《货币、信贷与资本》，张杰、陈末译，中国人民大学出版社，2015，第196~201页。

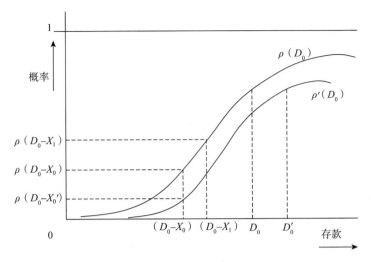

图 7.2.4　存款积累性的概率分布

预期机会成本必须包括一个转化为负值的防御性头寸，从而使银行不得不在特殊成本的概率允许范围内进行支付，即银行选择的贷款和投资数额越高，允许范围越大。但是，这个重要的结论只是由图 7.2.5 给出了可能性范围，并没有给出相应的数量性依据。这样决定收益函数 P（L）区间的作用使得在图 7.2.2 中的成本曲线 C，就变成了图 7.2.5 中的曲线 C'。在这里，边际成本被詹姆斯·托宾、斯蒂芬·戈卢布定义为：

$$MC' = r + bF(X) + \frac{a}{(1-k)D_0}f(x) \qquad (7.2.2)$$

由于 X 是 L 的函数，因此 D_0（$1+X$）可以反映存款（$L-E$）／（$1-K$）的水平，在该水平上，防御性头寸等于零。存款不超过这一水平的概率为 F（X），而仍有 f（x）＝ dF（X）/dX 表示相应的概率密度。詹姆斯·托宾、斯蒂芬·戈卢布断定银行会使上式中的预期边际成本等于放款的边际收益 P'（L）[①]，即：

$$P(L) = \int \left[r + bF(X) + \frac{a}{(1-k)D_0}f(x) \right] \mathrm{d}x$$

① 〔美〕詹姆斯·托宾、斯蒂芬·戈卢布：《货币、信贷与资本》，张杰、陈末译，中国人民大学出版社，2015，第 196~197 页。

$$P(L) = \int_0^{L} r\,dx + \left[b\int_{L_e}^{L} F(X)\,dx + \frac{a}{(1-k)D_0}\int_{L_e}^{L'_e} f(x)\,dx \right] = \int_0^{L} r\,dx + g(x)\,dx$$

(7.2.3)

其中 $g(x)\left[b\int_{L_e}^{L_e} F(X)\,dx + \frac{a}{(1-k)D_0}\int_{L_e}^{L'_e} f(x)\,dx \right]$，可看成和 $P(L)$ 对应的成本函数。可以看出，这个积分实际上是难以完成的，其关键原因是我们无法知道具体的函数形式。因而我们在这里只能知道一个大概，精确的计算只能留在后面用群论知识加以解决。事实上，群论的基础就是我们前面提到的"铜钱模型"，而在图 7.2.5 中出现的成本"突跳"系数 a，就是在图 7.2.5 中 L_e 到 L'_e 中成本的"突然升高"，它就是我们在本书第二章图 2.1.1 中的第一半周期的振幅扩张距离 d 到第二个半周期的振幅扩张距离 $2d$。这些都是群论工具得到的必然结果。

这样，就使得图 7.2.5 中下图的 $P'(X) = MR = MC'$。这是因为新的边际成本曲线 MC' 分布于由边际成本曲线 MC 在 L_e 点的跳跃所形成的区域内，在存款不确定的状态下，边际成本会不断地上升。不过，它总是位于 r 和 $r+b$ 之间。因此，在存款确定的条件下，利润最大化的贷款和投资额低于 L_e，则表明防御性头寸是正值。而存款的不确定性将导致放款额的减少以及预期的防御性头寸增加。如果在存款确定的条件下，利润最大化的贷款和投资额大于 L_e，则表明防御性头寸为零或负值。存款的不确定性将使放款额增加，防御性头寸减少，亦即预期的借款额会增加，这时就会出现图 7.2.5 中所表现的均衡放款额 L_e 的跳跃，即从 L_e 跳跃性地移向 L'_e。反过来看，根据我们在前面对图 7.2.1 的分析，这里的收益函数 $P(x)$ [图 7.2.1 中的 $f(x)$]，必然存在一个对应的函数 $g(x)$，这个 $g(x)$ 就是图 7.2.5 中的成本函数 MC'，它的微分形式就是边际成本函数（7.2.2）式，边际收益函数为（7.2.3）式。

可以看出，图 7.2.5 中下图里的 $MR = MC$ 是设定收益函数 $P(L)$ 的理论依据。这里最大的缺陷是，它没有考虑这样的空间是否有形成收益函数 $P(L)$ 的可能性。事实一再证明，图 7.2.5 所示空间的最大问题是它应是一个希尔伯特空间，这样才有收益函数 $P(L)$ 和它的共轭空间函数 $g(x)$ 存在的可能性。因此，这个空间的一个非常特殊的定义应该由赋范空间的定义式来完成，也就是从 $p=1$（旋转 $90°$ 的小正方形）到

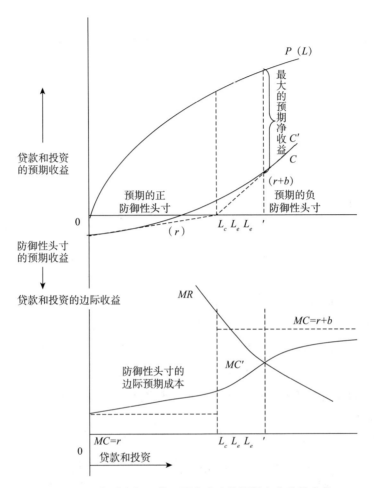

图 7.2.5　货币市场下的无固定成本的预期净收益最大化

$p = 2$（圆周），在这里再进行资产组合形式的市场交换，进而扩张到 $p \rightarrow \infty$ 时的正方形，这正是"铜钱模型"的资产组合原理。可参考本书第四章图 4.3.2 的证明。这就要求我们把它们的共轭对偶条件由 $p = q = 1/2$ 转变到 $1 \leqslant p < +\infty$ 或 $1 \leqslant q < +\infty$，这样就得到图 4.3.3。

　　这就是我们从另一个角度证明在一个特殊的空间里，存在函数 $P(x)$、$g(x)$，或者 $P(L)$、$g(L)$ 的可能性。这个空间的重要性在于，只有它才能对资产的市场组合进行很好的解释，它有着我们日常生活的欧氏空间里根本不具有的性质和特点。这些性质和特点使它能够把人们的经济计划以及经济计划的实现过程表现得一清二楚，这是人类通过市场进行资产组合必须掌握的性质和特点。这个空间就是在勒贝格测度空间里，通过赋范空间实现的希尔伯特空间。事实证明，欧几里得空间是不能担当这一"重任"的。莱昂·瓦尔拉斯虽然是人类虚拟经济空间与实体经济空间相互转换的"首创者"，但是因为他企图在欧氏空间里，用有理数的手段证明他的想法，因而没有取得预期的成功。但现代金融经济学的资产组合理论必须利用这个空间，这是我们今天极力要探索这种空间的原因之一。

　　我们在实际考察银行市场职能的过程中，在经过深入讨论银行的收益函数以及它的边际函数以后，却没有找到这个函数存在的具体形式以及确定它具体位置的方法，也并不清楚如何用它来确定银行的市场价值（及利率）或预测的结果，等等。这就是今天我们仍然根据银行的储蓄率来估计资本的固定值以及用贷款的规模来确定防御性头寸，甚至把法定储备金系数也用有理数来确定的主要原因。这样设计的银行市场理论完全是凭以往的经验事实来确定的，在危机即将来临或者已经降临时也起不到任何的预测或指导作用，那么金融经济学的实际意义到底是什么？从 20 世纪初到 21 世纪初全球发生的几次金融危机对经济社会的无情蹂躏和人们在残酷现实面前无奈的表现，都说明了解决这个问题的迫切性和重要性。

第三节　理论的实践和实践的理论
——"一个银行（二）"

　　亲爱的读者，我们在前面进行了大量的数学分析，这是为了借鉴莱昂·瓦尔拉斯对虚拟经济空间的研究，不得不放弃大家已经习惯了的欧氏空间，而把欧氏空间用"中国式的勾股定理"推广到 n 维空间中，使 $n \to \infty$，以寻找一个"理想的、能够经得起实践检验的'商业计划'空间"。于是，我们在扩大了的空间里引入了范数，目的是把我们所扩大的空间范围用直角坐标系的形式表示出来。但是，当我们在把这个空间一般化的时候，我们就找到了共轭空间的指数关系 $\frac{1}{p} + \frac{1}{q} = 1$。这样，我们终于将两个空间（虚拟的经济计划空间和实体经济空间）的分界线找了出来。很明显，因为我们是用勾股定理将欧氏空间一般化的，所以在引入范数以后它就自然符合巴拿赫的三角不等式，所以它就是巴拿赫空间。但如何能使它符合"平行四边形规则"，进而使它成为希尔伯特空间呢？因为在希尔伯特空间里，有一个重要的"内积 $\langle \cdot, \cdot \rangle$"关系，它能使得一个变化的空间以共轭对偶的形式出现，我们认为这个空间正是莱昂·瓦尔拉斯极力寻找的"虚拟经济空间"和"实体经济空间"。因为在这个所谓"内积 $\langle \cdot, \cdot \rangle$"的关系里，这两个空间不但能变化，而且能够相互转化，进而能够使它们分别达到相互转化的"极限"（对转化的限制或不限制会引起的风险）。

在前几章，我们顺利地从欧氏空间 R^n 过渡到了（复矢量）酉空间 C^n。这就是说，我们已经顺利地摆脱了欧氏空间对我们研究的限制。我们认为这就是摆脱了莱昂·瓦尔拉斯在论证"商业计划或经济计划空间"时所走不出的"死胡同"。在这里，我们主要是寻找这两个共轭对偶空间变化及相互转换的基本原理。这时的勾股定理，就演变成了一种新的勒贝格可测空间形式，即：

$$L^p[a,b](1 \leqslant p < +\infty), \; \|x\| = \left(\int_a^b |x(t)|^p \mathrm{d}t \right)^{\frac{1}{p}}, \forall x \in L^p[a,b]$$

据此，从勒贝格测度 $L^p[a,b]$ 很容易得到帕塞瓦尔（Parveval）等式。它是最一般的勾股定理形式。

设 $\{e_n\}$ 是内积空间 X 中的标准正交系，则 $\{e_n\}$ 是完备的，当且对 $\forall x \in X$，就有 $\|x\|^2 = \sum_{n=1}^{\infty} |(x, e_n)|^2$。这是因为 $\|x\|^2 = \sum_{n=1}^{\infty} |(x, e_n)|^2 = \|x - \sum_{i=1}^{\infty} (x, e_i) e_i\|^2 \xrightarrow[n \to \infty]{} 0$。

这个定理明确地告诉我们，在希尔伯特空间中，我们已经将符合勒贝格可积空间中的两个函数，在形成内积关系的同时，把其中的一个函数当成了坐标系，而把其中的另一个函数当成了这个坐标系中的具体函数。这里的 e_i 构成空间的基底，如我们所熟知的在 $C[0, 2\pi]$ 区间，e_i $(i = 1, 2, \cdots, n)$ 的具体形式为：

$$\frac{1}{\sqrt{2\pi}}, \frac{1}{\sqrt{\pi}}cosx, \frac{1}{\sqrt{\pi}}sinx, \cdots, \frac{1}{\sqrt{\pi}}cosnx, \frac{1}{\sqrt{\pi}}sinnx$$

它被一种特殊的规律（比方说金融经济规律）促使着发生变化，进而形成整个空间的变化。这是多么奇妙的一种空间设计啊！拿上一节我们所举的"一个银行"的例子，如果我们将银行资产组合过程作为一个函数，那么由资产组合所产生的收益函数，将与以坐标系形成的空间函数相互作用并共存。这样，资产组合过程将成为资产收益行程中的具体坐标函数和收益函数的综合形式。这是非常符合莱昂·瓦尔拉斯提出的商业计划的"虚拟性"原理的，这也是再恰当不过的金融经济空间的数学描述了。为此，我们可对以上的讨论进行总结式的梳理。

第一，为什么我们要用正方形及其外接圆的形式来描述资产组合的价值形成原理？

现在我们就严格地考证"铜钱模型"的理论依据，在讨论的过程中把问题引向深入，进而阐述金融系统（以银行为例）资产组合的数学原理。

如果我们讨论的金融市场，就是前面所设定的勒贝格可积空间 $L^2 = L^2（[0，1]）$，那么就有以下两方面需要加以说明。

（1）在这个空间中任何一个由完备基底所确定的可变化空间中，可以有无穷多个参与资产组合的元素。也就是说，在这个空间中，资产组合可以以无数多种形式存在。这就为"无穷无尽的金融创新"提供了理论依据。翻译成数学语言就是，L^2 中任何完全规范的正交系 $\{\varphi_n\}$ 中均有无穷多个元素。

（2）为了保证这种金融空间在实际资产市场组合中可行，就必须把保证市场运行的有理数从实数中"选择"出来。经过数学证明发现，L^2 中任何规范正交系 S 都不能多于多个可数元素。所以，L^2 中任何完全规范正交系恰好有多个可数元素。这虽然是一个数学问题，但它和资产的市场组合结合得十分密切，所以这就要给出如下的数学证明。

一方面，用反证法，假设 $\{\varphi_n\}$ 只有有限个元素 φ_1，φ_2，$\cdots$，φ_m 则每一个资产组合事件 f（实物资产或通货）$\in L^2$，都与一个由 m 个复数组成的序列数组 $\{x_1，x_2，\cdots，x_m\}$ 相对应，此时：

$$x_i = \langle f, \varphi_i \rangle, i = 1, 2, \cdots, m$$

且

$$\| f \|_2^2 = \sum_{i=1}^{m} \mid x_i \mid^2$$

如果我们将 $\{x_1, x_2 \cdots, x_m\}$ 视作 m 维酉空间 C^m（商业计划或经济计划空间）中的一个点，则我们得到了 L^2 与 C^m 空间中的一个对应关系，因为 $\{\varphi_n\}$ 是完全规范正交系，故这种对应关系也是一对一的。而且这两个空间中的距离公式相同，所以相对应的向量长度相同。这样，C^m 中的聚点对应在 L^2 中也应该是聚点。特别是，由于 C^m 是局部列紧的（Weierstrass-Bolzano 聚点原理），应该推出 L^2 也是局部列紧的。但根据定义，在 L^2（$[0, 1]$）中不能存在局部列紧的性质，这就证明了 $\{\varphi_n\}$ 中必有无穷多个元素。

另一方面，因为 L^2 是可分的，故存在一个处处稠密的可数集合 D，对于 $\forall f \in S$，在 D 内，根据平行四边形法则很容易证得：f^* 使 $\| f - f^* \|_2 < \dfrac{\sqrt{2}}{4}$（铜钱模型）。

设 $\forall f, g \in S$，且 $f \neq g$，则对应的 f^*，g^*，有 $f^* \neq g^*$，事实上，由于 S 是规范正交坐标系，故：

$$\| f - g \|_2^2 = \langle f - g, f - g \rangle = \langle f, f \rangle + \langle g, g \rangle - \langle f, g \rangle - \langle g, f \rangle = 1 + 1 = 2$$

但是，

$$\| f - g \|_2^2 \leqslant \| f - f^* \|_2 + \| f - g^* \|_2 + \| g - g^* \|_2 < \frac{\sqrt{2}}{4} + \| f - g^* \|_2 + \frac{\sqrt{2}}{4}$$

所以：

$$\| f^* - g^* \|_2 > \| f - g \|_2 - \frac{2\sqrt{2}}{4} = \sqrt{2} - \frac{\sqrt{2}}{2} = \frac{\sqrt{2}}{2} > 0$$

即：

$$f^* \neq g^*$$

由于 D 可数，故 S 至多可数。这就是"铜钱模型"的两资产组合者准备交换的市场位置。

这里 D 的可行性保证了空间函数的连续性和可积性，S 的至多可数性保证了正交规范坐标系的实际应用性。在有了这些条件之后，上面的证明主要阐明了本书第一章"铜钱模型"虚、实经济空间的存在原理（见图7.3.1）。例如，这里的$f^* \neq g^*$，就说明持有实物资产f的资产组合者计划将它变成另一种形式的财富f^*，而持有货币g的资产组合者计划将它转换为实物形式的资产g^*，如果$f \neq g$，则明显有$f^* \neq g^*$。但在双方达成了默契后，就有$f = f^* = g$；$g = g^* = f$，这时他们要进行转化的财富价值形式均为$\sqrt{2}/2$。我们就是在这个设定的基础上分析资产市场组合问题的。

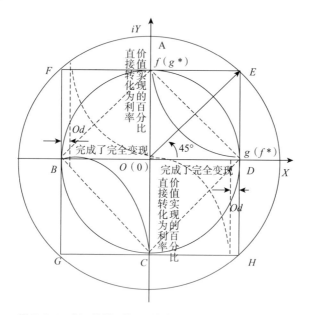

图7.3.1 "铜钱模型"里的虚、实经济空间存在原理

第二，为什么勒贝格可积的希尔伯特空间才适应金融经济学？

为了回答这个问题，我们想从以下两个方面进行论证。

首先，我们来看以下这个重要的定义：

对于$L^2 = L^2(E)$，如果$\{\varphi_i \mid i = 1, 2, \cdots, n\}$为完全规范正交系，则对于$\forall f \in L^2$，

$$f_n = \sum_{n=1}^{\infty} \langle f, \varphi_i \rangle \varphi_i, n = 1, 2, \cdots$$

就在L^2中收敛（即平方平均收敛）于f。事实上，根据里斯－费舍尔

（Riesz-Fisher）定理，我们知道 $(L^2)\ \lim\limits_{n\to\infty}f_n = f^*$ 是存在的，并且：

$$\langle f^*, \varphi_i \rangle = \langle f, \varphi_i \rangle, i = 1, 2, \cdots$$

这个等式说明了在资产的市场组合中实际空间与对偶的虚拟空间的关系。因为 $\{\varphi_i \mid i = 1, 2, \cdots\}$ 是完全的规范正交系，就有 $f^* = f$，这样，我们就可以将 f 表示成：

$$f(L^2) = \sum_{i=1}^{\infty} \langle f, \varphi_i \rangle \varphi_i$$

直接写成：

$$f = \sum_{i=1}^{\infty} \langle f, \varphi_i \rangle \varphi_i$$

由此，我们完全有理由将 L^2 中的一个完全规范正交系称为 L^2 中的规范正交基底。

现在我们可以看到，在希尔伯特空间里基底判断与欧几里得空间里基底判断的区别。在欧几里得空间中，要判断 $\{e_i\}$ 是基底，只要线性组合 $e = a_1 e_1 + a_2 e_2 + \cdots + a_n e_n$ 在该空间稠密就可以了。这里的稠密，可以理解成我们在 $e = a_1 e_1 + a_2 e_2 + \cdots + a_n e_n$ 空间（n 维）作 m 个半径为 1 的单位圆，每个单位圆都可以看成资产组合不同形式的一次交换"机会"。这样，就可以在欧氏空间形成一系列子空间。我们可以将这一系列子空间称为一个可数的集合 E（m），从而任何向量都可以表示成上述的形式。但随着 m 的逐步增大，所有单位圆的表示方式都以 $1/m$ 的方式趋向于一种代表性的表示。例如，当 $m\to\infty$ 时，所有单位圆都完全地收敛到一个典型的表示，这就是稠密的语言解释。但是从欧氏空间到达希尔伯特空间，必须有一个向勒贝格可测空间的过渡。如果没有这个过渡，我们就找不到虚（商业计划）空间和与其对称的实空间。可以断定，如果它们在空间 L^p 中稠密，就必然在整个空间（$1 \leq p \leq +\infty$）中稠密。勒贝格可测空间保证了 E（m）的存在，同时也保证了 x_{n_m} 子序列的存在。这样就顺利地从欧氏空间过渡到勒贝格可测空间，再过渡到希尔伯特空间。因此在 L^2 中处处稠密的线性子空间未必就等于 L^2。这种特殊的情况在金融经济学中就恰好出现了。所以说，用欧几里得空间——也就是我们所说的自然空间——解决金融经济问题是不"保险"的、是靠不住的。只有在希尔伯特空间才能使我们的讨论获得成功。

其次，在欧几里得空间中，维数是由最大线性无关向量组中含有的向量数目来决定的，也就是由最大的规范正交系中所含基本元素的个数来确定的。那么在 L^2 中空间的维数由什么来决定呢？从上面的讨论我们知道，只含有有限多个元素的 $\{\varphi_i \mid i=1, 2, \cdots\}$ 肯定不是完全的，则它肯定不是"最大"的。事实上，由于 $\{\varphi_n\}$ 不是完全的，就有非零的 $f \in L^2$，使得 $\langle f, \varphi_n \rangle = 0$（$\forall n$）。令 $\varphi_0 = \dfrac{f}{\|f\|_2}$，得到：

$\|\varphi_0\|_2 = 1$，$\langle \varphi_0, \varphi_n \rangle = 0$（$\forall n$），所以，$\{\varphi_0\} \cup \{\varphi_n\}$ 是比 $\{\varphi_n\}$ "更大"的规范正交系。由此：

规范正交系 $\{\varphi_n\}$ 是完全的$\Leftrightarrow$ $\{\varphi_n\}$ 是最大的规范正交系。所以希尔伯特空间成立的条件肯定要比欧几里得空间严格得多。在欧几里得空间，一个最大的线性无关的向量组就可以确定一个度量空间，这在希尔伯特空间就不行。空间之间必须完成如下过渡：欧氏空间→赋范度量空间→巴拿赫空间→希尔伯特空间。

第三，为什么要用三角函数来处理资产市场组合中的主要问题？

如果认为希尔伯特空间最符合人类经济活动的特点，可能的原因在于它把人类经济活动所形成的函数，放置在一个特定的函数空间之中。这个函数空间能够根据人类经济活动的变化而变化，进而和人类经济活动所形成的函数形式相协调。这也许就是莱昂·瓦尔拉斯一直在寻找但并没有发现的那个"商业计划空间"的函数，也就是我们所说的"一个银行"和它的"收益函数"。

我们在前面曾经说过，无论是自然界还是人类社会的运动或发展，无理数在其中起着不可替代的作用，有理数只不过是把无理数分布的"空隙"填补起来而已，进而使得运动或者发展显得"连续、光滑"。因为这些"空隙"和一些重要的无理数（包括超越数）密切相连，如描述自然界发展的 e；描述自然界和人类社会周期性运动的 π；描述人类市场交换的关键量 $\sqrt{2}$ 等。应该说，与它们之间紧密联系的"有理数"是可以近似地反映某一事物或者事件的运动或发展的性质的，但不能过分地相信或者夸大这些近似性。否则人类"辛辛苦苦"得到的统计结论的正确性就会被质疑。而所有的三角函数，就是把无理数与有理数布满整个区间的一种"范例"，如在第一象限上正弦函数中 $\pi/6$ 和 $\pi/2$ 的函数值；余弦函数中 $\pi/3$ 和 0 的函数值；正切函数中 $\pi/4$ 的函数值等。然而希尔伯特空间对这种现象的反映却是十分自然的。

例如，在 L^2 中任何规范正交系 S 都是 L^2 中线性无关的子集。那么，S 作为 L^2 中的一个子集，S 中所有元素的有限线性组合所构成的集合必为 L^2 中的一个线性子空间，或称为 S 所张成的子空间，用 $Span\,(S)$ 表示。于是就有了下面的事实。

设 $\{\psi_n\}_{n=1}^{\infty}$ 为 L^2 中线性无关的序列，虽然它好像还是在欧氏空间（实空间）中，但从上面的推导可知，它已经有了度量空间的特殊意义，这种意义就是它以波函数的形式将有理数与无理数连接了起来。因为有了"波"就有了"复空间"的存在，所以这个"波函数"就使得这个欧氏空间成为希尔伯特空间中的一个特殊的"酉空间"。现在将这个"有限的线性组合"扩展到"无限"，那么这个欧氏空间中最大的线性无关矢量，就可以成为一个可测的赋范度量空间，并符合希尔伯特空间所要求的正交规范序列 $\{\varphi_n\}_{n=1}^{\infty}$，使每个 φ_n 都是 $\{\psi_n\}_{n=1}^{\infty}$ 中元素的有限线性组合，即：

$$Span\{\varphi_n\}_{n=1}^{\infty} = Span\{\psi_n\}_{n=1}^{\infty}$$

这样就有以下两种表示方法。

（1）实三角函数系（近似的希尔伯特空间，因为它没有把虚、实空间清晰完整地表示出来）。即：

$$T_R = \{\varphi_n\} : \frac{1}{\sqrt{2\pi}}, \frac{1}{\sqrt{\pi}}\cos x, \frac{1}{\sqrt{\pi}}\sin x, \cdots, \frac{1}{\sqrt{\pi}}\cos kx, \frac{1}{\sqrt{\pi}}\sin kx, \cdots$$

为 $L^2\,(\,[-\pi,\,\pi]\,R)$ 中的完全规范正交系，即 $L^2\,(\,[-\pi,\,\pi]\,R)$ 的基底（T_R 的下标 R 表示的是实数）。它是一个变化的空间，它和人们的经济活动 f 一起变化。例如，我们所熟悉的：

$$f(x) \approx \sum_{n=0}^{\infty} c_n \varphi_n(x) = c_0 \frac{1}{\sqrt{2\pi}} + \sum_{k=1}^{\infty} \left(c_{2k-1} \cdot \frac{1}{\sqrt{\pi}}\cos kx + c_{2k-1} \cdot \frac{1}{\sqrt{\pi}}\sin kx \right)$$

$$= \sqrt{\frac{\pi}{2}}a_0 + \frac{1}{\sqrt{2\pi}} + \sum_{k=1}^{\infty} \left(\sqrt{\pi}a_k \cdot \frac{1}{\sqrt{\pi}}\cos kx + \sqrt{\pi}b_k \cdot \frac{1}{\sqrt{\pi}}\sin kx \right)$$

$$= \frac{a_0}{2} + \sum_{k=1}^{\infty} (a_k \cos kx + b_k \sin kx), x \in [-\pi, \pi]$$

其中，

$$c_0 = \langle f, \frac{1}{\sqrt{2\pi}} \rangle = \frac{1}{\sqrt{2\pi}} \int_{-\pi}^{\pi} f(x) dx = \sqrt{\frac{\pi}{2}} \cdot \frac{1}{\pi} \int_{-\pi}^{\pi} f(x) dx = \sqrt{\frac{\pi}{2}} \cdot a_0$$

$$c_{2k-1} = \langle f, \frac{1}{\sqrt{\pi}} \cos kx \rangle = \frac{1}{\sqrt{\pi}} \int_{-\pi}^{\pi} f(x) \cos kx dx$$

$$= \sqrt{\pi} \cdot \frac{1}{\pi} \int_{-\pi}^{\pi} f(x) \cos kx dx = \sqrt{\pi} a_k \quad (k = 1, 2, \cdots)$$

$$c_{2k} = \langle f, \frac{1}{\sqrt{\pi}} \sin kx \rangle = \frac{1}{\sqrt{\pi}} \int_{-\pi}^{\pi} f(x) \sin kx dx$$

$$= \sqrt{\pi} \cdot \frac{1}{\pi} \int_{-\pi}^{\pi} f(x) \sin kx dx = \sqrt{\pi} b_k \quad (k = 1, 2, \cdots)$$

这个变化的结果可通过财富变化的最终积累以 Parseval 等式表示出来。即：

$$\|f\|_2^2 = \|\sum_{n=0}^{\infty} c_n \varphi_n\|_2^2 = \sum_{n=0}^{\infty} |c_n|^2 = \left(\sqrt{\frac{\pi}{2}} a_0\right)^2 + \sum_{k=1}^{\infty} \left[(\sqrt{\pi} a_k)^2 + (\sqrt{\pi} b_k)^2\right] =$$

$$\pi \left[\frac{a_0^2}{2} + \sum_{k=1}^{\infty} (a_k^2 + b_k^2)\right] \tag{7.3.1}$$

$$\frac{a_0^2}{2} + \sum_{k=1}^{\infty} (a_k^2 + b_k^2) = \frac{1}{\pi} \|f\|_2^2 = \frac{1}{\pi} \int_{-\pi}^{\pi} f^2(x) dx$$

（2）复三角函数系（这是一个实际经济与虚拟经济都拥有的共轭空间），即：

$$T_C: \frac{1}{\sqrt{2\pi}}, \frac{1}{\sqrt{2\pi}} e^{ix}, \frac{1}{\sqrt{2\pi}} e^{-ix}, \cdots, \frac{1}{\sqrt{2\pi}} e^{inx}, \frac{1}{\sqrt{2\pi}} e^{-inx}, \cdots$$

为 $L^2([-\pi, \pi] C)$ 中的完全正交系，同时它也是 $L^2([-\pi, \pi] C)$ 上的完全正交集，即它存在复基底（T_C 的下标 C 表示复数）。可见，它也是一个可变化的特殊空间，即对于任何在 $L^2([-\pi, \pi] C)$ 上可积的勒贝格可测函数 $f(x)$，都有：

$$f(x) = \sum_{-\infty}^{\infty} c_n e^{inx}$$

其中，

$$\frac{1}{\sqrt{2\pi}}\int_{-\pi}^{\pi}f(x)\,\mathrm{e}^{-inx}\mathrm{d}x = \int_{-\pi}^{\pi}f(x)\,\frac{1}{\sqrt{2\pi}}\mathrm{e}^{inx}\mathrm{d}x = \langle f(x),\frac{1}{\sqrt{2\pi}}\mathrm{e}^{inx}\rangle\mathrm{d}x$$

$$= \langle\sum_{-\infty}^{\infty}c_m\mathrm{e}^{inx},\frac{1}{\sqrt{2\pi}}\mathrm{e}^{inx}\rangle = \sqrt{2\pi c_n}$$

$$c_n = \frac{1}{\sqrt{2\pi}}\int_{-\pi}^{\pi}f(x)\,\mathrm{e}^{-inx}\mathrm{d}x, n = 0, \pm1, \pm2, \cdots$$

$f(x)$ 关于 L^2（$[-\pi, \pi]$ C）的 Parseval 等式为：

$$\|f\|_2^2 = \|\sum_{-\infty}^{\infty}c_n\mathrm{e}^{inx}\|_2^2 = \sum_{-\infty}^{\infty}\|(\sqrt{2\pi}c_n)-\frac{1}{\sqrt{2\pi}}\mathrm{e}^{inx}\|_2^2 = 2\pi\sum_{-\infty}^{\infty}|c_n|^2$$

$$(7.3.2)$$

如果 $f(x) \in L^2$（$[-\pi, \pi]$ C）时只取实值，则：

$$c_n = \frac{1}{2\pi}\int_{-\pi}^{\pi}f(x)\,\mathrm{e}^{-inx}\mathrm{d}x = \frac{1}{2\pi}\int_{-\pi}^{\pi}f(x)\,\mathrm{e}^{inx}\mathrm{d}x = \bar{c}_{-n}$$

这样（7.3.2）式显然包含着（7.3.1）式。在我们要研究虚、实经济空间相互转化的过程时，当然要以（7.3.2）式为基准。所以，现代金融经济学在研究资产的市场组合时，往往只注重实空间而忽略虚、实经济空间的相互转化，这是不能解决实际问题的。

　　大家在这里已经看到了 $f(x)$ 在勒贝格可积的希尔伯特空间中的基本空间函数 $\|f\|_2^2$，它在复矢量完全正交空间中以下面的具体形式出现，即在

$$\frac{1}{\sqrt{2\pi}}, \frac{1}{\sqrt{2\pi}}\mathrm{e}^{ix}, \frac{1}{\sqrt{2\pi}}\mathrm{e}^{-ix}, \cdots, \frac{1}{\sqrt{2\pi}}\mathrm{e}^{inx}, \frac{1}{\sqrt{2\pi}}\mathrm{e}^{-inx}, \cdots$$

里，各轴投影分别是：c_0，$c_{\pm1}$，$c_{\pm2}$，$\cdots$，$c_{\pm n}$，$\cdots$

　　可以看出，与实三角函数系相比，复三角函数系对我们所讨论的问题，即在显示实空间与虚空间的界限、相互关系以及相互转换的问题上，表现得非常明显，所以我们倾向于用复三角函数系，即用多维复矢量空间（希尔伯特空间）讨论问题。

　　对于一个银行来说，这里的 $f(x) = x$（图 7.2.1 的 $D + E$ 曲线），假设 $n = 0$，那么这里的复共轭对称空间已经失去了意义，因此就不存在

所谓的收益函数，这正如本书上一节所讨论的情形，即这里存在和不存在收益函数的结果完全一样。或者说，在这里我们要在实数范围内讨论"一个银行"的所谓"收益函数"是没有意义的。例如，根据式 (7.3.1)，我们有：$c_0 = \dfrac{1}{2\pi}\displaystyle\int_{-\infty}^{\infty} x\,dx = \overline{\dfrac{1}{\sqrt{2\pi}}\int_{-\pi}^{\pi} x\,dx} = 0$。

同样的，相对于图 7.2.1 来说，我们讨论一个银行 $f(x) = x$（$D + E$ 曲线）它在区间 $[-\pi, \pi]$ 中积分，那么这时的 c_1 为：

$$c_1 = \overline{\dfrac{1}{2\pi}\int_{-\pi}^{\pi} x e^{ix}\,dx} = \dfrac{1}{2\pi}\Big[\int_{-\pi}^{\pi} x\cos x\,dx + i\int_{-\pi}^{\pi} x\sin x\,dx\Big]$$

$$= \dfrac{1}{2\pi}\big[(\cos x\,|_{-\pi}^{\pi} + x\sin x\,|_{-\pi}^{\pi}) + i(\sin x\,|_{-\pi}^{\pi} - x\cos x\,|_{-\pi}^{\pi})\big] = -\dfrac{1}{2\pi}\times 2\pi i = -i$$

这就是说，函数 $f(x) = x$ 的复矢量范围，即我们上一节的图 7.2.1 中关于一个银行的贷款、法定储备金等的设定，实际上是在希尔伯特空间内自变量 x 区间设定的积分范围。在希尔伯特空间内，它充其量是在复平面的实数范围里进行设计的实际财富形成区间。而复平面虚数部分的定义区间是实数部分的计划区间，这也就是莱昂·瓦尔拉斯所说的"商业计划空间"，也被称为贷款和投资的收益可能区间。在上一节中，当我们按照这个设定将银行的贷款、法定储备金等的区域确定之后，在这个计划区间上产生的函数 $f(x) = x$ 看似一条和横轴（实数部分成 45° 夹角）的计划控制线（$D + E$ 曲线），实际上是一条函数为 $f(x) = x$ 的直线。上面证明它在纵轴上的投影分量为 c_1，是一个虚轴单位 i，这和我们前面的设定完全一致。这时它们的收益函数是确切存在，但它们是银行借、贷款业务范围的空间表示，这种空间表示一种非常特殊的空间。它的完全正交空间坐标系为：

$$T_C: \dfrac{1}{\sqrt{2\pi}}, \dfrac{1}{\sqrt{2\pi}}e^{ix}, \dfrac{1}{\sqrt{2\pi}}e^{-ix}, \cdots, \dfrac{1}{\sqrt{2\pi}}e^{inx}, \dfrac{1}{\sqrt{2\pi}}e^{-inx}, \cdots$$

它在 $L^2([-\pi, \pi]\ C)$ 中是可积的和完备的，对应 $f(x) = x$ 的直线，它的坐标形式为 $\dfrac{1}{\sqrt{2\pi}}e^{ix}$。如果我们把 e^{ix} 作为一个指数幂曲线，它表示银行借款（存款）的增长数，那么它的收益指数将为指数幂的 $\dfrac{1}{\sqrt{2\pi}}$，即约为指数幂的 0.4。

现在，假设银行的经营函数仍然是 $f(x) = x$，但在实数范围内将区间分成了两部分：其中的"法定储蓄金"为一个维度；"防御性头寸"和"贷款和投资"为一个维度上的两个不同的部分，即它们之间可以在不同的范围内自由"伸缩"，因而还是一个维度。那么它们对应的希尔伯特空间勒贝格可积区域应分别为：

$$T_1 : \frac{1}{\sqrt{2\pi}} e^{\pm ix}，上面已经计算出 c_1 = -i$$

$$T_2 : \frac{1}{\sqrt{2\pi}} e^{\pm i2x}，这时 c_2 = \frac{1}{2\pi} \int_{-\pi}^{\pi} x e^{\pm i2x} dx$$

我们先来确定具体的 c_2：

$$c_2 = \frac{1}{2\pi}\Big[\int_{-\pi}^{\pi} (x\cos 2x) + i(x\sin 2x) dx\Big]$$

$$= \frac{1}{2\pi}\Big[\Big(\frac{1}{4}\cos 2x \mid_{-\pi}^{\pi} + \frac{1}{2}x\sin 2x \mid_{-\pi}^{\pi}\Big) + i\Big(\frac{1}{4}\sin 2x \mid_{-\pi}^{\pi} + \frac{1}{2}x\cos 2x \mid_{-\pi}^{\pi}\Big)\Big]$$

$$= -i/2$$

通过上面的计算可以看出，按希尔伯特空间的要求，这时的法定储备必须成为一个独立的坐标维度（如图 7.3.2 的右图，设法定储备为 c_1），即它的坐标尺度为 1 个单位的虚值 i，"防御性头寸"和"贷款和投资"是另一个坐标维度的两部分，它们的大小应该是"相互替代"的，即"防御性头寸"以一定的幅度增大，则"贷款和投资"必将以相同的幅度减少。这样它在相应维度上的坐标尺度（图 7.3.2 右图的坐标尺度 c_2）为半个单位的虚值 $i/2$。因为是希尔伯特空间，这里的 c_1 和 c_2 是互相垂直的。所以在图 7.3.2 的 c_1Oc_2 平面上，直角三角形 c_1Oc_2 的斜边长度为 $C_1C_2 = \sqrt{1 + 1/4} = \sqrt{5/4} \approx 1.12$。为了保证图 7.3.2 右图里的 $D + E$ 直线与 c_1Oc_2 平面的夹角为 45°，这时可以作一个与平面 c_1Oc_2 垂直的边长为 1.12 的正方形。可以求出，这个边长为 1.12 的正方形的对角线的长度为 $\sqrt{(1.12)^2 + (1.12)^2} \approx 1.58$。注意，这里的平面 c_1Oc_2 为一个"虚平面"，它与它垂直的正方形构成了一个虚空间，但这个虚空间的方向指向了实空间。这个虚空间实际就是莱昂·瓦尔拉斯的"商业计划空间"。因为我们设定的"法定储备金"为 0.293，所以这里的"防御性头寸"在理论上若为 $1.12 \times 0.293 \approx 0.33$ 最好，而"贷款和投资"的理论值应为 $1.12 \times 0.707 \approx 0.79$。同时这里对夹角为 45° 的直线 $D + E$ 的限制（即 $D + E$ 直线的长度为 1.58），实际上也就是对图 7.3.2 左图的"可支配资产"的限制。可以看出图 7.3.2 右图是一个变化的"虚拟经济空间"，它是在计划生产函数 $f(x) = x$ 条件下的"经济计划空间"。在这个变化的空间下，图 7.3.2 左图的"可支配资产"将随着正方形边长 Oc' 的变化而变化。而边长为 Oc' 的正方形随着银行经营项目的设定而变化。

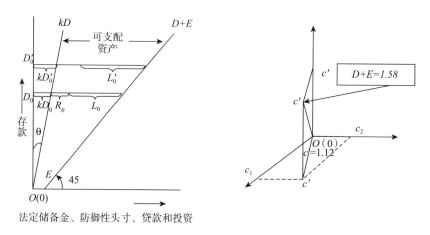

法定储备金、防御性头寸、贷款和投资

图 7.3.2　托宾等的"一个银行"经营空间与希尔伯特空间里的银行可能经营范围的关系

例如，若我们假设上面所设定的"防御性头寸"与"贷款和投资"不是"互补"的，而是相互独立的不相关领域。那么这时将有一个三维坐标系（见图 7.3.3），在整个"计划经济空间"中它将是一个多面体（多个"平行四边形"所代表的平面是不但相互垂直，而且"纵横交错"的"希尔伯特空间"）。对这样的图形进行分析将变得很复杂，以致对于像前面所述的 $f(x) = x$ 的生产计划函数，我们要分析的与它所在"曲面"夹角为 45° 并和这个曲面垂直的 $D + E$ 曲线所形成的"平面"都难以画出来，我们就不得不用后面的群论工具来分析它。但不管怎么说，随着银行业务部门设计的经营项目增多，银行为了实施它的"经济计划"，将促使经营空间逐步地向左边的法定储备金"栏目"靠近，这将使"可支配资产"空间增大，进而威胁"法定储备金"的空间，致使银行的市场风险增大。

从上面的分析可以看出，若在平面上，当我们按詹姆斯·托宾、斯蒂芬·戈卢布的方法将实数区域（横轴）的区间分为法定储备金、防御性头寸、贷款和投资三个部分以后，反映在虚轴上的财富价值（这里是以货币为主的虚拟价值）立即会跟着原来实际资产的价值指数下降，致使虚拟价值的数量（体积）急剧"膨胀"（是原来指数多倍的速度）。可以证明，如果在实部区间划分的贷款与投资等的类型越多，区间分段越密，则实际货币的价值就越低，货币数量（虚拟财富体积）却呈相反的方向疯狂增大。很明显，这种增大的体积实际上是由泡沫填充的。但是，上面的计算结果毕竟只是一个近似值。这就是说，在将实数区域（横轴）的区间分为法定储备金、防御性头寸、贷款和投资这三个部分以后，正如图 7.3.2 所示，为了保证 $D+E$ 曲线与横轴之间的 45° 夹角保持不变，它将要压缩实际财富的空间并用"计划空间"（泡沫）填充新增空间。根据第三章的（3.3.1）式（这个式子的 Y 和 x 的形式相同），这时 $\left|\dfrac{\mathrm{d}r}{\mathrm{d}Y}\right| > 1$，即 $|\mathrm{d}r| > |\mathrm{d}Y|$，即货币利率增长的速度大于实际财富的增长速度，这就是经济泡沫增大的充分理论证据。同时，这也说明，如果这时实数区域（横轴）的区间划分越多，货币的实际价值就会越小，利率和实际财富增长的差距就会越大，尽管这时货币流通速度会加快，但实际经济的泡沫也会越来越多。所以在没有实际财富增长情况下的所谓金融创新，并不见得一定是好事。

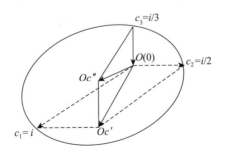

图 7.3.3 具有三维独立经营项目的银行计划空间

第八章　从"一个银行"的风险到危机
形成过程的基本理论

我们为了确定詹姆斯·托宾和斯蒂芬·戈卢布"一个银行"市场作用的精确数据结构，而把银行的经济活动函数与它所在的空间分开进行讨论，这虽然能够确定各种经济活动的确切路径，也符合詹姆斯·托宾和斯蒂芬·戈卢布"一个银行"的模型设定，但严格地说，这样是不符合希尔伯特空间的基本要求的。希尔伯特空间要求我们所探讨的任何经济事件都必须和这个事件所在的空间变化联系起来，而绝不可以将经济事件和它所在的经济空间分开。这是希尔伯特空间与我们所熟悉的欧几里得空间（自然空间）的根本区别，也可以说欧几里得空间也绝对没有这个特性。我们在前面一再强调这个区别，但为了说明现代金融经济学在分析问题时存在的误区，我们不得不暂时"绕过"这个"规定"，而将它们分开来进行讨论。但就是这样的讨论，我们也能够看到这种方法与传统方法的根本区别。在这一章，我们将把这两者结合在一起进行比较研究，以观察现代金融经济市场的外在表象和这种表象所反映的基本特性，进而希望揭示基本规律，寻找金融风险的界限和突破这种界限的条件及路径。

为此，本章先从理论上推导并完善了现代金融经济学的"不确定性"原理，以求把这种原理放在新的理论背景下进行研究，进而给出了它在金融实践中的基本应用。以此为指导，我们还得出了"一个银行"的具体收益函数和成本函数、从风险转向危机的区间数据及控制和预防危机的基本措施。也就是说，我们不但给出了金融市场风险形成的基本规律和危机发生的基本机理，而且每一步都有具体的数据标准和行为规则，以达到可靠性强、应用方便的目的。这对金融经济实体和金融机构的健康发展、有效互动具有重要的参考价值。

第一节　新经济空间里“一个银行”市场
运行的成本“不确定性”

这个新经济空间是复矢量形成的共轭对偶空间。首先要说明的是，如果这个新经济空间是无限维的，那么它就是希尔伯特空间。但如果这个新经济空间是有限维的，那么它就是酉空间。为了讨论问题的方便，我们也将酉空间像希尔伯特空间那样去看待，这在数学上是允许的。

对于复矢量区域中希尔伯特空间的勒贝格可积性定义，它的空间坐标系就成为以下形式：

$$T_c: \frac{1}{\sqrt{2\pi}}, \frac{1}{\sqrt{2\pi}}e^{ix}, \frac{1}{\sqrt{2\pi}}, e^{-ix}, \cdots, \frac{1}{\sqrt{2\pi}}e^{inx}, \frac{1}{\sqrt{2\pi}}e^{-inx}, \cdots$$

这个坐标系，形成了一个张开了的特殊空间结构，使得在其中的经济事件函数 $f(x)$ 与这个空间一起，都具有可微、可积性等数学特点。也就是说，对于具体的经济事件函数 $f(x)$，要保证 $L^2([-\pi, \pi] C)$ 中每一个点 ξ 在其中的 n（$n \rightarrow \infty$）个坐标就是 $n\xi$，使具体经济事件的变化和具体的坐标变化联系起来，这时就有：

$$c_n = \frac{1}{\sqrt{2\pi}} \int_{-\pi}^{\pi} f(\xi) e^{in\xi} d\xi, n = 1, 2, \cdots$$

在这里：

$$f(x) = \frac{1}{2\pi} \int_{-\pi}^{\pi} f^*(\xi) e^{in(x-\xi)} d\xi, n = 1, 2, \cdots$$

$$f(\xi) = \frac{1}{2\pi} \int_{-\pi}^{\pi} f^*(x) e^{-in(x-\xi)} dx, n = 1, 2, \cdots$$

引进一个新函数：

$$F(n) = \int_{-\pi}^{\pi} f(\xi) e^{-in\xi} d\xi$$

$$F^*(n) = \int_{-\pi}^{\pi} f(x) e^{inx} dx$$

那么就有：

$$f(x) = \frac{1}{\sqrt{2\pi}} \int_{-\pi}^{\pi} F(n)\,e^{inx}\,\mathrm{d}x$$

对于金融经济学，通常写成以下形式比较方便，即：

$$F(x) = \frac{1}{\sqrt{2\pi}} \int_{-\pi}^{\pi} f(x)\,e^{-inx}\,\mathrm{d}x$$

$$F^*(n) = \frac{1}{\sqrt{2\pi}} \int_{-\pi}^{\pi} f^*(x)\,e^{inx}\,\mathrm{d}n$$

在上面的一对共轭方程中，通常将 n 表示为某一资产的价格 Γ，而 x 则称为这种资产的数量，它一般具有无理数的特点。如果我们用 Γ 表示产品的价格，用 r 表示金融形式财富的价格（市场利率），则上式可统一写成：

$$F(\Gamma) = \frac{1}{\sqrt{2\pi}} \int_{-\pi}^{\pi} f(x)\,e^{-i\Gamma x}\,\mathrm{d}x$$

$$F^*(\Gamma) = \frac{1}{\sqrt{2\pi}} \int_{-\pi}^{\pi} f^*(x)\,e^{i\Gamma x}\,\mathrm{d}\Gamma \tag{8.1.1}$$

金融的财富形式，是把财富的价格写成货币利率的形式并用 r 表示：

$$F(r) = \frac{1}{\sqrt{2\pi}} \int_{-\pi}^{\pi} f(x)\,e^{-inx}\,\mathrm{d}x$$

$$F^*(r) = \frac{1}{\sqrt{2\pi}} \int_{-\pi}^{\pi} f^*(x)\,e^{inx}\,\mathrm{d}r \tag{8.1.2}$$

（8.1.1）式和（8.1.2）式具有重要的统计学意义，即只要我们承认（8.1.1）式和（8.1.2）式中自变量变化率的乘积

$$\Delta\Gamma\Delta x = 1(定值)$$
$$\Delta r\Delta x = 1(定值) \tag{8.1.3}$$

那么必然有 $F^*(r)\,F(r)$ 总财富的概率密度 $f^*(x)\,f(x)$ 是人均资产的概率密度。这里的 $F^*(r)\,F(r)$ 和 $f^*(x)\,f(x)$ 分别代表金融

证券财富的概率密度和与人均财富同时增长的货币的概率密度。

这里读者可能会问为什么（8.1.3）式一定要等于 1 呢？道理很简单，因为在这里我们把 $\Gamma(r)$ 设定为 1 单位的财富（资产）和 1 单位的计量价格（货币）。对于自然数来说，这里 1 小得不能再分。对于市场供给方来说，大量的市场供给要求正确地确定商品的价格。供给量越大，价格就越难确定，否则就会出现剩余（浪费）或者是赔本，这就是金融经济学的"不确定性"。

这样，在市场经济中，这两个数据不能同时确定，在希尔伯特空间里的勒贝格可积区间中，它们的表现尤其如此。

例如，根据（8.1.1）式及（8.1.2）式，在完全竞争的市场经济条件下，市场配置资源应该是均匀的，这时就有：

$$F^*(r)F(r) = \frac{1}{2\pi}f^*(x)f(x)\Delta\Gamma\Delta x \approx 0.16f^*(x)f(x) \times 1 \quad (8.1.4)$$

正如前面一再指出的，因为考虑到完全的市场竞争区域是积分均匀的区域，又考虑到 $F^*(r)F(r)$，$f^*(x)f(x)$ 分别代表金融证券财富的概率密度和与实体财富同时增长的货币的概率密度，那么（8.1.4）式就在整个市场化程度较高的区域普遍成立。再考虑到概率密度的单位，（8.1.4）式就成为著名的霍德里克和普雷斯科特（Hodrick and Prescott）经济周期数据法的具体形式[1]。这就是我们在本书开始时提到的西方国家的银行家坚持"金本位制"以及中国古代用"十六两秤"进行计量的原因。读者可以用不同国家的年度统计数据，根据（8.1.5）式的关系进行回归检验，它比普通的回归检验结果要准确得多。[2] 我们可以把 $F^*(r)F(r)$ 称为长期的实际财富积累，$f^*(x)f(x)$ 为每个周期内不同的经济体生产的财富之和。于是（8.1.4）式就成为：

$$F^*(r)F(r) = 1600f^*(x)f(x) \quad (8.1.5)$$

我们总体上完成了资产组合的计划空间（虚拟空间）与实际空间（实际

①　Robert J. Hodrick and Edward C. Prescott, "Postwar U. S. Business Cycles: An Empirical Investigation," *Journal of Money Credit and Banking*, 1981.

②　李学清：《中国新型城镇化的经济背景与实践探究》，社会科学文献出版社，2017，第 54~59 页。

财富集聚空间）的转化问题。读者在阅读这段内容时需要注意，这是一个非常具体的傅里叶级数的形成和不同财富生产及创造的矢量叠加形式。这个形式的转换，在市场经济条件下，不确定关系式：

$$\Delta \Gamma \Delta x = 1(定值)$$
$$\Delta r \Delta x = 1(定值)$$

起到了非常关键的作用。虽然在（8.1.5）式中我们没有看到它的作用，实际上在一个生产经营周期中，这个不确定关系以 $\frac{1}{2\pi}$ 的空间间隔转移到整个周期中去了。这就是说，它们基本上完成了虚拟经济空间和实体经济空间的相互转换。

对于（8.1.3）式，我们有：

$$\Delta r \cdot \frac{1}{\Delta \Gamma} = \frac{\Delta r}{\Delta \Gamma} = C(这里\ C\ 为常数) \tag{8.1.6}$$

如果商品的价格与银行利率之比是一个常数（或定值），那么这样的经济就真正实现了货币的发行数量与社会财富的增加数量的稳态均衡。但是要知道这个比值是在复矢量空间里虚轴化的比值，而实际数量的财富 x 是隐含在这个比值里面的。正因为这个原因，很多金融经济学家认为货币的数量和实际财富的数量会同步扩大，这就使实际财富的数量与货币发行的数量界限完全混淆，进而给银行的实际市场运行带来危机。这就是说，我们在应用（8.1.3）式的时候，如果不考虑市场周期性过渡中 $1/2\pi$（或约为 0.16）的存在，而将（8.1.6）式用于研究利率或产品价格的市场不确定性，其结果将存在很大的误差。

一个典型的例子是银行存款的不确定性问题，正如上一章的图 7.2.5，我们先来研究银行存款的不确定性边际成本。

假设金融市场的利率统一为 r，可以称之为资产的市场价格。$F(X)$ 里的 X 为"贷款与投资水平"的一般收益形式，或称 $F(X)$ 为一般形式的收益概率，因此其概率密度就为 $f(x) = \mathrm{d}F(X)/\mathrm{d}X$。在这里也可以将 X 设为货币的储蓄数量，它可以无限地扩张并且也可将其设定为与实际的财富存量一样。而这里银行的 ΔX 变化量也就可以划到投资或者贷款 L 的范围里，所以詹姆斯·托宾和斯蒂芬·戈卢布将 X 设定为 L

的函数①。按照这样的定义，他们将除去法定储备金后的银行预期存款 $(1 - D_0) k$ 作为银行贷款或投资的可变动总数，而将 $f(X)$ 作为银行贷款或投资收益的概率密度，这里的 $\dfrac{a}{(1 - D_0) k}$ 就成了贷款或投资概率密度的系数，根据下式：

$$MC' = r + bF(X) + \frac{a}{(1 - k) D_0} f(X)$$

这实际上就可被称为银行市场运行的边际成本的三级近似；实际概率 $F(X)$ 和它的系数 b 可被称为银行市场运行边际成本的二级近似；$\dfrac{a}{(1 - k) D_0} f(X)$ 可作为第三级近似的整项。可以看出，二级近似和三级近似都和金融市场贷款和投资的数量有关，它的实际大小却涉及贷款和投资在市场中波动的概率密度。因此可把二级、三级近似都看作成本在 L_e 和 L'_e 中波动的概率误差（见图7.2.5）。则有资产边际收益：

$$MR = \frac{\mathrm{d}}{\mathrm{d}X} F(X)$$

$$\frac{\mathrm{d}F(X)}{\mathrm{d}X} - MC' = \frac{\mathrm{d}F(X)}{\mathrm{d}X} - r - bF(X) - \frac{a}{(1 - k) D_0} f(X) =$$

$$\frac{\mathrm{d}F(X)}{\mathrm{d}X} \Big[1 - b - \frac{a}{1 - k} \Big] - r = 0$$

于是有：

$$\frac{\mathrm{d}F(X)}{\mathrm{d}X} \Big[1 - b - \frac{a}{1 - k} \Big] = r \qquad (8.1.7)$$

因为 $0 < b < 1$，$0 < a < 1$，$k = 0.293$，所以可令 $\Delta r = \dfrac{r}{1 - b - \dfrac{a}{1 - k}}$，可以看出这就是误差存在的原因。假若这里不涉及固定成本 a，则 $\Delta r = \dfrac{r}{1 - b}$，

---

① 参见〔美〕詹姆斯·托宾、斯蒂芬·戈卢布：《货币、信贷与资本》，张杰、陈末译，中国人民大学出版社，2015，第196页。注意这个函数是在同一维的空间轴上，因此这里所指的函数应该是数量级级数，如果用 S 表示它的和，用 S_n 表示它的部分和，则它就是以 n 为自变量的函数 S_n，具体的项函数为 $u_n = S_n - S_{n-1}$。懂得这一点对后面的分析是十分有用的。

但这种情况一般是不可能的。事实上，负的防御性头寸实际上高于实际利率水平，假若不存在这个防御性头寸，则 $b = 0$，这时 $\Delta r = r$，这实际上也是不可能的。因此这里的利率 r 实际上就是一个不确定量。所以（8.1.7）式可写为：

$$\Delta X \Delta r \approx \Delta F(X)$$

把上式变成人均投资和人均利率，并考虑到收益为边际值，则上式就为本章的（8.1.3）式：

$$\Delta x \Delta r = 1\left(\text{这里的人均收益为 } \Delta f(x) = \lim_{\substack{f_2 \to f_1 \\ x_2 \to x_1}} \frac{f_2 - f_1}{x_2 - x_1} = 1\right)$$

上式括号内的内容用到了前面的定义，即储蓄或投资每增加一个单位，边际收益也增加一个单位。这样就完成了对（8.1.3）式的证明，即得 $MC' = r + bF(X) + \dfrac{a}{(1-k)\,D_0} f(X)$ 只是金融经济学"不确定性"关系的一个近似值。

　　可以说，现代数学十分重视自变量运行空间的连续性以及函数积分的存在性，勒贝格可测空间的设定就是为了解决这个棘手的问题。我们前面引入的一系列现代数学的基本概念及定义，也是为了说明这个重要的问题。否则，计算的结果在实际经济运行中就显得极不可靠。众所周知，不管是纯粹的经济学理论还是金融经济学，经济运行的周期一直都是人们在努力寻找的，小罗伯特·E. 卢卡斯的货币周期模型对几次不同的金融危机，特别是 2008 年国际金融危机防范的失效，使人们对金融经济学科学性的反思更加深刻。我们认为模型失效的主要原因就在于它忽视了金融经济区间，特别是经济事件空间的函数存在性、可微和可积性等一系列重要的数学问题。

第二节 "一个银行"的收益函数和边际收益的确定

　　从人类经济活动的区域性特点到人类经济活动的一般性规律，现代数理经济学用柯西序列的区域连续性描述人类经济社会的函数性质问题是比较科学的。这就是把反映人类经济活动特点的函数级数放在他们所能涉及的整个经济"运行"区域，以考察他们在所活动区域的每一个点的敛散性，进而确定经济事件的规律。我们现在就按照这种数理经济学的特点，来考察詹姆斯·托宾、斯蒂芬·戈卢布的银行市场运行的边际收益函数和边际成本函数的存在性问题。

设如下级数：

$$u_1(x) + u_2(x) + \cdots + u_n(x) + \cdots \qquad (8.2.1)$$

（8.2.1）式的各项都是定义在某个区域 $[a, b]$ 上的某个自变量 x 的函数。给这个变量以某个数值 $x = \alpha$，这样我们就把（8.2.1）式变成通常的数项级数 $\sum_{n=1}^{\infty} u_n(\alpha)$。从数项级数理论的观点来看，（8.2.1）式表示的不是一个级数，而是不同级数构成的连续统一的函数。因此数项级数 $\sum_{n=1}^{\infty} u_n(\alpha)$ 的收敛性和函数级数（8.2.1）的收敛性就完全不是一码事了。但是由于我们把 $x = \alpha$ 定义为区域 $[a, b]$ 中的一个点，这样级数（8.2.1）对 x 的一些值可能是收敛的，对 x 的另外一些值可能就不是收敛的。所以在定义了 $x = \alpha$ 的某个数值以后，讨论级数（8.2.1）的收敛性已经变得没有意义。要使对级数（8.2.1）式的讨论有意义，就必须把（8.2.1）式中在区域 $[a, b]$ 中收敛的级数与发散的级数区分开来。确切地说，使级数（8.2.1）式收敛的 x 值的集合称为该级数的收敛区域，而把使其发散的 x 值的集合称为发散区域。

如果级数（8.2.1）式对某个集合 M 中的每一点（$x \in M$）都收敛，则级数的余项为：

$$r_n(x) = S(x) - S_n(x)$$

也应是 x 的函数，且对任何 $x \in M$，当 $n \to \infty$ 时，$r(x) \to 0$。我们就可以考虑这样一个事实，对任意 $x \in M$，总存在一个 $\varepsilon > 0$，于是存在一个 n_0（这个 n_0 不仅与 ε 有关，而且与 x 有关），那么对于任意 $n \geq n_0$，都有 $|r_n(x)| < \varepsilon$。现在令 ε 不变，而让 x "跑遍"整个集合 M，此时每一个 x 都可以找到相应的 n_0 在该级数中的"位置"，从这个位置开始 $|r_n(x)| < \varepsilon$，x 再"跑遍"整个 M。现在的问题是，此项中是否存

在着这样的一个"位置"，从它开始不等式 $|r_n(x)| < \varepsilon$ 对任意 $x \in M$ 都成立？答案取决于对不同的 x 所建立的那些 n_0 的集合是否有界。如果在这些数中有最大的数，则很明显可以用它作为"分界点"。从它开始，对任何 $x \in M$ 都有 $|r_n(x)| < \varepsilon$。如果在我们所找到的 n_0 中，有任意大的数，如 $\sup n_0 = +\infty$，则表明无论在级数中走多远，总可以找到这样的 $x \in M$，它们还没有达到这个"分界点"，此时要选择 n_0，使它在上述意义下对任何 $x \in M$ 都适用，这显然是不可能的。我们来看下面的典型例子[①]。当 $n \geq 1$ 时，令：

$$S_n = x^n(1 - x^n)(0 \leq x \leq 1)$$
$$有\; u_n(x) = x^n(1 - x^n) - x^{n-1}(1 - x^{n-1})$$

很显然，对任何 $x \in [0, 1]$，都有当 $n \to \infty$ 时，$S(x) \to 0$，因此：

$$r_n(x) = -S_n(x) = -x^n(1 - x^n)$$

现在取 $r_n(x) = -\dfrac{1}{4}$，得到方程：

$$x^{2n} - x^n + \frac{1}{4} = 0 \tag{8.2.2}$$

解这个方程得：

$$x = 2^{-\frac{1}{n}} \tag{8.2.3}$$

于是我们有：

$$r(2^{-\frac{1}{n}}) = -\frac{1}{4}, n = 1, 2, \cdots$$

可以说，（8.2.2）式是一个重要的方程，它的特解 $x = 2^{-\frac{1}{n}}$ 将方程（8.2.2）始终限定在"一元二次方程"的范围内。这是有深刻道理的，它涉及资产组合的整个金融体系问题，所以"群论"是解决问题的一个最佳的工具。（8.2.3）式和我们在本书前面所给出的"铜钱模型"的交换成本密切相关。同时，这种做法，恰好与詹姆斯·托宾和斯蒂芬·戈卢布

---

① 本论证参考了〔苏联〕辛钦：《数学分析八讲》，王会林、齐民友译，人民邮电出版社，2015，第 63~64 页。

的银行经营边际成本曲线相一致（参见图 8.2.1），而且很符合银行边际成本曲线的特点。但是，我们从他们所写的书中发现这些问题根本没有得到相应的介绍或阐述。例如，对于书中图 8.2.1 成本曲线的原理，我们不得而知。而仅从经验数据来看，他们的图形也是不标准的。在《货币、信贷与资本》一书中，我们可以看到很多图形与根据严格的数学理论绘出的图形十分相似，但又不规范。因此，我们断定他们的图形基本上是根据经验数据"模拟"出来的。下面，我们尝试根据级数余项的原理来分析图 7.2.5 的边际成本曲线，进而得出收益函数的形状与边际收益，以便与图 7.2.5 进行对照。如图 8.2.1，我们先指出这里的 n 和区间 $[0，1]$ 在数 $2^{-\frac{1}{n}}$ 作用下的边际成本函数所具有的基本特性。

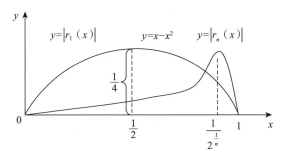

图 8.2.1　寻找"一个银行"的边际成本函数

因为对于 n（很明显的可数数），数 $2^{-\frac{1}{n}}$ 属于区间 $[0，1]$，所以想找一个 n_0，使其对于任何一个 $x \in [0，1]$，只要 $n \geqslant n_0$，就有 $|r_n(x)| < \frac{1}{4}$，这是不可能的。因为只要取 $x = 2^{-\frac{1}{2}}$，就会发现 $|r_n(x)| = \frac{1}{4}$ 而不是 $< \frac{1}{4}$，所以这里 $\varepsilon = \frac{1}{4}$ 应是一个最高的"界限"。图 8.2.1 画出了曲线 $y = |r_1(x)|$ 以及对应的 n 的 $y = |r_n(x)|$ 的略图。曲线 $y = |r_1(x)|$ 当 $x = 2^{-\frac{1}{2}}$ 时有极大值 $\frac{1}{4}$。自这个点向左，除其邻近处外，$|r_n(x)|$ 处处都特别小。当 n 增加时，点 $2^{-\frac{1}{2}}$ 无限接近于 1。这是一个十分有趣的现象，当 $n \to \infty$ 时，对于每一个 x，都有 $r_n(x) \to 0$，同时对每一个 n_0 都有这样的 n，使得 $|r_n(x)| = \frac{1}{4}$。它可以这样

解释，使 $|r_n(x)|$ 获得极大值的点，当 n 增加时并不固定在一个位置，当 $n\to\infty$ 时该点向右移动且无限接近 1。也就是说，当 n 增加时，尽管对于每一个固定的 x，$r_n(x)\to 0$，但在 x 点之间比较起来，这个趋于零的过程中总会有一个点"落后"于这个点，$r_n(x)$ 不但没有接近零，而且始终等于 1/4。但这个落后点不是固定的，而是始终在向与点 1 靠近的方向移动。我们总是担心，在点 1 处，这种落后性集中在一起后会引起级数的发散，但实际上这种担心是多余的。

和我们前面讨论的巴拿赫空间以及希尔伯特空间一样，我们这里让 n 作为空间坐标轴的维数，那么 $n=2$ 当然就对应着级数余项所在的平面。这时的市场交换成本级数 $2^{-\frac{1}{2}}$（函数）在 $[0,1]$ 区间确定点 n_0 是 $2^{-\frac{1}{2}}$ 即 $\sqrt{2}/2$，那么根据成本函数 y 可以表示为：

$$r(x) = -x^n(1-x) \tag{8.2.4}$$

简化成图 8.2.2 的形式，得到在平面坐标系下的表达式，用 y 表示 $r(x)$，并将 $x = 2^{-\frac{1}{n}}$ 代入到（8.2.4）式的平面坐标系里（$n=2$）。事实上在涉及一元 n 次方程时，最后我们将只能得到 $n=2$，这样就有：

$$y = \frac{1}{\sqrt{2}}\left(1 - \frac{1}{\sqrt{2}}\right) \approx 0.707 \times 0.293$$

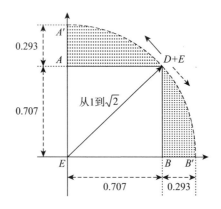

图 8.2.2　新的经济空间里的资本市场组合
边际成本的形成原理

这正是我们前面所介绍的"铜钱模型"圆内接正方形与外接圆所对应的

两个"半弧弦"的面积。事实上，在图 8.2.2 中，有两个大体近似的直角三角形，它们的边长分别约为 0.707 和 0.293，它们的面积之和就约为 0.707×0.293。这正是两市场交换者的法定储蓄成本。这在前面我们一直强调过，这里给出了它们的原理示意图。我们这个原理图就是根据图 7.2.5 的交换成本曲线图引申出来的，即詹姆斯·托宾和斯蒂芬·戈卢布的市场交换边际成本曲线图。

现在，我们在图 8.2.1 所扩展的银行边际成本的基础上寻求银行的收益函数，并考察我们找到的银行收益函数与詹姆斯·托宾和斯蒂芬·戈卢布所确定的收益函数（图 7.2.5）是否一致，若不一致，则要找出问题所在。

我们知道，詹姆斯·托宾和斯蒂芬·戈卢布在银行存款数额的基础上划分的法定储备金、防御性头寸、贷款和投资"阶段"，以及在这个阶段上建立的收益函数，实际上是一个级数型函数，这个级数型函数的序列和为 $S(x)$，它的部分和为 $S_n(x)$，其余项为 $r_n(x)$。按照这个定义，我们完全可以将收益函数定义为以一个级数和 $S(x)$ 为基础的银行存款收益函数，而把银行的市场运行成本以这个级数的余项 $r_n(x)$ 来表示。詹姆斯·托宾和斯蒂芬·戈卢布就是以这种方式来确定银行市场运行的边际成本的。但是正如上面所论证的，当我们根据银行边际成本图形（图 7.2.5）找出了这个边际成本曲线形成的数学原理时，发现用这个数学原理画出的图形的关键部分与詹姆斯·托宾和斯蒂芬·戈卢布他们的图形基本一致，只有结尾部分不太一致，而这个不一致恰好反映出银行存款函数的可数性原理。我们认为这不仅和我们前面一再强调的金融函数原理一致，而且为我们开拓性地寻找银行收益函数的准确形式打下了理论基础。我们现在就根据银行边际成本函数的特性，找出这个银行市场运行的收益函数。

首先，和上面的讨论一样，我们将问题的讨论放在最简单的 $n=2$ 的平面上进行。如图 8.2.3，虽然我们在上面已经解得 $x = 2^{-\frac{1}{n}}$，但为了讨论方便，这里仍当 x 来看。不过这里的 x 应该是在接近 $x=1$ 左边所有可能的一切点 n 的指数幂的形式。这样的边际成本曲线的函数已经不是原来的 $y = x - x^2$，而是随着 n 的不断增大而不断地向 $x=1$ 靠近，但由于

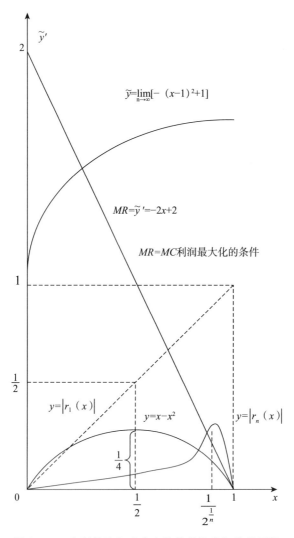

图 8.2.3   在新的边际成本上的收益及边际收益函数

$\mid r_4\ (x)\ \mid\ <\varepsilon=\dfrac{1}{4}$，永远不能达到 1 的一种极限状态。这将促使一个

新的、近乎极限的函数出现，它将 x 的可能邻域中心点从 1/2 不断地、尽可能地扩展到 1。这里对 x 的拓展，实际上是在边际成本曲线的理论允许下，对收益函数的一种拓展，这有很大的理论意义和现实意义。如果我们没有遵照希尔伯特空间的指引和实变函数理论的要求，我们是绝对不可能"引申"出这个"x"的。我们可以保证，用传统的金融数学方法很难做到这一点。我们看到詹姆斯·托宾、斯蒂芬·戈卢布在他们的

理论中画出了许多和现代经济学理论"完全一致"的金融经济学曲线，包括图7.2.5。这些曲线虽然和现代经济学的原理相一致，但就是没有给出具体的函数形式或函数作图的基本数学根据，其原因就是他们没有把研究触角深入到现代数学。所以，当我们在这里引出了这个理论上允许的 x 以后，就有下面二维平面上级数余项 $r_n(x)$ 所设定的级数 $S(x)$ 的极限形式。正如我们前面所论述的，它就是我们一直在寻找的收益函数：

$$\tilde{y} = -x^2 + x + x = -x^2 + 2x$$

或者直接把它写成最直接的形式：

$$\tilde{y} = \lim_{n \to \infty} [-(x-1)^2 + 1] \tag{8.2.5}$$

这样，我们就得到了带有统计性的函数。由此可以得到极限形式的边际收益：

$$MR = \tilde{y}' = -2x + 2 \tag{8.2.6}$$

它恰好和我们新设定的边际成本曲线相交于横坐标为 $x = \dfrac{1}{2^{\frac{1}{n}}}$ 区域的所有可能范围。这样，詹姆斯·托宾和斯蒂芬·戈卢布设定的"一个银行"的经济运行曲线就全部得到了理论解释。可以看出，在詹姆斯·托宾和斯蒂芬·戈卢布的图7.2.5中，银行市场运行不确定情形下的均衡点 L_e，L_e，L'_e，实际上就是在 $x = 1$ 附近的 n 的所有可能取值点。

收益函数以及边际收益函数的确定对银行的实际市场运行、危机的防范有着极其重要的意义。银行可以根据自己的市场存款数直接确定其收益函数，这个收益函数就是（8.2.5）式。它虽然是一个极限的形式，但对于银行的风险防范起着一个不可替代的作用。不管银行通过市场获得的存款数额有多少，这个收益函数决定了银行法定储备金和贷款以及投资的规模。也就是说，一旦银行一个阶段的存款数额得到确定，方程（8.2.5）式即刻确定。这时根据（8.2.5）式和（8.2.6）式可确定法定储备金、防御性头寸以及贷款和投资的规模。这个"规模"从存款数额的 1/2 到整个存款数额（$x = 1$）之间"游历"，银行可以根据自己的实际经验把握 n 点，使其尽量地靠近整个存款数额，它实际上是图8.2.3 的 $x = \dfrac{1}{2^{\frac{1}{n}}}$ 到 $x = 1$ 之间的距离，我们可以算出这个距离，并把它确定为银行运行的安全区域。

　　读者可能对我们上面的结果还不太满意，除非将具体的 n 确定下来。实际上，对上面的数学原理已经很熟悉的人，包括那些掌握了我们上面所阐述的基本原理并且具有丰富的实践经验的银行家，他们是能够很好把握 n 的具体数值的。但是对于初步了解上面的基本原理，而且是初步进入金融行业的理论探索者，我们建议将 n 的数据确定在平面上，即让 $n = 2$，这样也就等于将 n 的选择范围从微小的空间"压缩"到一条直线上（实轴上，它的纵轴这时表示具体的边界值）。[①] 这时我们的选择范围就如图 8.2.3 的 $x = \dfrac{1}{\sqrt{2}}$ 到 $x = 1$ 之间的距离，这也就是从约为 0.7071 到 1。表 8.2.1 中我们给出了 n 大于等于 2 的部分自然数以及部分 x 的近似数值，供读者参考。但我们必须指出，从 n（大于等于 2 的自然数）的可数数特性来看，我们得到的 x 值基本上是无理数。这些 x 值，我们在这里是很难把它们一一写出来的，而人类按自然数方式所得到的统计数据，更是冰山一角。这也是人类用统计数据预测金融经济趋势或预测危机屡屡失败的原因。难道说人类就真的不能预测经济、金融危机了吗？不！我们的回答是人类是可以预测这些危机的。以人类经济社会发展的数理分析为主，结合现代经济学的基本原理，以计量经济分析为辅，就能够逐步地掌握预测和预防经济危机的方法，所以说表 8.2.1 的数据仅供参考。这些都是我们后面要研究的银行风险防范范围的极其重要的话题。

表 8.2.1　n 所取的大于等于 2 的部分自然数以及所得的部分 x 的近似值

n（大于等于 2 的部分自然数）	2	3	4	5	6	7	8	9
x 值（近似到小数点后 4 位数）	0.7071	0.7937	0.8409	0.8706	0.8909	0.9057	0.9170	0.9258

[①]　当然这样做精确度不高。事实上，就是在平面上，这里的 n 也可能有若干个。因为，按照希尔伯特空间的特点，维度多的空间，它们往往和所有非线性维度的 0 矢量垂直形成空间延拓的基础，所以这里不是二维空间所能解释的，这样的 n_0 很可能还要越过我们计算得到的 10.5（下面的实例）。这样的计算比较复杂，就像我们在表 8.2.1 中所给出的部分数据，但这些数据仍然是很粗糙的近似的两位数，具体的计算要复杂得多。

n（大于等于2的部分自然数）	10	11	12	13	14	15	16
x 值（近似到小数点后 4 位数）	0.9330	0.9389	0.9439	0.9481	0.9517	0.95484	0.9576

事实上，读者从本书前面的叙述中可能已经领略到了这里面的含义。这就充分地说明，我们上面的推导，无论是从理论上来说还是从实践来说，都是前后一致的。读者从图 8.2.3 也可以看出这其中的"奥秘"。

现在我们通过一个实例来简单说明上面的应用。一个银行上年度的存款额达到了 12 亿元，试根据它的存款规模大体决定贷款或投资额度。

我们将存款额度视为 x 的具体规模，那么它级数形式的收益函数就可以写成：

$$y = \lim_{n \to 2}[-(x-1)^2 + 1]$$

它的边际收益函数为：

$$MR = \bar{y}' = -2x + 2$$

我们通过图 8.2.3 只知道边际成本函数的形状，而不知道它的具体函数形式。但我们知道它在和边际收益 MR 相等处的值为 $y = -x^2 - x$ 的 $\frac{1}{4}$ 附近（在极限处相等）。这个 y 的具体形式为

$$y(MC) = -\left(x^2 - x + \frac{1}{4}\right) + \frac{1}{4} = -\left(x - \frac{1}{2}\right)^2 + \frac{1}{4}$$

从上式知道，因为这里存款额达到了 12 亿元，所以在边际成本 $MC = \frac{1}{4}$，即 3 亿元时，由于 $MR = MC$，就有：

$$-2x + 2 = \frac{1}{4}; \quad x = 0.875$$

这个数据在表 8.2.1 的 $n = 5$ 和 $n = 6$ 之间，所以这里最大的最佳贷款或投资点为：$12 \times 0.875 = 10.5$ 亿元。

这说明，银行可在 10.5 亿元与 12 亿元之间确定最大的贷款或投资

点（具体数据），但是这里不能选择 12 亿元，而是尽可能接近 12 亿元，而最保险的选择仍然是 10.5 亿元（这个值会随着 n 的增加无限靠近 1 但绝不等于 1，但在 $n=2$ 的情况下只能是 10.5，否则再大的话可能要遭遇更大的风险）。这里最大选择范围的边界是 12 亿元的 $\frac{1}{\sqrt{2}}$ 即 8.5 亿元（$n=2$）。因为这里近似值的中心点是 $12\left(1-\frac{1}{\sqrt{2}}\right)\approx 3.5$ 亿元，它正是我们前面所说的法定储备金（约为 $12\times 0.293\approx 3.5$）。在这种情况下，防御性头寸恰好设定在 L_c 上，因为这里正防御性头寸 R 的具体数据为 $8.5-3.5=5$ 亿元。这和我们前面的讨论完全一致，因而这里再也用不着为法定储备金、防御性头寸以及贷款和投资的具体范围大伤脑筋或根据经验来进行划分了。

这样，我们就把一个银行的市场运行情况，借助新的经济时空观（希尔伯特空间）比较完整地分析完了。可以看出，它和现在使用的用欧几里得空间（自然空间）以及用微积分作为基本工具的分析方式相比较，具有函数曲线规范准确、经济运行边界清晰简洁、数据精确可靠、实际操作性强等一系列的优势及优点。特别是它对银行市场运行的可掌控性和风险预测的可靠程度进一步提高，并详细地说明了所使用原理的可信赖性。这就要求读者的数学知识在原有的基础上有所拓宽，而我们也尽量地将研究所用知识放在读者已掌握的微积分和线性代数的范围以内，力求在此基础上有所提高。所以只要读者越过这个关口，就可以很容易地掌握和应用以上的内容。

第三节　金融市场：从风险到危机形成的基本理论

读者在阅读上一节最后的实例后，知道了在一个银行储备了 12 亿元的情况下，基本的法定储备金应为 3.5 亿元，但银行可提供的贷款或投资额在 8.5 亿元到 10.5 亿元之间。不难理解，从 8.5 亿元到 10.5 亿元的规模扩张过程中，风险已经呈现增大的趋势，但它们仍然是可控的。根据表 8.2.1，如果选取 12×0.8909，12×0.9057 等，则银行的贷款或投资额数目将逐步地扩张到 10.69 亿元或者 10.87 亿元，虽然越往后数据增加的幅度越小，但是银行承担的风险越来越大，所以在实际应用时一定要谨慎。

现在需要考察金融系统的最佳数据运行安全线。随着银行的储蓄数量不断增大而导致的贷款和投资规模的不断扩张，这条安全线将呈现什么样的波动形态？我们现在就来探讨这个问题。

假设原来两交换者拥有的资产仅值 0.707 个单位的价值（在证券市场往往通过股票的利率表现出来），在他们构成的市场上就成为 1 个单位的价值［边长为 0.707 的小正方形与长度为 1 的对角线呈 45°的夹角，如图 7.3.1 中 OA（OD）与 OE 的夹角］。而在进行交换时他们所面对的价值就成为 1.414，这个价值就是小正方形的对角线，这时它和小正方形邻近为 1 的边长呈 45°的夹角。交换后总价值就为 $\sqrt{2\pi} \approx 4.44$ 个单位，这个值是出现在 45°方向、长度为 1.414 的直线上的一个"峰值"。两交换者平均各得约 2.22 个单位的价值。很明显，对于这个"二人世界"来说，他们交换的实物基础仍为每个人约 0.707 个单位的价值，通货的有限度量范围仍为 $1 - 0.707 = 0.293$ 个可能区间。这就是说，第一次交换后人们所面对的市场效应价值增长了一倍还要多。这个增长了的空间所扩大的部分，必须用"虚拟的经济空间"来进行填充。如果说第一次他们的交换是以 70% 多的实物为基础，那么，第二次交换他们是以不到 25% 的实物价值为基础，另外比 75% 还要多的价值增量需由金融信用度来承担。这种金融信用度，很明显是以"虚拟的经济空间"（包括交换者的市场计划）为基础。这个承担的自然限度以无理数 $\sqrt{2}$ 为"托底"，一直到 $\left(\sqrt{2}\right)^4 = 2^2$（我们将在最后进行解释为什么是 $\sqrt{2}$ 的 4 次方）。$\sqrt{2}$ 是一个人类发现的古老但有实践意义的无理数，它在典型的不可统计之列，而它的周围却充满了可统计的可数数，当然也包括统计时常用到的分数。这样就只能说，实际上起决定作用的是无理数（不可数数），而在检验或分配等过程中，运用的却是有理数（可数数）。而这些有理数当然是不可能揭示出经济发展的实际规律的，尽管它有时也证明了一部分已经发生了的经济事实，但它始终存在着一定甚至很大的误差。

这样我们就可以确定，金融风险或者经济危机的爆发，是以相当大的虚拟"泡沫"的压力（最大的是 1.414 的 4 次方再乘以 10 的 4 次方的指数形式），施加在只有实际经济基础的约为 0.707 的数据区域上的（我们这里论证的空间仍然以二维空间为基础）。这将使 0.293（法定储备金规模）以成十倍或百倍等的指数形式放大，直至危机爆发。所以不论虚拟空间的泡沫有多大，$2^{\frac{n}{2}}$（$n \leqslant 4$）$\times 10^n$ 仍然是金融危机最易引燃的爆发点（见图 8.3.1）。

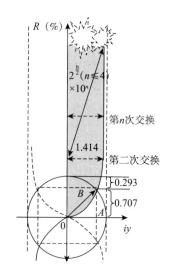

**图 8.3.1　原产品以通货的形式无限
交换后所引起的后果**

　　反过来看，这种风险主要来自金融市场扩张对实体经济的冲击，这在金融市场逐步完善或成熟时表现得十分明显。金融市场在扩张时要求实体经济充分市场化，如果金融市场扩张的速度与实体经济吸收的速度不同步，必然会造成证券市值的大幅波动，如股票市场突然下跌，进而造成市场震荡。现代金融市场常常用"市盈率"来衡量股票市场的"健康程度"，它是公司股票的价格 P 与公司的净利率 E 之比，即 P/E。但公司净利率必然包含了虚拟经济的成分，因而这一指标的评价结果不可能准确。[①] 在以 0.707 为分界线的情况下，实体经济与虚拟经济必须在外接圆的对接线上形成 1∶1 路径，直至到达单位圆上进行"旋转式"的交

---

　　① 〔美〕马克·米勒维尼：《股票魔法师——纵横天下股市的奥秘》，张泂译，电子工业出版社，2015，第 37～51 页。

换,即有:

$$\sqrt{2} = 1.41423\cdots = 1 + 0.41423\cdots = \tan45° + \tan22.5°$$

这就是说,交换双方在小正方形对角线的位置上交换完毕,各自从 π/4→π/8 的"转向",即表示交易的完成至向对方的位置转换(不同形式的资产易手),最后完成 $\sqrt{2}\pi$ 的过程。但现实的情况是由于金融市场的震荡已经破坏了这个条件,空间的无限制压缩超过了极限,进而导致危机爆发。

根据现代经济学理论,在交换时人们彼此对对方某物(包括生产的产品)的偏好,只能在无差异曲线上进行资产组合比较,无法用具体的数字来表达。但在市场上为了进行交换又不得不用数字来表达,这就有了"头寸"的存在。人们将交换用周期性的终结来弥补,于是也就有了超越数 π 的作用。这标志着上一轮交换的完成以及下一次交换的开始。超越数 π 的引入,看起来使交换的形式更加完美,实际上只能是完美的"精神愉悦"所导致的"虚拟的东西",它使得与实际的差距更大。因而在一定的物质基础上不断地重复进行交换,必须存在有限的边界。否则,将"乐极生悲",导致造成的损失无法弥补,这是金融危机爆发的根源。下面,我们分几个部分来讨论从金融风险到金融危机爆发的基本测定手段。

1. 股票指数虚拟化原理

借助图 8.3.1,我们分析了金融危机爆发的临界点。这里需要指出,由于现在证券市场公布的股票波动数据一般指的是股票的价格,因而它应该在"铜钱模型"中所处坐标系的纵轴上,按"铜钱模型"的要求这里的横坐标应该是发行股票公司的净收益。而证券市场公布的股票波动数据图形的横轴却是股票波动的时间,那么怎样把图 8.3.1 的股票运行风险存在原理图转换成现实的股票波动运行图呢?可以根据下面的基本原理,把用纵坐标轴所表示的金融证券,如股票的价格,转换到"铜钱模型"圆内接小正方形的对角线方向上去。由于这个对角线与小正方形一边(邻边)的夹角始终为 45°,所以很明显给这个变换乘以 45°正弦函数就可以了。例如,我们用 r 表示股票的价格,用 B 表示小正方形的对角线,即有:

$$\frac{r}{B} = \sin 45° = \frac{\sqrt{2}}{2} = \frac{1}{\sqrt{2}}, 那么就有:B = \sqrt{2}r$$

这样，我们就把证券公司公布的股票价格波动完全地转移到图 8.3.1 所示的小正方形的对角线上了。如果我们把 $\sqrt{2}$ 按股票的价格进行相同幅度的"放大"，如图 8.3.1，那么我们就可根据股票价格的波动图来判断股票运行的市场风险，即：

某一股票的价格波动安全线 $\Leftrightarrow$ 市场公布的价格指数 $\times 2^{\frac{\div}{}} \times 10^n$

（这里的 $n \leq 4$，根据股票市场公布的价格波动幅度而定）

这样，我们前面提到的 0.293 或 0.707 的数据标准既是金融安全线本身又是金融安全的临界点（见图 8.3.1）。由我们前面的讨论得知，每当复矢量 $R^* = 1$ 转动一个角速度 $\omega \cdot t$，它的相位角都要移动一个 $\pi/4$，这时复矢量 $R^* = 1$ 就增长到 $\sqrt{2}$。那么，要把股票数据虚拟化成无理数，就需要乘以 $\sqrt{2}$ 并乘以 10 倍不同的数量指数，使它的数据都介于一定倍数的 0.293 和 0.707 的附近。这个范围也正是我们衡量股票进入到"破裂区域"的风险区的依据。这样，当我们把 0.293 与 0.707 植入到风险区的边界时，正常的金融运行曲线就基本上在图 8.3.1 的单位圆内接正方形的四分之一的小正方形对角线上运行，也就是在正方形外接圆的一个半径上运行。这个对角线，也就是这个外接圆的半径，处于金融市场形成的"最佳"区域。在这个区域的边界处，是资产交易的最初阶段，这时投资者还可以看到自己要投资对象的"影子"，因而金融市场运行的函数控制形式可用 $y = \tan_{x \to a} x$（a 可看成是外接圆的半径）来表示。这就是说，由于没有和投资对象彻底脱离，这时投资还可以拨动"水轮" $e^{i\lambda\Delta\omega} = 1$ 转动（如图 7.1.3），因而这种投资在形式上对实际经济增长是有效的。但到了纯粹的股票再次交易的时候（抛出或重新购买），这时就超过了小正方形外接圆的范围（即其路径从 $\tan\pi/4$ 转移到了 $\tan\pi/8$，即复矢量相对于两资产交易者各旋转了 22.5°）到了正切曲线不断地向其渐近线 $x = \frac{\pi}{2}$ 接近的区间。这时这个区间实际上已被曲线族 $y = a^x$（当 $x > 0$ 时，$a^x > 1$）"充斥"着，而能接受股票再次交易的函数形式只能是 $y = \hat{a}x^2$（这里 $\hat{a}$ 是一个待定系数，$0 < \hat{a} < 1$）。可以看出，股票指数形式

的虚拟化实际上就是将所有不同指数形式的众多股票参数统统划归到图 8.3.1 的四边形外接圆半径 $a=1$（小四边形的对角线）上，然后通过"道路连通"的形式过渡到"单位圆周"上，让"不服从"这种划归的股票指数形式凸显出来，因为凸显出来的指数实际上是股市崩盘的危险区域所在，后面我们将证明它们实际上是处于间断点处函数的"振幅"。

这个危险区的具体特征如下。在第一次交换的过程中，图 8.3.1 中以边长约为 0.707（$\sqrt{2}/2$）的正方形对角线，它是实体经济与虚拟经济比例最佳的发展区域，这个比例对各自的空间范围需求不是各占对方的 50%，而是各占对方的 70.7%，这就是酉空间和普通空间完全不同的比例"形式"。当我们用虚拟化了的、现实的股票指数数据，接近或是超过了这个数字标准——0.707 时，实体经济与虚拟经济的比例立即就会失衡。所以在接近 0.707 或超过 0.707 的情况下，极易爆发"债务成本大于通货成本或股票价格指数大于纯利润指数（即市盈率 $P>E$）"的经济危机。与此相反，另一个界限在 0.293 这个点上，它是图 8.3.1 正方形的右上角形成的小正方形与外接圆所形成的"半扇形面积"（部分阴影区域）。当我们用虚拟化了的、现实的股票指数数据，接近或是超过了这个数字标准——0.293，就极易爆发"通货膨胀化"的金融危机。读者可能会问，这是一个半扇形面积，为什么要以它的"高"为标准呢？这就是经济学平面模型最基本的特点，因为这个"高"一般指的是价格指数，它实际上就是价格指数函数存在的数学依据。无论是"正切函数"还是"正弦函数"，都有 r（利率）$=A\tan\theta$ 或 $r=B\sin\theta$（这里的 A 和 B 分别为直角三角形的邻边或斜边）。和希克斯货币供给模型一样，一般的经济要素在平面上都是紧紧地贴在它的特性曲线上。而虚拟空间的特性曲线就是图 8.3.1 的虚轴 iy；而实体经济的空间曲线由实轴上的正方形形成，它在第一次交换中的具体数字标准仍然是它的实轴边长（约为0.707）。

现在我们要论证，在以 0 为下确界，而以约 0.293 为上确界，或以约 0.707 为下确界，以 1 为上确界，也就是在小正方形对角线的周围，为什么会爆发金融危机（或股灾）？下面我们就详细地介绍金融危机（或股灾）发生的数学原理。

2. 金融安全区域的存在原理和边界

让我们先介绍一个重要的数学定理——贝祖定理。

对于任意多项式 $P(x)$ 以及任何数 a，如果有差为 $P(x) - P(a)$，那么它在代数上都可以被 $x - a$ 整除而不带余项，即：

$$P(x) - P(a) = (x - a)Q(x)$$

这里的"商" $Q(x)$ 也是一个多项式。可以看出多项式 $Q(x)$ 显然在 a 点处是有界的，因此当 $x \to a$ 时，$Q(x) \to Q(a)$，这说明多项式 $P(x)$ 在 a 点处连续。从多项式 $P(x)$ 在 a 点处连续我们还可以推得，对于任何有理分式 $\dfrac{P_1(x)}{P_2(x)}$，只要 $P_2(x)$ 在 a 点附近邻域的各点都为零，这个有理分式 $\dfrac{P_1(x)}{P_2(x)}$ 就在 a 点附近连续。

根据贝祖定理，对于三角函数，我们有：

$$\sin x - \sin a = 2\cos\frac{x+a}{2}\sin\frac{x+a}{2}$$

由此得不等式：

$$|\sin x - \sin a| \leqslant 2\left|\sin\frac{x-a}{2}\right| \leqslant 2\left|\frac{x-a}{2}\right| = |x-a|$$

上式说明，当 $x \to a$ 时，$\sin x \to \sin a$，即这里的正弦函数是连续的，同样可以推得这里的余弦函数也是连续的。于是我们得到：

$$y = \tan x = \frac{\sin x}{\cos x}$$

在所有的 $\cos x \neq 0$ 的 x 处连续，即在 $x \neq (2k+1)\dfrac{\pi}{2}$ 的 x 处连续，其中 k 为任意整数。这样我们就先证明了图 8.3.1 中的正切函数存在的"合理性"问题。

现在我们再来证明随着第二次交换以后 n 的次数逐渐增加，在以 $x = \dfrac{\pi}{2}$ 为界限的指数函数 a^x 存在的合理性问题。

很明显，这里 $a > 1$ 因而函数 $y = a^x$ 是增函数。于是，当 $x \to 0$，$a^x \to$

$a^0 = 1$，为了和我们要证明的问题相一致，设 $x \to +0$。当 $x > 0$ 时，$a^x > 1$，我们要证明 $x \to +0$ 时，函数 $a^x \to 1$。只需证明对于任意小的 $\varepsilon > 0$，当 $x > 0$ 充分小时，$a^x < 1 + \varepsilon$，对于任意的自然数 n，有：$(1 + \varepsilon)^n = 1 + n\varepsilon + \cdots > n\varepsilon$。由此得，当 $n \to +\infty$ 时，$(1 + \varepsilon)^n \to \infty$。因此，对充分大的 n，使得：$(1 + \varepsilon)^n > a$，$a^{\frac{1}{n}} < 1 + \varepsilon$。因为 a^x 是增函数，所以对于充分小的正 x，有：$1 < a^x < 1 + \varepsilon$，即当 $x \to 0$ 时，$a^x \to 1$，所以有关系式：$a^x - a^\alpha = a^\alpha (a^{x-\alpha} - 1)$，因此有：$x \to \alpha$，$a^x \to a^\alpha$，证毕。

根据图 8.3.1，我们还要证明 $y = \tan x$ 和 a^x 的反函数的存在性。在上面证明的基础上，我们得到：如果函数 $y = f(x)$ 在区间 $[a, b]$ 上是连续的，且是递增的，则其反函数 $x = \varphi(y)$ 也在区间 $[\alpha, \beta]$ 上连续，其中 $\alpha = f(a)$，$\beta = f(b)$。可设 γ 为区间 $[\alpha, \beta]$ 上的任意一点，当 $y \to \gamma - 0$，即 y 从下方趋近于 γ 时，因为函数 $f(x)$ 是增函数，所以它的反函数 $\varphi(y)$ 也是增函数。所以，$\lim\limits_{y \to \gamma - 0}(y)$ 在任何情况下都存在。我们用 c 表示这个极限并且证明 $c = \varphi(y)$。

因为函数 $f(x)$ 连续且当 $y \to \gamma - 0$ 时，$\varphi(y) \to c$，则当 $y \to \gamma - 0$ 时，有：$y = f[\varphi(y)] \to f(c)$，由此得 $f(c) = \gamma$。这可直接得到：$c = \varphi(y) = \varphi[f(c)]$。同样可以得到：$\lim\limits_{y \to \gamma + 0} \varphi(y) = \varphi(\gamma)$，即 $\lim\limits_{y \to \gamma} \varphi(y) = \varphi(\gamma)$。证毕。

这样我们就完全证明了图 8.3.1 中的基本原理。当 $x = \tan\limits_{y \to 1}^{-1}$，$y = \tan^{-1} 1 = \dfrac{\pi}{4}$，股票指数是一个有理数 1，且在横坐标轴的 $\dfrac{\pi}{4}$ 位置上，而这个位置恰好是在圆内接正方形的四分之一对角线上，这是一个半径为 1 的单位圆。从它向放在圆心的平面坐标系作垂线，这个垂线所对应的坐标恰好为 $\left(\dfrac{\sqrt{2}}{2}, \dfrac{\sqrt{2}}{2} \right)$，即无理数的坐标。这里的股票指数是"可数的"（有理数），但股票的生成是"不可数的"（无理数），如果股票的形成也是可数的，即有理的，股票系统形成的指数就不会存在。所以股票系统形成的路径恰好就在和横轴夹角为 $\dfrac{\pi}{4}$ 的外接单位圆的半径上，但在从半径为"1"的 $\dfrac{\pi}{4}$ 对角线到外接圆的圆周上时，可以顺利地跨越过 $\pi/8$ 的弧度，可见这个过程仍然属于无理数的范围，但衔接得如此巧妙，说明资产组合过程没有"断裂"，整个交易过程都是安全的。但若脱离了这个半径的区域（$0 \to \sqrt{2}/2$）与（$1 - \sqrt{2}/2 \to 1$），其他区域都属于危险区域，因为在这些外接单位圆区域里，股票指数的形成系统都脱离了它们赖以生存的无理数范围。那么，对于正常的股票指数系统，在脱离了 $\pi/4 = \tan^{-1}1$ 后为什么还能存在？大家知道，这时的股票指数系统已经到了 $y = a^x$（$a > 0$，$x \geq 0$），这时有：$x = (a^x)^{-1}$，我们在图 8.3.1 中看到了这时的 x 里都含有 $\sqrt{2} \times 10^n$。就是这些无理数支撑着 $y = a^x$（$a > 0$，$x \geq 0$）的增长，要不然，股票的指数系统是不会以指数的形式增长的。

　　3. 金融函数间断点和连续点存在的证明问题

　　金融函数在它所处区域的振幅的定义和初等函数振幅的定义相同，但这里需要对特别重要的几个问题加以论证。

　　为了研究金融函数的间断点，必须将函数的概念稍微拓展一下，以让它适应金融函数存在的定义。设在闭区间 $[a, b]$ 上（除有限个点之外），都有定义的金融函数 $f(x)$ 存在。若它在此区间无界，则我们说它在此区间上的振幅等于 $+\infty$；若它在此区间有界，则我们可将它在此区间 $[a, b]$ 上的上确界 M 与下确界 m 之差（$M - m$）称为金融函数在此区间上的振幅。在任何情况下，我们都可以用符号 $\omega_f(a, b)$ 来表示金融函数 $f(x)$ 在闭区间 $[a, b]$ 上的振幅。

　　若闭区间 $[a', b']$ 是闭区间 $[a, b]$ 的一部分，很明显，这时有：$a \leq a' < b' \leq b$。则显然有函数 $f(x)$ 在闭区间 $[a', b']$ 上的上确界 M' 和下确界 m' 将服从不等式 $m \leq m' \leq M' \leq M$，因而有 $\omega_f(a', b') \leq \omega_f(a, b)$。若我们在 $[a, b]$ 上任取一点 c，我们还不能保证在 c 点函数一定有意义，我们只能保证以闭区间 $[\alpha, \beta]$ 包围 c 点并以此让邻域的端点 α 及 β 趋近于 c。随着这种趋近而改变的 $\omega_f(\alpha, \beta)$ 在任何时候都不会增加，即要么减少，要么是常数。因为振幅 $\omega_f(\alpha, \beta)$ 是非负的，且是有下界的，因此它应该在此趋于某个极限。我们把这个极限称为 $\omega_f(c)$，它就是金融函数在 c 处的振幅。写成数学形式，就是：

$$\omega_f(c) = \lim_{\substack{\alpha \to c-0 \\ \beta \to c+0}} \omega_f(\alpha, \beta)$$

引入此概念就可以认识到金融函数在已知点处连续性的"实质"。于是我们可以得到下面的重要定理：要使金融函数在 c 处有定义且在此处连续，当且仅当 $\omega_f(c) = 0$。

这是一个十分重要的定理，我们要分几个步骤来证明这个定理。

(1) 设 $\omega_f(c) = 0$，这就表明在 c 点的充分小的邻域 $U(\alpha, \beta)$ 内，金融函数的振幅可变得任意小，那么对于任何 $x \in U$，有：

$$|f(x) - f(c)| \leq M - m = \omega_f(\alpha, \beta)$$

所以当 $x \in U$ 时，$|f(x) - f(c)|$ 可以任意小，此即表明金融函数 $f(x)$ 在 c 点连续。

(2) 若 $\omega_f(c) = \omega > 0$，这里的 $\omega = 1/2\pi$ 是一个具体的数，则在 c 点的邻域 $U(a, b)$，总有 $M - m \geq \omega$。由上、下确界的定义知，一定能在 (a, b) 找到 α 和 β，使得：

$$f(\alpha) \leq m + \frac{\omega}{4}$$

$$f(\beta) \geq M - \frac{\omega}{4}$$

即有：

$$f(\beta) - f(\alpha) \geq M - m - \frac{\omega}{2} \geq \frac{\omega}{2}, 但$$

$$f(\beta) - f(\alpha) = [f(\beta) - f(c)] + [f(c) - f(\alpha)]$$

由 $f(\beta) - f(\alpha) \geq \omega/2$ 可推得，上式右边两项中至少有一个 $\geq \frac{\omega}{4}$，这就是说，存在着区间 (a, b) 的一个点 x，使得：

$$|f(x) - f(c)| \geq \frac{\omega}{4}$$

因为邻域 U 是任意的，则金融函数 $f(x)$ 不可能在点 c 处连续。

(3) 若 $\omega(c) = +\infty$，由振幅的定义可知，在包含 c 点的任意区间 (a, b) 中，金融函数 $f(x)$ 的上、下确界之差可以任意大，特别是上确界应该大于任意大的 $f(c)$，即 $M > f(c)$，因而可以在此区间中找到一点 β，使得 $f(\beta) \geq M$，又因为 $f(x)$ 在此区间上的下确界必小于等

于 $f(c)$，所以一定存在一点 α，使得 $f(\alpha) \leqslant f(c) + 1$，这样：

$$f(\beta) - f(\alpha) \geqslant M - f(\alpha) \geqslant |f(c) + c| - |f(c) + 1| = 1$$

但是

$$f(\beta) - f(\alpha) = |f(\beta) - f(c)| + |f(c) - f(\alpha)|$$

而且右边两项均为非负，所以至少有一项，设 $|f(\beta) - f(c)| \geqslant \dfrac{1}{2}$，即：

$$|f(\beta) - f(c)| = |f(\beta) - f(\alpha)| \geqslant \dfrac{1}{2}$$

也就是说，在含 c 的任意区间 (a, b) 中，能找到一点 x（就是 $x = \beta$），使：

$$|f(x) - f(c)| \geqslant \dfrac{1}{2}$$

所以 $f(x)$ 在 c 点处不连续。证毕。

4. 金融函数存在区域的振幅问题

我们知道，金融函数的振幅 $\omega_f(c)$ 表示金融函数 $f(x)$ 在点 c 处的振幅。而条件 $\omega_f(c) > 0$ 将间断点与连续点区分开来，那么我们当然期望 $\omega_f(c)$ 能够成为这个函数在已知点处间断性的一个合理且方便的量度。如果注意到量 $\omega_f(c)$ 的定义，我们这个期望就会更强烈，因为 $\omega_f(\alpha, \beta)$ 是函数 $f(x)$ 在区间 $[\alpha, \beta]$ 上的值之间相互分离的尺度。当区间 $[\alpha, \beta]$ 向 c 点收缩时，这个量的极限可以用来当作函数在任意靠近 c 点处的值之间的距离。正是由于该函数这样的一种特征，决定了其在 c 点处间断与否。这就是说，我们称量 $\omega_f(c)$ 为金融函数 $f(x)$ 在 c 点处间断的尺度。这使得我们可以按照所谓"间断的程度"来比较不同的间断点，以观察金融函数在这些点处的表现。特别是金融函数最大的间断性当然可能是其无界的时候 $\omega_f(c) = +\infty$。于是有如下定理：

如果金融函数 $f(x)$ 在区间 $[a, b]$ 上的每一点处间断的度量（即振幅）都不超过数 $\lambda \geqslant 0$，则对无论怎样小的正数 ε，都可以找到另外一个正数 δ，使得在任何长度小于 δ 的区间上，函数 $f(x)$ 的振幅都不会

超过 $\lambda + \varepsilon$。

我们可以把这类函数称为"精确到 λ 的连续函数"。特别是当 $\lambda = 0$ 时，我们就得到连续函数的定理。[①] 下面简单地介绍金融函数间断点的类型。

第一类间断点。第一类间断点的特征为，无论从右边还是从左边趋近于间断点，函数 $f(x)$ 的极限都存在，但这两个极限不相等。或者，他们两个的极限相等，但不等于在该点处的函数值。这类间断点一般不适用于金融证券市场。

第二类间断点。一般来说，除了第一类间断点都是第二类间断点。但对于金融函数来说，第二类间断点的主要特征是：函数至少趋于间断点的两个方向（右边或左边）之一，但不会趋于任何极限。例如，图 8.3.2 的函数 $y = \sin \dfrac{1}{x}$ 在点 $x = 0$ 处，函数的上确界等于 $+1$，下确界等于 -1，因此 $\omega_f(0) = 1 - (-1) = 2$，就是一个明显的例子。这就是"铜钱模型"中第二次交换所得到的结果，但它严重脱离了实体经济。

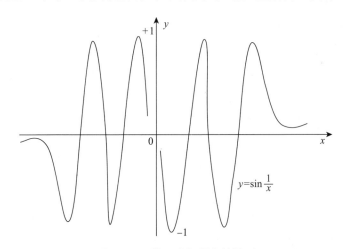

图 8.3.2　第二类间断点的情形

从上面的分析可知，在经过两次以上交换的金融证券市场，或者在脱离了实体经济支持的金融股票市场，原则上是不可能出现标准的正弦

---

① 本证明参考了〔苏联〕辛钦：《数学分析八讲》，王会林、齐民友译，人民邮电出版社，2015，第 46~47 页。

波动现象的。我们从股票市场看到的股票指数波动图，实际上只是一种对金融市场投机现象的"随机反映"。股票价格波峰或波谷随时间移动的走势，实际上都是股票流动量"升落起伏"的随机市场表现，不会有什么规律性可言。因为这些股票流通量的起伏涨落基本上都是统计数据（完全是有理数）的反映，而很难具有代表市场自然本性的"无理数支撑"，所以才无规律性可言。但是，我们坚信这里的无理数并不是不存在的，它们是被统计数据的有理数形式掩盖了，这种掩盖也使证券市场的有理数可数形式掩盖了以实体经济为代表的实际经济走势，这正是风险存在的真正原因。这就需要我们利用本书前面介绍的分析方法，充分利用金融证券价格 Δr 和发行数量 Δm 在金融市场条件下的不确定关系，进而用 ω（$\omega = i\Delta r \times \Delta m$）和它的共轭空间 ω^*（$\omega^* = i\Delta r \times \Delta m$）形成的几率波形式，来考察波形变化所引起金融市场剧烈波动现象。

如果我们硬要寻找它们之间的规律性，或者我们要根据股票指数的变化"修复"所谓的规律性，我们就不得不用带有无理数"特征"的 $\sqrt{2} \times 10^n$（n 为自然数）去"乘"这些"有理数"，使它们成为"无理化"的股票指数统计数据。同时，这种"乘法"，也就是将证券市场公布的股票价格数据，从它的价格指数坐标（直角坐标系的纵坐标）转换到"小正方形对角线"（向右上方倾斜 $45°$ 的方向）上。这样，当它们处于圆内接正方形的对角线，即单位圆的半径上时，它们的相对稳定性要比没有"无理数化"的统计数据稳定得多。因为这里是众多无理数之间的有理数存在点，如 $\tan\pi/4 = 1$，所以只有在此处，它们才能成为"小范围"内形状相对一致的金融波函数 $f(x)$。而这时处于"波峰或波谷"的股票指数，虽然也经过数据的"无理数化"处理，但这个无理化过程的加强，是交换成功后主观愿望得到满足的股票价值的加强。这个加强好似有理数的形式，但显示出很强的无理数特征。

例如，$\tan\pi/8 = 0.41423\cdots$ 的交换连续化过程，这个过程一直到两交换者将对方的资产变成自身的资产，即回到了交换前对方的位置，这时无理数的状态才宣告结束。可以看出在资产的市场组合过程中，虽然市场的交换是一个连续函数的存在发展过程，但仍然存在着一定的有理数阶段，正是这些有理数阶段使得交换告一个段落。再如正切函数中 $x = \pi/4$，它的完整周期倍数或完整周期倍数的开始点 0 的位置，仍然还大量地分布在自变量的领域中。不然，就不能解释股票市场的连续性和稳定性交易。但是，若资产的市场组合通过一些不正当的手段不在函数自然停顿的点的位置（$\theta = \pi/4$ 处）进行交易，那么股票市场就会波动。正是由于这些数据所对应的函数都处于间断点的位置，所以仍然不会稳定。这就是说，别人极易把这振幅阶段的多余股票拿走或使其本身陷入"困局"（有 0 点存在也有"奇点"存在），这是金融风险形成的主要原因。

第九章 资产市场虚拟能级的数学原理
与数据安全的边界确定

我们现在已经知道，用普通的微积分方法是难以找到资产市场组合的基本规律的。因为普通的微积分函数，如上一章第三节提到的金融函数，在存在区间内找不到函数的连续点，而在金融函数的间断点，函数又没有可导性。当我们顺着金融经济学的研究思路摸索到了货币市场运行的摆线轨迹后，我们才发现用三角函数来描述金融函数更加方便和实用。金融函数的连续性、间断点以及可导性都与三角函数特殊角度的有理数值有关，而资产市场组合的有理数功能恰好就在这些角度的特殊点上，这才使我们不得不在群论中寻找资产市场组合的基本方法。

本章是将前面所介绍的数学工具运用于金融实践的关键部分，在这里我们通过伽罗瓦理论将现代统计学原理背后的一元 n 次方程的 n 定义为 4。通过复变函数和泛函分析方法建立起数理方程，并通过解这个方程我们得到资产市场组合的所有不同形式的双曲函数族。这一章我们还针对投资市场买空卖空的情况，围绕着马科维茨曲线的主要问题进行讨论，如马科维茨曲线的具体函数形式、M 点的具体位置以及资产组合市场价格的确定等，这对防范金融市场风险向危机转化具有十分重要的意义。

金融实践告诉我们，用三角函数表示金融函数，不仅解决了函数区间的有理数与无理数的有效分割问题，而且也有效地解决了虚拟空间和实际空间的相互转化问题，这对金融市场分析极其有用。但随着研究的不断深入，马科维茨曲线的特殊性和有限性问题立即暴露在我们面前。这就迫使我们将问题引向数理方法领域，在复变函数论的基础上建立数理方程模型，以解决马科维茨曲线的"双曲"性问题，这一章就从这里开始讨论。

第一节　资产组合市场均匀性以及虚、实空间的具体表现

在引入我们的问题之前，我们先来考察在市场上两个分别拥有实物和通货的资产所有者甲和乙准备进行的交换。这里的交换位置，正是我们在"铜钱模型"中提到的两资产市场组合者博弈的位置；这里的货币运行（包括金融证券）轨迹，正是我们在前面提到的摆线轨迹，而它的运行函数也正是我们提到的正切函数或余切函数，在市场交易的可能情况下，它能够和微分方程的柯西问题的解对接，进而形成柯西级数。

然而，我们知道上面叙述的过程在坐标定向旋转（群的形成）的条件下讨论会更加方便。

一　资产市场组合区域的市场均匀性及交换的公平、公正性问题

首先，我们来考察两资产市场组合者没有达到交换条件时的位置，即我们所说的他们还不处于圆内接小正方形对角线的位置，而是处于图 9.1.1 中的第一象限的 30° 方向的位置，这就表示他们处于市场交换的价值不对等位置。或直接说，这时交换双方在市场交换中所处的价值位置不对等。

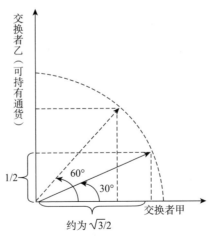

图 9.1.1　资产组合在等价交换的单位圆周上的分布

图 9.1.1 描述了这两个交换者最初在市场上准备交换时的情景，这时交换者甲用自己的产品要交换乙的通货，但由于通货紧缩或其他的市场条件不完善，甲用自己 $\sqrt{3}/2$ 单位的产品，只能交换乙 1/2 单位的通货。这当然不是帕累托最优，因而交换不会在"埃奇沃思盒"里进行。因而他们就不可能完成从"商业计划空间"向实体经济空间的转化，也就是说他们不可能在这样的情境下进行交换。但是若从货币数量论的观点来看，他们的交换总价值仍然为 $\sqrt{(1/2)^2 + (\sqrt{3}/2)^2} = 1$，即和他们在交换位置为 45°夹角的方向上所进行的交换

$$\sqrt{(\sqrt{2}/2)^2 + (\sqrt{2}/2)^2} = 1$$

在数量上是完全一致的。这就是说，在讨论到资产的市场组合问题时，不能仅仅用货币数量论的观点来进行判断。我们可从美国罗斯福总统上台前的经济情形，来看清这种情况对美国经济所造成的压力。"虽然工人农民从劳作中得到的回报不断降低，但是他们需要支付的利息并未减少。随着经济形势的持续恶化，不少债务人已丧失偿债的能力，银行无奈之下不得不将账簿上的呆账核销。如果事态进一步发展，当足够多的贷款都转入呆账之列，在资产质量不佳的重压之下，就连商业银行也无法维持正常运转，金融系统将面临崩溃。"[1]

其次，我们来考察他们的位置在图 9.1.1 的第一象限夹角为 60°时的情况，这时和上面所描述的情况刚好"相反"。交换者甲用 1 单位价值的产品（价值由于货币贬值实际上少了 1/2）与乙进行交换，因而使交换者乙得到的价值从 1 单位升到了 $\sqrt{3}/2$ 单位。这时，按照货币数量论的观点来说，仍然存在着 $\sqrt{(\sqrt{3}/2)^2 + (1/2)^2} = 1$ 价值的市场交换，因而交换双方的效应价值比帕累托最优要小得多。所以在这种情况下他们也不会进行交换。

最后，市场功能健全的前提条件，是交换双方所在位置的实轴与虚轴成比例地协调发展。这时的资产组合者将始终在小正方形对角线上进行交换，因而在交换路径（圆周）上为进行交换所分布的资产始终是均

---

[1] 〔美〕埃里克·罗威：《货币大师》，余潇译，中信出版集团，2016，第 64 页。

匀的。或者说，如果我们按"铜钱模型"的方法，将圆内接正方形按每次45°的逆时针方向旋转，在圆周上始终能够得到相距均匀的点。那么在这相距45°之间的点是什么点呢？是和交换密切相关的"无理数"群。正如本书图1.1.5所示，在进行交换的过程中，当交换者在市场博弈达到一致的情况下，对方资产的市场价值在他们眼中已经不是博弈前的"1单位"了，而是1.41423……单位。根据阿贝尔第二定理，当交换双方有这个认识的时候，复矢量已经从原来的45°变成67.5°，再剩22.5°，即 $\pi/8$ 仍然属于"无理数"阶段，这也是他们最终的交换完成阶段，即到达对方交换前的位置，交换圆满完成。这就为"铜钱模型"逆时针方向的旋转，即无理数 π 的"置换"打下了基础。

可见资产市场组合模型的市场交换的价值之比，绝不是欧式空间里的 1:1 或 50%:50%，而是酉空间中的 $\sqrt{2}/2 : \sqrt{2}/2$，即约为 0.707:0.707，这时小正方形的对角线才能成为1。但实际上人们往往不是用无理数如 $\sqrt{2}/2 : \sqrt{2}/2$ 来确定交换前的价值比例的，而是用 1:1 的价值设定来确定交换前的价值比例的，这就是一系列小正方形的对角线 $\sqrt{2}$（无理数）在单位圆周上"等距扩张"的"神奇"表现（后面将看到，这是"群"存在的重要因素之一），因而它们就构成了一个我们在前面讨论中不断提到的，我们所熟悉的有理数与无理数交叉转换的"扩张"过程，即：

$$\sqrt{2}/2 \approx 0.7071 ; 1 ; \sqrt{2} \approx 1.4142 ; 2 ; 2\sqrt{2} \approx 2.8284 ; 4 ; 4\sqrt{2} ; 8$$

这个序列诱导着通过市场进行资产组合的资产所有者，当他们每进行一次交换，如图9.1.2的"铜钱模型"，便沿着逆时针方向旋转45°（实际上就是在等分的单位圆周上，两元素进行的位置置换）。因此，很有必要探讨上面数字序列的市场特征。我们会看到，对于上面这个数字序列，除了它们能够满足"群"的运算规则，即"乘""·"的运算条件——封闭性、结合律外，以下几个较为特殊的运算规则，如单位元、逆元等的运算条件仍然适用。不过，这里还需要增加一个超越数 π，因为它们要进行四次"扩域"，以作为"置换"规则的辅助手段。这样我们就会看到，这种情形不但为资产市场组合与"规模效应的不断扩大"奠定了理论基础，而且和资产市场组合的经济实际非常匹配。下面我们就集中地讨论这个问题。

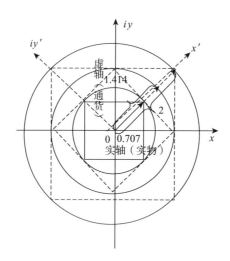

图9.1.2 经济健康发展的前提是实、虚空间
成比例协调发展

二 "群论"的特殊条件和资产市场组合的主要特征及必然联系

首先，我们要特别说明，这里进行的资产组合运算基础，是我们将它从原来的整数和分数域（数域 F）的运算手段，扩展到含有根式 $\sqrt{2}$ 和复数域 C 的扩张数域（数域 E），这是因为资产组合的自然生成领域应该是有自然特性的无理数的，而资产组合者的计划范围应该是在莱昂·瓦尔拉斯所说的虚拟经济范围内的。这样，带有根式 $\sqrt{2}$ 的运算将被确立在等分的单位圆周上（见图9.1.3）。这里引进复数（主要是用虚数）来表示虚拟空间，就是瓦尔拉斯在20世纪初所一直声称的"商业计划空间"，在泛函分析空间中它可以和实体经济空间进行转换（虚、实共轭空间）。因此，如果我们记 $\omega = 2^{\frac{1}{2}}$，则用群表示的多项式 $f(x) = x^n - a$ 的解为：1，ω，ω^2，ω^3，ω^4，$\cdots$，它表示与在数域 F 上的单元多项式 $f(x) = x^n - 1$ 的等分圆周的解的进一步叠加。可以看出，在域 F 上的扩展域 E，实际上是镶嵌在域 F 上的分裂域 E。这样单位圆方程 $x^n - 1 = 0$ 的 n 个根就可表示成：

$$\omega_k = e^{ik\theta} = \cos k\theta + i\sin k\theta, \theta = \frac{2\pi}{n}, k = 1, 2, \cdots, n \qquad (9.1.1)$$

因为 $\omega_k = \omega^k$，如果 n 是素数，则 ω^k 就表示成一个生成元；如果 n 不是素数，那么就不能保证每个 ω^k 都能表示成一个生成元，但可以保证这里面必有 $\varphi(n) = \mathrm{e}^{ik\theta}$ 个生成元。这里 $\varphi(n)$ 是欧拉函数，它表示与 n 互素、不大于 n 的数的个数。这样我们就能得到一个伽罗瓦群 $Gal(K/F)$，它同构于元素 ω 的整数方幂的生成循环群 $U_n = \langle \omega \rangle$ 子群，自然它也就是循环群，它具有群运算可交换的本质特征。

在我们前面讨论的"铜钱模型"中，这里的 2，3，5 都为素数，只有 4 为合数。根据群论解多项式的基本原理，我们认定在多项式 $f(x) = x^n - a$ 的解只能为 1，ω，ω^2，ω^3，ω^4，在元素 ω 的整数方幂为 5 以上的情况下，单元多项式 $f(x) = x^n - 1$ 的等分圆周的解就难以实现。根据本书在前面所讨论的泛函分析解，$\dfrac{\mathrm{d}R}{\mathrm{d}Y} = -\tan\dfrac{\omega t}{2} = \cot\dfrac{\omega t}{2}$，以及本书提出的詹姆斯·托宾的两资产组合模型"余切 $\cot\dfrac{\omega t}{2}$"曲线的效果，即函数自变量的半角形态；再根据伽罗瓦群 $Gal(K/F)$，即同构根的可能性，所以我们这里只能取：$n = 8$，$m = 4$，$\dfrac{m}{n} = \dfrac{1}{2}$。于是这里就只有合数 4 可构成同解结构。

通常用 E 表示扩域基，用 F 表示单元 1，$n-1$ 个数分别用 a^i 代替，那么就有：$E(a) = \displaystyle\sum_{i=0}^{n-1} a_i a^i$，$a_i \in F$。这就是说，这扩域基为 n 个"数域"的"并"，而如果它们的"交"不为 $\varnothing$，则在这些并的 n 次扩域基里，由这些数字序列构成的函数连续和可导。但这里就存在"实根"、"重根"以及"虚根"或"没有意义的根"，正像本书开始时所讲的，马科维茨曲线只讨论了实根的重根部分，其他部分并没有讨论，这也许是金融经济理论不能解释市场泡沫或危机形成的主要原因。如果它们的"交"为 $\varnothing$，则说明这个"分裂基"需要扩域，经过扩域使它们的"交"不为 $\varnothing$。而我们上面强调的扩域基，恰好符合我们上面提到的按逆时针方向旋转 45°的"铜钱模型"。我们看到每次旋转都不是在原来的单位圆上重复，而是完成了一次扩域性的置换，即每一次都向外"扩展"了原单位的 0.414 倍。这将使这些经过扩域后的区域连成一片，以达到被分裂的域的上下极限相等，从而也就解释了金融函数在间断点不能连续的基本原因，这时整个在域 F 上的扩展域 E 连续并可导。

例如，假设事件序列 $A_n \overset{\Delta}{=} \{\omega : X_n(\omega) = X(\omega)\}$ 的极限，当 $\overline{\lim_{n \to \infty}}$

$A_n = \underline{\lim}_{n \to \infty} A_n$ 时，事件序列 A_n 的极限存在，且 $\lim_{n \to \infty} A_n \overset{\Delta}{=} \overline{\lim_{n \to \infty}} A_n = \underline{\lim_{n \to \infty}} A_n$，

其中，

$$\overline{\lim_{n \to \infty}} A_n = \bigcap_{k=1}^{\infty} \bigcup_{n=k}^{\infty} A_n$$

$$\underline{\lim_{n \to \infty}} A_n = \bigcup_{n=k}^{\infty} \bigcap_{k=1}^{\infty} A_n \qquad (9.1.2)$$

则有：如果 $P[\lim_{n \to \infty} X_n(\omega) = X(\omega)] = 1$，即 X_n 几乎处处收敛于 X $(X_n \to X)$。这是金融工程常用的判断准则。

其次，这里另一个重要的特性是"铜钱模型"每旋转 45°，正方形的"边长"与"对角线"都要互换一次位置。因为每次互换都含有在 $\sqrt{2}$ 的基础上再扩张的形式，这正符合以数字序列为基础的方程所有根的置换。方程所有根的置换保持了表达式不变，这恰好反映了根表达式的对称性，这就保证了所得的全体单位根均匀地分布在圆周上，这或许是开根号所得到的所有根的一个本质特征。而这些都在我们的"铜钱模型"中完整地反映了出来，它和"群"所要求的基本特性完全一致。这里需强调的是，在"铜钱模型"中均匀分布的单位根，在进行置换时坚持了下面的置换规则。假设甲用一单位的粮食要换乙一单位的布匹。他们俩都对对方的产品感兴趣的原因，是他们要生活得更好就必须拥有对方手中的产品。经过市场博弈，他们两人都来到了图 9.1.3 中第一个内接单位圆的四分之一的小正方形的对角线处。经过博弈他们已经讲好了价钱，这个价钱肯定比他们视自己手中的产品的价值要高，不然他们不会进行交换。但如果这时还没有交换，他们就没有获得高于他们自己手中产品的价值。但如果进行了交换，那么甲这时获得了乙的布匹，使他站在了图中原来乙的"角度"上，即从原来的小正方形的对角线处站到了纵轴的方向上，但他这时的具体位置不在原来乙的位置上，而是站到了原正方形的外接圆和纵轴的交点上，即他的位置以财富的数量来衡量就多了 $\sqrt{2} - 1 \approx 0.414$ 个单位，对于乙来说也一样（见图 9.1.3）。这样的论证完成了吗？如果仅从交换的角度来讲是完成了。但如果从企业经营的角度

来讲，这样的论证并没有结束，因为企业家制造的商品不是为了他自己使用的，而是为了让别人使用。企业家总是通过满足别人的需要来实现自己的价值[①]。因此，企业家从生产到交换完成所取得的价值恰好是一个周期的二分之一［根据货币运行的正（余）切函数，这里的二分之一实际上是图 9.1.2 的四分之一］。正如图 9.1.3 所示[②]，这时这个企业家所创造的价值就为：

$$\frac{1}{2} \cdot 2\pi \cdot \frac{\sqrt{2}}{2} = \frac{\pi}{\sqrt{2}} = \frac{\sqrt{2}}{2}\pi \qquad (9.1.3)$$

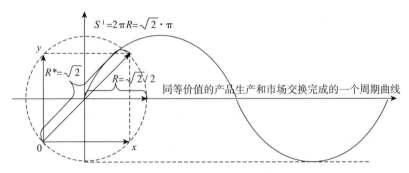

图 9.1.3　两个具有相同价值水平的人的市场交换完成
（由两个无理数的乘积 $\sqrt{2} \cdot \pi$ 组成）

而对于这两个进行了市场交换的人来说，他们共同创造的价值为：$2 \cdot \frac{\sqrt{2}}{2}\pi = \sqrt{2}\pi$。根据我们前面所讨论的詹姆斯·托宾两资产组合模型，这时持有粮食的交换者在 $\sqrt{2}\pi$ 的位置，也就是在图 9.1.2 的 iy 位置上，而持有布匹（或者通货）的交换者却到了原来持有粮食者的位置。这是一次明确的位置置换，正是这个位置置换确定了答案的一个重要的组成部分。所以，这里的 $\sqrt{2}\pi$ 代表一种资产市场组合的一次变换（置换）。可以看出，这里比"传统"群论更突出的一点是，每一次置换，都伴随着一次 $E(\omega)$ 域的"扩张"，"小正方形的对角线"都会增加约 0.414 个单位。这是我

---

① 〔英〕亚当·斯密：《国富论》，郭大力、王亚南译，凤凰出版传媒集团、译林出版社，2011，第 10 页。

② 图 9.1.3 的详细证明可参见李学清：《中国新型城镇化的经济背景与实践研究》，社会科学文献出版社，2017，第 301 页。

们应该特别注意的。

　　最后，这里还需要专门讨论一下群的"单位元"的问题。事实上，前面的（9.1.1）式实际上就承担了"单位元"的功能。众所周知，$e^{ik\theta} = \cos k\theta + i\sin k\theta = 1$ 代表一个单位元，但因为它能和任何经济因素相互作用（因为它等于1），因此它在数学上被称为"不确定因子"。所以，从市场均衡的角度来看，

$$f(x)e^{ik\theta} = e^{ik\theta}f(x) = f(x) \tag{9.1.4}$$

但是，从经济增长的年度统计要求来看，在时间长度为一年的情况下，下面的积分恰好体现了一种周期性的市场波动。所以说，在企业（包括金融企业）经营较为顺利的情况下，（9.1.4）式体现的不仅仅是"单位元的问题"。也就是说，（9.1.4）式在这里体现的是 $e^{ik\theta}$（现代宏观经济学也把它称为技术进步因子[①]）与企业在市场均衡条件下的相互作用。这里相互作用的"纽带"，使我们考虑到本书前面所述的泛函分析里的欧拉方程的解，即 $\dfrac{dR}{dY} = \cot\dfrac{\omega t}{2}$ 里的角速度 $\vec{\omega}$。在经济学的单位时间里（通常规定为一年），它由市场上的资产价格 r 和产品的数量 x（以价值的量值）来确定，即 $\vec{\omega} = \vec{r} \times \vec{x} = \dfrac{1}{2\pi}rx\sin\theta$，所以，这里的 $\theta = 2\omega t$。当两资产组合者处于他们第一次交换的位置时，$\omega t = \dfrac{\pi}{4}$，$\theta = \dfrac{\pi}{2}$，这时 $\omega = \dfrac{1}{2\pi}rx$，或者写成积分开端最一般的形式，$d\omega = \dfrac{1}{2\pi}drdx$。这样，当图9.1.3的小正方形的对角线逆时针旋转的时候，角速度 $\vec{\omega}$ 的方向是从纸面垂直向外，它作为积分开端的值域就为 $d\omega = \dfrac{1}{2\pi}drdx$。如果我们以"年"为计量单位，（9.1.4）式就成为：

$$P(x,r) = \frac{1}{2\pi}\int\int f(x)f^*(x)e^{-ikx,r}e^{ix,r}dxdr \tag{9.1.5}$$

[①] 它来自索洛模型 $\dfrac{dA}{dt} = A$，即 $\ln A = t + C$（常数），由此得 $A = A_0 e^{\omega t} = A_0 e^{k\theta}$（$A_0$ 为 $t=0$ 时的科技水平，k 为常数）

（9.1.5）式中的 $P(x, r)$ 就成为该资产组合者（企业）在市场中资产组合成功的概率密度。这里角速度的表示式为 $\vec{\omega} = \vec{x} \times \vec{r} = \dfrac{rx}{2\pi}\sin\dfrac{\pi}{2}$。

在 $\vec{\omega}$ 的空间共轭情况下（资产市场组合双方达到了交换的位置），$r = \sqrt{2}$，视 x 为单位量，并考虑到图 9.1.3 的关系，我们有 $\omega = \sqrt{2}\pi$。这就证明了 $\omega = \sqrt{2}\pi$ 是市场资产组合的"置换因子"。因此，有时也将（9.1.5）式的积分元 $\mathrm{d}\omega = \dfrac{1}{2\pi}\mathrm{d}x\mathrm{d}r$ 称为市场经济行为的"不确定因素"。（9.1.5）式是现在人们进行实证检验的主要关系式之一，正是因为 $1/2\pi \approx 0.16$，我们常用单位时间里的股值（量）的周期性波动关系，来检验股灾的情况。也就是在两资产组合者的交换位置，即在与横轴夹角的 45°处，确定 $\sqrt{2} \approx 1.414$ 的有限数倍的"有限条"趋势线。这些趋势线的意思是尽管人们都知道买卖双方有"做空"或"空作"的可能，因为这时已经是 $\sqrt{2}$ 的 n 数倍，但在趋势线上他们仍能达成暂时的平衡（即虚拟性的平衡），但一跃过趋势线立即就会产生波动及股灾。这里所说的趋势线就是 $\lambda = 1600$ 的 HP（Hodrick and Prescott）滤波法[①]。

三　资产市场组合中群的概念的完整化

在第四章的第二节，我们已经讨论了用复变函数解释"铜钱模型"旋转时特殊的复矢量的变化形式，为了分析问题的方便，我们在这里将图 4.2.4 的情形重新进行讨论（见图 9.1.4）。现在我们先来讨论资产市场组合群中群的概念的完整化问题，即群论中的逆元问题。考虑到前面泛函的解及半角与全角的关系，如果取 $r = 1$，则有 $z^2 = \mathrm{e}^{i\left(2\frac{\theta}{2}\right)} = \mathrm{e}^{i\theta} = 1$，将单位圆按指数的形式进行展开，

$$\mathrm{e}^{i\left(2\frac{\theta}{2}\right)} = \mathrm{e}^{i\theta} = 1 + i\theta + \frac{1}{2}(i\theta)^2 + \frac{1}{3!}(i\theta)^3 + \frac{1}{4!}(i\theta)^4 + \cdots + \frac{1}{n!}(i\theta)^n$$

很明显，上式实际上为：

---

①　Robert J. Hodrick and Edward C. Prescott, "Postwar U. S. Business Cycles: An Empirical Investigation," *Journal of Money Credit and Banking*, 1981.

$$z^2 = \mathrm{e}^{i\theta} = 1 - \frac{1}{2}\theta^2 + \frac{1}{4!}\theta^4 - \cdots + i\theta - \frac{1}{3!}i\theta^3 + \frac{1}{5!}\theta^5 - \cdots \quad (9.1.6)$$

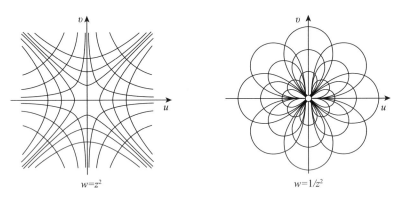

图 9.1.4　函数 $w = z^2$ 和函数 $w = 1/z^2$ 的图形

这是一个实部与虚部混合而成的完全对偶的空间结构，它完全印证了瓦尔拉斯的设想，金融市场上的资产组合理论就是虚、实空间的相互转换。这里无论是虚部还是实部，从第二项开始各分数分母中的阶乘都对应着我们上面所讨论的单元多项式 F 域上的分裂域 E 中的 k（包括实数和虚数）的个数。也就是说，对于单位圆 $\mathrm{e}^{i\theta} = 1$，所有的实物资产与它要通过市场组合的虚拟资产一一对应。市场调节使它们的价格相等，同样市场也体现了资产组合后随时间增长的价值。这就是资产组合群逆元的意义。

　　这里还需要对（9.1.6）式进行解释。很显然，（9.1.6）式的右边可分为两大部分，分别对应于实部和虚部。表 9.1.1 反映了它们分别对应的实部和虚部状态。序列 1、序列 2 和序列 3 分别表示第一次资产组合前、第二次资产组合前和第三次资产组合前的状态。可以看出，第一次资产组合前，持有实物资产者处于和实轴重合的状态，持有通货者处于和虚轴重合的状态，其资产的价值量都为 $\sqrt{2}/2$ 个单位；第二次资产组合前，原先持有实物资产的现在拥有了通货，但他处于和实轴相差 $\pi/2$ 的虚轴方向上。根据图 9.1.2，这时他拥有的财富价值比原来多了约 0.293 个单位。这多余的 0.293 个实际上是主观价值，带有虚拟的成分。而原先就持有通货的资产组合者现在却拥有了实物，位置多旋转了 $3\pi/4$，增加了一个 k 区域。第三次资产组合前，原先持有实物资产的交换者现在又把交换来的通货变成了实物资产，而且价值增加了一倍。但这增加的一倍纯粹是虚拟资产。这时他的位置处在 $3\pi/4$，即原来旋转后虚轴所处的位置。而这时原先拥有通货的交换者现在又拥有了通货，而且价值也增加了一倍，其位置处在实轴的负方向上（和实轴相差一个 π）。当然我们还可以继续往下推演，但按照群论的要求，推到第四步就不能再推了，因为到第五步我们已经无法在单位圆上等分圆周了，这样"分裂区域 $E(\omega)$"将无法存在（见表 9.1.2）。所以说，没有一定的实际资产作基础，投资者就不能无限制地通过市场进行资产组合，不然巨大的经济泡沫必将打压实体经济空间。一般来说，在没有实体经济作为后盾的情况下，纯粹通过市场进行资产组合最多不能超过四次。如果没有这个限制，金融危机将危及人类仅有的生存空间。

表 9.1.1　连续进行资产市场组合前后的实、虚部状态

序列	实部	所处的状态	虚部	所处的状态	多余（k）
1	1	（$\theta-0$）在实轴上	θ	在虚部 $\pi/2$	—
2	$-(1/2)\theta^2$	在虚部 $\pi/2$ 处	$-(1/3!)\theta^3$	在虚部 $3\pi/4$ 处	E 扩大了一个 k 区域
3	$(1/4!)\theta^4$	在虚部 $3\pi/4$ 处	$(1/5!)\theta^5$	在实轴反方向 π 处	E 又扩大了一个 k 区域
4	$(1/6!)\theta^6$	在实轴反方向 π 处	$(1/7!)\theta^7$	在虚部 $4\pi/5$ 处	E 又扩大了一个 k 区域

以上结论的理论基础，正是来自经过詹姆斯·托宾对马科维茨效率前沿理论修改的"分离定理"。根据这个理论基础，我们可对金融现象进行确定的数学分析。

表 9.1.2　资产组合的虚拟能级最高不能超过第四能级
是由"群论"决定的

序列	能级排列	能级具体数据	虚拟趋向性（大约）	"铜钱模型"旋转
1	资产组合的准备阶段	$\sqrt{2}/2 \approx 0.7071$	29.3%	在小正方形的邻边上
2	在小正方形的对角线上	1	50%	第一象限
3	第一能级	$\sqrt{2} \approx 1.4142$	75%	第二象限

序列	能级排列	能级具体数据	虚拟趋向性（大约）	"铜钱模型"旋转
4	第二能级	2	90.2%	第三象限
5	第三能级	$2\sqrt{2}\approx2.8284$	100%	第四象限
6	第四能级	4	完全虚拟	返回原位
7	第五能级	$4\sqrt{2}\approx5.6568$	完全虚拟交换假设	完全虚拟性开始
8	第六能级（理论上不存在）	8	虚拟性使之不可能	数学证明不存在

第二节　金融市场的运行及危机产生的理论根源和防范原则

一　"铜钱模型"下的双曲函数分布

只要我们对上一节的（9.1.6）式进行稍加修改，就可以得到具有确定位置和形状的"连续光滑"的"有效边界"（图9.1.4左图）。例如：

令 $z = e^{i\theta} = r\cos\theta + ir\sin\theta$，则 $f(x,y) = z^2 + iC = (x^2 - y^2) + 2ixy + iC$

把上式变换成复平面上的复变函数，我们就得到复变函数的实部：

$$u(x,y) = \left(\frac{z+z^*}{2}\right)^2 - \left(\frac{z-z^*}{2}\right)^2 = \frac{1}{2}\left[z^2 + (z^*)^2\right]$$

可以看出，这里复变函数的实部里面又包含着复矢量 z 的共轭部分 z^*，即"虚部"。在复变函数里自变量 z 变化的时候，实、虚部也是相互转化的。再考虑到（9.1.1）式，我们分别有：$w = e^{2\frac{i\theta}{2}} = z^2$ 和 $w = (z^2)^* = 1/z^2$。这样，我们就得到了它们重要的曲线图（图9.1.4）。凡是对詹姆斯·托宾的"分离定律"比较熟悉的读者，就能看到图9.1.4的左图是一个非常标准的、经过修订后的马科维茨"有效边界"图。说它"标准"，是因为它的位置和形状是固定的，并且是由数学公式决定的完全光滑连续的"有效边界"。这时，"资本配置"线与它和有效边界的资产组合切点就完全确定下来了，再也不可能根据人的"需要（主观需要）"重画了。说它"经过修订"，就是说它要涵盖我们在下面即将讨论的各种情况，其实质是"铜钱模型"逆时针旋转所带动的"群的运动"。数学上将 $u(x, y)$ 称为调和函数，它有 $\dfrac{\partial^2 u}{\partial x^2} + \dfrac{\partial^2 u}{\partial y^2} = 0$ 这个重要的特点。我们将图9.2.1作为自变量 z 的复平面边界条件，就可以求出调和函数 $u(x, y)$ 的具体形式。

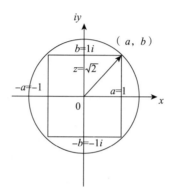

图 9.2.1　函数 $u(x, y)$ 的域区间

图9.2.1说明，我们在这里只能取图中正方形 $2a = 2b$，且第一象限的坐标为 (a, b) 的小正方形，为了保证"铜钱模型"中小正方形对角线为 $\sqrt{2}$，根据我们前面一致的设定，这里的 $a = b = 1$。因此正方形其余各点的坐标都可以得到。这样，我们就可以得到满足图9.1.4左图的方程定解，并参考图9.2.1，即：

$$
\begin{cases}
\dfrac{\partial^2 u}{\partial x^2} + \dfrac{\partial^2 u}{\partial y^2} = 0, 0 < x < a, 0 < y < b \\[2mm]
u\mid_{x-0} = 0, \dfrac{\partial u}{\partial x}\mid_{x-a} = 0, 0 \leqslant y \leqslant b, \\[2mm]
u\mid_{y-0} = f(x), \dfrac{\partial u}{\partial y}\mid_{y-b} = 0, 0 \leqslant x \leqslant a
\end{cases}
$$

注意这里的第三个边界条件 $u\mid_{y-0} = f(x)$ 里的 $f(x)$ 是巴罗[①]（Barro）

① Barro R, J., "Government Spending in a Simple Model of Endogenous Growth," *Journal of Political Economy*, 1990：103 – 125.

和里贝罗[1]（Rebelo）的单要素生产函数，这里我们将技术常数 A 进行了省略，即在图 9.1.4 左图边长为 1 的正方形中心一直到每条边上，u（x,y）的曲线族不存在，这里主要是资产组合利率的存在区间（主要是在原点以上的 iy 轴上）。

考虑到本章的（9.1.2）式和（9.1.6）式，解上面带有边界条件的拉普拉斯方程，我们得到：

$$u(x,y) = \sum_{n=0}^{4} \left(C_n \sinh \frac{2n+1}{2 \times 1} \pi y + D_n \cosh \frac{2n+1}{2 \times 1} \pi y \right) \sin \frac{2n+1}{2 \times 1} \pi x$$

$$(9.2.1)$$

这里首先需要确定（9.2.1）式中的系数 C_n 和 D_n，根据前面的讨论，$n = 0$，1，3，4，其中系数积分 $D_n = \dfrac{2}{a} \int_0^a x \sin \dfrac{2n+1}{2a} \pi x \mathrm{d}x$，$C_n = -D_n \tanh$

$\dfrac{2n+1}{2a} a\pi = iD \tan i \dfrac{2n+1}{4} a\pi$

由此得：$D_0 = 2 \int_0^1 x \sin \dfrac{2n+1}{2} \pi x \mathrm{d}x = \dfrac{8}{\pi^2} \sin \dfrac{\pi}{2} x \Big|_0^1 - \dfrac{4}{\pi} x \cos \dfrac{\pi}{2} x \Big|_0^1 =$

$\dfrac{8}{\pi^2} \approx 0.81$

可得：$C_0 = i\infty$。

很明显，这说明两资产交换者现在正走向市场的开端，他们正准备交换但还没有进行交换，也就是我们前面所说的资产市场组合的开始状态。我们现在开始计算两资产组合者在他们进行了第一次交换后所处的状态。这时，有：

$$D_1 = 2 \int_0^1 x \sin \frac{3}{4} \pi x \mathrm{d}x = \frac{16}{9\pi^2} \sin \frac{3\pi}{4} x \Big|_0^1 - \frac{4}{3\pi} x \cos \frac{3\pi}{4} x \Big|_0^1 \approx 0.17$$

$$C_1 \approx -0.17i$$

$$u_1 = \left(-0.17i \sinh \frac{3\pi y}{4} + 0.17 \cosh \frac{3\pi y}{4} \right) \sin \frac{3\pi x}{4}$$

$$u_1 = \left(0.4 \sinh \frac{3\pi y}{4} - 0.4i \cosh \frac{3\pi y}{4} \right) \sin \frac{3\pi x}{4}$$

① Rebelo S. T.，"Long—Run Policy Analysis and Long—Run Growth，" *Journal of Political E-conomy*，1991：99 – 521.

$$+ \left(-0.4i\sinh\frac{3\pi y}{4} + 0.4\cosh\frac{3\pi y}{4} \right)\cos\frac{3\pi x}{4}$$

为了求出马科维茨安全边界的驻点，必须令 $\cosh\dfrac{3\pi y}{4}$ 的导数 $\sinh\dfrac{3\pi y}{4}=0$，

这时就有 $iy=0$ 或 $iy=4/3\approx1.33$。但 $y=0$ 我们在前面已经用过，所以这时图9.2.2中的 $iy=\dfrac{4}{3}\approx1.33$，即 $ab\approx1.33$（注意这里的 1.33 是指数形式）。这就是说，马科维茨有效边界的驻点在离"顶点 1"的约 0.33 个单位处。根据数学原理，图9.2.2中的马科维茨曲线 $\cosh\dfrac{2n+1}{2\times1}\pi y$ 与横轴的交点 1 处，为不稳定的"不动点"。在 1 的右边，为不稳定区域，这里"聚集"着极大的风险。所以，随着交换次数的增多马科维茨曲线的驻点不断向右移动，虽然仍在马科维茨曲线上，但它的风险系数越来越大。这与马科维茨和詹姆斯·托宾的定性分析是一致的。

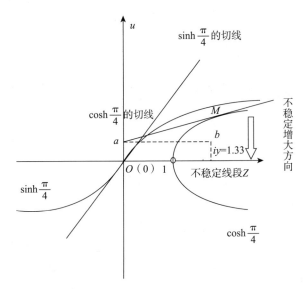

图9.2.2　用双曲函数 $u_0(x, y)$ 的导数曲线绘
制的平面曲线

由于 $u_0(x, y)$ 函数的自变量从理论上说是

$$z = x + iy,$$

这样双曲正弦和双曲余弦前面的系数就成了它们各自切线的斜率。根据

图 9.2.2，可以先求出 M 点的横坐标。因为代表马科维茨曲线的 $\cosh \dfrac{\pi}{4} iy$ 的导数是 $\sinh \dfrac{\pi}{4} iy$，根据图 9.2.2 有：

$$斜率\ k = 0.4 = Mb/1.33$$
$$Mb = 0.4 \times 1.33 \approx 0.53(\%)$$

如前所述，由于等价交换在域 F 圆周上的分布是均匀的，所以图 9.2.2 中的 $Mb = aO$，或者说距离 Mb（利率的理论值，也称为自然利率）也就是资产组合图 9.2.2 中 aO 所表示的部分，即马科维茨安全边界上的资产组合利率约为 0.53。这样我们就将詹姆斯·托宾所规范的马科维茨安全边界上的所有数据，用理论的形式完全地确定下来了。

　　例如，我们还可以计算：

$$D_2 = \int_0^1 x\sin\frac{5}{4}\pi x \mathrm{d}x = \frac{16}{25\pi^2}\sin\frac{5}{4}\pi x\mid_0^1 - \frac{4}{5\pi}x\cos\frac{5}{4}\pi x\mid_0^1 \approx 0.13$$

$$C_2 = -D_2\tanh\frac{5}{4}\pi \times 1 = -0.13 i\tan\frac{5}{4}\pi i = -0.13 i$$

略去计算及公式，可以得到这时的斜率 $k = 0.5$，为了求马科维茨安全边界的驻点，可令 $\cosh\dfrac{5}{4}\pi iy$ 的导数 $\sinh\dfrac{5}{4}\pi iy = 0$，得 $y = \dfrac{8}{5} = 1.6$，即图 9.2.2 中的 $ab \approx 1.6$。这时的"第二条"马科维茨安全边界的驻点与第一条马科维茨安全边界的驻点相距也约为 0.3 个单位。

　　第二次交换的利率为 $0.5 \times 1.6 = 0.8$（％）。

$$D_3 = \int_0^1 x\sin\frac{7}{4}\pi x \mathrm{d}x = \frac{16}{49\pi^2}\sin\frac{7}{4}\pi x\mid_0^1 - \frac{4}{7\pi}x\cos\frac{7}{4}\pi x\mid_0^1 \approx -0.11$$

同理，$C_3 \approx 0.11 i$。

　　略去计算及公式，可以得到这时的斜率 $k = 0.6$，令 $\cosh\dfrac{7}{4}\pi iy$ 的导数 $\sinh\dfrac{7}{4}\pi iy$ 等于 0，这时的 $iy = \dfrac{12}{7} \approx 1.71$ 个单位。它与第二个马科维茨安全边界的驻点相距约 0.11 个单位。它的利率为 $0.6 \times 1.71 \approx 1.03$（％）。

　　同样可得：

$$D_4 = \int_0^1 x\sin\frac{9}{4}\pi x dx = \frac{16}{81\pi^2}\sin\frac{9}{4}\pi x\mid_0^1 - \frac{4}{9}x\cos\frac{9}{4}\pi x\mid_0^1 \approx -0.09$$

$C_4 = 0.09i$，$k = 0.64$，$y = \frac{16}{9} \approx 1.8$，距离第三条马科维茨安全边界的驻点约为 $1.8 - 1.7 = 0.1$ 个单位，利率约为 $0.64 \times 1.8 \approx 1.15$（％）。

我们把上面的讨论加以总结，形成表 9.2.1。但这里的曲线形式表示的是利率，而不是图 9.2.2 中的 $u(x, y)$。这就是说，它实际上就是詹姆斯·托宾"均值方差基础上的安全边界的有效轨迹"。这里的"驻点"实际上就是经验检验中的方差有效点。

表 9.2.1　连续交换情况下马科维茨安全边界

类别	D_n	C_n	斜率 k	驻点移距	自然利率（％）	组合结果
市场状态	$D_0 \approx 0.81$	$C_0 = i\infty$	—	—		无风险
第一次移动	$D_1 \approx 0.17$	$C_1 \approx -0.17i$	0.4	1.33	0.53	双赢结果
第二次移动	$D_2 \approx 0.13$	$C_2 = -0.13i$	0.5	1.6	0.8	风险明显
第三次移动	$D_3 \approx -0.11$	$C_3 \approx 0.11i$	0.6	1.71	1.03	风险增大
第四次移动	$D_4 \approx -0.09$	$C_4 = 0.09i$	0.64	1.8	1.15	风险更大

根据伽罗瓦理论，我们这里只能取 $n = 4$（不包括市场状态的 $n = 0$），所以对应的图形的密度比较小，但它毕竟和我们上面分析的一系列理论结果完全一致，故其可靠性和科学性当然要比主观绘制的图像客观得多。这里着重对"组合结果"加以说明。对于第一次移动，他们交换的位置在 45°（小正方形对角线）的位置上，交换的结果是小正方形向左旋转了 45°。这时原来只具有实物资产的交换者，现在既有实物资产又有货币资产，而且总的财富价值比交换前多了约 0.414 倍（可以看出，这多余的约 0.414 倍是在交换协议达成后实现的，因此单位圆的半径移动了 π/8 弧度，这里当然含有主观价值成分）。而对于原来只有货币的资产者所有者而言亦如此，所以我们说资产组合的结果是双方实现了双赢。

对于第二次移动，这时资产组合双方交换的位置在第二象限内夹角为 45°（135°）的位置上，交换的结果是小正方形向左旋转了 90°（2 × π/4），而通过市场进行资产组合的两交换者各自的价值总量比第一次移动前都增加了整整一倍。这增加的一倍很明显是交换双方将原来各自的财富经过两次交换彻底"打了个颠倒",如果没有主观价值的作用,他们是不会这样干的,这就是所谓市场的作用。正是因为两次交换使得交换者双方的价值总量(含有主观价值成分)增加了,而市场的价值总量并没有发生变化,所以我们说风险是很明显的。但这个风险也没有人们想象的那么大,因为根据瓦尔拉斯"商业计划",这个增加的主观价值将成为人们通过自己的奋斗创造社会财富的动力。事实上,按照马科维茨有效边界的设想,不确定性及风险主要是集中在"趋向横轴的方向"上,第二次移动的结果是 M 点的位置向横轴移动了一些距离,这同样显示了风险程度的增加。对于第三次移动,交换的位置在第三象限的45°(225°)处,这时的财富扩大到 $2\sqrt{2}$,然而资产组合双方都处在两坐标的负轴上,说明双方都是为了在市场上赢利而进行的重复交换,这时 M 点的位置离横坐标轴更近,这表示着脱离实际资产进行组合不仅使利润增大,而且使风险也进一步加大。众所周知的"买空卖空""割韭菜"等都发生在这个时期。对于第四次移动,交换的位置在第四象限的45°(315°)处,这时的价值是最初价值的 4 倍,而 M 点的坐标更加接近横轴。按道理说,在市场实际资产没有增加的基础上,交换双方获得纯粹多余的资产是不可能的。但实际上资产组合大多进行了"两次以上移动",比方说大部分散户在第二次赢利以后很少有人退出市场,而他们就正成为大户资产组合方"猎取"的对象。所以说,交换的第三象限和第四象限是散户被"收割"、虚假公司作案犯案的关键节点。但这是针对金融市场纯粹的交易行为而说的,如果在每次交换的基础上都有实体经济有效地按市场比例吸收资本,这些通过第三、第四次市场交易所包含的主观价值部分,将有步骤地分散进入到实体经济有计划的竞争中去,从而不但能有效地消除风险,而且能够促进经济发展。

　　图 9.2.3 就是我们根据表 9.2.1 绘制的图形,这里的第一次移动表示的是顶点紧贴在小正方形右边的马科维茨曲线,图 9.2.3 仅从"切线位置的横坐标"算起,以此类推。

　　这样,我们就推出了(9.2.1)式的具体形式,算出不同曲线族的位置和形状,进而确定了利率和切点 M 的关系。为了将我们讨论的结果与图 9.1.4 的左图相对应,我们可把上面计算的结果表示在图 9.1.4 左图

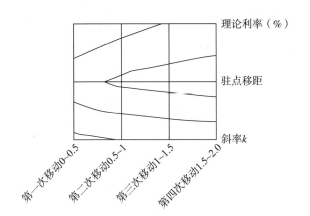

图 9.2.3　根据表 9.2.1 得到的马科维茨曲线的
利率和驻点关系

的相应位置上（如图 9.2.4 的左图）。图 9.2.4 的右图是詹姆斯·托宾用马科维茨曲线决定市场利率的方法根据经验作出的，这里用作比较。应说明的是，图 9.2.4 左图表示位于第一象限的马科维茨曲线族的各个曲线斜率，它所表示的利率在纵轴 v 上的具体位置，是按我们上面的计算结果得出的。随着斜率增大以及资产组合利率的提高，这时的切线将落到第四象限，即与马科维茨曲线族的"下半叶"相切，这是图 9.1.4 右图即"蓬齐骗局"或"伞形信托"的开始。所以说，我们完全可以依据资产组合次数的需要，根据图 9.2.4 左图的利率求出 M 点的具体位置。可以看出，随着利率的增大，"资本配置"线也逐渐向"有效边界"的右边移动。这样我们就把经过市场进行资产组合的"曲线图"的分析建

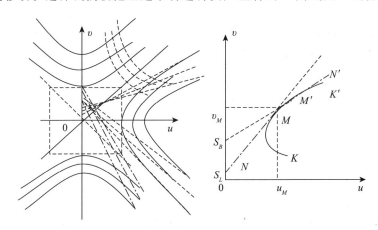

图 9.2.4　资产市场组合的标准安全结合点 M 的确定

立在完全可靠的数学基础上，完善了理性分析的工具和手段。因此，我们可根据（9.1.4）式的具体性质，来考察我们利用这种方法在市场上进行资产配置的科学性。

二　"伞形信托"或"蓬齐骗局"形成的原因以及股票崩盘的过程

现在我们就来讨论图 9.1.4 右图的"伞形信托"[①]（它也可被称为"蓬齐骗局"[②]）产生和破灭的数学原理。这里只考虑图 9.1.4 右图曲线族中的一条曲线，其余曲线的分析可参阅下面的讨论。

正如我们在前面所论述的，如果我们只一味地相信货币数量论，进而忽视在资产组合过程中"铜钱模型"的作用，那么图 9.1.1 资产组合过程中不同形状的"长方形"就会取代"铜钱模型"中的小"正方形"，这时分布在圆周区域 F 上的交换点就不会是均匀的。但在资产组合市场中我们往往会认为，金融市场上交换双方始终都会以各种不同形式的金融资产作为"抵押"，因而也往往会使圆周 F 上的交换点均匀，这样就会有下面的函数关系产生，即：

$$(x^2 + y^2)^2 = 2a(x^2 - y^2)$$

很明显，上式的左边就是我们在图 9.1.1 中讨论的货币数量论所得的结果，它只有和铜钱模型的"旋转"联系起来才能够成立。事实上上式的左边，就是我们在讨论"铜钱模型"成立情况下的基本关系式。而我们在讨论这个关系的过程中，由于设定这两个交换者始终处于平等交换的位置上，即假设他们处于 $\pi/4$，$3\pi/4$，$5\pi/4$，……，因此没有考虑双方不在这个位置上即在市场信息不对称条件下一方欺骗另一方的可能，这就为"伞形信托"或"蓬齐骗局"的形成提供了存在空间。在 $a=1$ 的情况下，双曲函数 $2(x^2 - y^2)$ 的形成过程，也正是 $(x^2 + y^2)^2 = 2(x^2 - y^2)$ 发生的过程，就像我们在图 9.1.1 所举的那两种特殊情形，坐标 $\left(\dfrac{1}{2}, \dfrac{\sqrt{3}}{2}\right)$ 或 $\left(\dfrac{\sqrt{3}}{2}, \dfrac{1}{2}\right)$，它们和坐标 $\left(\dfrac{\sqrt{2}}{2}, \dfrac{\sqrt{2}}{2}\right)$ 的效果完全一样，但这只是

---

① 香帅无花（唐涯）：《金钱永不眠——资本世界的暗流和金融逻辑》，中信出版集团，2017，第 112 页。

② 〔美〕罗伯特·J. 席勒：《非理性繁荣》（第三版），李新丹、俞红海等译，中国人民大学出版社，2016，第 131 ~ 134 页。

一种特殊情况。在一般情况下，若从极坐标方程 $\rho = a\cos2\theta$ 出发，随着 $(x^2 + y^2)^2$ 扩张，其极坐标旋转角也必然会形成 F 环形领域的角解集合：

$$[0,\ \pi/4]\ \cup\ [3\pi/4,\ 5\pi/4]\ \cup\ [7\pi/4,\ 9\pi/4] \qquad (9.2.2)$$

这样的均匀区域，却由于"铜钱模型"的逆时针旋转导致的区域 E 的分裂性扩张，必然使我们前面推导的（9.2.1）式存在，这就是图9.1.4左图所显示的双曲函数族。它告诉我们只要是正常的资产市场组合，就只能是由"铜钱模型"导致的（9.2.1）式的资产组合形式。

要不然，我们就会产生货币数量形式的市场组合，即任何时候都会形成 $(x^2 + y^2)^2 = 2(x^2 - y^2)$，它就是忽视市场等价交换规则导致的"虚拟泡沫"所形成的"伞形信托"或"蓬齐骗局"。如图9.2.5，在 M 点，就像市场交换一方所承诺的，他会给市场交换另一方较高的回报率 y，风险较小。而实际上正好相反，因为这时 M 点的横坐标接近或等于"圆心 F_1"。但这个 F_1 是个虚拟圆的圆心，在小正方形边长为1的情况下，即在不对等交换的情况下就始终有可能存在。因此，由于 $(x^2 + y^2)^2 = 2(x^2 - y^2)$，这时的圆心恰好与一个虚拟半径为 $\sqrt{2}$ 的圆的圆心 F_1 或 F_2 重合，但是这个虚拟的圆所构成的市场假象，交换的对方是不得而知的，只有行骗的一方心里很清楚。由于从 M 点到最高拐点 z 还有很小的一段"距离"，这就使得这种行骗由于（9.2.2）式的作用，很快以 $\lim\limits_{n \to \infty} \overline{A_4} = \bigcap\limits_{k=1}^{8} \bigcup\limits_{n=k}^{4} \dfrac{2n+1}{4}\pi$ 的形式到达拐点 z。

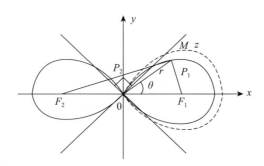

图9.2.5　"伞形信托"形成的基本原理

再如图9.2.6所示，实线的意思是本来资产组合者想用自己的实际财富换取尽可能多的财富（例如股票是大财富的形式），但当他们达到交换位置 45°时，这时标有"较高价值"的证券恰好处于常微分方程 $\dfrac{\mathrm{d}R}{\mathrm{d}x} = \cot\dfrac{\pi}{4}$（常数）阶段。这里 R 代表交换价值总量，x 的区间就是风险存在的 δ 区间。根据常微分方程解的存在性与唯一性定理，我们立即得：

$$R(x) = R_0 \mathrm{e}^{k(x-x_0)}\text{（其中 } R_0 \text{ 是 } x_0 \text{ 时的利率，} k \text{ 为比例常数）}\qquad(9.2.3)$$

从图 9.2.6 可以看出，"伞形信托者"或者"蓬齐骗局"制造者实际上是在第三象限。这说明他们没有实际资产，他们的资产实际上是次级债券，而第三象限虽然处在横、纵轴都是负方向的区域，但正切和余切值都是正值，这就是他们能够行骗成功的原因。因此他们就会用虚拟的证券在第一象限欺骗广大散户及其他投资者，这时（9.2.3）式实际上就承担了利率"放大器"的功能。正如图 9.2.6 所示，若交换发生在第一象限，就有：

$$\frac{\mathrm{d}R}{\mathrm{d}x} = \cot\frac{\pi}{4} = 1\text{，这时 } k = 1$$

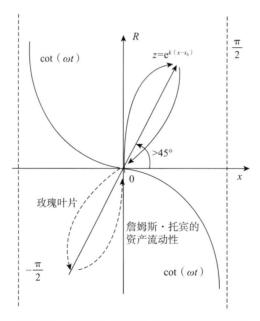

图 9.2.6　散户被"收割"或股票崩盘的过程

正如在表 9.2.1 所得到的，驻点每移动 $1.71 - 1.6 = 0.11$ 个单位，R 就增加 $R_0 \mathrm{e}^{0.11} \approx 0.52 \times 1.1057 \approx 0.58$。对于在第一象限中的广大散户来说，根据表 9.2.1，我们就有 $R = 0.52 \times \mathrm{e}^{1.6 - 1.33} \approx 0.52 \times 1.31 \approx 0.68$，即高了不到 10 个百分点。但随着交换的进行，小正方形的对角线立即会沿着逆时针方向从 45° 的位置向纵轴正方向移动，即整个"玫瑰叶片"向纵轴正方向旋转（图 9.1.4 右图）。一般来说，由于从 M 点到 z 点的距离较短，所以不等小正方形的对角线旋转至纵轴正方向时股市就会崩盘，整个股票走势会形成一个很"尖锐"的角。这就是我们在下面的实证部分里所说的，实际股票指数曲线在和趋势线下落的时候相交，这就是股灾爆发的"导火索"。

为了使读者能够顺利地掌握本节的基本理论和基本观点，我们把本节的主要内容予以小结。

（1）事实上的马科维茨有效边界不止一条，而是在如由两资产组合的复平面上存在的一系列曲线族。除了由逆时针旋转的辐角在第一象限（资产组合者在市场上的第一次交换可达到双赢）是较为安全的外，落在第二、第三、第四象限里的资产组合均存在风险，并且随着象限的逐次递增风险也在逐步增大。这是因为随着象限的逐次递增，资产市场价值的虚拟成分就越来越高，可见这种价值的提高是以虚拟价值（主观价值）为主的，这就使得交换越来越与实体经济相分离，因而加大了风险。

（2）从第三、第四象限开始，资产市场组合的一方将脱离实际资产进而完全进行虚拟票证的交换，不良金融公司和不良资产就是在这个时候进入市场的，这就使得散户被"割韭菜"以及股票"崩盘"的现象随时都可能发生。正是因为不良证券公司或集团往往会用随着辐角增加而增加的虚拟价值误导市场参与者在不对称的"F 环"上进行交换，进而通过宣传虚假价值将散户掏空或使股票崩盘。我们严格地论证了这种现象发生的机理以建立数学模型，这就是"伞形信托"或"蓬齐骗局"的形成原理，理论推导的过程充分证明了这种方法的可靠性和实用性。

（3）事实上，实际资产市场的所谓"辐角的旋转"以及"象限"的划分是很难辨认的，但我们给出了以资产组合形式进行市场交换的具体判定。一般来说，对于广大的散户，可以基本认定他们大部分处于第一、第二象限，因为广大的散户一般资产份额相对较小，并且大多有实际的资产作为后盾，所以他们大多处于第一、第二象限。对于较大的融资公司，因其具有雄厚的资产作抵押，他们的市场位置也大多在第一、第二象限，需要金融市场监管单位进行判定。而"弄虚作假"的公司或者"皮包公司"，他们处于第三、第四象限，并通过"伞形信托"或"蓬齐骗局"将具有实际资产的账户骗入第三、第四象限，这可以通过把证券市场公布的股票波动数据进行"虚拟化"来判断。我们的实证检验证明了这种判断的正确性，同时也说明了"割韭菜"或"操盘"的主要数学机理及原因。

第三节　二维统计平面上二次方程的一个特解
——马科维茨"有效边界"再分析

资产定价理论必须和相应的风险理论结合在一起，才是一种完善的金融市场价值理论，这是哈里·马科维茨较早就意识到的。因为人们虽然能够通过股息计算价值，但未来的股息本身就是不确定的。而且，费雪提出的净现价值概念和约翰·伯尔·威廉姆斯的股息贴现模型都没有恰当地反映金融市场的风险。马科维茨正是要借助金融市场理论，从技术上解决上述问题。他的具体方法是，通过图形把全部资产形式表示出来，如用纵轴表示期望收益率，横轴表示量值的波动状态，具体用收益的标准差衡量。这个方法虽然清楚地表达了收益与波动之间的关系，但是"较高与较低收益之间"与"较高与较低波动之间"的具体数值，在他的图形里是无法得到的。这对于要求精确地把握金融市场动态的金融经济学来说，是不允许的。1958年，詹姆斯·托宾虽然对马科维茨的理论进行了改造，具体的做法是加入了无风险资产，如对应于左侧坐标轴，无风险资产被视为不存在任何波动的资产。从无风险资产所对应的点向有效边界画切线就能找到有效边界上最有效率的点。这条直线就是资产配置线，代表市场投资组合与无风险资产的新型可行组合。但是，这个曲线的具体方程就成了首先必须考虑的重要问题，这就是本章上节所叙述的主要内容。所以本节所举的实例只有和上一节联系起来才有价值。也就是说，我们现在知道的仅仅是经验的画法，至于这个经验画法背后所涉及的数学机理，这就要结合本章上一节所讲的内容来进行分析。

现在根据我国融资公司的数据，来分析马科维茨"有效边界"理论的一般特性。我们知道，现代的金融经济学界一般都会作出马科维茨曲线的一般图形，但把这些一般图形排列起来进行分析，就会发现一个"特殊的情况"。

表 9.3.1、表 9.3.2 和表 9.3.3 是我们根据现代资产组合理论，利用雅虎财经网提供的华数传媒（000156）、招商银行（600036）、兖州煤业（6000188）、广深铁路（601333）、营口港（600317）和长城汽车（601633）的沪深 300 指数，计算假设的两资产市场组合的结果。图 9.3.1、图 9.3.2 和图 9.3.3 是我们根据这些结果作出的三对具有代表性的马科维茨"有效边界"。我们从这三个图中只能判断出它们在各坐标系中的大体位置，如图 9.3.1 的位置是在横轴的上面，图 9.3.2 是在横轴附近偏下的位置，而图 9.3.3 的位置在第四象限，但它们的具体方程都无从得知（要参考上一节进行确定）。

表 9.3.1　招商银行与长城汽车资产组合计算结果

招商银行	长城汽车	Return	Std
−0.5	1.5	0.002259	0.001689
−0.4	1.4	0.002187	0.001457
−0.3	1.3	0.002116	0.001244
−0.2	1.2	0.002044	0.001051
−0.1	1.1	0.001972	0.000877
0	1	0.001901	0.000723
0.1	0.9	0.001829	0.000588
0.2	0.8	0.001757	0.000473
0.3	0.7	0.001686	0.000377
0.4	0.6	0.001614	0.000301
0.5	0.5	0.001543	0.000244
0.6	0.4	0.00147	0.000206
0.7	0.3	0.001399	0.000189

招商银行	长城汽车	Return	Std
0.8	0.2	0.001328	0.000189
0.9	0.1	0.001256	0.000211
1	0	0.001184	0.000252
1.1	−0.1	0.001113	0.000312
1.2	−0.2	0.001041	0.000392
1.3	−0.3	0.000969	0.000491
1.4	−0.4	0.000898	0.000609
1.5	−0.5	0.000862	0.000747

表 9.3.2　兖州煤业和广深铁路资产组合计算结果

兖州煤业	广深铁路	Return	Std
−0.5	1.5	0.030900406	0.000534
−0.4	1.4	0.024720589	0.000443
−0.3	1.3	0.018540772	0.000364
−0.2	1.2	0.012360955	0.000296
−0.1	1.1	0.006181138	0.00024
0	1	1.32048E − 06	0.000195
0.1	0.9	−0.006178497	0.000162
0.2	0.8	−0.012358314	0.00014
0.3	0.7	−0.018538131	0.00013
0.4	0.6	−0.024717948	0.000131
0.5	0.5	−0.030897765	0.000144
0.6	0.4	−0.037077582	0.000169
0.7	0.3	−0.043257399	0.000205
0.8	0.2	−0.049437216	0.000252
0.9	0.1	−0.055617033	0.000311
1	0	−0.06179685	0.000382

表 9.3.3　华数传媒与营口港资产组合计算结果

华数传媒	营口港	Return	Std
−0.5	1.5	− 5.98583E − 05	0.00094
−0.4	1.4	− 6.8879E − 05	0.000782

华数传媒	营口港	Return	Std
− 0.3	1.3	− 7.78998E − 05	0.000644
− 0.2	1.2	− 8.69205E − 05	0.000525
− 0.1	1.1	− 9.59413E − 05	0.000426
0	1	− 0.000104962	0.000347
0.1	0.9	− 0.000113983	0.000287
0.2	0.8	− 0.000123004	0.000248
0.3	0.7	− 0.000132024	0.000228
0.4	0.6	− 0.000141045	0.000227
0.5	0.5	− 0.000150066	0.000247
0.6	0.4	− 0.000159087	0.000286
0.7	0.3	− 0.000168107	0.000344
0.8	0.2	− 0.000177128	0.000423
0.9	0.1	− 0.000186149	0.000521
1	0	− 0.00019517	0.000639

　　但是如果我们将图 9.3.1、图 9.3.2 和图 9.3.3 按一定的比例进行恰当地放大，我们就会发现它们完全是按表 9.2.1 和图 9.2.3 的顺序进行排列的，并且它们都显示出双曲线的特征。表 9.3.4 是我们经过统一调整后得到的以上六家公司的部分数据。图 9.3.4 是我们根据表 9.3.4 绘制的综合图和最有代表性的双曲线图。图 9.3.4 最上边的图形是图

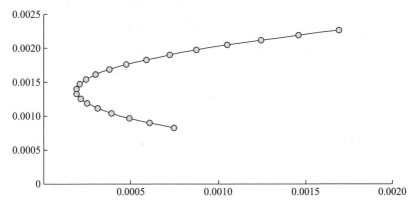

图 9.3.1　招商银行与长城汽车的资产组合（假设）

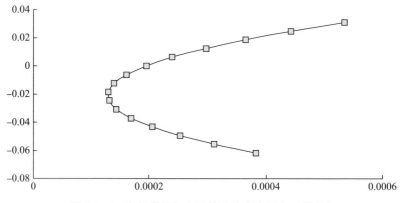

图 9.3.2   兖州煤业与广深铁路的资产组合（假设）

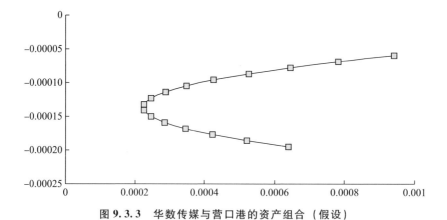

图 9.3.3   华数传媒与营口港的资产组合（假设）

9.3.1、图 9.3.2 和图 9.3.3 按比例统一调整后得到的综合图，中间的图形是这种综合图形的曲线表示，下边的图形是我们将综合图形中最里边的那条曲线（华数传媒与营口港）进行放大得到的，以说明它也具有双曲线的特点。这充分说明它们都是处于平面直角坐标系第一、第四象限的双曲函数的曲线族，并且双曲线的"顶点"从左向右慢慢地移动，正如图 9.3.4 所描述的那样。把它们放在统一的标准参考系进行比较，这里的双曲线顶点的顺序是，图 9.3.1（招商银行和长城汽车）在最左端，相比较而言，这是这三对资产市场组合里最好的一对资产组合。但它们的实际收益较少而成交价格（利率）很高，这从图中可以明显地看出来，这就增加了市场交易的难度，因而显得相对稳定。华数传媒与营口

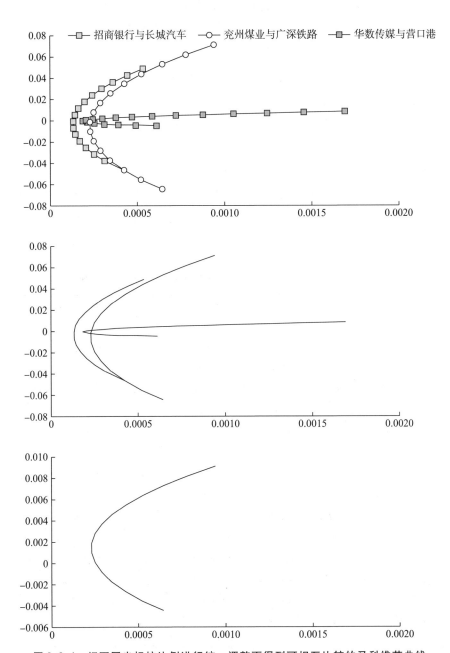

图 9.3.4　把不同坐标按比例进行统一调整而得到可相互比较的马科维茨曲线

港的资产市场组合的双曲线顶点按顺序排在第二，但我们看到它们极不稳定，它们的马科维茨有效边界几乎与横轴平行。其原因主要在于市场价格非常低，按道理它们是不会通过市场进行资产组合的。兖州煤业和广深铁路的双曲线顶点按顺序排第三，这说明他们的市场组合可能性不怎么高，这主要是由产业特性所决定的。但和招商银行与长城汽车的市场组合一样，它们的市场实际收益较少而成交价格（利率）却很高。这种情况可能是中国投资市场的一个通病，即投资主要集中在传统产业，这些领域本身就是实际收益少且市场价格高，而对于现代科技含量较高的产业虽然看似在较优的地位，却由于市场价格相对难以上扬而处于不稳定状态。但通过上面的分析，我们可以发现中国股票市场有以下几个重要的特点。

表 9.3.4　经过统一调整后的六家公司资产市场组合的部分数据

序列	权重	招商银行与长城汽车		兖州煤业与广深铁路		华数传媒与营口港	
−0.5	1.5	0.001689	0.00859	0.000534	0.0489	0.00094	0.071142
−0.4	1.4	0.001457	0.007873	0.000443	0.042721	0.000782	0.062121
−0.3	1.3	0.001244	0.007157	0.000364	0.036541	0.000644	0.0531
−0.2	1.2	0.001051	0.00644	0.000296	0.030361	0.000525	0.044079
−0.1	1.1	0.000877	0.005724	0.00024	0.024181	0.000426	0.035059
0	1	0.000723	0.005007	0.000195	0.018001	0.000347	0.026038
0.1	0.9	0.000588	0.004291	0.000162	0.011822	0.000287	0.017017
0.2	0.8	0.000473	0.003575	0.00014	0.005642	0.000248	0.007996
0.3	0.7	0.000377	0.002858	0.00013	−0.00054	0.000228	−0.00102
0.4	0.6	0.000301	0.002142	0.000131	−0.00672	0.000227	−0.01005
0.5	0.5	0.000244	0.001425	0.000144	−0.0129	0.000247	−0.01907
0.6	0.4	0.000206	0.000709	0.000169	−0.01908	0.000286	−0.02809
0.7	0.3	0.000189	−7.6E−06	0.000205	−0.02526	0.000344	−0.03711
0.8	0.2	0.00019	−0.00072	0.000252	−0.03144	0.000423	−0.04613
0.9	0.1	0.000211	−0.00144	0.000311	−0.03762	0.000521	−0.05515
1	0	0.000252	−0.00216	−0.06179685	0.000382	0.000639	−0.06417

（1）马科维茨曲线只是一系列双曲线族中的一种，它主要分布在平面直角坐标系的第一、第四象限，适用我们在第二节推导的二阶偏微分

方程的解（9.2.1）式，即：

$$u(x,y) = \sum_{n=0}^{4} \left(C_n \sinh \frac{2n+1}{2 \times 1} \pi y + D_n \cosh \frac{2n+1}{2 \times 1} \pi x \right)$$

我们通过（9.2.1）式可以求得点 M 的具体坐标以及其他各重要点的具体坐标，如投资的具体利率（资产的市场价格）等。

（2）马科维茨曲线虽然反映了投资市场的一般特点，但它毕竟是二维统计平面上一元二次方程的一个特解，并没有反映金融市场信贷、租赁以及投资问题的全貌。全貌可由图 9.1.4 左图来反映，由于本书的篇幅有限，我们只集中讨论以马科维茨曲线为主的曲线族。

（3）由于马科维茨曲线的特殊性以及应用手段的复杂性，事实上它不适用资本投资理论，更适用的应该是平面直角坐标系中的 β 理论，但正如本书前面所讨论的，β 理论也有许多现实的具体问题难以解决，这就给应用的准确性、可行性带来了很多难以克服的困难。这就是本书极力推崇以瓦尔拉斯虚、实空间相互转换为基础、以"铜钱模型"为主"群"的旋转型波动测试理论的原因。

第十章　资产市场组合的风险测定演变与实证检验

　　本章主要是对以上的重要结论进行实证检验。我们用中、美、日三国的主要金融经济数据和具体实例，对全书的基本原理和重要结论都进行了实证检验，并较为详细地给出了实证检验的主要方法以及应该注意的具体问题。这对于防范金融危机或减轻金融市场动荡对区域经济的冲击具有重大意义。最后我们还给出了建设性的建议和方案。

第一节　资产市场组合理论与风险测定

　　人类社会的产品"交换"及"债务"生成的历史，几乎与人类社会生产、生活的历史一样古老，一样盘根交错、"难解难分"。有生产就有交换，有交换就有市场，债的产生是市场发展及演变的一种重要形式。它通过货币的具体形态，将产品（包括精神产品）交换的时间和空间拉开、分离，使得交换双方把对现实"财富"的安排以对自身"实力"拥有的信心即"信用"联系起来，恰当地置于一生中不同的历史时期，这就有了风险。大的风险可使债务双方的权利和责任发生"丧失、转移"乃至"转换"成灾难性后果，这就产生了危机，这些都是以"资产组合"的形式为基础的。在历史上，当资产的主要形态仍然是"物"的时候，这种现象还不太明显。但在金融市场出现以后，特别是权责双方通过金融机构的形式进行"资产组合"以后，市场风险对权责双方的威胁明显增大。

　　马科维茨的资产组合理论就是用来应对这种市场风险的。马科维茨知道，人们虽然能够通过股息来计算未来的资产增值，但未来的股息本身是"不确定"的，这种不确定性就是风险。而在此之前的所有股息贴现模型中，并没有反映这种风险[1]。为此，马科维茨才提出了著名的"有效边界"理论[2]，"有效边界"实际上就是代表最高预期收益的一条指数曲线，人们只要对位于有效边界内的资产组合进行操作，就能有效地规避风险，而且还能实现利润最大化。同时，如果所有的资产不处于有效边界上，根据资产组合理论，投资者就有可能选择另一种投资组合，以保证在一定风险的水平上，期望收益达到最大。但是，这个看起来非常实用、非常有价值的理论应用起来较为复杂，难以根据金融市场瞬息万变的客观事实指导决策。这就使人们不得不对这个很好的理论产生疑问，诸如"有效边界"究竟是怎样形成的？因为现在给出的图形仅仅是根据经验数据作出的，至于这个经验画法背后的数学原理，人们也在想办法把它弄清楚。

詹姆斯·托宾是马科维茨资产组合理论的最早完善者和积极践行者。1958 年，詹姆斯·托宾首先利用经验数据，成功地构建了各项资产组合的选择效用表。根据这个效用表，我们就能绘制"各种"回报效应"曲线族"，就是在大家所熟悉的 $\sigma - \mu$（风险 - 收益）平面上，分别作向上、下对称延伸的风险爱好者与风险规避者的两组"曲线族"。这些"曲线族"为确定效用最大化的"轨迹"和"路径"打下了坚实的基础。此外，根据这些"曲线族"的不同特性（风险偏好），人们就可以大体了解和掌握有效边界的形状和性质[3]，进而为市场的构建和决策提供依据。但是，像其他用经验数据绘就的曲线图一样，这些根据不同类型的经验数据绘就的曲线图，由于缺乏"光滑"、"连续"及"可微"等一系列的数学性质，在理论分析及实践指导方面仍存在着极大的缺陷。特别是在进一步的理论构建和深入的系统性探讨中，我们发现这很有可能"严重误导"理论的进一步完善和发展。

这里仅举一例予以说明。马科维茨曾认为"但凡是财富水平差异很大的人，都既买保险又进行投机。它似乎表明，无论财富的初始水平如

---

① Harry Markowitz, "Harry M. Markowitz-Biographical", Nobel Media AB, 1990, accessed, 2013, http://www. nobelprize. org/nobel_ prizes/economic-sciences/laureates/1990/Markowi-tz-bio. html.

② Harry Markowitz, "Portfolio Selection," *Journal of Finance*, 2015：77 - 91.

③ 〔美〕詹姆斯·托宾、斯蒂芬·S. 戈卢布：《货币、信贷与资本》，张杰、陈末译，中国人民大学出版社，2015，第 69 页。

何，人们都很关心自己财富所发生的巨大变化。"① 这就会使通过市场进行资产组合的人们，把注意力更加集中到财富的回报效用上而不是财富函数的水平变化上。然而在两资产市场组合效用上，通货、资本的有效轨迹却十分难以确定。现在资产市场组合理论应用得最多的是詹姆斯·托宾的"分离定理"②，就是詹姆斯·托宾对马科维茨理论的一次完整的修订，然而实际的资本配置曲线与有效边界的"切点 R^*"（即最优的资产组合点，在市场均衡的条件下，这一点将成为 M 点）十分难以把握。这里最主要的问题是有效边界的形状和位置难以确定。在数学上，我们并没有得到有效边界的完整理论依据和操作原则。

若干年后，美国金融经济学家威廉·F. 夏普经过详细论证后，认为这一点（R^* 或 M）应该是一个经验估计值。他说，"在实证研究中，经常用几个时期的实际结果来估算 E_M、σ_M 和 P（M 点的收益、风险及自然利率）。由此得到的一个比例被定义为收益 - 波动比例。它提供了对风险价格的估计——一个在任意给定时期恰当或不恰当地反映实际情况的估计"。③

当他的著作再版的时候，威廉·F. 夏普却担心他的观点是否会过时，使他唯一抱有信心的是该书里大部分理论推导的严谨性和逻辑结构的严密性。他说，"我担心，从一个新千年的角度审视，这本书的内容会不会天真甚至可笑？在重读了这本书之后，我得出了结论：这本书的许多内容今天仍然是有用的。尽管这个看法很可能是有偏差的，但没有太大关系，因为本书再版的目的是使当代读者受益，读者终会对这本书的内容是否有用做出判断"④。威廉·F. 夏普自己也对实证结果的可靠性存在着深深的疑虑，"如果你不喜欢实证的结果，如果你可以等待有人使用不同的时间段……你将得到不同的答案"⑤。但有一点是值得肯定的，那

---

① Harry Markowitz, "The Utility of Wealth," *Journal of Political Economy*, 1985: 151 - 158.

② James Tobin, "Liquidity Preference as Behavior Towards Risk," *Review of Economic Studies*, 1958.

③ 〔美〕威廉·F. 夏普：《投资组合理论与资本市场》，邓磊译，机械工业出版社，2016，第 78 ~ 80 页。

④ 〔美〕威廉·F. 夏普：《投资组合理论与资本市场》，邓磊译，机械工业出版社，2016，第 166 ~ 169 页。

⑤ Wallace Leon, "Is Beta Dead?" *Institutional Investor*, 1980: 23 - 30.

就是他当时根据科恩和波根的实证结果，将资产收益曲线（实际上是一条直线）放在自然利率点的 45°线上①是完全正确的。这一点不但得到了许多现代金融经济学家的肯定，而且也被继承了下来。其主要原因是它和现实金融经济研究契合得非常好。所以，现代金融经济学教科书仍然以此为基础来讨论资产市场组合的定价问题②。

由此看来，不管是理论多么严谨还是逻辑多么严密，问题的关键仍在于怎样解决金融经济的现实问题，特别是与金融风险密切相关的金融实践问题。对此，美国行为金融学家罗伯特·J. 席勒对传统金融学的研究现状深表疑虑。他说"自 2008 年最严峻的日子以来，金融和经济危机的影响仍在持续，关于当前金融制度的质疑层出不穷。"席勒坚持认为，既然市场理性在金融实践中达不到"尽善尽美"，那么它就必须对与金融风险密切相关的行为与心理现象，如市场的感染性、从众心理等的研究留下理论空间③。席勒的行为金融学与传统的行为主义学派的做法俨然不同，"它分析当我们放宽构成个体理性的一个或两个条件时会发生什么情况。"或者说它是要在现有理性分析的基础上放宽一个或两个条件，如要么"放宽个人理性的假设条件"，要么"保留个人理性但放宽一致信念的假设，即虽然投资者正确地运用了贝叶斯法则，但他们没有足够的信息来判断变量的真实分布"。因此，正是投资者的有限理性为金融研究者考虑心理因素创造了必然的理论条件④。我们看到，行为金融学基本上用的还是传统资产定价模型，只不过是在诸如时间偏好或者利率期望值设定中添加了行为性因素。行为金融学家们仍然要花费大量的经济数据来验证自己的结论，但在现实中金融崩盘往往是"闪电式的"。例如，1987 年 10 月 19 日，美国标普 500 指数在短短的几分钟内就直接下跌 20 多个百分点；2010 年 5 月 6 日，前后只不过 15 分钟，美国股市惨

---

①　〔美〕威廉·F. 夏普：《投资组合理论与资本市场》，邓磊译，机械工业出版社，2016，第 1 页。

②　〔美〕M. J. 阿尔哈比：《数理金融学》，温建宁译，机械工业出版社，2018，第 276～283 页。

③　〔美〕罗伯特·J. 席勒：《非理性繁荣》，李新丹、俞红海等译，中国人民大学出版社，2016，第 131～134 页。

④　〔美〕理查德·H. 泰勒、罗伯特·J. 席勒：《行为金融学新进展（Ⅱ）》，贺京同等译，中国人民大学出版社，2017，第 2 页。

遭崩盘[1]。理查德·布克斯塔伯既是一个金融经济学教授，又是一个著名的金融风险管理官员，残酷的金融现实逐渐使他明白"危机不是来自肥尾分布中抽的一次签，不是从瓮中抽出来的坏签。这是一个新的瓮，一种新的分布——一种非遍历不能确定、有计算不化约性就无法预测的分布。"

在这里，我们想告诉大家的是，我们确实找到了一个"瓮"。这是一个从传统货币理论推导出来的，既直接与传统金融理论相关，又与确定的主观心理因素到现实金融行为相互转化过程密切相关的"瓮"。确切地说，这个"瓮"来自 20 世纪初法国金融经济学家瓦尔拉斯的"一个虚拟或真实的商业计划"[2]。在不失一般性原理的基础上，我们试图用新的数学工具——主要是围绕"群论"进行推演的数学方法来描述这个"从虚拟到真实的商业计划"。因为只有用现代数学，才能从西方经济学的基本原理出发，完成"虚拟和真实"之间的相互转换，这就是我们的"瓮"之原理。当然，是瓮就要抽签，但这个签不只有好坏之分，而恰似在瓮里取自己想要的签一样，第一次取的若不理想，可取第二次，但最多取四次，您就一定能够取得自己想要的签。当然我们也实证检验了我们理论的正确性，但关于风险的预测或预防的"抉择"，就需要大家"在几率较大的瓮中"进行有限的探索了。这种探索主要围绕以下几点来进行。

（1）"铜钱模型"中圆内接小正方形的对角线（长度为 $\sqrt{2}$ 或 1，小正方形实际边长为 $\sqrt{2}/2 \approx 0.707106\cdots$），始终是一条资产市场组合的安全增长"曲线"。

（2）在交换点处，股票的市场价值将变成 $\sqrt{2}$，即从 1（小正方形对角线 45°）增加到 1.41423······，对角线增加 0.41423······。而对角线的角度向交换者双方各自的角度增加 45°/2，最后双方一致地增加到 $\pi/2$，即总共增加到 π，即大约增加 3.14159······（超越数），其总值为 $\sqrt{2}\cdot\pi \approx 4.44$。

---

① 〔美〕理查德·布克斯塔伯：《理论的终结：金融危机、经济学的失败与人际互动的胜利》，何文忠等译，中信出版集团，2018，第 140 页、第 196～197 页。

② 〔法〕莱昂·瓦尔拉斯：《纯粹经济学要义》，蔡受百译，商务印书馆，1989，第 84 页。

（3）现代金融市场"资产市场组合"的经验概念"市盈率 P/E"，就是"铜钱模型"中圆内接小正方形的对角线的一种安全的表示。这里的 P 表示股票价格，E 表示上市公司的市场净利润。因此 $P/E = 1 = \tan\theta$，$\theta = 45°$。

为了实证检验的可观察性，以上三点一般会有综合性表现，我们可将这种综合性表现进行具体的解释。

（1）当股票市场价值指数曲线向右上方倾斜的"坡度"小于或等于 45°时，公司股票市值的增长应该是安全的。在倾斜"坡度"小于 45°的情况下，即 $P < E$，说明上市公司的市场净利润大于股票的价格，公司有继续扩张的可能。

（2）在倾斜"坡度"大于 45°的情况下，即 $P > E$，说明已经有了"泡沫"存在，这时就会出现频繁交换。由于上面所阐述的问题（2）的作用，股票市场价值指数曲线将出现更加"尖锐"的波峰。

（3）如果波峰过后，股票市场价值指数曲线仍将"恢复"到小于或等于 45°，这时的股票市场仍然是健康的。若"尖锐"的波峰一直向下"冲刺"，这时金融危机就来了。

下面我们分别从经验检验和实证检验两个方面来进行验证。考虑到数据的可靠性和可得性，对于国外的实例我们主要采取的是经验检验的方法，即在国外专家分析论证的基础上，根据我们的详细观察和分析给出结论；对于我国及其他国家公布的可靠的金融经济数据，就采取实证检验的方法直接验证结论。

第二节　经验检验

一　关于"铜钱模型"圆内接小正方形对角线"顶点"处的资产组合过程

大家知道，此处的资产组合状态是还没有交换但马上要进行交换的状态。很明显，这时待交换的两种形式的资产价值应该相等，否则就不会形成小正方形的对角线。确定是小正方形的方法是，待交换处是在对角线的（长约为 1.414 或 0.707 个单位）端点上。在这里交换成功的信

号是这时的价值峰值会有一个明显的波动（约是原来水平波动高度的
2~4 倍），即在这里会出现较为尖锐的"锯齿形波"。我们从美国著名的
金融学家杰里米 J. 西格尔对美国股市长线波动的研究中，发现了这种情
况的存在，如图 10.2.1 所示。图 10.2.1（a）为 1957 年到 2012 年购买
1 美元美国最利好的股票（如标准普尔指数 10 股，几何平均值 14.14%）
的市值。这里的要求是持有的股票到年末继续持有，一直到 2012 年结
束。图 10.2.1（b）说明在所有资产组合的不同形式中，通过市场组合
的股票的收益最高，它也处在小平行四边形的对角线上[①]。

　　这个经验检验明确地告诉我们，当股票的价值峰值处在小正方形的
对角线上时，具体说就是从 0 开始一直沿右上方 45°方向上升到 1.4 左右
（这时也可随着股票升值的倍数相应扩大 10、100、1000 倍等），或者说
是从 0 开始一直沿右上方 45°方向上升到 0.7 左右（这时也可随着股票升
值的倍数相应扩大 10、100、1000 倍等），路径都是边长为 1 或 0.5 左右
的小正方形的对角线。在这种情况下，股票的市场运行都是安全的、

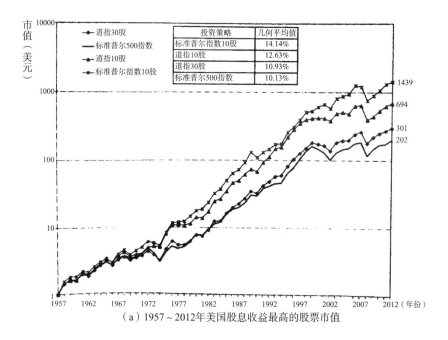

（a）1957~2012年美国股息收益最高的股票市值

① 〔美〕杰里米 J. 西格尔：《股市长线法宝》，马海涌等译，机械工业出版社，2018，第
83 页、第 185 页。

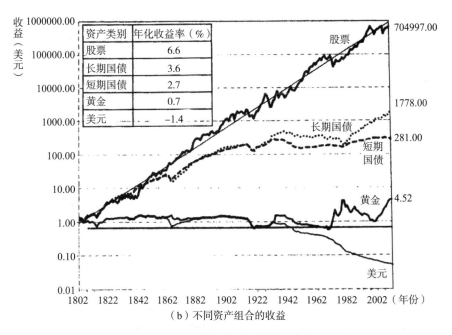

资产类别	年化收益率（%）
股票	6.6
长期国债	3.6
短期国债	2.7
黄金	0.7
美元	−1.4

（b）不同资产组合的收益

图 10.2.1 美国股息收益最高的股票市值和不同
资产组合的收益

稳定的，否则就是存在风险的。这就是我们所得到的结论。

二 关于资产市场组合（股票交易）的经验性描述

众所周知，现代的金融市场理论和现实的资产市场组合（股票市场）经验是不一致的。也就是说，现实中证券交易者们，是不相信现代金融经济市场理论的。从事证券交易的人们基本上是按他们以往的经验行事，或者直接查阅"股票市场实战"类书籍，很少有人阅读金融经济理论类的书籍。这实际上是对现代金融经济理论的直接挑战。马克·米勒维尼（Mark Minervini）是美国最成功的股票交易者之一，堪称美国的投资冠军，他是这样评价现代金融经济理论与金融证券市场交易之间的关系的："如果你持有的公司像阿波罗集团一样提供优质的商品，连续 4年每年赚取 40% 和市盈率没有关系。让那些过于高级和复杂的理论去困扰教授和学者们，把那些技巧留给华尔街的分析师吧"。[1]

---

[1] 〔美〕马克·米勒维尼：《股票魔法师——纵横天下股市的奥秘》，张泂译，电子工业出版社，2015，第 51 页。

马克·米勒维尼还提到金融证券市场的"市盈率"，但他断定股票市场处于强劲上升阶段时，市盈率是没有什么作用的。[①] 我们认为，如果仅利用现有的金融经济理论，市盈率确实是没有什么用的。但是若在"铜钱模型"理论下考虑市盈率，问题就完全不一样了。因为这里的"市盈率"是指股票价格和每股净利润的比值。如果用 P 表示股票价格，用 E 表示每股净利润，则市盈率就是 P/E。很明显，它就是"铜钱模型"中小正方形对角线所对应的 x，y 坐标的正切值。马克·米勒维尼所描述的股票成熟上升阶段，即股票交易的第二阶段，正是市盈率 $P/E = 1$ 的阶段。这时"铜钱模型"中的小正方形的对角线与其直角边的夹角恰好等于 45°，所以就有 $P/E = 1 = \tan \pi/4$。这种情况我们可从马克·米勒维尼的经验性描述的图形中直接看出来（见图 10.2.2）[②]。在图 10.2.2（a）中，可以明显地看出在马克·米勒维尼所描述的股票成熟的第二阶段，有一条向右上方倾斜 45°的直线，它也正是小正方形对角线的方向。其中凸起的具有明显振幅（约为 4.44，即 $\sqrt{2}\pi$ 个单位）的"锯齿形波"，正是股票进行交易以后的结果，这种情况在 10.2.2（b）中也表现得十分明显。

图 10.2.2（c）表现的是股票交易期间，由交易所导致的价格大幅波动现象。只要形成的"长线波动趋势"仍然为 45°方向，如图中的 S_2，股票交易就是安全的。但是当市盈率突然"变凸"（远远大于 45°），则说明这时股票的净利润可能减少，或者说股票的价格被抬高，这时的图形正如图 10.2.2（d）所示。在这种情况下，股票"锯齿形波"的振幅将大于 4.44 个单位，经过这样的波动之后，股票的价格必然面临突然的下跌，形成一个相对"孤零零"的波峰。这时股票持有者需高度注意，它说明股票已到了价格下跌不可阻挡的阶段。我们在马克·米勒维尼所著的《股票魔法师——纵横天下股市的奥秘》一书中，可以看到上面所述的现象非常普遍。正如本书在前面一再论证的，当"铜钱模型"中小正方形的对角线为 1 时，其圆内接小正方形的边长将为 $\sqrt{2}/2 \approx 0.707$，其

① 〔美〕马克·米勒维尼：《股票魔法师——纵横天下股市的奥秘》，张泂译，电子工业出版社，2015，第 37 页。

② 〔美〕马克·米勒维尼：《股票魔法师——纵横天下股市的奥秘》，张泂译，电子工业出版社，2015，第 59～65 页。

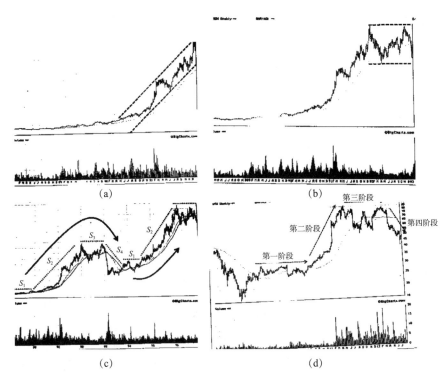

图 10.2.2 马克·米勒维尼关于股市兴衰的几个阶段的波形图

他的分析完全一样，这里不再赘述。这样，我们就根据美国著名的投资专家的"股市实战法宝"完整地论证了资产市场组合的金融经济学理论，它也是"铜钱模型"理论的有力证明。同时也可以看出，对于我们上面用"铜钱模型"进行的解释，仅用现代金融理论是难以完成的。

第三节 实证检验

一 中国金融市场的部分数据和实证检验

我们先用国家统计局网站和中国人民银行网站公布的统计数据，来检验由"铜钱模型"理论得到的结论，以及我们对金融风险转变为金融危机的基本判断。正如我们前面所论证的，要把处于纵轴的股票价格反映到小正方形的对角线 OB 上，如图 10.3.1 所示，只要用 $\sqrt{2}$ 乘以股票价格就行了。但是这里要注意将 $\sqrt{2}$ 扩大和股票价格相对应的 10 的倍数。具体做法是：我们先令"上证指数"乘以$\sqrt{2}$，并将它"放大"到和"上证指数"一样的"幅度"。这样的方法就叫"上证指数"的虚拟化。用同样的方法，我们还对 SHIBOR（上海银行间同业拆放利率）进行了同样的虚拟化处理。

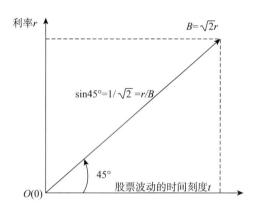

图 10.3.1　小正方形对角线为 $B = \sqrt{2r}$ 的证明

有人可能会认为，虽然把每个直角边的数值"映射"到了"直角三角形"的斜边上，但在实际中股票价格的波动面对的是"时间"横轴，那么到底怎样才能解释现实中的股价波动图形呢？其实不然，股票价格对应的"横轴"虽然是"时间"，但股价的"量值幅度"也是随时间的变化而变化的。所以"股价的变化幅度"和"时间的变化幅度"是同步的，这里并不存在矛盾。同时，虚拟化后的股票指数和 SHIBOR 虽然使它们从各自的直角边映射到了斜边上，但考虑到每一个线性回归方程的常数项都是以一种"随机游走"的形式存在，我们再将虚拟化后所得的股票指数和利率进行"虚拟的平方和"后，再进行虚拟的开方（简称开虚方），就得到了所谓的"拟计算值"，在图示中我们称其为"测算股"。这个"拟计算值"（测算股）是我们估计股市风险转化为金融危机的重要实践基础，如图 10.3.2（a）所示。

10.3.2（a）是测算股的运行波动图。将它与一般的股票运行波动图进行比较，可以看出它是将证券公司公布的"股票指数"数据，从纵坐标移到了"铜钱模型"中小正方形的对角线上，它与水平相邻的小正方形的一个边成 45°的夹角。这就使它的波动幅度和频率更明显。我们看到这里的测算股是一条很粗的曲线，这是因为虚拟化股和测算股是重合在

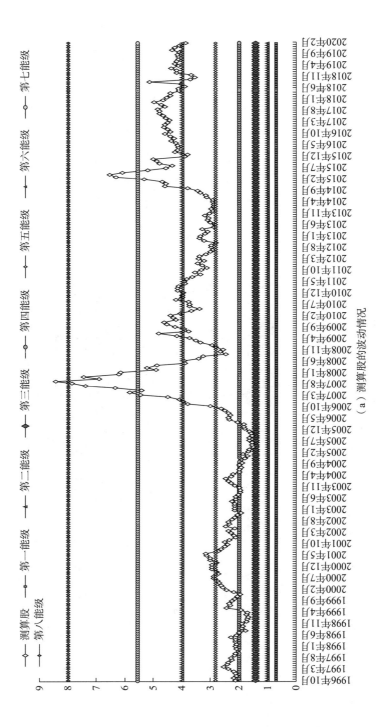

（a）测算股的波动情况

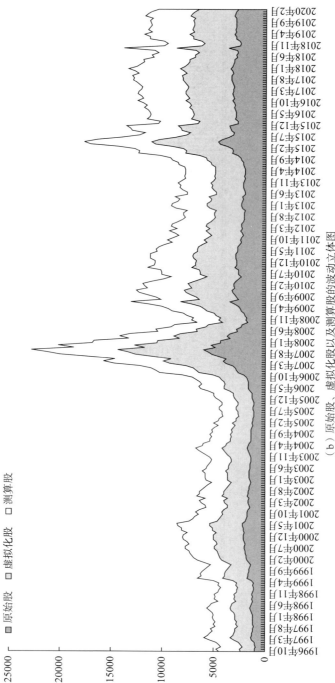

（b）原始股、虚拟化股以及测算股的波动立体图

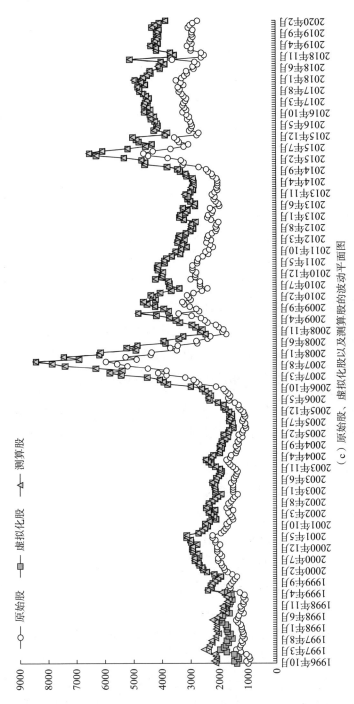

（c）原始股、虚拟化股以及测算股的波动平面图

图 10.3.2 原始股、虚拟化股、虚拟化股以及测算股的波动情况

一起的，即使出现股灾也很难分离。但是，在测算股的市场运行趋势接近或低于 45° 的情况下，以及在市场波动较大的情况下，这两者会自行分开，以预示股灾的到来。同时我们在这里还标出了所谓的"能级"，它实际上是"铜钱模型"每转动 $\pi/4$ 的角度时，理论上的股指增值和市场交易价值的具体数值。这个问题我们随后再详细讨论。

10.3.2（b）将原始股、虚拟化后的原始股与测算股进行了比较，以使大家对原始股的这三种变化有一个更全面的认识。根据我们前面的分析，这里的水平波动，都属于和水平方向呈 45° 夹角的倾斜性波动，它是股票指数 P 与每股净利润 E 同幅度增长的显著表示，因此这里的市盈率 $P/E = 1$。如果 $P/E > 1$，将在相对平衡的 45° 线上（图中是一条水平线）形成一个"陡峭的"坡度。如果这时存在着交易，第四章图 4.2.6 存在的"交换效应"，将使 45° 平衡线上的坡度变得更加"陡峭"。这就使得虚拟化的上证指数对市场的灵敏程度远远高于没有被虚拟化的上证指数，从而达到预测和防范金融风险和金融危机的目的。

我们认为，在预测金融风险的时候，将虚拟化后的股票指数与没有虚拟化的股票指数，借助 EXCEL 绘制成波动图进行比较，是十分有价值的一种做法。事实上我们只用了下面的一个线性方程：

虚拟化后的股票指数 $= \sqrt{2}$（按 10^n 进行缩放）× 证券市场公布的某股票的指数；

虚拟化后的 SHIBOR $= \sqrt{2}$（按 10^n 进行缩放）× SHIBOR；

然后再进行平方和以及开方的运算。

所以这里已经没有必要进行实证检验，它已经由我们前面所讲的基本原理进行了验证。

图 10.3.2（c）是原始股、虚拟化后的上证指数与测算股的一个平面综合比较图。但是如果不根据"铜钱模型"的能级原理进行重新组合和解构，是很难进行有效解释的。因为它们的基本特性虽然一样，但由于受到市场规律的支配，它们必然有"独特的"表现形式。作为实证检验，我们可分析处于纵轴位置的证券指数放置在向上倾斜 45° 的斜线上的一些重要特性。我们可以在此基础上对图 10.3.2（c）进行实证检验，这个检验分三个步骤。第一步，先看看虚拟化后的上证指数与虚拟化后的 SHIBOR 的相互作用是否稳定；第二步，看它们相互作用后的两组数

据是否相互影响，即它们的相关性问题；第三步，它们之间的相互作用是否有一定的规律性。

图 10.3.3 显示了第一步和第二步的结果。图 10.3.3 的左图充分地显示了虚拟化后的上证指数与虚拟化后的 SHIBOR 的相互作用是稳定的，因而我们研究它们的相互作用是有意义的。图 10.3.3 右图显示，在 1% 的显著水平下，两者是格兰杰无关的，因而它们在作用的过程中是相互独立的。这就好比它们是两个相互独立的坐标轴，它们相互作用的结果只能反映在"相互独立所确定的空间中"。这就等于我们也回答了第三个步骤的问题，即它们既然可以作为相互独立的坐标轴构成一个坐标平面，那么在这个坐标平面上所确定的运动规律当然是可信的、确定的。

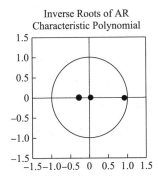

Inverse Roots of AR
Characteristic Polynomial

在1%的显著水平下的格兰杰因果检验

Sample: 1996M10 2020M03	Obs：281	Lags:1
Null Hypothesis:	F-Statistic	Prob.
R does not Granger Cause G	0.63224	0.4272
G does not Granger Cause R	0.32417	0.5696

图 10.3.3　系统稳定性检验与格兰杰因果关系检验（中国）

由图 10.3.4 可知，当我们给 SHIBOR 一个正冲击后，可以看到 SHIBOR 与上证指数在第 5 期同时向下缓慢下降。同样，若我们给上证指数一个冲击，我们会看到在第 3 期后两者缓慢靠近。它们之间的协整方程为：

$$G = 10R$$
$$(2.6524)$$

当上证指数增加 1 个单位，SHIBOR 增加 10 个单位。这样，根据我们检验的结果，我们就可以放心地将上证指数波动的风险理论值植入到它的运行波动图里，以对市场风险的出现进行定量设置。具体做法如下。

（1）因为上证指数与 SHIBOR 之间不存在格兰杰因果关系，所以我

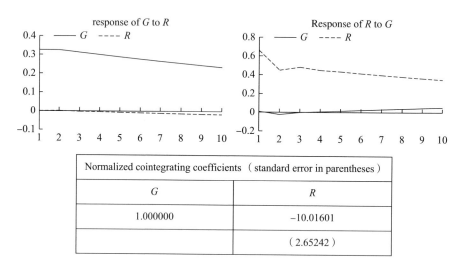

图 10.3.4　虚拟化后的上证指数（G）与虚拟化后的 SHIBOR（R）的独立性关系实证结果

们就可以以它们为一个相对独立的平面"坐标系"，并在这个平面坐标系所决定的平面上，描绘出 45°倾斜线上的上证指数波动曲线。

（2）我们将虚拟化后的上证指数与 SHIBOR 的具体数据分别平方，然后求出它们的平方和并予以开方，这样得到的系列数据里面必然含有如下的序列：

$$\sqrt{2}/2 \approx 0.7071; 1; \sqrt{2} \approx 1.414; 2; 2\sqrt{2} \approx 2.8284; 4; 4\sqrt{2} \approx 5.656; 8$$

这就说明测算股的波动分别达到了第一次交换、第二次交换、第三次交换等所对应的系统虚拟化能级的上升状态。它恰似"铜钱模型"旋转了第一个 $\pi/4$、第二个 $\pi/4$、第三个 $\pi/4$ 等一直旋转到整整一个周期的 2π，如表 10.3.1 所示。这样就将资产市场组合在各种不同虚拟能级上的所有可能状态全部描绘出来了。读者可能还会问，"铜钱模型"为什么不从 2π 开始再转一圈，即"铜钱模型"为什么不会转第二圈、第三圈？我们的回答是，铜钱模型只能转一圈，这是由《近世代数》的"伽罗瓦理论"决定的，读者可参考本书第一章和第九章的相关内容。从"铜钱模型"理论可以看到资产市场组合不同阶段所导致的金融（虚拟）泡沫增大所表现的状态、虚拟化程度和金融市场不稳定所产生的原因，进而了解金融市场从风险到危机的整个转化过程。

表 10.3.1 "铜钱模型"旋转一周所预示的资产市场
组合虚拟化程度的变化

序号	从 F 到 E 域的反复扩张	虚拟性扩张（大约）	"铜钱模型"的旋转阶段	注释（以下能级均为虚拟能级）
1	$\sqrt{2}/2 \rightarrow 1$	22.5%	$0 \rightarrow \pi/4$；$\pi/4 \rightarrow \pi/2$	第一级能级的两个阶段
2	$\sqrt{2} \rightarrow 2$	50%	$\pi/4 \rightarrow 3\pi/4$；$3\pi/4 \rightarrow \pi$	第二级能级的两个阶段
3	$2\sqrt{2} \rightarrow 4$	75%	$\pi \rightarrow 5\pi/4$；$5\pi/4 \rightarrow 7\pi/4$	第三级能级的两个阶段
4	$4\sqrt{2} \rightarrow 8$	完全	$7\pi/4 \rightarrow 2\pi$	第四级能级的两个阶段

表 10.3.2 也显示出了这一点。我们可以把这种情况通过统计波动图反映出来。从图 10.3.5 可看出，中国上证指数的市场运行状况并不乐观。原因是从 1996 年 10 月起，上证指数就一直处在虚拟化程度的第四能级，其虚拟化程度超过了 50%，而每次交换成功都会使整个金融系统的虚拟化程度上升。可以看出，这些能级所显示的状态基本上是由金融泡沫"填充"起来的。因此每上升一次，都会从根本上"动摇"一次金融系统的稳定性，或者说每上升一次，金融系统的稳定性就会减弱一些。因为这些状态都是资产处于组合时的状态，这时的市场基本上是均衡的，所以市场也都是处于相互对应的所谓"虚拟能级"的安全线上。不过虚拟能级的趋势越是向上，市场所面临的风险（即系统的不稳定性）就越大。另外我们还可以从图 10.3.5 的波形中看出，虚拟化后的上证指数每次波动的峰值"上升或下滑"的角度都远远地超过了 45°的"标准范围"，这就是说我国证券市场存在着很大的资产泡沫，这和我们后面要分析的美国以及日本的金融市场形成了鲜明的对比。因为它们"波动的峰值'上升或下滑'的角度都远远低于 45°的'标准范围'"。也就是说，美国和日本的金融市场相对于我国来说，它们与实体经济结合得比较紧密。这样，美国和日本的证券市场，除了不可抗拒因素，如天灾、疫情以及市场紧缩等，面临其他人为的灾难会比我国要少得多。

我们把图 10.3.5 所描述的结果和我们论证的结论列成下表（表 10.3.2），读者就可以根据表中的具体数据，尝试判断风险所发生的具体区间和风险及危机的作用程度及涉及范围。

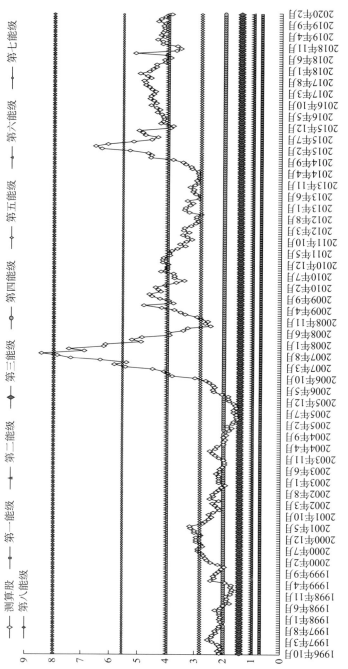

图10.3.5　经过虚拟化后的上证指数的市场运行风险与危机的相互转化

表 10.3.2　1997 年起中国几次大的股市风险的理论判断
数据及虚拟化程度的范围

时间	理论股指数据范围	所在虚拟能级区间	所在能级的虚拟化程度	股灾烈度	备注
1997 年 5 月至1999 年 4 月	2.4015～1.9236	从第四能级跌至第三能级	从 50% 到22.5%	30%	—
1999 年 5 月至2000 年 12 月	2.4357～2.9537	从第四能级跃至第五能级	从 50% 到 75%	22%	—
2001 年 5 月至2005 年 5 月	3.1561～1.5160	从第五能级跌至第三能级	从 75% 到22.5%	55%	—
2007 年 5 月至2008 年 2 月	5.8188～4.9214	从第七能级跌至第六能级	—	51.2%	完全虚拟
2008 年 3 月至2008 年 10 月	5.2356～2.4745	从第六能级跌至第四能级	从 100% 到50%	87%	几乎虚拟
2008 年 11 月至2009 年 10 月	2.5810～4.2407	从第四能级跃至第六能级	从 50% 到 100%（全虚拟）	87% 以上	几乎虚拟
2015 年 4 月至2015 年 7 月	6.5312～5.1946	从第七能级跌至第六能级	—	100%	完全虚拟

　　事实上，从 2008 年 9 月起，上证指数就一直在第五能级与第六、第七能级间"上窜下跳"，小股灾接连不断。[①] 这些基本事实，有力地验证了"铜钱模型"旋转时各个交换位置变化的理论特征和科学特性。

　　附录表 10.1 是我国从 1996 年 10 月到 2020 年 3 月初的全部上证指数，在它后面紧随着的是我们用上面的方法进行的虚拟化处理后的数据。为了验证这个方法的可行性，我们在这一列数据的后面列出了相应时间的 SHIBOR（上海银行间同业拆放利率），并将它们也利用上面的方法进行了虚拟化处理。这是因为证券市场在利用"虚拟化原理"的过程中，一直将不停"倒卖"的产品最终按"通货"处理，而我们又把"倒卖"过程中产生的市场效用（利润，约为 11%）一直当作市场杠杆处理。这种处理正确吗？我们试图将 SHIBOR 虚拟化处理以后，

---

① 对于 2008 年 11 月到 2009 年 3 月的小股灾，2010 年 5 月到 2019 年 10 月的小股灾，2011 年 5 月的小股灾，2014 年初到上半年的小股灾，2018 年 8、9、10 月的小股灾以及 2019 年初的股灾等，读者可根据图 10.3.5 与附录表 10.1，自己进行判断。

用它们所得到的波动图与上证指数的波动进行比较，进而检验我们实证研究的可行性。

二　美国金融市场的部分数据和实证检验

现在根据附录表 10.2 用 VAR 模型对美国金融市场进行实证检验。这里检验的最终目的是证明在每次交换的开始，股票的相对稳定状态都集中在"铜钱模型"每次"旋转"前的交换准备阶段，即处于"小正方形"对角线上。我们可以将它称为一个"由下向上"的"虚拟能级状态"，实际上每次交换成功都会向上跃一个能级（由线性回归方程的残差决定，这个数据就是"铜钱模型"旋转 45° 的对应值）。随着交换次数的不断增多，向上跃一个能级的次数越多，金融系统的交换也就越不稳定，而且这样的"能级高度"分别为：

$$\sqrt{2}/2 \approx 0.7071 ; 1 ; \sqrt{2} \approx 1.4142 ; 2 ; 2\sqrt{2} \approx 2.8284 ; 4 ; 4\sqrt{2} \approx 5.6568 ; 8$$

这里的高度不能超过 8（我们已经用"群论"及"伽罗瓦理论"进行了证明）。

图 10.3.6 是虚拟化后的美国标普 500 指数与虚拟化后美元 Libor 的市场波动运行图。这里的"开虚方曲线"实际上就是"测算曲线"，它几乎和虚拟化标普 500 指数达到了重合的状态。但在两者分开的位置往往是在上、下波动的幅度较大的地方。在这样的情况下我们会看到原来"粗壮"的重合线出现较细的"开虚方曲线"，这一般就是危机发生的阶段。由于美股的起伏波动幅度较小，往往低于 45°，所以我们才能够看到这种分离的情况。我们首先看到的是，经过 VAR 实证检验，虚拟化后的美国标普 500 指数，与虚拟化后的美元 Libor 构成了一个相对稳定的金融市场系统，并且它们互相独立，没有格兰杰因果关系（见图 10.3.7）。这就为将它们作为相互独立的坐标轴奠定了基础。

图 10.3.8 显示了虚拟化后的标普 500 指数与虚拟化后的美元 Libor 受到冲击后的状态，它们受到下面线性关系的约束：

$$G = 4.9R$$

$$(3.04727)$$

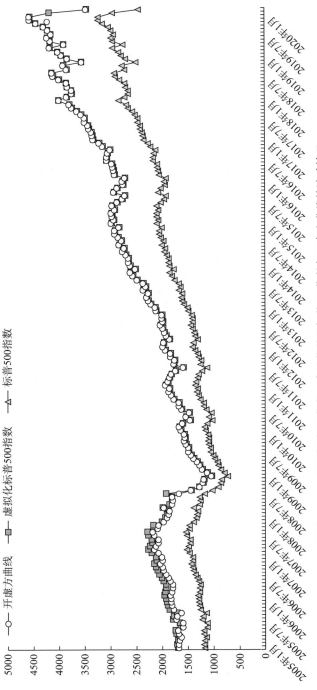

图10.3.6　美国标普500指数、虚拟化美国标普500指数与开虚方曲线的波动情况

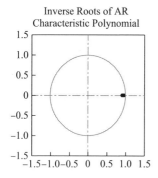

在1%的显著水平下格兰杰因果检验

Sample: 2005M01 2020M03	Obs：281	Lags:1
Null Hypothesis:	F-Statistic	Prob.
R does not Granger Cause G	1.22802	0.2693
G does not Granger Cause R	0.00083	0.9770

图 10.3.7   系统稳定性检验和格兰杰因果检验（美国）

再根据附录表 10.2，我们可用勾股定理的形式，将虚拟化后的标普 500 指数的平方与美元 Libor 的平方加总，然后再进行开方，就得到一系列 45°线上的"小正方形"的对角线（测算曲线）。这些对角线将"水平"地展示在图 10.3.9 中，读者可根据"铜钱模型"原理，试着找出一层层由下向上的"虚拟能级"梯度结构。

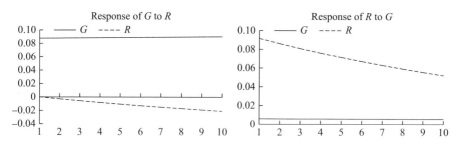

图 10.3.8   虚拟化后的标普 500 指数（G）与美元 Libor（R）的脉冲响应分析

从图 10.3.9 可以看出，美国标普 500 指数的市场运行（测算曲线）情况要比上证指数稳定得多。这主要是因为美国标普 500 指数的市场运行虚拟能级主要在"铜钱模型"的第三至第六能级之间（2008 年 11 月至 2009 年 7 月跌至第三能级以下，与实际经济脱钩的程度减小），极少闯入第六能级以上，更没有进入第七能级，这是难能可贵的。

我们可以根据图 10.3.9 与附录表 10.2 来判断美国标普 500 指数的风险范围以及虚拟化程度的范围。

从图 10.3.9 可以看出，从 2005 年 1 月开始，美国标普 500 指数"严格地"在第三能级上运行。2006 年 9 月，标普 500 指数跃迁到第四

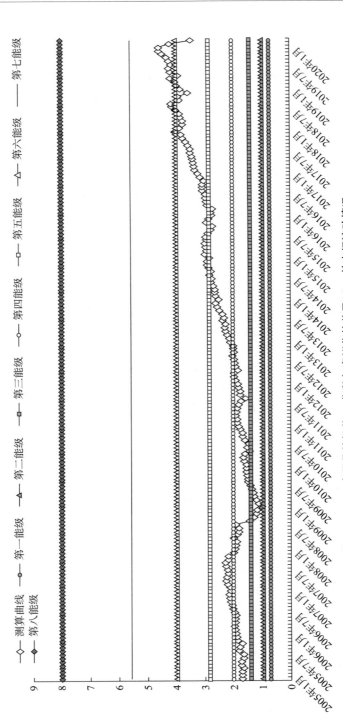

图10.3.9　虚拟化的标普500指数与虚拟化的美元Libor的市场波动情况

能级上。2008 年 1 月之后，标普 500 指数开始从第四能级跌落，直到 2008 年 10 月跌至第三能级以下，这主要是金融证券市场与实际经济运行脱钩造成的。标普 500 指数在第三能级上的波动，完全是由市场交换所引起的价值性波动。自 2009 年 7 月后，标普 500 指数在不同能级上波动跃迁，最终在 2018 年 1 月到 2019 年 3 月和 4 月跃迁到第六能级，这时整个金融系统出现了"风险性"。至此，美国标普 500 指数就一直在第六能级上下反复波动。2020 年初标普 500 指数又从第六能级上"快速"跌落，这是由新冠肺炎疫情所致。表 10.3.3 为不同时期美国标普 500 指数风险的理论判断数据及虚拟化程度范围。

表 10.3.3　美国标普 500 指数风险的理论判断数据及虚拟化程度范围

时期	理论股指数据范围	所在虚拟能级区间	所在能级的虚拟化程度	股灾烈度	备注
2006 年 8 月至 2006 年 9 月	1.9814 ~ 2.0209	从第三能级跃至第四能级	从 22.5% 到 50%	50%	
2008 年 1 月至 2008 年 2 月	2.0188 ~ 1.9579	从第四能级跌至第三能级	从 50% 到 22.5%	22.5%	有大波动
2008 年 9 月至 2012 年 9 月	1.9356 ~ 2.0314	从第三能级跃至第四能级	从 22.5% 到 50%	22.5%	波动较大
2012 年 12 月至 2014 年 10 月	2.003 ~ 2.8495	从第四能级跃至第五能级	从 50% 到 75%	75%	虚拟较大
2017 年 12 月至 2018 年 1 月	3.7899 ~ 4.0014	从第五能级跃至第六能级	50% 到 100%	87%	几乎虚拟
2018 年 10 月至 2019 年 3 月	3.8465 ~ 4.0225	在第五、第六能级间波动	75% 到 100%（全虚拟）	87% 以上	几乎虚拟

从以上分析可以看出，2008 年国际金融危机以后，标普 500 指数伴随着市场的发展达到了规模升级和股价升值的双重效果。虽然它市值容量的泡沫化程度在不断地增强，但这是金融市场交换本身所带来的结果。从图 10.3.9 中可以明显看出，2008 年国际金融危机后，标普 500 指数与市场的结合趋势增强。标普 500 指数基本上是稳步地从 2009 年下半年的第三能级上升到 2012 年 12 月的第四能级，最终到达 2014 年 8 月的第五能级。从 2015 年到 2016 年上半年，它在第五能级上有微小的波动，然后又在 2016 年下半年到 2017 年上半年开始"飞跃"，到 2018 年 1 月上

升到第六能级。尽管在第六能级仍然存在着较大的波动，但标普 500 指数的上升路径是正常的，它牢牢地贴着市场，上升线的趋势始终在 45°左右。这就使它的波动一直都在可控的范围内，没出现较大的起伏。也就是说，如果从股市长线的角度来分析，标普 500 指数的市盈率仍然是正常的。但从 2020 年的 2 月至 3 月，标普 500 指数出现了严重下挫。从 2019 年的 12 月初到 2020 年的 3 月初，这种下挫的幅度若用"铜钱模型"的"小正方形"的对角线来衡量，其跌落值为 1.11，即恰好为资本市场上交换双方中一方利润损失的 50%，其幅度相当于 2007 年 10 月到 2009 年 2 月至 3 月的幅度。也就是说，2020 年的疫情对美国金融市场所造成的影响要大于 2008 年国际金融危机所造成的影响。当然标普 500 指数的严重跌落，出于不可抗拒的自然灾害原因，但我们还是能从图 10.3.9 中明确地看出了这一点。

三　日本金融市场的部分数据和实证检验

根据附录表 10.3，我们绘出了将日经 225 指数和日元 LIBOR 虚拟化后得到的市场波动图（见图 10.3.10）。现在需要对日经 225 指数和日元 LIBOR 虚拟化后的数据进行 VAR 实证检验，以观察它们是否相互独立。图 10.3.10 中的"开虚方曲线"就是"测算曲线"，它是我们观察市场风险及危机形成的主要理论依据。

图 10.3.11 给出了虚拟化后的日经 225 指数与虚拟化后的日元 LIBOR 的市场稳定性检验以及格兰杰因果关系检验结果。可以看出，和美国标普 500 指数的情况基本一致，这里的测算曲线与虚拟化日经指数基本上是重合的，但在波动比较剧烈的地方则出现了分离（见图 10.3.10），这就是金融市场风险较大的地方。同时，从图 10.3.13 我们看到，日本的金融市场基本上是风险不断，但转化为危机的情况实在不多。特别是从 2007 年 10 月起，这种波动就更加剧烈，但它并没有将日本的金融市场"冲垮"。这正如我们在前面所分析的，日本金融市场的整体运行状况还是健康的。因为日本股市长期的运行主线始终低于或者靠近 45°的方向。也就是说，日本的金融市场实际上和实体经济结合得很紧密，所以说股市始终和实体经济"相依为命"。从这一点来说，日本股市比中国股市的情况要好得多。

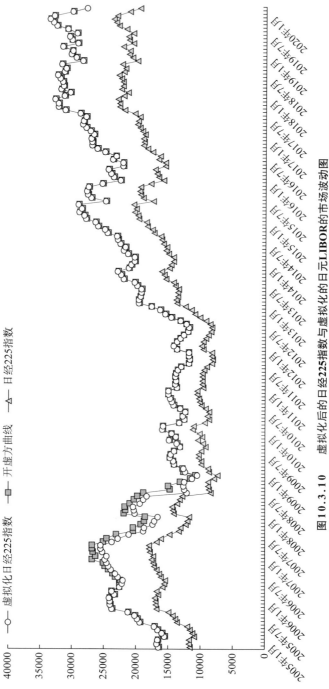

图10.3.10 虚拟化后的日经225指数与虚拟化的日元LIBOR的市场波动图

现在我们再来分析日本金融市场的统计数据，看看日经 225 指数（G）与日元 LIBOR（R）是否稳定。也就是说，能不能把它们作为两组独立的数据构成一个二维平面，来描述股票市场的波动关系。如图 10.3.11 所示，可以看到它们不仅在市场上是稳定的，而且在 2% 的显著性水平上是相互无因果关系的。

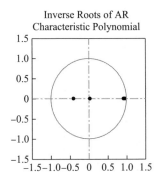

Inverse Roots of AR Characteristic Polynomial

在2%的显著水平下格兰杰因果检验

Sample: 2005M01 2020M03	Obs：181	Lags:1
Null Hypothesis:	F-Statistic	Prob.
R does not Granger Cause G	3.93192	0.0214
G does not Granger Cause R	2.12908	0.1220

图 10.3.11　市场稳定性检验以及格兰杰因果关系检验（日本）

由于系统的稳定性，我们很容易得到市场的一个冲击所带来的股指 G 和利率 R 的波动结果。图 10.3.12 给出了受到冲击时 G 和 R 的反应。所以在可控的范围内，我们可以将它们看作相互独立的坐标轴。我们这里还可以得到这两个坐标轴的线性方程：

$$G = \frac{-2.76154R}{(0.80112)}$$

这样可得到相互独立的变量平方和的开方数据，如附录表 10.3 所示。我们可以根据附录表 10.3 画出在"小正方形对角线 45°方向"的旋转情况，同图 10.3.9 一样，我们可得到如图 10.3.13 所示的日经 225 指数虚拟化后的能级波动图。

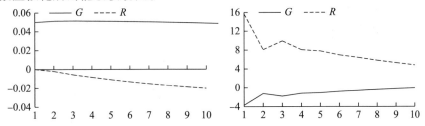

图 10.3.12　虚拟化后的日经 225 指数以及日元 LIBOR 的脉冲响应分析

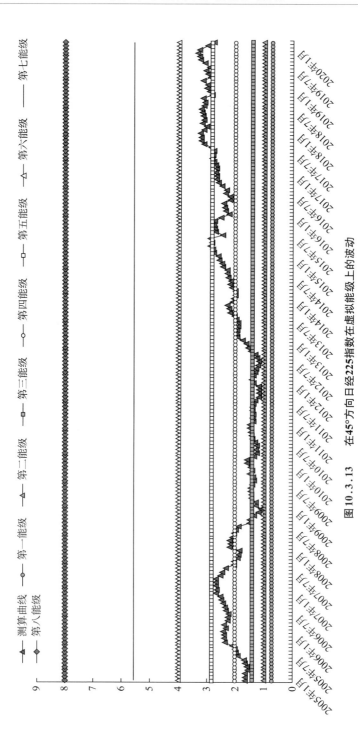

图10.3.13　在45°方向日经225指数在虚拟能级上的波动

观察图 10.3.13，可以看出，日经 225 指数主要在第四能级上运行，这就充分说明了日本的证券市场基本上还是接近日本的经济实际的。同时这也说明了日本的证券市场近十多年来泡沫较少。在 2008 年国际金融危机的冲击下，日经 225 指数从 2008 年 12 月开始在第二与第三能级之间波动，这反映了日本证券市场和实际经济联系的紧密性，这种情况一直持续到 2012 年 11 月。日经 225 指数从 2013 年 9 月开始跃至第四能级，这时的日经 225 指数大约有一半以上的泡沫，这在金融经济学上完全属于正常范围（一半实际、一半计划）。2017 年 7 月之后，日经 225 指数在第五能级上下波动。所以说，从理论上来说，日本的证券市场是比较健康的。从图 10.3.13 还可以看出 2020 年疫情对日本经济的影响，这里同样出现了虚拟化股指与开虚方曲线的分离，预示着较大金融风险的到来。但这种虚拟化指数的下跌由于在靠近 45° 或低于 45° 的方向，所以对金融市场的冲击也就"习以为常"了。也就是说对于这种情况，投资者或融资机构的代理人也就见怪不怪了。表 10.3.4 为日经 225 指数风险的理论判断数据及虚拟化程度范围。

表 10.3.4 日经 225 指数风险的理论判断数据及虚拟化程度范围

时期	理论股指数据范围	所在虚拟能级区间	所在能级的虚拟化程度	股灾烈度	备注
2005 年 9 月至 2005 年 10 月	1.9737 ~ 2.0167	从第三能级跃至第四能级	从 22.5% 到 50%	50%	在能级线上波动
2008 年 7 月至 2008 年 8 月	2.0374 ~ 1.9865	从第四能级跌至第三能级	从 50% 到 22.5%	30%	有大波动
2009 年 1 月至 2013 年 9 月	1.1718 ~ 2.0311	从第二能级跃至第四能级	从 0 到 50%	30%	波动较大
2014 年 10 月至 2015 年 5 月	2.3057 ~ 2.8891	从第四能级跃至第五能级	从 50% 到 75%	75%	虚拟较大
2015 年 6 月至 2015 年 8 月	2.8461 ~ 2.4713	在第四、第五能级间波动	在 50% 和 75% 之间	50%	不稳定
2016 年 2 月至 2019 年 3 月	2.2495 ~ 3.0023	在第四、第五能级间波动	在 50% 和 75% 之间	50%	不稳定

第四节　结论

从中国上证指数、美国标普 500 指数和日经 225 指数的实证分析可以看出，"铜钱模型"关于小正方形对角线的"资产组合"分析方法是经得起检验的。在这个基础上建立的虚拟经济能级结构是符合证券交易实际的，它是我们预测金融风险乃至金融危机发生、发展的重要手段。我们可以把这些能级的作用和意义在这里进行总结，以便为金融风险的预测和防范服务。

（1）金融市场是资产市场组合的重要场所，它虽然为资产的增值、组合或变更提供了方便、有效、可靠的保障，但它也始终存在一定的风险。随着交换次数的增多，它们给金融系统带来的金融泡沫也会越来越多，这是由市场经济的基本特性所决定的，属于金融业发展过程中的一种客观规律。

（2）金融风险一是来自市场的不确定性（即产品价格与数量的不确定性和证券价格与发行数量的不确定性），二是来自资产的市场组合的不确定性，这就是对证券市场虚拟化的原因。它要求我们必须按照本书的原理首先将证券指数虚拟化，以评估这里的虚拟化程度（即泡沫）到底是多少，并根据不同的程度对它进行归类。

（3）根据本书介绍的"铜钱模型"的基本原理，我们能够根据同一资产在市场中交换的次数来确定虚拟能级，能级越高所含的泡沫就越多。然后，把这种能级植入到虚拟化后的证券指数中，通过不同能级上证券指数的波动范围，我们就可以判断出资本市场的风险程度（如表10.3.5），进而采取相应的防范措施。

表 10.3.5　建立在"铜钱模型"基础上的资产市场组合的虚拟能级

序	能级排列	能级具体数据	虚拟趋向性（大约）	"铜钱模型"旋转
1	第一能级	$\sqrt{2}/2 \approx 0.7071$	资产组合的前提	在第一象限小正方形的纵横相邻的两边上
2	第二能级	1	虚拟化开始	到达小正方形的对角线上。
3	第三能级	$\sqrt{2} \approx 1.4142$	22.5%	第一象限

续表

序	能级排列	能级具体数据	虚拟趋向性（大约）	"铜钱模型"旋转
4	第四能级	2	50%	第二象限
5	第五能级	$2\sqrt{2}\approx 2.8284$	75%	第三象限
6	第六能级	4	完全虚拟	第四象限
7	第七能级（一个周期）	$4\sqrt{2}\approx 5.6568$	危机潜伏	完全虚拟性开始
8	第八能级	8	虚拟性使之不可能	数学证明不存在

附　录

表 10.1　1996 年 10 月至 2020 年 3 月上证指数与 SHIBOR 的虚拟化数据及计算结果

时期	原始股	虚拟化股	原始利率	虚拟化利率	虚拟股平方	虚拟率平方	虚拟平方和	开虚方
1996 年 10 月	976.71	1.381276	11.46	1.620688	1.907923	2.62663	4.534553	2.129449
1996 年 11 月	1032.94	1.460797	11.6	1.640487	2.133928	2.691198	4.825126	2.196617
1996 年 12 月	917.01	1.296847	11.53	1.630588	1.681813	2.658816	4.340629	2.083418
1997 年 1 月	964.74	1.364348	11.61	1.641901	1.861445	2.69584	4.557285	2.13478
1997 年 2 月	1040.27	1.471163	11.58	1.637659	2.164322	2.681926	4.846247	2.201419
1997 年 3 月	1234.61	1.746002	11.41	1.613617	3.048521	2.60376	5.652281	2.377453
1997 年 4 月	1393.74	1.971045	11.31	1.599475	3.885019	2.55832	6.443339	2.538373
1997 年 5 月	1285.18	1.817518	11.1	1.569776	3.303373	2.464198	5.767571	2.401577
1997 年 6 月	1250.27	1.768148	11.08	1.566948	3.126348	2.455326	5.581674	2.362557
1997 年 7 月	1189.76	1.682574	10.61	1.50048	2.831055	2.25144	5.082496	2.254439
1997 年 8 月	1221.06	1.726839	10.61	1.50048	2.981973	2.25144	5.233413	2.287665
1997 年 9 月	1097.38	1.551929	10.43	1.475024	2.408484	2.175696	4.58418	2.14107
1997 年 10 月	1180.39	1.669323	9.2	1.301076	2.786639	1.692799	4.479438	2.116468
1997 年 11 月	1139.62	1.611665	8.84	1.250164	2.597465	1.562911	4.160376	2.0397
1997 年 12 月	1194.1	1.688712	8.63	1.220466	2.851747	1.489537	4.341284	2.083575
1998 年 1 月	1222.91	1.729455	8.7	1.230365	2.991015	1.513799	4.504814	2.122455
1998 年 2 月	1206.53	1.70629	8.62	1.219052	2.911427	1.486087	4.397514	2.097025
1998 年 3 月	1243.01	1.757881	8.25	1.166726	3.090145	1.361249	4.451394	2.109833

时期	原始股	虚拟化股	原始利率	虚拟化利率	虚拟股平方	虚拟率平方	虚拟平方和	开虚方
1998 年 4 月	1343.44	1.89991	6.92	0.978635	3.609659	0.957727	4.567386	2.137144
1998 年 5 月	1411.2	1.995737	7.63	1.079045	3.982968	1.164337	5.147305	2.268767
1998 年 6 月	1339.2	1.893914	6.52	0.922067	3.58691	0.850207	4.437118	2.106447
1998 年 7 月	1316.91	1.862391	5.1	0.721249	3.468501	0.5202	3.988701	1.997173
1998 年 8 月	1150.22	1.626656	5.09	0.719834	2.64601	0.518162	3.164172	1.778812
1998 年 9 月	1242.89	1.757711	5.07	0.717006	3.089549	0.514098	3.603646	1.898327
1998 年 1 月	1217.31	1.721536	5.18	0.732562	2.963685	0.536648	3.500332	1.870918
1998 年 11 月	1247.41	1.764103	5.14	0.726905	3.112061	0.528392	3.640453	1.907997
1998 年 12 月	1146.7	1.621678	4.5	0.636396	2.62984	0.405	3.034839	1.742079
1999 年 1 月	1134.67	1.604665	4.45	0.629325	2.57495	0.39605	2.971	1.723659
1999 年 2 月	1090.08	1.541605	4.43	0.626496	2.376547	0.392498	2.769045	1.664045
1999 年 3 月	1158.05	1.637729	4.43	0.626496	2.682157	0.392498	3.074655	1.753469
1999 年 4 月	1120.92	1.58522	4.42	0.625082	2.512921	0.390728	2.903649	1.70401
1999 年 5 月	1279.32	1.809231	4.62	0.653366	3.273317	0.426888	3.700204	1.923592
1999 年 6 月	1689.42	2.3892	3.35	0.473761	5.708275	0.22445	5.932725	2.435719
1999 年 7 月	1601.45	2.264791	2.85	0.403051	5.12928	0.16245	5.29173	2.300376
1999 年 8 月	1627.11	2.30108	2.74	0.387494	5.29497	0.150152	5.445122	2.333478
1999 年 9 月	1570.7	2.221304	2.76	0.390323	4.934193	0.152352	5.086545	2.255337
1999 年 10 月	1504.56	2.127768	2.74	0.387494	4.527398	0.150152	4.67755	2.162764
1999 年 11 月	1434.97	2.029353	2.72	0.384666	4.118275	0.147968	4.266242	2.065488
1999 年 12 月	1366.58	1.932635	2.7	0.381838	3.735079	0.1458	3.880879	1.969995
2000 年 1 月	1534.99	2.170803	2.48	0.350725	4.712385	0.123008	4.835393	2.198953
2000 年 2 月	1714.57	2.424767	2.53	0.357796	5.879496	0.128018	6.007514	2.451023
2000 年 3 月	1800.22	2.545895	2.51	0.354967	6.481579	0.126002	6.607581	2.570522
2000 年 4 月	1836.32	2.596948	2.43	0.343654	6.744137	0.118098	6.862235	2.619587
2000 年 5 月	1894.55	2.679297	2.41	0.340825	7.178634	0.116162	7.294796	2.700888
2000 年 6 月	1928.1	2.726744	2.37	0.335168	7.435133	0.112338	7.547471	2.747266
2000 年 7 月	2023.53	2.861702	2.36	0.333754	8.189341	0.111392	8.300733	2.881099
2000 年 8 月	2021.19	2.858393	2.36	0.333754	8.170412	0.111392	8.281803	2.877812
2000 年 9 月	1910.16	2.701373	2.35	0.33234	7.297417	0.11045	7.407867	2.72174
2000 年 1 月	1961.28	2.773668	2.36	0.333754	7.693232	0.111392	7.804624	2.793676

时期	原始股	虚拟化股	原始利率	虚拟化利率	虚拟股平方	虚拟率平方	虚拟平方和	开虚方
2000 年 11 月	2070.61	2.928284	2.36	0.333754	8.574845	0.111392	8.686237	2.947242
2000 年 12 月	2073.47	2.932328	2.51	0.354967	8.598549	0.126002	8.724551	2.953735
2001 年 1 月	2065.6	2.921198	2.61	0.36911	8.5334	0.136242	8.669642	2.944426
2001 年 2 月	1959.18	2.770698	2.61	0.36911	7.676766	0.136242	7.813008	2.795176
2001 年 3 月	2112.77	2.987907	2.58	0.364867	8.927587	0.133128	9.060715	3.010102
2001 年 4 月	2119.18	2.996972	2.53	0.357796	8.981841	0.128018	9.109858	3.018254
2001 年 5 月	2214.25	3.131421	2.52	0.356382	9.805798	0.127008	9.932806	3.151635
2001 年 6 月	2218.02	3.136753	2.47	0.349311	9.839218	0.122018	9.961236	3.156143
2001 年 7 月	1920.31	2.715727	2.47	0.349311	7.375175	0.122018	7.497193	2.7381
2001 年 8 月	1834.13	2.59385	2.42	0.34224	6.72806	0.117128	6.845188	2.616331
2001 年 9 月	1764.86	2.495888	2.39	0.337997	6.229457	0.114242	6.343699	2.51867
2001 年 1 月	1689.17	2.388846	2.35	0.33234	5.706586	0.11045	5.817036	2.411853
2001 年 11 月	1747.99	2.47203	2.34	0.330926	6.110933	0.109512	6.220445	2.494082
2001 年 12 月	1645.97	2.327752	2.39	0.337997	5.41843	0.114242	5.532672	2.352163
2002 年 1 月	1491.66	2.109525	2.37	0.335168	4.450096	0.112338	4.562433	2.135985
2002 年 2 月	1524.7	2.156251	2.27	0.321026	4.649416	0.103058	4.752474	2.180017
2002 年 3 月	1603.9	2.268256	2.22	0.313955	5.144986	0.098568	5.243554	2.289881
2002 年 4 月	1667.74	2.35854	2.16	0.30547	5.562709	0.093312	5.656021	2.378239
2002 年 5 月	1515.73	2.143565	2.12	0.299813	4.594871	0.089888	4.684759	2.16443
2002 年 6 月	1732.75	2.450478	2.04	0.288499	6.00484	0.083232	6.088072	2.467402
2002 年 7 月	1651.59	2.3357	2.02	0.285671	5.455495	0.081608	5.537103	2.353105
2002 年 8 月	1666.61	2.356942	2.03	0.287085	5.555173	0.082418	5.637591	2.374361
2002 年 9 月	1581.61	2.236733	2.12	0.299813	5.002976	0.089888	5.092864	2.256738
2002 年 1 月	1507.49	2.131912	2.12	0.299813	4.545049	0.089888	4.634937	2.15289
2002 年 11 月	1434.18	2.028236	2.11	0.298399	4.113741	0.089042	4.202783	2.050069
2002 年 12 月	1357.65	1.920006	2.23	0.315369	3.686424	0.099458	3.785882	1.945734
2003 年 1 月	1499.81	2.121051	2.16	0.30547	4.498856	0.093312	4.592168	2.142935
2003 年 2 月	1511.93	2.138191	2.13	0.301227	4.571861	0.090738	4.662599	2.159305
2003 年 3 月	1510.57	2.136268	2.06	0.291328	4.56364	0.084872	4.648512	2.156041
2003 年 4 月	1521.44	2.15164	1.98	0.280014	4.629556	0.078408	4.707964	2.169784
2003 年 5 月	1576.26	2.229167	2.02	0.285671	4.969187	0.081608	5.050795	2.247397

续表

时期	原始股	虚拟化股	原始利率	虚拟化利率	虚拟股平方	虚拟率平方	虚拟平方和	开虚方
2003 年 6 月	1486.07	2.10162	2.11	0.298399	4.416805	0.089042	4.505847	2.122698
2003 年 7 月	1476.74	2.088425	2.15	0.304056	4.361519	0.09245	4.453969	2.110443
2003 年 8 月	1421.98	2.010983	2.19	0.309713	4.044051	0.095922	4.139973	2.034692
2003 年 9 月	1367.16	1.933455	2.69	0.380423	3.73825	0.144722	3.882972	1.970526
2003 年 10 月	1348.3	1.906783	2.86	0.404465	3.635823	0.163592	3.799415	1.949209
2003 年 11 月	1397.32	1.976108	2.51	0.354967	3.905003	0.126002	4.031005	2.007736
2003 年 12 月	1497.07	2.117176	2.17	0.306884	4.482434	0.094178	4.576612	2.139302
2004 年 1 月	1590.72	2.249617	2.38	0.336583	5.060776	0.113288	5.174064	2.274657
2004 年 2 月	1675.06	2.368892	2.24	0.316784	5.611648	0.100352	5.711999	2.389979
2004 年 3 月	1741.62	2.463022	2.07	0.292742	6.066476	0.085698	6.152174	2.480358
2004 年 4 月	1595.58	2.25649	2.27	0.321026	5.091747	0.103058	5.194805	2.279211
2004 年 5 月	1555.9	2.200374	2.21	0.312541	4.841646	0.097682	4.939328	2.22246
2004 年 6 月	1399.16	1.97871	2.4	0.339411	3.915294	0.1152	4.030494	2.007609
2004 年 7 月	1386.2	1.960382	2.33	0.329512	3.843098	0.108578	3.951676	1.987882
2004 年 8 月	1342.06	1.897959	2.34	0.330926	3.602247	0.109512	3.711759	1.926593
2004 年 9 月	1396.7	1.975231	2.3	0.325269	3.901539	0.1058	4.007339	2.001834
2004 年 10 月	1320.53	1.867511	2.24	0.316784	3.487596	0.100352	3.587948	1.894188
2004 年 11 月	1340.77	1.896134	2.22	0.313955	3.595326	0.098568	3.693893	1.92195
2004 年 12 月	1266.49	1.791087	2.07	0.292742	3.207991	0.085698	3.293689	1.814852
2005 年 1 月	1191.82	1.685487	2.07	0.292742	2.840868	0.085698	2.926565	1.710721
2005 年 2 月	1306	1.846962	2.31	0.326683	3.411269	0.106722	3.517991	1.875631
2005 年 3 月	1181.32	1.670638	1.98	0.280014	2.791032	0.078408	2.86944	1.693942
2005 年 4 月	1159.14	1.639271	1.67	0.236174	2.687209	0.055778	2.742987	1.656197
2005 年 5 月	1060.73	1.500098	1.55	0.219203	2.250294	0.04805	2.298344	1.516029
2005 年 6 月	1080.91	1.528637	1.46	0.206475	2.336731	0.042632	2.379363	1.542518
2005 年 7 月	1083.03	1.531635	1.44	0.203647	2.345906	0.041472	2.387378	1.545114
2005 年 8 月	1162.79	1.644433	1.45	0.205061	2.704159	0.04205	2.746209	1.657169
2005 年 9 月	1155.61	1.634279	1.51	0.213546	2.670867	0.045602	2.716469	1.648171
2005 年 10 月	1092.81	1.545466	1.44	0.203647	2.388465	0.041472	2.429937	1.558826
2005 年 11 月	1099.26	1.554588	1.5	0.212132	2.416743	0.045	2.461743	1.568994
2005 年 12 月	1161.05	1.641972	1.72	0.243245	2.696072	0.059168	2.75524	1.659892

续表

时期	原始股	虚拟化股	原始利率	虚拟化利率	虚拟股平方	虚拟率平方	虚拟平方和	开虚方
2006 年 1 月	1258.04	1.779137	1.88	0.265872	3.165327	0.070688	3.236015	1.798893
2006 年 2 月	1299.03	1.837105	1.58	0.223446	3.374955	0.049928	3.424883	1.850644
2006 年 3 月	1298.29	1.836059	1.66	0.234759	3.371111	0.055112	3.426223	1.851006
2006 年 4 月	1440.22	2.036778	1.83	0.258801	4.148464	0.066978	4.215442	2.053154
2006 年 5 月	1641.3	2.321148	1.76	0.248901	5.387727	0.061952	5.449679	2.334455
2006 年 6 月	1672.21	2.364861	2.08	0.294156	5.592568	0.086528	5.679096	2.383085
2006 年 7 月	1612.73	2.280744	2.31	0.326683	5.201792	0.106722	5.308514	2.304021
2006 年 8 月	1658.63	2.345656	2.4	0.339411	5.502103	0.1152	5.617302	2.370085
2006 年 9 月	1752.42	2.478295	2.32	0.328097	6.141947	0.107648	6.249595	2.499919
2006 年 10 月	1837.99	2.599309	2.4	0.339411	6.756409	0.1152	6.871609	2.621375
2006 年 11 月	2099.28	2.968829	3.05	0.431335	8.813946	0.18605	8.999996	2.999999
2006 年 12 月	2675.47	3.783684	2.25	0.318198	14.31627	0.10125	14.41752	3.797041
2007 年 1 月	2786.33	3.940464	1.86	0.263044	15.52726	0.069192	15.59645	3.949234
2007 年 2 月	2881.07	4.074447	2.67	0.377595	16.60112	0.142578	16.74369	4.091906
2007 年 3 月	3183.09	4.501567	1.74	0.246073	20.26411	0.060552	20.32466	4.508288
2007 年 4 月	3841.27	5.432374	2.82	0.398808	29.51069	0.159048	29.66973	5.446993
2007 年 5 月	4109.65	5.81192	2.01	0.284257	33.77842	0.080802	33.85922	5.818868
2007 年 6 月	3820.7	5.403284	2.39	0.337997	29.19547	0.114242	29.30972	5.413845
2007 年 7 月	4471.03	6.322989	2.33	0.329512	39.98019	0.108578	40.08876	6.331569
2007 年 8 月	5218.83	7.380537	2.34	0.330926	54.47233	0.109512	54.58184	7.387952
2007 年 9 月	5552.3	7.852135	3.36	0.475176	61.65602	0.225792	61.88181	7.866499
2007 年 10 月	5954.77	8.421313	3.03	0.428507	70.91852	0.183618	71.10213	8.432208
2007 年 11 月	4871.78	6.889735	2.28	0.322441	47.46844	0.103968	47.57241	6.897276
2007 年 12 月	5261.56	7.440967	2.09	0.295571	55.36798	0.087362	55.45535	7.446835
2008 年 1 月	4383.39	6.199047	2.32	0.328097	38.42819	0.107648	38.53583	6.207724
2008 年 2 月	4348.54	6.149762	2.65	0.374766	37.81957	0.14045	37.96002	6.16117
2008 年 3 月	3472.71	4.911152	2.25	0.318198	24.11941	0.10125	24.22066	4.921449
2008 年 4 月	3693.1	5.22283	2.59	0.366281	27.27795	0.134162	27.41212	5.235658
2008 年 5 月	3433.35	4.855488	2.83	0.400222	23.57577	0.160178	23.73594	4.871955
2008 年 6 月	2736.1	3.869428	3.07	0.434163	14.97247	0.188498	15.16097	3.893709
2008 年 7 月	2775.71	3.925445	2.69	0.380423	15.40912	0.144722	15.55384	3.943836

时期	原始股	虚拟化股	原始利率	虚拟化利率	虚拟股平方	虚拟率平方	虚拟平方和	开虚方
2008 年 8 月	2397.36	3.390378	2.8	0.39598	11.49466	0.1568	11.65146	3.413424
2008 年 9 月	2293.78	3.243893	2.89	0.408708	10.52285	0.167042	10.68989	3.269539
2008 年 10 月	1728.78	2.444863	2.7	0.381838	5.977356	0.1458	6.123156	2.474501
2008 年 11 月	1871.16	2.646219	2.3	0.325269	7.002474	0.1058	7.108274	2.666135
2008 年 12 月	1820.81	2.575013	1.24	0.175362	6.630693	0.030752	6.661445	2.580977
2009 年 1 月	1990.65	2.815203	0.9	0.127279	7.925369	0.0162	7.941569	2.818079
2009 年 2 月	2082.85	2.945594	0.87	0.123037	8.676521	0.015138	8.691659	2.948162
2009 年 3 月	2373.21	3.356224	0.84	0.118794	11.26424	0.014112	11.27835	3.358326
2009 年 4 月	2477.56	3.503798	0.86	0.121622	12.2766	0.014792	12.29139	3.505908
2009 年 5 月	2632.93	3.723524	0.86	0.121622	13.86463	0.014792	13.87942	3.72551
2009 年 6 月	2959.36	4.185165	0.91	0.128693	17.51561	0.016562	17.53217	4.187144
2009 年 7 月	3412.06	4.82538	1.32	0.186676	23.28429	0.034848	23.31914	4.828989
2009 年 8 月	2667.75	3.772767	1.21	0.17112	14.23377	0.029282	14.26305	3.776645
2009 年 9 月	2779.43	3.930706	1.27	0.179605	15.45045	0.032258	15.48271	3.934807
2009 年 10 月	2995.84	4.236756	1.3	0.183848	17.9501	0.0338	17.9839	4.240743
2009 年 11 月	3195.3	4.518835	1.25	0.176777	20.41987	0.03125	20.45112	4.522291
2009 年 12 月	3277.13	4.63456	1.25	0.176777	21.47914	0.03125	21.51039	4.63793
2010 年 1 月	2989.29	4.227493	1.12	0.158392	17.8717	0.025088	17.89678	4.230459
2010 年 2 月	3051.94	4.316093	1.36	0.192333	18.62866	0.036992	18.66565	4.320376
2010 年 3 月	3109.11	4.396944	1.43	0.202232	19.33311	0.040898	19.37401	4.401592
2010 年 4 月	2870.61	4.059654	1.31	0.185262	16.48079	0.034322	16.51511	4.063879
2010 年 5 月	2592.15	3.665852	1.41	0.199404	13.43847	0.039762	13.47823	3.671272
2010 年 6 月	2387.36	3.376236	2.77	0.391737	11.39897	0.153458	11.55242	3.398886
2010 年 7 月	2637.5	3.729987	2.19	0.309713	13.9128	0.095922	14.00872	3.742823
2010 年 8 月	2638.8	3.731825	1.47	0.207889	13.92652	0.043218	13.96974	3.737611
2010 年 9 月	2655.66	3.755669	1.96	0.277186	14.10505	0.076832	14.18188	3.765884
2010 年 10 月	2978.84	4.212714	1.73	0.244659	17.74696	0.059858	17.80682	4.219813
2010 年 11 月	2820.18	3.988335	1.58	0.223446	15.90682	0.049928	15.95675	3.99459
2010 年 12 月	2808.08	3.971223	1.88	0.265872	15.77061	0.070688	15.8413	3.980113
2011 年 1 月	2790.69	3.94663	2.68	0.379009	15.57589	0.143648	15.71954	3.964787
2011 年 2 月	2905.05	4.108359	3.85	0.544472	16.87862	0.29645	17.17507	4.144281

续表

时期	原始股	虚拟化股	原始利率	虚拟化利率	虚拟股平方	虚拟率平方	虚拟平方和	开虚方
2011 年 3 月	2928.11	4.140971	2.19	0.309713	17.14764	0.095922	17.24356	4.152537
2011 年 4 月	2911.51	4.117495	1.78	0.25173	16.95377	0.063368	17.01714	4.125183
2011 年 5 月	2743.47	3.879851	2.52	0.356382	15.05324	0.127008	15.18025	3.896184
2011 年 6 月	2762.08	3.906169	2.84	0.401636	15.25816	0.161312	15.41947	3.926764
2011 年 7 月	2701.73	3.820822	2.85	0.403051	14.59868	0.16245	14.76113	3.842021
2011 年 8 月	2567.34	3.630766	2.82	0.398808	13.18246	0.159048	13.34151	3.652603
2011 年 9 月	2359.22	3.33644	3.48	0.492146	11.13183	0.242208	11.37404	3.372542
2011 年 10 月	2468.25	3.490631	4.56	0.644881	12.18451	0.415872	12.60038	3.549701
2011 年 11 月	2333.41	3.299939	3.1	0.438406	10.8896	0.1922	11.0818	3.328933
2011 年 12 月	2199.42	3.110448	2.97	0.420021	9.674889	0.176418	9.851307	3.138679
2012 年 1 月	2292.61	3.242239	4	0.565685	10.51211	0.32	10.83211	3.291217
2012 年 2 月	2428.49	3.434402	2.97	0.420021	11.79512	0.176418	11.97154	3.459991
2012 年 3 月	2262.79	3.200067	2.32	0.328097	10.24043	0.107648	10.34808	3.216843
2012 年 4 月	2396.32	3.388907	3.23	0.456791	11.48469	0.208658	11.69335	3.419554
2012 年 5 月	2372.23	3.354839	2.96	0.418607	11.25494	0.175232	11.43017	3.380854
2012 年 6 月	2225.43	3.147232	1.9	0.2687	9.905069	0.0722	9.977269	3.158682
2012 年 7 月	2103.63	2.974981	3.25	0.459619	8.850511	0.21125	9.061761	3.010276
2012 年 8 月	2047.52	2.895629	2.48	0.350725	8.38467	0.123008	8.507678	2.916792
2012 年 9 月	2086.17	2.950289	2.01	0.284257	8.704204	0.080802	8.785006	2.963951
2012 年 10 月	2068.88	2.925837	3.36	0.475176	8.560522	0.225792	8.786314	2.964172
2012 年 11 月	1980.12	2.800311	2.53	0.357796	7.841744	0.128018	7.969762	2.823077
2012 年 12 月	2269.13	3.209033	2.25	0.318198	10.29789	0.10125	10.39914	3.22477
2013 年 1 月	2385.42	3.373492	2.15	0.304056	11.38045	0.09245	11.4729	3.387167
2013 年 2 月	2365.59	3.345448	2.83	0.400222	11.19202	0.160178	11.3522	3.369303
2013 年 3 月	2236.62	3.163057	2.86	0.404465	10.00493	0.163592	10.16852	3.188812
2013 年 4 月	2177.91	3.080029	1.99	0.281428	9.486576	0.079202	9.565778	3.092859
2013 年 5 月	2300.59	3.253524	3	0.424264	10.58542	0.18	10.76542	3.28107
2013 年 6 月	1979.21	2.799025	4.6	0.650538	7.834538	0.4232	8.257738	2.873628
2013 年 7 月	1993.8	2.819658	3.35	0.473761	7.950471	0.22445	8.17492	2.859182
2013 年 8 月	2098.38	2.967556	3.1	0.438406	8.80639	0.1922	8.99859	2.999765
2013 年 9 月	2174.67	3.075447	2.89	0.408708	9.458372	0.167042	9.625414	3.102485

时期	原始股	虚拟化股	原始利率	虚拟化利率	虚拟股平方	虚拟率平方	虚拟平方和	开虚方
2013 年 10 月	2141.61	3.028693	3.33	0.470933	9.172979	0.221778	9.394757	3.065087
2013 年 11 月	2220.5	3.14026	4.1	0.579827	9.861233	0.3362	10.19743	3.193342
2013 年 12 月	2115.98	2.992446	3.7	0.523259	8.954736	0.2738	9.228535	3.03785
2014 年 1 月	2033.08	2.875208	2.88	0.407293	8.266822	0.165888	8.43271	2.903913
2014 年 2 月	2056.3	2.908046	4.3	0.608112	8.456733	0.3698	8.826532	2.970948
2014 年 3 月	2033.3	2.875519	2.05	0.289914	8.268611	0.08405	8.352661	2.890097
2014 年 4 月	2026.36	2.865705	2.95	0.417193	8.212263	0.17405	8.386313	2.895913
2014 年 5 月	2039.21	2.883877	2.37	0.335168	8.316748	0.112338	8.429086	2.903289
2014 年 6 月	2048.33	2.896775	2.58	0.364867	8.391305	0.133128	8.524433	2.919663
2014 年 7 月	2201.56	3.113475	3.02	0.427092	9.693725	0.182408	9.876133	3.142632
2014 年 8 月	2217.2	3.135593	3.2	0.452548	9.831944	0.2048	10.03674	3.168082
2014 年 9 月	2363.87	3.343016	2.91	0.411536	11.17575	0.169362	11.34512	3.368251
2014 年 10 月	2420.18	3.42265	2.54	0.35921	11.71453	0.129032	11.84357	3.441448
2014 年 11 月	2682.84	3.794107	2.54	0.35921	14.39525	0.129032	14.52428	3.811074
2014 年 12 月	3234.68	4.574527	2.63	0.371938	20.92629	0.138338	21.06463	4.589622
2015 年 1 月	3210.36	4.540133	3.42	0.483661	20.61281	0.233928	20.84673	4.565822
2015 年 2 月	3310.3	4.681469	2.86	0.404465	21.91615	0.163592	22.07975	4.698909
2015 年 3 月	3747.9	5.300329	3.43	0.485075	28.09349	0.235298	28.32878	5.322479
2015 年 4 月	4441.66	6.281453	3	0.424264	39.45666	0.18	39.63666	6.295765
2015 年 5 月	4611.74	6.521983	2.46	0.347896	42.53626	0.121032	42.65729	6.531255
2015 年 6 月	4277.22	6.0489	3.71	0.524673	36.58919	0.275282	36.86447	6.071612
2015 年 7 月	3663.73	5.181295	2.63	0.371938	26.84581	0.138338	26.98415	5.194627
2015 年 8 月	3205.99	4.533953	3.19	0.451134	20.55673	0.203522	20.76025	4.556342
2015 年 9 月	3052.78	4.317281	3.12	0.441234	18.63892	0.194688	18.8336	4.33977
2015 年 10 月	3382.56	4.78366	2.64	0.373352	22.88341	0.139392	23.0228	4.798208
2015 年 11 月	3445.4	4.872529	1.81	0.255973	23.74154	0.065522	23.80707	4.879248
2015 年 12 月	3539.18	5.005154	2.09	0.295571	25.05157	0.087362	25.13893	5.013874
2016 年 1 月	2738	3.872115	1.99	0.281428	14.99328	0.079202	15.07248	3.882329
2016 年 2 月	2688	3.801405	2.01	0.284257	14.45068	0.080802	14.53148	3.812018
2016 年 3 月	3004	4.248296	2.02	0.285671	18.04802	0.081608	18.12963	4.25789
2016 年 4 月	2938	4.154958	2.05	0.289914	17.26367	0.08405	17.34772	4.16506

时期	原始股	虚拟化股	原始利率	虚拟化利率	虚拟股平方	虚拟率平方	虚拟平方和	开虚方
2016 年 5 月	2917	4.125259	2.01	0.284257	17.01776	0.080802	17.09857	4.135041
2016 年 6 月	2930	4.143644	2.04	0.288499	17.16979	0.083232	17.25302	4.153675
2016 年 7 月	2979	4.212941	2.02	0.285671	17.74887	0.081608	17.83048	4.222615
2016 年 8 月	3085	4.362847	2.07	0.292742	19.03443	0.085698	19.12013	4.372657
2016 年 9 月	3005	4.24971	2.33	0.329512	18.06004	0.108578	18.16861	4.262466
2016 年 10 月	3100	4.38406	2.25	0.318198	19.21998	0.10125	19.32123	4.395593
2016 年 11 月	3250	4.596192	2.32	0.328097	21.12498	0.107648	21.23263	4.607888
2016 年 12 月	3104	4.389717	2.23	0.315369	19.26962	0.099458	19.36907	4.401031
2017 年 1 月	3159	4.467499	3.38	0.478004	19.95855	0.228488	20.18703	4.492998
2017 年 2 月	3242	4.584879	3.78	0.534573	21.02111	0.285768	21.30688	4.615938
2017 年 3 月	3223	4.558008	4.05	0.572756	20.77544	0.32805	21.10349	4.593854
2017 年 4 月	3155	4.461842	4.2	0.593969	19.90803	0.3528	20.26083	4.501204
2017 年 5 月	3117	4.408102	4.23	0.598212	19.43136	0.357858	19.78922	4.448508
2017 年 6 月	3192	4.514168	4.37	0.618011	20.37771	0.381938	20.75965	4.556276
2017 年 7 月	3273	4.628719	4.42	0.625082	21.42504	0.390728	21.81577	4.670735
2017 年 8 月	3361	4.75317	4.39	0.62084	22.59262	0.385442	22.97807	4.793544
2017 年 9 月	3349	4.736199	4.4	0.622254	22.43158	0.3872	22.81878	4.776901
2017 年 10 月	3393	4.798425	4.4	0.622254	23.02488	0.3872	23.41208	4.838603
2017 年 11 月	3217	4.549523	4.42	0.625082	20.69816	0.390728	21.08889	4.592264
2017 年 12 月	3307	4.676802	4.76	0.673165	21.87248	0.453152	22.32563	4.725001
2018 年 1 月	3481	4.922875	4.74	0.670337	24.2347	0.449352	24.68405	4.968305
2018 年 2 月	3259	4.60892	4.74	0.670337	21.24215	0.449352	21.6915	4.657413
2018 年 3 月	3169	4.481641	4.74	0.670337	20.08511	0.449352	20.53446	4.531496
2018 年 4 月	3082	4.358604	4.62	0.653366	18.99743	0.426888	19.42432	4.407303
2018 年 5 月	3095	4.376989	4.38	0.619425	19.15803	0.383688	19.54172	4.420602
2018 年 6 月	2847	4.026264	4.39	0.62084	16.21081	0.385442	16.59625	4.073849
2018 年 7 月	2876	4.067277	4.3	0.608112	16.54274	0.3698	16.91254	4.112486
2018 年 8 月	2725	3.85373	3.68	0.52043	14.85124	0.270848	15.12209	3.888713
2018 年 9 月	2821	3.989495	3.5	0.494975	15.91607	0.245	16.16107	4.020083
2018 年 10 月	3603	5.095409	3.51	0.496389	25.9632	0.246402	26.2096	5.119531
2018 年 11 月	2588	3.659983	3.55	0.502046	13.39548	0.25205	13.64753	3.694256

时期	原始股	虚拟化股	原始利率	虚拟化利率	虚拟股平方	虚拟率平方	虚拟平方和	开虚方
2018 年 12 月	2494	3.527047	3.52	0.497803	12.44006	0.247808	12.68787	3.562004
2019 年 1 月	2585	3.655741	3.51	0.496389	13.36444	0.246402	13.61084	3.689287
2019 年 2 月	2941	4.1592	3.24	0.458205	17.29895	0.209952	17.5089	4.184364
2019 年 3 月	2941	4.1592	3.05	0.431335	17.29895	0.18605	17.485	4.181507
2019 年 4 月	3078	4.352948	3.16	0.446891	18.94815	0.199712	19.14786	4.375827
2019 年 5 月	2899	4.099803	3.2	0.452548	16.80839	0.2048	17.01319	4.124705
2019 年 6 月	2979	4.212941	3.1	0.438406	17.74887	0.1922	17.94107	4.23569
2019 年 7 月	2933	4.147887	3.08	0.435578	17.20496	0.189728	17.39469	4.170694
2019 年 8 月	2886	4.081419	3.05	0.431335	16.65798	0.18605	16.84403	4.104148
2019 年 9 月	2905	4.108289	3.04	0.429921	16.87804	0.184832	17.06287	4.130723
2019 年 10 月	2929	4.14223	3.08	0.435578	17.15807	0.189728	17.3478	4.165069
2019 年 11 月	2872	4.06162	3.12	0.441234	16.49675	0.194688	16.69144	4.085516
2019 年 12 月	3050	4.31335	3.1	0.438406	18.60499	0.1922	18.79719	4.335572
2020 年 1 月	2977	4.210112	3.08	0.435578	17.72504	0.189728	17.91477	4.232585
2020 年 2 月	2880	4.072933	2.98	0.421435	16.58879	0.177608	16.76639	4.094679
2020 年 3 月	2717	3.842417	2.72	0.384666	14.76417	0.147968	14.91213	3.861623

资料来源：历年中国统计年鉴，国家统计局网站，中国人民银行网站和凤凰财经网等以及作者的计算。

表 10.2　美国标普 500 指数和美元 LIBOR 的部分统计数据及计算结果

时期	原始股	虚拟化股	原始利率	虚拟化利率	虚拟股平方	虚拟率平方	虚拟平方和	开虚方
2005 年 1 月	1183.25	1.673364	2.52	0.356378	2.800147	0.127006	2.927153	1.710892
2005 年 2 月	1187.27	1.679049	2.64	0.373349	2.819206	0.139389	2.958595	1.720057
2005 年 3 月	1175.22	1.662008	2.84	0.401633	2.76227	0.161309	2.923579	1.709848
2005 年 4 月	1147.09	1.622226	2.92	0.412946	2.631618	0.170525	2.802142	1.67396
2005 年 5 月	1187.27	1.679049	3.04	0.429917	2.819206	0.184828	3.004034	1.733215
2005 年 6 月	1195.3	1.690405	3.27	0.462443	2.85747	0.213854	3.071324	1.752519
2005 年 7 月	1123.43	1.588766	3.29	0.465272	2.524177	0.216478	2.740655	1.655492
2005 年 8 月	1123.43	1.588766	3.6	0.509112	2.524177	0.259195	2.783372	1.668344

续表

时期	原始股	虚拟化股	原始利率	虚拟化利率	虚拟股平方	虚拟率平方	虚拟平方和	开虚方
2005 年 9 月	1219.41	1.724502	3.84	0.543053	2.973907	0.294906	3.268813	1.807986
2005 年 10 月	1203.34	1.701775	3.97	0.561437	2.89604	0.315212	3.211252	1.791997
2005 年 11 月	1143.51	1.617163	4.05	0.572751	2.615217	0.328044	2.943261	1.715593
2005 年 12 月	1251.55	1.769955	4.33	0.612349	3.132739	0.374971	3.50771	1.872888
2006 年 1 月	1271.64	1.798366	4.56	0.644875	3.23412	0.415864	3.649984	1.910493
2006 年 2 月	1283.69	1.815407	4.6	0.650532	3.295703	0.423192	3.718895	1.928444
2006 年 3 月	1283.69	1.815407	4.9	0.692958	3.295703	0.480191	3.775894	1.943166
2006 年 4 月	1303.78	1.843819	4.94	0.698615	3.399667	0.488063	3.88773	1.971733
2006 年 5 月	1279.67	1.809722	5.12	0.72407	3.275094	0.524278	3.799372	1.949198
2006 年 6 月	1267.62	1.792681	5.31	0.75094	3.213705	0.563911	3.777616	1.943609
2006 年 7 月	1259.58	1.781311	5.34	0.755183	3.173068	0.570301	3.743369	1.934779
2006 年 8 月	1295.74	1.832448	5.33	0.753769	3.357867	0.568167	3.926034	1.981422
2006 年 9 月	1323.87	1.87223	5.38	0.76084	3.505246	0.578877	4.084123	2.020921
2006 年 10 月	1360.02	1.923354	5.33	0.753769	3.69929	0.568167	4.267457	2.065782
2006 年 11 月	1388.15	1.963136	5.33	0.753769	3.853901	0.568167	4.422069	2.102871
2006 年 12 月	1408.24	1.991547	5.34	0.755183	3.96626	0.570301	4.536561	2.12992
2007 年 1 月	1436.36	2.031315	5.33	0.753769	4.126239	0.568167	4.694406	2.166658
2007 年 2 月	1404.22	1.985862	5.34	0.755183	3.943648	0.570301	4.513949	2.124606
2007 年 3 月	1412.25	1.997218	5.48	0.774982	3.98888	0.600596	4.589477	2.142306
2007 年 4 月	1468.5	2.076767	5.35	0.756597	4.312963	0.572439	4.885402	2.210295
2007 年 5 月	1520.73	2.150632	5.36	0.758011	4.625216	0.574581	5.199797	2.280306
2007 年 6 月	1492.69	2.110977	5.5	0.77781	4.456224	0.604988	5.061213	2.249714
2007 年 7 月	1460.46	2.065397	5.43	0.767911	4.265865	0.589687	4.855552	2.203532
2007 年 8 月	1460.48	2.065425	5.59	0.790538	4.265982	0.62495	4.890932	2.211545
2007 年 9 月	1524.74	2.156303	5.3	0.749526	4.649641	0.561789	5.21143	2.282856
2007 年 10 月	1544.83	2.184714	5.01	0.708514	4.772975	0.501992	5.274968	2.29673
2007 年 11 月	1472.52	2.082453	4.72	0.667502	4.336608	0.445559	4.782168	2.186817
2007 年 12 月	1468.5	2.076767	4.8	0.678816	4.312963	0.460791	4.773754	2.184892
2008 年 1 月	1392.16	1.968807	3.16	0.446887	3.876199	0.199708	4.075908	2.018888
2008 年 2 月	1347.97	1.906313	3.16	0.446887	3.634028	0.199708	3.833736	1.957993
2008 年 3 月	1319.85	1.866545	3.18	0.449716	3.48399	0.202244	3.686235	1.919957

时期	原始股	虚拟化股	原始利率	虚拟化利率	虚拟股平方	虚拟率平方	虚拟平方和	开虚方
2008 年 4 月	1308.11	1.849942	2.66	0.376177	3.422286	0.141509	3.563796	1.887802
2008 年 5 月	1392.16	1.968807	2.54	0.359207	3.876199	0.12903	4.005229	2.001307
2008 年 6 月	1275.65	1.804037	3.61	0.510526	3.254549	0.260637	3.515186	1.874883
2008 年 7 月	1263.6	1.786996	2.32	0.328094	3.193354	0.107646	3.301	1.816865
2008 年 8 月	1271.64	1.798366	2.15	0.304053	3.23412	0.092448	3.326569	1.823888
2008 年 9 月	1183.25	1.673364	6.88	0.97297	2.800147	0.94667	3.746817	1.93567
2008 年 10 月	1022.55	1.4461	0.41	0.057982	2.091206	0.003362	2.094568	1.447262
2008 年 11 月	906.04	1.281331	1.16	0.164047	1.641809	0.026911	1.66872	1.29179
2008 年 12 月	856.86	1.21178	0.14	0.019799	1.468411	0.000392	1.468803	1.211942
2009 年 1 月	837.74	1.18474	0.31	0.04384	1.40361	0.001922	1.405532	1.185551
2009 年 2 月	733.28	1.037012	0.36	0.050911	1.075394	0.002592	1.077986	1.038261
2008 年 3 月	793.54	1.122232	0.51	0.072124	1.259405	0.005202	1.264607	1.124547
2009 年 4 月	865.86	1.224508	0.23	0.032527	1.49942	0.001058	1.500478	1.22494
2009 年 5 月	906.04	1.281331	0.27	0.038183	1.641809	0.001458	1.643267	1.2819
2009 年 6 月	934.16	1.321098	0.28	0.039598	1.745301	0.001568	1.746869	1.321692
2009 年 7 月	978.35	1.383592	0.24	0.033941	1.914328	0.001152	1.91548	1.384009
2009 年 8 月	1014.51	1.43473	0.23	0.032527	2.058451	0.001058	2.059509	1.435099
2009 年 9 月	1054.69	1.491553	0.21	0.029698	2.224731	0.000882	2.225613	1.491849
2009 年 10 月	1058.71	1.497238	0.18	0.025456	2.241722	0.000648	2.24237	1.497455
2009 年 11 月	1090.85	1.542691	0.182	0.025738	2.379895	0.000662	2.380558	1.542906
2009 年 12 月	1106.92	1.565417	0.169	0.0239	2.450531	0.000571	2.451103	1.5656
2010 年 1 月	1094.86	1.548362	0.17	0.024041	2.397425	0.000578	2.398003	1.548549
2010 年 2 月	1106.92	1.565417	0.174	0.024607	2.450531	0.000606	2.451137	1.565611
2010 年 3 月	1163.16	1.644953	0.225	0.03182	2.705869	0.001012	2.706881	1.64526
2010 年 4 月	1179.23	1.667679	0.263	0.037193	2.781153	0.001383	2.782536	1.668094
2010 年 5 月	1131.02	1.5995	0.3	0.042426	2.5584	0.0018	2.5602	1.600062
2010 年 6 月	1030.58	1.457457	0.39	0.055154	2.12418	0.003042	2.127222	1.4585
2010 年 7 月	1090.85	1.542691	0.24	0.033941	2.379895	0.001152	2.381047	1.543064
2010 年 8 月	1042.63	1.474498	0.23	0.032527	2.174144	0.001058	2.175202	1.474856
2010 年 9 月	1143.07	1.616541	0.23	0.032527	2.613205	0.001058	2.614263	1.616868
2010 年 10 月	1187.27	1.679049	0.23	0.032527	2.819206	0.001058	2.820264	1.679364

时期	原始股	虚拟化股	原始利率	虚拟化利率	虚拟股平方	虚拟率平方	虚拟平方和	开虚方
2010 年 11 月	1187.27	1.679049	0.24	0.033941	2.819206	0.001152	2.820358	1.679392
2010 年 12 月	1251.55	1.769955	0.25	0.035355	3.132739	0.00125	3.133989	1.770308
2011 年 1 月	1287.71	1.821092	0.24	0.033941	3.316377	0.001152	3.317529	1.821409
2011 年 2 月	1319.85	1.866545	0.23	0.032527	3.48399	0.001058	3.485048	1.866828
2011 年 3 月	1315.83	1.86086	0.18	0.025456	3.4628	0.000648	3.463448	1.861034
2011 年 4 月	1364.04	1.929039	0.13	0.018385	3.721191	0.000338	3.721529	1.929127
2011 年 5 月	1335.92	1.889271	0.13	0.018385	3.569347	0.000338	3.569685	1.889361
2011 年 6 月	1315.83	1.86086	0.13	0.018385	3.4628	0.000338	3.463138	1.860951
2011 年 7 月	1291.73	1.826777	0.13	0.018385	3.337116	0.000338	3.337454	1.82687
2011 年 8 月	1231.46	1.741543	0.15	0.021213	3.032972	0.00045	3.033422	1.741672
2011 年 9 月	1118.97	1.582459	0.152	0.021496	2.504175	0.000462	2.504637	1.582605
2011 年 1 月	1251.55	1.769955	0.14	0.019799	3.132739	0.000392	3.133131	1.770065
2011 年 11 月	1243.51	1.758584	0.15	0.021213	3.092619	0.00045	3.093069	1.758712
2011 年 12 月	1295.58	1.832222	0.154	0.021779	3.357038	0.000474	3.357512	1.832352
2012 年 1 月	1299.76	1.838134	0.14	0.019799	3.378735	0.000392	3.379127	1.83824
2012 年 2 月	1364.04	1.929039	0.14	0.019799	3.721191	0.000392	3.721583	1.929141
2012 年 3 月	1400.2	1.980177	0.15	0.021213	3.9211	0.00045	3.92155	1.98029
2012 年 4 月	1396.18	1.974492	0.15	0.021213	3.898618	0.00045	3.899068	1.974606
2012 年 5 月	1311.81	1.855175	0.16	0.022627	3.441674	0.000512	3.442186	1.855313
2012 年 6 月	1360.02	1.923354	0.17	0.024041	3.69929	0.000578	3.699868	1.923504
2012 年 7 月	1376.09	1.94608	0.16	0.022627	3.787228	0.000512	3.78774	1.946212
2012 年 8 月	1408.24	1.991547	0.15	0.021213	3.96626	0.00045	3.96671	1.99166
2012 年 9 月	1436.36	2.031315	0.15	0.021213	4.126239	0.00045	4.126689	2.031425
2012 年 10 月	1404.22	1.985862	0.15	0.021213	3.943648	0.00045	3.944098	1.985975
2012 年 11 月	1412.25	1.997218	0.16	0.022627	3.98888	0.000512	3.989392	1.997346
2012 年 12 月	1416.27	2.002903	0.17	0.024041	4.011621	0.000578	4.012199	2.003047
2013 年 1 月	1496.62	2.116535	0.15	0.021213	4.47972	0.00045	4.48017	2.116641
2013 年 2 月	1508.67	2.133576	0.15	0.021213	4.552147	0.00045	4.552597	2.133682
2013 年 3 月	1568.94	2.218811	0.16	0.022627	4.923121	0.000512	4.923633	2.218926
2013 年 4 月	1601.08	2.264263	0.15	0.021213	5.126889	0.00045	5.127338	2.264363
2013 年 5 月	1625.18	2.298346	0.13	0.018385	5.282393	0.000338	5.282731	2.298419

时期	原始股	虚拟化股	原始利率	虚拟化利率	虚拟股平方	虚拟率平方	虚拟平方和	开虚方
2013 年 6 月	1601.08	2.264263	0.13	0.018385	5.126889	0.000338	5.127226	2.264338
2013 年 7 月	1677.41	2.37221	0.12	0.01697	5.62738	0.000288	5.627668	2.372271
2013 年 8 月	1633.22	2.309716	0.12	0.01697	5.334788	0.000288	5.335076	2.309778
2013 年 9 月	1677.41	2.37221	0.11	0.015556	5.62738	0.000242	5.627622	2.372261
2013 年 1 月	1753.75	2.480171	0.1	0.014142	6.151247	0.0002	6.151447	2.480211
2013 年 11 月	1809.99	2.559706	0.1	0.014142	6.552095	0.0002	6.552295	2.559745
2013 年 12 月	1846.15	2.610844	0.08	0.011314	6.816505	0.000128	6.816633	2.610868
2014 年 1 月	1777.85	2.514253	0.085	0.012021	6.321469	0.000144	6.321614	2.514282
2014 年 2 月	1854.19	2.622214	0.09	0.012728	6.876006	0.000162	6.876168	2.622245
2014 年 3 月	1874.27	2.650611	0.09	0.012728	7.025741	0.000162	7.025903	2.650642
2014 年 4 月	1874.27	2.650611	0.088	0.012445	7.025741	0.000155	7.025896	2.650641
2014 年 5 月	1910.43	2.701749	0.087	0.012304	7.299449	0.000151	7.2996	2.701777
2014 年 6 月	1958.64	2.769928	0.094	0.013293	7.672503	0.000177	7.672679	2.76996
2014 年 7 月	1934.54	2.735846	0.092	0.013011	7.484852	0.000169	7.485022	2.735877
2014 年 8 月	1998.82	2.826751	0.092	0.013011	7.990523	0.000169	7.990692	2.826781
2014 年 9 月	1966.68	2.781299	0.091	0.012869	7.735621	0.000166	7.735787	2.781328
2014 年 10 月	2014.89	2.849478	0.092	0.013011	8.119523	0.000169	8.119692	2.849507
2014 年 11 月	2059.09	2.911986	0.098	0.013859	8.479661	0.000192	8.479853	2.912019
2014 年 12 月	2055.07	2.906301	0.085	0.012021	8.446583	0.000144	8.446727	2.906325
2015 年 1 月	1998.82	2.826751	0.115	0.016263	7.990523	0.000264	7.990787	2.826798
2015 年 2 月	2103.28	2.97448	0.116	0.016405	8.847529	0.000269	8.847798	2.974525
2015 年 3 月	2067.12	2.923342	0.114	0.016122	8.545927	0.00026	8.546187	2.923386
2015 年 4 月	2095.24	2.963109	0.123	0.017395	8.780017	0.000303	8.78032	2.96316
2015 年 5 月	2103.28	2.97448	0.123	0.017395	8.847529	0.000303	8.847832	2.97453
2015 年 6 月	2063.1	2.917657	0.112	0.015839	8.51272	0.000251	8.512971	2.9177
2015 年 7 月	2095.24	2.963109	0.127	0.01796	8.780017	0.000323	8.78034	2.963164
2015 年 8 月	2026.94	2.866519	0.134	0.01895	8.21693	0.000359	8.217289	2.866581
2015 年 9 月	1958.64	2.769928	0.135	0.019092	7.672503	0.000364	7.672867	2.769994
2015 年 10 月	1914.45	2.707434	0.125	0.017678	7.330201	0.000312	7.330513	2.707492
2015 年 11 月	2075.15	2.934698	0.13	0.018385	8.612452	0.000338	8.61279	2.934755
2015 年 12 月	2022.93	2.860848	0.275	0.038891	8.18445	0.001512	8.185963	2.861112

续表

时期	原始股	虚拟化股	原始利率	虚拟化利率	虚拟股平方	虚拟率平方	虚拟平方和	开虚方
2016 年 1 月	1938. 56	2. 741531	0. 367	0. 051901	7. 515992	0. 002694	7. 518686	2. 742022
2016 年 2 月	1958. 64	2. 769928	0. 372	0. 052608	7. 672503	0. 002768	7. 67527	2. 770428
2016 年 3 月	1918. 47	2. 713119	0. 377	0. 053315	7. 361017	0. 002843	7. 36386	2. 713643
2016 年 4 月	2055. 07	2. 906301	0. 384	0. 054305	8. 446583	0. 002949	8. 449532	2. 906808
2016 年 5 月	2067. 12	2. 923342	0. 387	0. 05473	8. 545927	0. 002995	8. 548922	2. 923854
2016 年 6 月	2087. 21	2. 951753	0. 41	0. 057982	8. 712847	0. 003362	8. 716209	2. 952323
2016 年 7 月	2091. 22	2. 957424	0. 41	0. 057982	8. 746358	0. 003362	8. 74972	2. 957993
2016 年 8 月	2171. 58	3. 07107	0. 42	0. 059396	9. 431472	0. 003528	9. 435	3. 071644
2016 年 9 月	2163. 54	3. 0597	0. 42	0. 059396	9. 361763	0. 003528	9. 365291	3. 060276
2016 年 10 月	2159. 52	3. 054015	0. 43	0. 060811	9. 327006	0. 003698	9. 330704	3. 05462
2016 年 11 月	2123. 36	3. 002877	0. 43	0. 060811	9. 01727	0. 003698	9. 020968	3. 003493
2016 年 12 月	2223. 8	3. 14492	0. 69	0. 09758	9. 890523	0. 009522	9. 900045	3. 146434
2017 年 1 月	2268	3. 207428	0. 69	0. 09758	10. 2876	0. 009522	10. 29712	3. 208912
2017 年 2 月	2348. 35	3. 32106	0. 68	0. 096166	11. 02944	0. 009248	11. 03869	3. 322452
2017 年 3 月	2360. 4	3. 338101	0. 92	0. 130106	11. 14292	0. 016928	11. 15985	3. 340636
2017 年 4 月	2380. 5	3. 366527	0. 93	0. 131521	11. 3335	0. 017298	11. 3508	3. 369095
2017 年 5 月	2411	3. 40966	0. 93	0. 131521	11. 62578	0. 017298	11. 64308	3. 412196
2017 年 6 月	2421	3. 423802	1. 16	0. 164047	11. 72242	0. 026911	11. 74933	3. 42773
2017 年 7 月	2468	3. 49027	1. 17	0. 165461	12. 18199	0. 027377	12. 20936	3. 49419
2017 年 8 月	2470	3. 493099	1. 176	0. 16631	12. 20174	0. 027659	12. 2294	3. 497056
2017 年 9 月	2516	3. 558152	1. 18	0. 166876	12. 66045	0. 027847	12. 6883	3. 562063
2017 年 10 月	2572. 25	3. 637702	1. 18	0. 166876	13. 23287	0. 027847	13. 26072	3. 641527
2017 年 11 月	2648	3. 744828	1. 18	0. 166876	14. 02374	0. 027847	14. 05158	3. 748544
2017 年 12 月	2676	3. 784426	1. 44	0. 203645	14. 32188	0. 041471	14. 36335	3. 789901
2018 年 1 月	2825. 75	3. 996204	1. 44	0. 203645	15. 96965	0. 041471	16. 01112	4. 001389
2018 年 2 月	2714. 5	3. 838873	1. 44	0. 203645	14. 73695	0. 041471	14. 77842	3. 844271
2018 年 3 月	2643	3. 737757	1. 7	0. 240414	13. 97083	0. 057799	14. 02863	3. 745481
2018 年 4 月	2647	3. 743414	1. 7	0. 240414	14. 01315	0. 057799	14. 07095	3. 751126
2018 年 5 月	2705. 5	3. 826145	1. 71	0. 241828	14. 63939	0. 058481	14. 69787	3. 83378
2018 年 6 月	2721. 5	3. 848773	1. 94	0. 274355	14. 81305	0. 075271	14. 88832	3. 858539
2018 年 7 月	2817	3. 98383	1. 92	0. 271526	15. 8709	0. 073727	15. 94462	3. 993072

续表

时期	原始股	虚拟化股	原始利率	虚拟化利率	虚拟股平方	虚拟率平方	虚拟平方和	开虚方
2018 年 8 月	2902	4.104037	1.91	0.270112	16.84312	0.072961	16.91608	4.112917
2018 年 9 月	2919	4.128079	2.2	0.311124	17.04104	0.096798	17.13783	4.139787
2018 年 10 月	2711	3.833923	2.2	0.311124	14.69897	0.096798	14.79577	3.846526
2018 年 11 月	2758.25	3.900745	2.2	0.311124	15.21581	0.096798	15.31261	3.913133
2018 年 12 月	2505.25	3.54295	2.38	0.33658	12.55249	0.113286	12.66578	3.558901
2019 年 1 月	2704.1	3.824165	2.38	0.33658	14.62424	0.113286	14.73753	3.838949
2019 年 2 月	2784.49	3.937854	2.39	0.337994	15.50669	0.11424	15.62093	3.952332
2019 年 3 月	2834.4	4.008437	2.38	0.33658	16.06757	0.113286	16.18085	4.022543
2019 年 4 月	2945.83	4.166022	2.4	0.339408	17.35574	0.115198	17.47094	4.179825
2019 年 5 月	2752.06	3.891991	2.43	0.343651	15.14759	0.118096	15.26569	3.907133
2019 年 6 月	2941.76	4.160266	2.38	0.33658	17.30782	0.113286	17.4211	4.173859
2019 年 7 月	2980.38	4.214883	2.37	0.335165	17.76524	0.112336	17.87758	4.228188
2019 年 8 月	2926.46	4.138629	2.17	0.306881	17.12825	0.094176	17.22243	4.149991
2019 年 9 月	2976.74	4.209735	2.05	0.289911	17.72187	0.084048	17.80592	4.219706
2019 年 10 月	3037.56	4.295748	1.8	0.254556	18.45345	0.064799	18.51825	4.303283
2019 年 11 月	3140.98	4.442005	1.76	0.248899	19.73141	0.061951	19.79336	4.448973
2019 年 12 月	3230.78	4.569001	1.72	0.243242	20.87577	0.059167	20.93494	4.575472
2020 年 1 月	3225.52	4.561563	1.73	0.244657	20.80785	0.059857	20.86771	4.568119
2020 年 2 月	2954.22	4.177887	1.65	0.233343	17.45474	0.054449	17.50919	4.184399
2020 年 3 月	2447.33	3.461039	0.8	0.113136	11.97879	0.0128	11.99159	3.462887

资料来源：和讯网、Investing.com. 以及作者的计算。

表 10.3 日经 225 指数和日元 LIBOR 的部分统计数据及计算结果

时期	原始股	虚拟化股	原始利率	虚拟化利率	虚拟股平方	虚拟率平方	虚拟平方和	开虚方
2005 年 1 月	11647.5	1.647189	0.036	0.050911	2.713233	0.002592	2.715825	1.647976
2005 年 2 月	11777.89	1.665629	0.034	0.048083	2.774321	0.002312	2.776633	1.666323
2005 年 3 月	11734.43	1.659483	0.039	0.055154	2.753884	0.003042	2.756926	1.660399
2005 年 4 月	10952.11	1.548847	0.036	0.050911	2.398928	0.002592	2.40152	1.549684
2005 年 5 月	11256.35	1.591873	0.036	0.050911	2.53406	0.002592	2.536652	1.592687

续表

时期	原始股	虚拟化股	原始利率	虚拟化利率	虚拟股平方	虚拟率平方	虚拟平方和	开虚方
2005 年 6 月	11690.97	1.653337	0.037	0.052325	2.733523	0.002738	2.736261	1.654165
2005 年 7 月	12038.66	1.702507	0.037	0.052325	2.898531	0.002738	2.901269	1.703311
2005 年 8 月	13646.75	1.929923	0.036	0.050911	3.724604	0.002592	3.727196	1.930595
2005 年 9 月	13950.99	1.972949	0.04	0.056568	3.892528	0.0032	3.895728	1.97376
2005 年 10 月	14255.22	2.015973	0.04	0.056568	4.064148	0.0032	4.067348	2.016767
2005 年 11 月	14994.08	2.120463	0.04	0.056568	4.496362	0.0032	4.499562	2.121217
2005 年 12 月	16776.02	2.372465	0.04	0.056568	5.628589	0.0032	5.631789	2.373139
2006 年 1 月	16906.4	2.390903	0.043	0.060811	5.716418	0.003698	5.720116	2.391676
2006 年 2 月	16993.33	2.403197	0.046	0.065053	5.775355	0.004232	5.779586	2.404077
2006 年 3 月	17036.79	2.409343	0.06	0.084852	5.804933	0.0072	5.812133	2.410837
2006 年 4 月	16515.24	2.335585	0.059	0.083438	5.454958	0.006962	5.46192	2.337075
2006 年 5 月	16776.02	2.372465	0.1125	0.159098	5.628589	0.025312	5.653901	2.377793
2006 年 6 月	15950.24	2.255683	0.106	0.149905	5.088106	0.022472	5.110577	2.260659
2006 年 7 月	15646	2.212657	0.353	0.499213	4.895852	0.249213	5.145066	2.268274
2006 年 8 月	15515.62	2.194219	0.348	0.492142	4.814597	0.242203	5.0568	2.248733
2006 年 9 月	16124.09	2.280269	0.354	0.500627	5.199626	0.250627	5.450253	2.334578
2006 年 10 月	16384.86	2.317147	0.341	0.482242	5.36917	0.232558	5.601727	2.366797
2006 年 11 月	16862.94	2.384757	0.356	0.503455	5.687066	0.253467	5.940533	2.437321
2006 年 12 月	17167.17	2.427781	0.396	0.560023	5.894121	0.313626	6.207747	2.491535
2007 年 1 月	17341.02	2.452367	0.395	0.558609	6.014104	0.312044	6.326148	2.515184
2007 年 2 月	17558.33	2.483099	0.723	1.022467	6.165781	1.045438	7.211219	2.685371
2007 年 3 月	17341.02	2.452367	0.688	0.97297	6.014104	0.94667	6.960774	2.638328
2007 年 4 月	17819.1	2.519977	0.635	0.898017	6.350285	0.806435	7.156719	2.675205
2007 年 5 月	17992.95	2.544563	0.625	0.883875	6.474801	0.781235	7.256036	2.693703
2007 年 6 月	17992.95	2.544563	0.621	0.878218	6.474801	0.771267	7.246068	2.691852
2007 年 7 月	16776.02	2.372465	0.586	0.828721	5.628589	0.686779	6.315368	2.51304
2007 年 8 月	16124.09	2.280269	0.659	0.931958	5.199626	0.868545	6.068171	2.463366
2007 年 9 月	14863.69	2.102023	0.694	0.981455	4.418501	0.963254	5.381754	2.319861
2007 年 10 月	13342.52	1.886899	0.573	0.810337	3.560389	0.656645	4.217034	2.053542
2007 年 11 月	13168.67	1.862313	0.608	0.859834	3.468211	0.739314	4.207525	2.051225
2007 年 12 月	12255.97	1.733239	0.596	0.842863	3.004118	0.710418	3.714537	1.927313

续表

时期	原始股	虚拟化股	原始利率	虚拟化利率	虚拟股平方	虚拟率平方	虚拟平方和	开虚方
2008 年 1 月	12038.66	1.702507	0.57	0.806094	2.898531	0.649788	3.548319	1.883698
2008 年 2 月	11734.43	1.659483	0.598	0.845692	2.753884	0.715194	3.469078	1.862546
2008 年 3 月	14211.76	2.009827	0.629	0.889532	4.039405	0.791267	4.830672	2.197879
2008 年 4 月	14298.68	2.022119	0.56	0.791952	4.088967	0.627188	4.716155	2.171671
2008 年 5 月	14385.61	2.034413	0.569	0.80468	4.138836	0.64751	4.786346	2.187772
2008 年 6 月	13690.22	1.936071	0.589	0.832964	3.748371	0.693829	4.442199	2.107653
2008 年 7 月	13299.06	1.880753	0.554	0.783467	3.537232	0.61382	4.151052	2.037413
2008 年 8 月	12907.9	1.825435	0.554	0.783467	3.332214	0.61382	3.946034	1.986463
2008 年 9 月	8518.24	1.20465	1.03	1.456626	1.45118	2.121759	3.57294	1.890222
2008 年 10 月	8779.01	1.241528	0.575	0.813165	1.541391	0.661237	2.202628	1.484125
2008 年 11 月	8865.94	1.253821	0.594	0.840035	1.572068	0.705658	2.277726	1.509214
2008 年 12 月	8822.48	1.247675	0.318	0.449716	1.556693	0.202244	1.758937	1.326249
2009 年 1 月	7996.7	1.130893	0.217	0.306881	1.27892	0.094176	1.373096	1.171792
2009 年 2 月	7431.68	1.050988	0.177	0.250313	1.104576	0.062657	1.167233	1.080386
2008 年 3 月	8735.55	1.235381	0.195	0.275769	1.526167	0.076049	1.602216	1.265787
2009 年 4 月	8909.4	1.259967	0.17	0.240414	1.587518	0.057799	1.645317	1.282699
2009 年 5 月	9952.49	1.407481	0.148	0.209302	1.981003	0.043807	2.02481	1.422958
2009 年 6 月	9995.95	1.413627	0.13	0.183846	1.998342	0.033799	2.032141	1.425532
2009 年 7 月	10387.11	1.468945	0.129	0.182432	2.1578	0.033281	2.191081	1.48023
2009 年 8 月	10343.64	1.462798	0.121	0.171118	2.139777	0.029281	2.169058	1.472772
2009 年 9 月	9909.02	1.401334	0.121	0.171118	1.963736	0.029281	1.993017	1.411743
2009 年 10 月	9300.56	1.315285	0.121	0.171118	1.729975	0.029281	1.759257	1.32637
2009 年 11 月	9618.25	1.360213	0.12	0.169704	1.850179	0.028799	1.878979	1.370758
2009 年 12 月	10474.03	1.481237	0.113	0.159805	2.194064	0.025538	2.219602	1.489833
2010 年 1 月	9778.64	1.382895	0.121	0.171118	1.912399	0.029281	1.941681	1.393442
2010 年 2 月	10213.26	1.444359	0.116	0.164047	2.086174	0.026911	2.113085	1.453645
2010 年 3 月	11212.88	1.585725	0.118	0.166876	2.514525	0.027847	2.542373	1.594482
2010 年 4 月	11169.42	1.579579	0.118	0.166876	2.495071	0.027847	2.522918	1.58837
2010 年 5 月	9344.02	1.321431	0.1175	0.166169	1.746181	0.027612	1.773793	1.331838
2010 年 6 月	8779.01	1.241528	0.121	0.171118	1.541391	0.029281	1.570672	1.253265
2010 年 7 月	8996.32	1.27226	0.11	0.155562	1.618644	0.0242	1.642844	1.281735

时期	原始股	虚拟化股	原始利率	虚拟化利率	虚拟股平方	虚拟率平方	虚拟平方和	开虚方
2010 年 8 月	8735.55	1.235381	0.106	0.149905	1.526167	0.022472	1.548639	1.244443
2010 年 9 月	9300.56	1.315285	0.105	0.148491	1.729975	0.02205	1.752025	1.323641
2010 年 10 月	9995.95	1.413627	0.0944	0.1335	1.998342	0.017822	2.016164	1.419917
2010 年 11 月	10213.26	1.444359	0.09	0.127278	2.086174	0.0162	2.102373	1.449956
2010 年 12 月	10387.11	1.468945	0.1	0.14142	2.1578	0.02	2.177799	1.475737
2011 年 1 月	10604.42	1.499677	0.106	0.149905	2.249031	0.022472	2.271503	1.507151
2011 年 2 月	10604.44	1.49968	0.111	0.156976	2.24904	0.024642	2.273681	1.507873
2011 年 3 月	9648.25	1.364456	0.113	0.159805	1.861739	0.025538	1.887276	1.373782
2011 年 4 月	9865.56	1.395187	0.112	0.15839	1.946548	0.025088	1.971636	1.404149
2011 年 5 月	9735.18	1.376749	0.11	0.155562	1.895438	0.0242	1.919638	1.38551
2011 年 6 月	9865.56	1.395187	0.106	0.149905	1.946548	0.022472	1.96902	1.403218
2011 年 7 月	9778.64	1.382895	0.106	0.149905	1.912399	0.022472	1.934871	1.390996
2011 年 8 月	9561.33	1.352163	0.114	0.161219	1.828346	0.025992	1.854337	1.36174
2011 年 9 月	9170.17	1.296845	0.109	0.154148	1.681808	0.023762	1.70557	1.305975
2011 年 10 月	8344.39	1.180064	0.11	0.155562	1.39255	0.0242	1.41675	1.190273
2011 年 11 月	8257.47	1.167771	0.111	0.156976	1.36369	0.024642	1.388332	1.178275
2011 年 12 月	8344	1.180008	0.109	0.154148	1.39242	0.023762	1.416182	1.190034
2012 年 1 月	8344.39	1.180064	0.107	0.151319	1.39255	0.022898	1.415448	1.189726
2012 年 2 月	9691.72	1.370603	0.106	0.149905	1.878553	0.022472	1.901024	1.378776
2012 年 3 月	9995.95	1.413627	0.106	0.149905	1.998342	0.022472	2.020814	1.421553
2012 年 4 月	9691.72	1.370603	0.109	0.154148	1.878553	0.023762	1.902314	1.379244
2012 年 5 月	9257.1	1.309139	0.109	0.154148	1.713845	0.023762	1.737607	1.318183
2012 年 6 月	8909.4	1.259967	0.104	0.147077	1.587518	0.021632	1.609149	1.268522
2012 年 7 月	8431.32	1.192357	0.097	0.137177	1.421716	0.018818	1.440534	1.200222
2012 年 8 月	8300.93	1.173918	0.1	0.14142	1.378082	0.02	1.398082	1.182405
2012 年 9 月	8648.63	1.223089	0.1	0.14142	1.495947	0.02	1.515947	1.231238
2012 年 10 月	9300.56	1.315285	0.097	0.137177	1.729975	0.018818	1.748793	1.322419
2012 年 11 月	10256.72	1.450505	0.094	0.132935	2.103966	0.017672	2.121637	1.456584
2012 年 12 月	10952.11	1.548847	0.093	0.131521	2.398928	0.017298	2.416226	1.554421
2013 年 1 月	11517.12	1.628751	0.086	0.121621	2.65283	0.014792	2.667622	1.633286
2013 年 2 月	12473.28	1.763971	0.092	0.130106	3.111595	0.016928	3.128522	1.768763

续表

时期	原始股	虚拟化股	原始利率	虚拟化利率	虚拟股平方	虚拟率平方	虚拟平方和	开虚方
2013 年 3 月	13820.6	1.954509	0.096	0.135763	3.820106	0.018432	3.838538	1.959219
2013 年 4 月	13907.53	1.966803	0.107	0.151319	3.868314	0.022898	3.891211	1.972615
2013 年 5 月	13690.22	1.936071	0.102	0.144248	3.748371	0.020808	3.769178	1.941437
2013 年 6 月	13603.29	1.923777	0.094	0.132935	3.700919	0.017672	3.718591	1.928365
2013 年 7 月	13559.83	1.917631	0.08	0.113136	3.677309	0.0128	3.690109	1.920966
2013 年 8 月	14037.91	1.985241	0.0843	0.119217	3.941183	0.014213	3.955395	1.988818
2013 年 9 月	14342.15	2.028267	0.076	0.107479	4.113866	0.011552	4.125418	2.031113
2013 年 10 月	15559.08	2.200365	0.069	0.09758	4.841607	0.009522	4.851128	2.202528
2013 年 11 月	15819.85	2.237243	0.075	0.106065	5.005257	0.01125	5.016507	2.239756
2013 年 12 月	16167.55	2.286415	0.078	0.110308	5.227693	0.012168	5.239861	2.289074
2014 年 1 月	14950.61	2.114315	0.072	0.101822	4.470329	0.010368	4.480697	2.116766
2014 年 2 月	14689.84	2.077437	0.067	0.094751	4.315745	0.008978	4.324723	2.079597
2014 年 3 月	14298.68	2.022119	0.054	0.076367	4.088967	0.005832	4.094798	2.023561
2014 年 4 月	14298.7	2.022122	0.056	0.079195	4.088978	0.006272	4.09525	2.023672
2014 年 5 月	15037.54	2.126609	0.056	0.079195	4.522465	0.006272	4.528737	2.128083
2014 年 6 月	15515.62	2.194219	0.05	0.07071	4.814597	0.005	4.819597	2.195358
2014 年 7 月	15385.23	2.175779	0.0564	0.079761	4.734015	0.006362	4.740377	2.177241
2014 年 8 月	15906.78	2.249537	0.0557	0.078771	5.060416	0.006205	5.066621	2.250916
2014 年 9 月	16167.55	2.286415	0	0	5.227693	0	5.227693	2.286415
2014 年 10 月	16297.93	2.304853	0.044	0.062225	5.312349	0.003872	5.31622	2.305693
2014 年 11 月	17341.02	2.452367	0.0457	0.064629	6.014104	0.004177	6.018281	2.453219
2014 年 12 月	17645.26	2.495393	0.0443	0.062649	6.226985	0.003925	6.230909	2.496179
2015 年 1 月	18384.11	2.599881	0.0386	0.054588	6.75938	0.00298	6.76236	2.600454
2015 年 2 月	18601.42	2.630613	0.038	0.05374	6.920124	0.002888	6.923012	2.631162
2015 年 3 月	19687.97	2.784273	0.0329	0.046527	7.752175	0.002165	7.754339	2.784661
2015 年 4 月	19861.82	2.808859	0.0314	0.044406	7.889687	0.001972	7.891658	2.80921
2015 年 5 月	20426.82	2.888761	0.0314	0.044406	8.344939	0.001972	8.346911	2.889102
2015 年 6 月	20122.59	2.845737	0.0314	0.044406	8.098217	0.001972	8.100189	2.846083
2015 年 7 月	20470.28	2.894907	0.0257	0.036345	8.380487	0.001321	8.381807	2.895135
2015 年 8 月	17471.41	2.470807	0.0364	0.051477	6.104886	0.00265	6.107536	2.471343
2015 年 9 月	19122.96	2.704369	0.009	0.012728	7.313612	0.000162	7.313774	2.704399

续表

时期	原始股	虚拟化股	原始利率	虚拟化利率	虚拟股平方	虚拟率平方	虚拟平方和	开虚方
2015 年 10 月	19470.66	2.753541	0.0279	0.039456	7.581987	0.001557	7.583543	2.753823
2015 年 11 月	19601.04	2.771979	0.0286	0.040446	7.683868	0.001636	7.685504	2.772274
2015 年 12 月	19427.2	2.747395	0.0364	0.051477	7.548177	0.00265	7.550827	2.747877
2016 年 1 月	17862.57	2.526125	0.0201	0.028425	6.381306	0.000808	6.382114	2.526285
2016 年 2 月	15906.78	2.249537	0	0	5.060416	0	5.060416	2.249537
2016 年 3 月	16689.09	2.360171	− 0.08	− 0.11314	5.570408	0.0128	5.583207	2.362881
2016 年 4 月	16949.86	2.397049	0	0	5.745845	0	5.745845	2.397049
2016 年 5 月	17210.64	2.433929	0	0	5.924009	0	5.924009	2.433929
2016 年 6 月	15646	2.212657	− 0.0496	− 0.07014	4.895852	0.00492	4.900773	2.213769
2016 年 7 月	15603.54	2.206653	− 0.046	− 0.06505	4.869316	0.004232	4.873548	2.207611
2016 年 8 月	16732.55	2.366317	− 0.0386	− 0.05459	5.599457	0.00298	5.602437	2.366947
2016 年 9 月	16428.32	2.323293	− 0.1157	− 0.16362	5.39769	0.026772	5.424463	2.329048
2016 年 10 月	17645.26	2.495393	− 0.0466	− 0.0659	6.226985	0.004343	6.231328	2.496263
2016 年 11 月	18427.57	2.606027	− 0.08	− 0.11314	6.791376	0.0128	6.804176	2.608482
2016 年 12 月	19036.04	2.692077	− 0.0683	− 0.09659	7.247277	0.00933	7.256607	2.693809
2017 年 1 月	18992.58	2.685931	− 0.0087	− 0.0123	7.214224	0.000151	7.214375	2.685959
2017 年 2 月	19122.96	2.704369	− 0.01	− 0.01414	7.313612	0.0002	7.313812	2.704406
2017 年 3 月	18862.19	2.667491	− 0.008	− 0.01131	7.115508	0.000128	7.115636	2.667515
2017 年 4 月	19196.74	2.714803	− 0.018	− 0.02546	7.370155	0.000648	7.370803	2.714922
2017 年 5 月	19650.57	2.778984	− 0.0113	− 0.01598	7.72275	0.000255	7.723005	2.77903
2017 年 6 月	20033.43	2.833128	− 0.0331	− 0.04681	8.026612	0.002191	8.028804	2.833514
2017 年 7 月	19925.18	2.817819	− 0.017	− 0.02404	7.940104	0.000578	7.940682	2.817922
2017 年 8 月	19646.24	2.778371	− 0.024	− 0.03394	7.719347	0.001152	7.720499	2.778579
2017 年 9 月	20356.28	2.878785	− 0.06	− 0.08485	8.287404	0.0072	8.294604	2.880035
2017 年 10 月	22011.61	3.112882	− 0.002	− 0.00283	9.690034	8E − 06	9.690042	3.112883
2017 年 11 月	22724.96	3.213764	− 0.012	− 0.01697	10.32828	0.000288	10.32857	3.213809
2017 年 12 月	22764.94	3.219418	− 0.022	− 0.03111	10.36465	0.000968	10.36562	3.219568
2018 年 1 月	23098.29	3.26656	− 0.046	− 0.06505	10.67042	0.004232	10.67465	3.267208
2018 年 2 月	22068.24	3.120891	− 0.046	− 0.06505	9.739958	0.004232	9.744189	3.121568
2018 年 3 月	21454.3	3.034067	− 0.038	− 0.05374	9.205563	0.002888	9.208451	3.034543
2018 年 4 月	22467.87	3.177406	− 0.06	− 0.08485	10.09591	0.0072	10.10311	3.178539

时期	原始股	虚拟化股	原始利率	虚拟化利率	虚拟股平方	虚拟率平方	虚拟平方和	开虚方
2018 年 5 月	22201.82	3.139781	−0.034	−0.04808	9.858227	0.002312	9.860539	3.14015
2018 年 6 月	22304.51	3.154304	−0.0732	−0.10352	9.949632	0.010716	9.960349	3.156002
2018 年 7 月	22553.72	3.189547	−0.0637	−0.09008	10.17321	0.008115	10.18133	3.190819
2018 年 8 月	22865.15	3.23359	−0.0692	−0.09786	10.4561	0.009577	10.46568	3.23507
2018 年 9 月	22090.12	3.123985	−0.088	−0.12445	9.759281	0.015488	9.774769	3.126463
2018 年 10 月	21920.46	3.099991	−0.088	−0.12445	9.609947	0.015488	9.625435	3.102488
2018 年 11 月	22351.06	3.160887	−0.09	−0.12728	9.991206	0.0162	10.00741	3.163448
2018 年 12 月	20014.77	2.830489	−0.11	−0.15556	8.011667	0.0242	8.035866	2.83476
2019 年 1 月	20773.49	2.937787	−0.1	−0.14142	8.630592	0.02	8.650592	2.941189
2019 年 2 月	21385.16	3.024289	−0.08	−0.11314	9.146326	0.0128	9.159126	3.026405
2019 年 3 月	21205.81	2.998926	−0.1	−0.14142	8.993555	0.02	9.013555	3.002258
2019 年 4 月	22258.73	3.14783	−0.096	−0.13576	9.908831	0.018432	9.927263	3.150756
2019 年 5 月	20601.19	2.91342	−0.127	−0.1796	8.488018	0.032257	8.520275	2.918951
2019 年 6 月	21275.92	3.008841	−0.146	−0.20647	9.053122	0.042631	9.095753	3.015917
2019 年 7 月	21521.53	3.043575	−0.115	−0.16263	9.263347	0.026449	9.289797	3.047917
2019 年 8 月	20704.37	2.928012	−0.1152	−0.16292	8.573254	0.026542	8.599796	2.932541
2019 年 9 月	21755.84	3.076711	−0.12	−0.1697	9.46615	0.028799	9.494949	3.081388
2019 年 10 月	22927.04	3.242342	−0.116	−0.16405	10.51278	0.026911	10.53969	3.246489
2019 年 11 月	23293.91	3.294225	−0.101	−0.14283	10.85192	0.020402	10.87232	3.29732
2019 年 12 月	23656.62	3.345519	0.186	0.263041	11.1925	0.069191	11.26169	3.355844
2020 年 1 月	23205.18	3.281677	−0.082	−0.11596	10.7694	0.013448	10.78285	3.283725
2020 年 2 月	21142.96	2.990037	−0.093	−0.13152	8.940324	0.017298	8.957621	2.992929
2020 年 3 月	19547.5	2.764407	−0.194	−0.27435	7.641949	0.075271	7.717219	2.777988

资料来源：和讯网、Investing.com. 以及作者的计算。

后 记

　　很早就有撰写资产市场和金融风险关系一书的念头，但由于对金融研究方法论中所涉及的工具吃不准，因而一直难以下定决心。2008 年秋国际金融危机爆发，此后十多年间的西方金融市场，特别是像中国这样新生的金融市场的不稳定性不断加剧，进而引发了一连串大小不同的金融风险与危机。活生生的金融现实和更加丰富的文献资料也随着自己的知识储备一起增长，这就更加坚定了我撰写此书的信心和决心。

　　说是信心，是我认为自己早已收集了不少这方面的历史文献和现实资料，并且曾不断地揣测和琢磨欧文·费雪的"货币数量论"以及莱昂·瓦尔拉斯的"虚、实商业计划转换"等重要的金融经济思想和方法论实质，反复地思考和演练哈里·马科维茨的"有效边界论"及詹姆斯·托宾的"市场分离定理"等重要思想的根源及计算工具。从而我更加坚信若是再用微积分和线性代数等传统的数学工具进行论证和分析，恐怕仍然难以逃脱失败的命运。现实也越来越清晰地证明了这些重要的金融经济思想与描述它们的工具论之间有着不可协调的矛盾与冲突。例如，确定的实体金融资产空间在市场中所产生的金融衍生空间到底有多大？有没有受到时空范围及界限的约束？连续抵押实体资产所产生的金融风险为什么会引起连锁反应？这些连锁反应之间有没有市场操作次数的限制？……这一连串现象与问题，常常在我的脑海中"相互缠绕，变化不定"。事实上，它们也在不断地敦促我尝试用新的数学工具，如复变函数论、实变函数论、近世代数和泛函分析等近现代数学工具弄清其中的原因。

　　事实上，以上的各种数学方法，已经逐渐在现代金融经济研究中被应用。我在研究中国新型城镇化的发展路径时，就已经涉及这样的数学方法。但把这些方法论系统地联系起来作为解决资产市场和金融风险的关系问题的工具，这还是第一次，这就是"铜钱模型"理论产生的原因。这里首先涉及这些研究方法对金融经济学的适应性问题，或者说原有的金融经济学研究习惯对这些新的数学方法有没有"排斥力"。我虽然在这方面尽了极大的努力，阅读了大量有关的金融经济学书籍，却仍然把握不准这个"排斥力"是否存在。好在近现代数学方法，如实变函数论以及近世代数等，它们的叙述语言和证明工具也越来越"逻辑推理演绎化"，这对我写作本书是有一定帮助的。所以对于严格的数学论证，我也尽量将它们简化到大多数金融经济读者所能接受的水平。但我仍然不能肯定，这样叙述和论证是否符合现代数学的逻辑性和严密性要求。为此我曾邀请一部分专家学者进行了专门的分析和讨论，并在他们认可的情况下予以修订。究竟效果如何，还要接受广大金融工作者以及读者的检验。

令人欣慰的是，利用上述的"铜钱模型"理论，我们可以轻松地解决金融发展史上的实际资产（财富）与市场流通货币价值的 1∶16 的比例关系问题。这个实际存在的经验比例，金融经济学界常要应用，特别是在市场出现危机的情况下，但人们基本上不知道其中的原理或原因。中国的 16 两秤也是经验性地运用了这一比例。再一个例子就是金融市场上存在的公平交换的价值增长问题，如大家常说的餐饮行业的利润翻倍问题，因为餐饮行业最能体现市场上买卖双方交易的公平性，然而这个利润翻倍问题也能通过"铜钱模型"得到圆满解决。本书"铜钱模型"的实际应用效果，也通过了经验检验和实证检验。

可以看出，本书所涉及的主要内容和问题，基本上是现代金融经济学界亟须解决但还没有彻底或恰当地得到解决的重要内容和问题。但对于这些内容和问题，金融经济学界的老前辈们在他们所处的那个时代，有的涉及过，有的讨论过甚至证明过，但由于时代的限制或方法论工具的限制，他们要么是用语言描述，要么是用形式逻辑推演，要么是运用传统的金融数学方法进行证明，但这些描述、推演以及证明，都没能在金融经济学界流传下来，这就充分地说明他们的描述、推演以及证明没有取得成功。这不仅使得他们的思想光辉受到了"削弱"，而且也使得这些卓越思想的进一步发展和传播受到了阻碍。

所以，对于以上问题，本书都运用了较新的数学工具进行了较为完整的界定和论证，进而从历史发展的角度，运用金融经济学的基本思想和理论将它们有机地统一在现代金融经济分析的框架中（如本书所述的"铜钱模型"中）。这就使得资本的市场组合、价值的生成演变、风险的存在和危机的防范与爆发等，自然而然地成为一个完整的有机整体。读者在阅读本书的过程中，可以明显体会到这一点。

由此我们认识到，金融市场问题的关键仍然是方法论基础上的工具的更新和应用。这就使得对已有数学知识的回顾和重新学习显得特别重要，因为现代金融经济史的实践，使我们坚信近现代数学工具已经完全具备了解决这些问题的基础。例如，用拓扑空间拓展自变量空间的泛函分析、扩展区域空间条件限制的近世代数以及拓展函数存在范围及应用的实变函数论，等等，都是解决现代金融经济学所存问题的理想工具。

当我把这些思想和方法论运用于现代金融经济学的基本问题而初写成书稿，并以大量的实证检验来证明这些方法的实用性和正确性后，作为国家社科基金后期资助项目进行上报，竟意想不到地得到了评审专家一致的鼓励和支持，当然其中不乏对一些错误观点的严厉批评和善意指导。专家深厚的学术造诣、成熟的见解和建设性的批评意见等，对我的帮助和影响极大。我沿着专家的指导线索不断地查找和纠正书中的错误，并按他们的意见明确写作目的、端正写作态度、提炼数学方法、检验论证逻辑。时至今日，原稿中的绝大部分都经过了改写和重写，特别是全书的写作顺序、知识架构、语言修辞、数据提炼和加工等都发生了一系列变化，但全书的知识体系和应用范围仍然保持了原样。所以说，没有专家的批评和指导，就没有本研究的完善和发展。很显然，本书没有涉及"布莱克—斯科尔斯"模型，因为这个模型涉及的篇幅过多，数学上也涉及多元函数微积分的本质，故在这里不可能专门讨论，若有机会，可另开篇幅专门讨论。在这里，我谨向专家老师以及对本书关心和提供帮助的所有同行和朋友们，致以崇高的敬意！当然，全书文责自负。

本书运用了大量的近现代数学工具，正如前面所述，这些工具虽然在研究中已经得到了部分应用，但把不同科目的数学知识这样系统地联系起来进行研究，仍然还属于大胆的尝试阶段。这些尝试，和现代金融经济学方法论是否一致？是否完善？它们之间是否还存在一定的矛盾乃至冲突？等等。这些问题仍然需要进一步解决。同时，将数学语言翻译成现代金融经济学语言，笔者在这方面的知识和经验始终太少和不足。虽然本书经过了大量的改写和加工，特别是对语言文字进行了大幅修改和调整，但仍可能存在一些"晦涩"甚至错误之处，因此我衷心希望专家学者以及读者朋友批评指正，再次表示衷心的感谢和敬意！

图书在版编目（CIP）数据

资产市场组合、风险的根源与防范／李学清著. --
北京：社会科学文献出版社，2022.8
国家社科基金后期资助项目
ISBN 978 - 7 - 5228 - 0309 - 8

Ⅰ.①资…　Ⅱ.①李…　Ⅲ.①资本市场－研究　Ⅳ.
①F830.9

中国版本图书馆 CIP 数据核字（2022）第 109763 号

国家社科基金后期资助项目
资产市场组合、风险的根源与防范

著　　者／李学清

出 版 人／王利民
组稿编辑／宋淑洁
责任编辑／李真巧
责任印制／王京美

出　　版／社会科学文献出版社·经济与管理分社（010）59367226
　　　　　　地址：北京市北三环中路甲 29 号院华龙大厦　邮编：100029
　　　　　　网址：www. ssap. com. cn
发　　行／社会科学文献出版社（010）59367028
印　　装／三河市龙林印务有限公司

规　　格／开　本：787mm×1092mm　1/16
　　　　　　印　张：23.25　字　数：367 千字
版　　次／2022 年 8 月第 1 版　2022 年 8 月第 1 次印刷
书　　号／ISBN 978 - 7 - 5228 - 0309 - 8
定　　价／128.00 元

读者服务电话：4008918866